Carell · Böddeker

Die Gefangenen

Paul Carell · Günter Böddeker

Die Gefangenen

Leben und Überleben deutscher Soldaten hinter Stacheldraht

Ullstein

CIP-Titelaufnahme der Deutschen Bibliothek

Carell, Paul:
Die Gefangenen: Leben und Überleben deutscher Soldaten
hinter Stacheldraht / Paul Carell; Günter Böddecker. – Berlin ;
Frankfurt am Main : Ullstein, 1995
ISBN 3-550-08524-9
NE: Böddecker, Günter:

Satz: SVA Ludwigsburg
Druck und Verarbeitung: Wiener Verlag, Himberg bei Wien
Printed in Austria 1995
ISBN 3-550-08524-9

Inhalt

1 Gefangene Wölfe

2 Hinter Stacheldraht auf fünf Kontinenten

3 Zwischen Rhein und Atlantik

4 Gewalt vor Recht

5 Wojennoplenny

Anhang

1

Gefangene Wölfe

Aus dem Atlantik gefischt

Vierzigtausend deutsche U-Bootfahrer waren im Zweiten Weltkrieg die gefährlichsten Gegner Großbritanniens. Ihr erfolgreicher Einsatz auf den Weltmeeren beschwor die Niederlage Englands herauf.

Winston Churchill, Erster Lord der Admiralität, später Premierminister Großbritanniens, die Seele des Krieges gegen Deutschland, drückt das so aus:

»Mitten im Strom heftiger Ereignisse beherrschte vor allem eine Angst unser Dasein: Schlachten konnten gewonnen oder verloren werden, Unternehmen konnten gelingen oder scheitern, Gebiete konnten erobert oder aufgegeben werden, aber entscheidend für unser Vermögen, den Krieg fortzusetzen oder auch nur, uns am Leben zu erhalten, war die Beherrschung der Seestraßen und der freie Zugang zu unseren Häfen. Das einzige, wovor ich im Kriege wirklich Angst gehabt habe, war die U-Bootgefahr.«

Die Angst war begreiflich; denn das Überleben der Insel England hing von seinen 3000 Handelsschiffen ab, die Lebensmittel, Öl und fast alle Rohstoffe für die Wirtschaft über See heranbringen mußten. England mußte bankrott gehen, verhungern, wenn die deutschen U-Boote die Lebenslinien der Insel zerschnitten.

Die deutsche U-Bootwaffe war also der Schlüssel zum Sieg über England. Der Kampf gegen die deutschen U-Boote war daher Englands Kernproblem. Sieg oder Niederlage waren damit verknüpft.

Daß England dieses Wettrennen gewann, dazu hat die Entzifferung des deutschen Marine-Funkverkehrs, der das Kernstück beim taktischen, operativen und strategischen U-Boot-Einsatz im Atlantik war, wesentlich beigetragen.

Den deutschen Funkkode zu knacken, war das A und O für den Kampf gegen Deutschlands U-Boote. Dafür brauchte man die Schlüsselunterlagen und ein Exemplar der Marine-Schlüssel-Maschine, den sogenannten Schlüssel M, den jedes Kampfschiff, also auch jedes U-Boot mit sich führte. Ein deutsches U-Boot kapern, die Schlüsselunterlagen des geheimen deutschen Funkverkehrs zu erbeuten, war ein äußerst wichtiges Ziel der britischen Admiralität. Kein Preis war dafür zu hoch. Und keine Hemmung davor wurde akzeptiert. Keine.

Am 9. Mai 1941, um die Mittagszeit, rauschte das deutsche U-Boot 110, nahe der Hebriden aufgetaucht, durch die See. Der Kommandant, Kapitänleutnant Lemp, stand mit der Wache auf der Brücke; alle hatten die Gläser vor den Augen.

Sie beobachteten einen Geleitzug, den sie schon seit dem Vortage beschatteten. Jetzt lagen sie in guter Angriffsposition, direkt vor den heranstampfenden Schiffskolonnen. Lemp, der 27jährige Draufgänger, der am 3. September 1939 irrtümlich das erste Schiff des zweiten Weltkriegs versenkt hatte, nämlich den Passagierdampfer ›Athenia‹, hatte sich diesmal die Schiffsherde genau angesehen und beschloß, sich einen klar als 15 000 Tonnen Walfang-Fabrikschiff ausgemachten mächtigen Pott als ersten vorzunehmen.

Das Boot tauchte, um den über die Kimm heraufkommenden Geleitzug unter Wasser anzugreifen. Plötzlich sah Lemp, wie eine der den Geleitzug begleitenden Korvetten auf ihn zulief.

Schnell auf 60 Meter gehen. Das Boot kippte an, aber da war auch die Korvette ›Aubretia‹ schon heran und warf eine Serie Wasserbomben. Zwei britische Zerstörer brausten noch herbei und beteiligten sich an der Verfolgung.

Die massiven und gut liegenden Bombenwürfe blieben nicht ohne Wirkung. Lemps Tiefenruder fiel aus, ebenso eine der E-Maschinen. Einzelne Batteriezellen waren zu Bruch gegangen. Chlorgas bildete sich und breitete sich im Boot aus.

Der Leitende Ingenieur konnte zwar das Boot abfangen; doch dann begann es wieder weiter zu sinken. Da ließ der Kommandant die Tauchzellen anblasen und wie ein Korken schoß U 110 an die Wasseroberfläche.

Kaum als Ziel über Wasser, eröffneten die drei britischen Kriegsschiffe mit ihren Geschützen das Feuer auf das waidwunde U 110. Lemp sah keine Chance – weder zur Gegenwehr, noch zum Entkommen. Und als der britische Zerstörer ›Bulldog‹ in voller Fahrt auf das Boot zulief, um es, wie Lemp annehmen mußte, zu rammen, befahl er: »Alle Mann von Bord.«

Als letzter sprang Lemp vom Turm in die Wellen und schwamm von dem Boot weg, dessen Heck schon überspült wurde, nur der halbe Turm und der Bug lagen noch über Wasser.

Doch was Lemp nicht wußte, war dies: Seit der durch die Versenkungszahlen sichtbar gewordenen U-Bootgefahr für Englands Geschick, also seit Frühjahr 1941, war von der britischen Admiralität ein eindringlicher Befehl an alle Zerstörer und Geleitboot-Kommandanten ergangen, alles zu versuchen, ein U-Boot zu kapern oder vor dem Sinken zu entern und, wenn es nicht über Wasser zu halten war, so jedenfalls die Schlüsselunterlagen herauszuholen.

Die Kommandanten hatten speziell ausgebildete Enterkommandos an Bord, tollkühne Männer, die mit den Verhältnissen eines U-Bootes – vor allem der Lage und Handhabung der Tauchzellen-Entlüftungen vertraut und bereit waren, ihr Leben aufs Spiel zu setzen, um die entscheidend wichtigen deutschen Funkunterlagen zu ergattern.

Eine besondere Seite des Befehls war, dafür zu sorgen, daß das Entern keinem Deutschen zur Kenntnis kam; denn nur die geheime Erbeutung der Schlüsselunterlagen schützte davor, daß die deutsche Admiralität ihr Schlüsselsystem und die Schlüsselmaschine veränderte. Das bedeutete, daß die deutsche U-Boot-Besatzung, die das Boot vor der Versenkung verlassen hatte, von dem Enterkommando nichts bemerken durfte – was nur möglich war, wenn man die Besatzung ganz schnell auffischte und dem Blick aufs U-Boot entzog, oder – ja, oder, indem man die im Wasser schwimmende Besatzung ersaufen ließ – oder abschoß.

Auch der Kommandant des Zerstörers ›Bulldog‹, Commander Baker-Creswell, kannte an jenem 9. Mai den U-Boot-Kaperungsbefehl.

Er sah seine große Chance, als die Besatzung von U 110 ins Wasser sprang und das Boot noch nicht ganz weggesunken war.

Commander Baker-Creswell rammte U 110 nicht, sondern drehte mit einem kühnen Manöver neben dem Boot auf, setzte Boote aus, fischte die im Wasser treibende Besatzung auf und ließ sie unter Deck bringen, ehe das Enterkommando an Bord und in den Turm des langsam sinkenden U 110 kletterte.

Niemand sah die Aktion. Niemand?

Irrtum! Ein Mann schwamm noch im Wasser dicht beim Boot, den die Auffischer offenbar übersehen hatten: Es war Kapitänleutnant Lemp, der als letzter vom Turm gesprungen war.

Was nun geschah, liest sich nach den jüngst erst freigegebenen britischen Berichten so: Lemp, im Wasser schwimmend, habe das Enterkommando gesehen und offenbar mit Entsetzen erkannt, daß sein Boot vorm Versinken gekapert werden sollte; er sei deshalb wieder auf U 110 zugeschwommen, wohl um wieder an Bord zu klettern und das Boot zu versenken.

Um das zu verhindern, wurde Lemp von einem Mann des Prisenkommandos erschossen.

Das Enterkommando hatte Glück. Ausgerüstet mit wasserdichten Taschenlampen fanden die Männer das große Geheimnis, den Zauberstab gegen die U-Bootgefahr: den Schlüssel M mitsamt allen sorgfältig gehüteten Schlüsselwalzen, die Kenngruppenbücher, das U-Boot-Kurzsignalheft sowie die Umschläge mit den in wasserlöslicher Schrift gedruckten Schlüsseleinstellungen für die nächsten zwei Monate.

Commander Baker-Creswell ahnte, was er da für einen Schatz gehoben hatte. U 110 konnte er zwar nicht über Wasser halten, es sackte ihm an der Schleppleine weg; aber die Geheimhaltung der Beute stellte er sicher. Die Mannschaft des Bootes glaubte fest, ihr Boot sei sofort nach ihrer Rettung gesunken und Kapitänleutnant

Lemp ertrunken. So stand es auch bis in die jüngste Zeit in der Kriegsgeschichte.

Schärfste Geheimhaltung wurde auch gegenüber den englischen Seeleuten und Offizieren durchgesetzt. Und so blieb nicht nur bis Ende des Krieges, sondern noch 30 Jahre danach das große Geheimnis sicher und fest gewahrt. Und was für ein Geheimnis!

Die englischen Dokumente belegen, daß die britische Entzifferungszentrale, in Bletchley-Park bei London, mit einem Schlag in die Lage versetzt wurde, den deutschen Funkverkehr – zuerst bis Juli 1941 – einfach mitzulesen, als wäre sie eine deutsche U-Bootzentrale. Sie war aber auch das entscheidende Hilfsmittel, um nach Auslaufen der erbeuteten Schlüsseleinstellungen in das deutsche Schlüsselsystem einzubrechen, das allen Entzifferungsbemühungen bisher widerstanden hatte. So konnte sie nun die deutschen Funksprüche von Admiral Dönitz an seine U-Boote und von den Booten entziffern.

Das kam einer Schlachtenniederlage gleich, mit dem Verlust eines Armeekorps; oder der Einbuße eines feldzugentscheidenden Frontverlaufs.

Die für England tödlich-gefährliche Atlantikschlacht gegen die deutschen U-Boote war in eine neue Phase getreten, vielleicht sogar entschieden. In englischem Understatement ausgedrückt: Die Abwehrschlacht Englands bekam eine neue Dimension. War das die Rettung der Insel? Auf dem dramatischen Höhepunkt der Schlacht auf den Meeren in einem Augenblick, da Präsident Roosevelt im Juni 1941 in einer Rundfunkrede die alarmierende Feststellung machen mußte: »Die schonungslose Wahrheit ist, daß die derzeitige Versenkungszahl der Nazi-U-Boote an Handelsschiffen dreimal so hoch ist wie die Kapazität der britischen Werften; sie ist doppelt so hoch wie der zusammengefaßte Ausstoß von England und Amerika.«

War das nun vorbei? Im Juni wurden neun deutsche Versorgungsschiffe und Tanker von britischen Kreuzern an den geheimen Treffpunkten überrascht und versenkt oder als Prise aufgebracht. Doch Admiral Dönitz und Adolf Hitler ahnten nichts von der Ursache für diese Katastrophe und dem Umschwung in der Atlantikschlacht. Sie glaubten an Verrat. Suchten nach Spionen und Agenten und funkten weiter mit ihrem Schlüsselsystem, das sie für unknackbar hielten.

Freilich, noch hatten die deutschen U-Boote für den englischen Abwehrkampf ihre Geheimnisse: Die Bauart der Druckkörper, die maximale Tieftauchfähigkeit, die Spezialtorpedos, usw.

U 110 war abgesackt, ehe man es hatte nach England schleppen können.

Doch drei Monate nach dem Drama von U 110 nahte die zweite Tragödie für die deutschen U-Boote.

Der Fall Rahmlow

Am 27. August 1941 fliegt ein britischer Hudson-Bomber des Küstenkommandos Patrouille über dem Nordatlantik zwischen Schottland und Island. Plötzlich macht der Beobachter in der Kanzel der Maschine einen dunklen Punkt inmitten der Wasserwüste aus.

Der Pilot drückt den Steuerknüppel nach vorn. Mit aufheulenden Motoren schießt die Maschine los. Tausend Meter unter dem Bomber auf der Wasseroberfläche nimmt ein gerade aufgetauchtes U-Boot Fahrt auf: U 570.

Die Wache auf der Brücke des Bootes entdeckt die britische Hudson sofort. Und da ein U-Boot im aufgetauchten Zustand sehr verletzlich ist, gab es nur einen Befehl: »Alarm – Fluten!«

Aber noch bevor das Boot auf Tiefe war, warf die Hudson ihre Wasserbomben, die in 14 Meter Tiefe unmittelbar neben U 570 detonierten. Das Boot wurde wie von einer Riesenfaust durcheinandergeschüttelt. Die Meßgeräte zersplitterten. Ein Teil der Batteriezellen, die Antriebselemente für die Unterwasserfahrt, gingen zu Bruch. Das Boot sackte ab.

Kapitänleutnant Rahmlow war als Kommandant auf seiner ersten Feindfahrt. Auch die Mannschaft war noch unerfahren. Ein kampferprobter kaltblütiger Kommandant hätte es vielleicht auf eine Probe mit dem Geschick ankommen lassen und versucht, das Boot abzufangen und auf Tiefe zu halten.

Rahmlow hielt es für richtiger, anblasen zu lassen und aufzutauchen.

Kaum an der Wasseroberfläche, griff die Hudson mit ihrer Bugkanone und den MGs an und beharkte das Boot mit schwerem Feuer. 2000 Schuß feuerte die Hudson herunter. Gegenwehr mit der an Bord befindlichen 2-cm-Flak blieb aus. Das Rohr dazu befand sich im druckfesten und wasserdichten Behälter an Steuerbordseite des Turms, doch die Bedienungsmannschaft bekam es nicht aus dem Behälter.

Was nun geschah, geht aus dem Bericht des britischen Squadron-Führers Thompson hervor: Auf dem Turm von U 570 wurde eine weiße Flagge geschwenkt und auf Deck ein großes, weißes »Ding« ausgelegt. Kapitulation!

Der Hudson-Bomber stellte darauf sein Feuer ein, umkreiste das Boot und funkte nach Luft- und Seeunterstützung.

Das war gegen Mittag. Um 11 Uhr abends, nach über zehn Stunden, kam der britische Trawler ›Northern Chief‹ auf dem Schauplatz an. Das U-Boot schlingerte steuerlos in der rauhen See.

Diesmal war es der Trawler-Kommandant, der seine große Chance witterte, ein deutsches U-Boot zu kapern und nach Hause zu schleppen.

Er blinkte zum Boot hinüber: »Wenn Sie einen Versuch machen, das Boot zu versenken, werde ich auf Ihre Rettungsflöße feuern und niemand wird gerettet.«

Diese Drohung war kein Einfall des Trawler-Kommandanten, sondern entsprach den Befehlen der britischen Admiralität für den Fall, daß sich die Chance zur Kaperung eines U-Bootes ergab.

Hans Rahmlow blinkte, nach dem englischen Bericht, zurück: »Ich kann nicht versenken oder das Boot aufgeben, retten Sie uns bitte morgen.«

Und so geschah es. In der Morgendämmerung des 28. August 1941 wurde Rahmlow und seine Besatzung von einem Enterkommando von Bord geholt. Das Boot in Schlepp genommen und in einer isländischen Bucht auf Strand gesetzt.

Es war geschafft. Das Undenkbare war geschehen: Ein deutsches U-Boot hatte kapituliert, war schwimmend in Feindeshand gefallen.

Ein Ereignis, das Churchill für so bedeutsam hielt, daß er nach Empfang der Nachricht ins Parlament eilte und den Abgeordneten die Sache als eine Sensation von beispiellosem Ausmaß verkündete.

Kapitän Rahmlow wurde von seiner Besatzung getrennt – seine Offiziere hingegen zusammen in ein Gefangenenlager auf die britische Insel gebracht, in dem U-Boot-Offiziere versenkter Boote untergebracht waren.

Als die Männer im Lager Grizedale Hall ankamen, warteten die Insassen mit finsteren Mienen und drängten sich um die Neuankömmlinge, um zu erfahren, was an den Berichten der englischen Presse dran sei, wonach U 570 mit weißer Flagge kapituliert habe.

Niemand wollte es glauben. So etwas gab es nicht! Es gab nur einen Befehl, der auf Biegen und Brechen zu befolgen war: Ein Boot, das nicht mehr tauchklar und nicht mehr kampffähig war, mußte versenkt werden. Kein U-Boot durfte in feindliche Hand fallen.

Der Befehl verfolgte zwei Ziele: Er sollte unterbinden, daß ein gekapertes Boot vom Feind repariert und dann als Falle gegen die deutschen Boote eingesetzt wurde; und er sollte verhindern, daß streng geheime Konstruktionsmerkmale sowie Funk- und Chiffrierunterlagen in die Hände des Feindes gerieten.

Die Offiziere im Gefangenenlager Grizedale Hall vernahmen die Mitteilungen der Besatzung von U 570 mit wachsender Erbitterung. Schließlich beschlossen sie, eine Untersuchung gegen drei Offiziere von U 570 einzuleiten: Gegen den 1. und 2. Wachoffizier sowie gegen den L. I., den Leitenden Ingenieur.

Ein dreiköpfiger Ehrenrat der Gefangenen vernahm die Besatzung von U 570.

Über den blutjungen 2. Wachoffizier, 21, aus Hamburg war das

Urteil leicht und schnell gefällt. Er hatte keinen Einfluß auf die Entscheidungen des Kommandanten gehabt. Ihn traf kein Vorwurf. Freispruch. Auch der L. I. wurde freigesprochen; er hatte alles versucht, die Schäden im Boot zu reparieren, er war immer unten im Boot und auch nur durch einen Trick des britischen Kaperkommandos auf die Brücke gelockt und weggeschafft worden. Der dritte der Angeklagten jedoch, Oberleutnant zur See Berndt, wurde für schuldig befunden: Er hatte das Kommando, nachdem Rahmlow von Bord gebracht worden war, und hätte das Boot versenken können. Er hatte es nicht getan. Warum nicht?

Das war die Frage, die das Ehrengericht dem I. W. O. Berndt stellte.

Seine Antwort verschlug dem Ehrengericht die Sprache: Er habe die Rettung der Besatzung für wichtiger gehalten als die Zerstörung des Bootes; denn bei der schweren See wären die Männer im Wasser nicht mit dem Leben davongekommen. Was? Nicht daran gedacht, daß das Boot als Falle für andere deutsche U-Boote eingesetzt werden könnte und dann unzählige andere Kameraden den Tod finden müßten? Von den geheimen Einrichtungen ganz abgesehen?

Doch er habe daran gedacht, sagte Berndt. Er machte auch noch geltend, daß die Engländer ihm erklärt hätten, Rahmlow habe sein Ehrenwort gegeben, das Boot nach der Kapitulation nicht mehr zu versenken. Er selbst habe geglaubt, dieses Ehrenwort respektieren zu müssen. Im übrigen betonte er, daß die wichtigsten geheimen Schlüsselunterlagen über Bord geworfen worden wären.

Das Ehrengericht zog sich zur Beratung zurück. Als die hochdekorierten U-Boot-Offiziere zurückkamen, waren ihre Gesichter hart wie Stein. Ihr Urteil lautete: »Feigheit vor dem Feinde.« Der Erste Offizier und zweifellos ebenso der Kommandant von U 570 würden sich nach dem Kriege vor einem Kriegsgericht zu verantworten haben. Bis dahin würden sie im Lager als Geächtete behandelt werden.

Aber ein Stück Solidarität der Gefangenen blieb doch. Dem ausgestoßenen Ersten Wachoffizier von U 570 wurden zwei Crew-Kameraden beigegeben, die sich um ihn kümmern sollten. Bereits nach wenigen Tagen berichteten sie: Berndt wolle sich durch Flucht aus dem Lager und eine »Kriegsaktion« rehabilitieren.

Zeitungsmeldungen und Schwatzhaftigkeit eines Postens der Lagerbewachung hatten nämlich durchsickern lassen, daß das gekaperte U 570 in dem schottischen Hafen Barrow-in-Furness eingeschleppt lag. Der I. W. O. erbot sich, aus dem Lager auszubrechen, um das Boot im Hafen zu versenken. Es war ein tollkühner Plan. Fieberhaft wurde gearbeitet, um dem I. W. O. jede Unterstützung zu gewähren. Ausgerüstet mit Geld, Zivilkleidung, falschen Papieren und von bestechlichen Lagerwachen gekauften Ausweisen schlüpfte er eines Tages durch ein in den Drahtzaun geschnittenes Loch.

Aber schon am nächsten Tag ergriffen ihn englische Homeguards nicht allzuweit vom Lager entfernt. Er erzählte ihnen eine Tarngeschichte von einem holländischen Matrosen, dem sein Schiff in London weggefahren war. Per Anhalter wollte er nun nach Clyde in Schottland, um dort wieder an Bord zu kommen.

Die Geschichte war gut. Und die Wirkung auf die britischen Landwehrsoldaten war auch gut. Aber leider war im Lager die Flucht durch einen bösen Zufall zu schnell entdeckt worden. Und die Meldung war auch schon bei den Homeguards angekommen.

»Gut«, sagten sie, »kann sein, daß Deine Geschichte stimmt. Aber hier in der Nähe ist ein deutscher Offizier aus dem Lager entwichen. Gehen wir erst mal hin und sehen, ob Du das nicht bist.«

Als sie in die Nähe eines Wäldchens kamen, dicht beim Lager, tat der Seemann etwas Überraschendes. Er machte plötzlich linksum und rannte auf den schützenden Wald zu. Es ging alles so blitzschnell, daß er schon dem Waldrand nahe war, ehe die überraschten Heimwehrmänner ihre Gewehre in Anschlag gebracht hatten. Sie schossen auch nicht sofort. Sie riefen ihn an. Dreimal. Er blieb nicht stehen. Er lief. Da ballerten sie los. Er war nun schon unmittelbar vor den ersten Stämmen. Da traf ihn doch noch eine Kugel. Warf ihn zu Boden. Als die Heimwehrmänner zu ihm traten, lebte er noch. Dann starb er.

Einige Tage danach trug man ihn zu Grabe. Mit allen militärischen Ehren wurde er in einem stillen Dörfchen, dem Lager benachbart, beigesetzt. Eine Abordnung aus Offizieren – in Uniform und mit Orden und Ehrenzeichen – gab ihm das Geleit. Englische Soldaten feuerten die drei Salven über sein Grab. Auf dem Sarg lag die englische Kriegsflagge. Der Spruch, der den Lebenden verurteilt hatte, wurde öffentlich in feierlicher Form zurückgenommen. Der I. W. O. von U 570 war gefallen.

Die britische Admiralität aber stellte U 570 unter einem erfahrenen Kommandanten als H. M. S. ›Graph‹ in Dienst als U-Boot-Falle.

In Everyman's History of the Sea War, Vol. III, von A. C. Hardy ist der Erfolg des ehemaligen U 570 gegen die deutschen U-Boote auf Seite 83 beschrieben. Dabei wird erwähnt, daß wichtige geheime Geräte des Bootes funktionsfähig waren und benutzt werden konnten. Wörtlich hieß es:

»Ein anderes hervorragendes Gerät des deutschen U-Bootes war das Gruppen-Horch-Gerät (GHG), das mit einer sorgfältig ausgearbeiteten Gradeinteilung ausgestattet war. Die englischen Hydrophon-Gasten (Horcher) mußten in einer Spezialausbildung auf dieses Gerät eingearbeitet werden. Das Boot führte auf seiner ersten Unternehmung einen Unterwasser-Horch-Angriff gegen ein deutsches U-Boot aus. Während des Angriffs war das Boot getaucht. Es lief eine schwere See, und vom Gegner war nur der Turm für etwa eine Sekunde, dann allerdings mit voller Deutlichkeit sichtbar. Seine Farbe war hellgrün und leuchtete in der Sonne... Achtzig Minuten nach der ersten Horchpeilung mit dem (deutschen) Gruppen-Horch-Gerät wurde an der Grenze der Torpedo-Reichweite ein Fächer geschossen. Zwei detonierten zur erwarteten Zeit... Der Horcher am Gruppen-Horch-Gerät hörte außerdem ›eine große Menge aller Arten von metallischen Geräuschen‹, begleitet von intensivem Wasserrauschen. Dieses dauerte etwa zwei Minuten. Obwohl Auges-Beobachtung nicht möglich war, ließen die Geräusche der Besatzung der ›Graph‹ keinen Zweifel, daß der Gegner vernichtet war.«

U 570 hatte einen ehemaligen Kameraden geknackt.

Damit war aber die Bedeutung der Kaperung von U 570 keineswegs erschöpft. Wichtiger, entscheidender für die Atlantikschlacht war, was John Costello und Terry Hughes in ihrem 1978 erschienenen Buch »Atlantik-Schlacht« feststellten:

»Britische Experten waren jetzt (nach der Kaperung von U 570) in der Lage, die Einsatzmöglichkeiten der U-Boote genau zu analysieren. Es wurden einige erstaunliche Entdeckungen gemacht, hauptsächlich, daß die Deutschen ›den stärksten Schiffskörper gebaut hatten, der im Marinebau bekannt ist‹. Er bestand aus 2,5 cm dickem Stahl. Jede Verbindung war sorgfältig genietet und geschweißt, so daß er dem Wasserdruck von 15 atü in 150 m Tiefe standhielt. Diese Erkenntnis über die Tieftauchfähigkeit der feindlichen U-Boote führte dazu, daß sofort alle Zündsätze an den Wasserbomben geändert wurden, so daß sie auch noch unterhalb 200 m gezündet werden konnten.«

Die Kaperung von U 570 stellte also einen jener großen Glücksfälle der Kriegsgeschichte dar, wie sie nicht allzu häufig sind.

»Vier Monate nach seiner Bildung konnte das ›Komitee für die Schlacht im Atlantik‹ einen optimistischen Überblick über den Fortschritt seit der Märzkrise geben. Die zunehmende Zahl der Geleitschiffe und verstärkter Einsatz der Royal Canadian Navy hatten es im Juni zum ersten Mal möglich gemacht, die Geleitzüge auf ihrer ganzen Fahrt zu schützen. Ein großer Teil des Geleitschutzes wurde jetzt vom westlichen Hauptquartier in St. Johns in Neufundland organisiert.«

Und Rahmlow?

Die Abordnung, die dem I. W. O. die letzten Ehren erwiesen hatte, war kaum von dem frischen Grab ins Lager zurückgekehrt, als der Mann dort eintraf, den man in dieser Stunde am wenigsten zu sehen wünschte: Der Kommandant von U 570. Nach einer Nacht, die er zu seiner eigenen Sicherheit in einer Zelle als Schutzhäftling verbringen mußte, wurde er von den mißtrauisch gewordenen Engländern in ein anderes Lager verlegt, ehe die Untersuchungskommission der gefangenen Offiziere seine Verteidigung anhören konnte.

Rahmlow hat die Gefangenschaft isoliert von seinen Kameraden verbracht.

Der Zweite Wachoffizier von U 187, Hans G. Buschmann berichtet: »Ich wurde mit meinem U-Boot U 187 im Februar 1943 versenkt und in das bekannte Verhörgefängnis Hydepark bei London gebracht. Die Verhöre fanden in einem Raum statt, in welchem alle wichtigen Schriften und Geräte des U 570 aufgebaut waren, um leichter zu Aussagen der U-Boot-Gefangenen zu gelangen. Allein schon diese erdrückende Kenntnis von geheimen und geheimsten Unterlagen im Besitz der Engländer zu sehen, wird auf viele Seeleute schockierend gewirkt haben.

Als ich im Sommer 1943 in das Camp Grande Ligne, Kanada (Quebec), verlegt wurde, befand sich auch Rahmlow dort. Er hielt sich in einem Einzelzimmer auf, bekam das Essen gesondert und ging auch allein spazieren. Es war uns aufgetragen worden, mit ihm keinen Kontakt zu suchen und nicht mit ihm zu sprechen, wozu ich auch keine Veranlassung gesehen habe. Ein Jahr später wurde ich aus dem Lager verlegt, weiß aber nicht, was mit ihm geschehen ist.«

Rahmlow hat nach seiner Rückkehr aus einer psychologisch gesehen trostlosen, von menschlicher Einsamkeit bestimmter Kriegsgefangenschaft die These von der weißen Flagge zurückgewiesen und seine Motive für die Kapitulation zu rechtfertigen versucht. Er ist inzwischen verstorben.

In einer Stellungnahme vor seinem Tod schrieb Rahmlow an Paul Carell:

»Am 27. August 1941 wurde unser Boot im Atlantik südlich von Island beim Auftauchen von einem aus zerrissener Wolkendecke hervorstoßenden Flugzeug überrascht. Ein U-Boot in aufgetauchtem Zustand ist äußerst verletzlich, deshalb gab es in dieser Situation weisungsgemäß nur eine Möglichkeit: sofortiges Alarmtauchen! Ehe wir aber eine angemessene Wassertiefe erreichen konnten, hatte das Flugzeug schon seine Wasserbomben, welche in unmittelbarer Nähe des Bootes detonierten, geworfen. Das Boot wurde so stark durcheinandergeschüttelt, daß unsere Meßinstrumente zersprangen und ausfielen; außerdem wurde eine Reihe von Zellen der elektrischen Batterie (der Kraftquelle für die Unterwasserfahrt) zerschlagen; und schließlich drang durch leck gewordene Stellen im Vorschiff Wasser ins Boot. Wir sackten tiefer; wie tief wir waren, wußten wir nicht, da unsere Instrumente nicht mehr arbeiteten; wir wußten nur, daß über kurz oder lang der Punkt erreicht sein mußte, an welchem der äußere Wasserdruck das Boot zusammendrücken würde. In dieser Lage konnte nur ein sofortiges Anblasen der Tauchzellen mit Preßluft helfen. Ich gab den Befehl dazu und brachte das Boot an die Wasseroberfläche.

Wie war nun die Situation? Das Boot war nicht mehr tauchklar und damit seiner entscheidenden Stärke beraubt. Wie schon erwähnt, waren die Instrumente für die Unterwasserfahrt zersprungen und mit Bordmitteln nicht zu reparieren. Zudem bestand die große Gefahr, daß sich das eindringende Seewasser mit der Säure der ausgelaufenen Batteriezellen vermengte, was zur Bildung giftiger Gase im Bootsinneren führen mußte. Dieser Zustand trat im weiteren Verlauf der Aktion auch tatsächlich ein; die Engländer, welche zu dieser Zeit schon an Bord waren, konnten das Bootsinnere nur noch mit Sauerstoffgeräten betreten und ließen das Boot schließlich von allen Leuten gänzlich räumen. – In Überwasserfahrt mit den Dieselmotoren konnten wir dem Flugzeug, welches an uns Fühlung hielt und später bis zum Eintreffen der ersten Vorpostenboote von einem weiteren Flugzeug abgelöst wurde, nicht entkommen; wir hätten bei einem solchen Versuch nicht einmal gewußt, wohin die Fahrt ging, weil durch den Bombenangriff auch unsere Kompaßanlage ausgefallen war.

Ich faßte deshalb den Entschluß, das Boot zu versenken. Ein unbemerktes Vonbordgehen im Schutze der Dunkelheit verbot sich, weil in der ersten Verwirrung (auf dem Boot waren nur zwei Mann mit U-Bootsfronterfahrung: der L. I., vorher als Obermaschinist gefahren, und der Obersteuermann, vorher als seemännische Nummer 1 gefahren; alles andere waren frisch ausgebildete Leute) und ohne Befehl die Schlauchboote losgemacht wurden und im heftigen Seegang sofort abtrieben. Während der Nacht wurden wegen des Wassermachens im Vorschiff Munition und andere bewegliche Gegenstände zur Gewichtserleichterung von Bord gegeben; auch die an Bord befindlichen Geheimsachen, Schlüsselunterlagen etc. wurden bei dieser Gelegenheit über Bord geworfen. Am frühen Morgen des nächsten Tages gab ich Befehl, sich zum Öffnen der Ventile und zum Verlassen des Bootes bereitzuhalten. Als die Mannschaft dazu an Oberdeck kam, belegte uns einer der inzwischen eingetroffenen Zerstörer mit MG-Feuer; wir hatten auf dem Turm etwa ein halbes Dutzend Verwundete. Meine weiteren Überlegungen waren jetzt: die Verwundeten auf den Zerstörer geben, das Boot in Küstennähe schleppen lassen, dort die Ventile öffnen, aussteigen und schwimmend die Küste zu erreichen versuchen. Ich dachte dabei an einen Fall, von dem gesprochen wurde und bei dem sich ein englisches Boot in ähnlicher Weise unserem Zugriff entzogen haben sollte. Es kamen aber mit dem Schlauchboot des Vorpostenbootes, welches die Verwundeten holte, ein englischer Offizier und zwei oder drei Mann zu uns an Bord. Mit den Verwundeten zusammen sollte auch ich als Kommandant das Boot verlassen; der Versuch von meinem I. W. O. und mir, nun die Rollen zu vertauschen, so daß ich auf dem Boot bleiben konnte, wurde erkannt und vereitelt. Der I. W. O. sagte mir noch im

Vonbordgehen, ich solle mir keine Gedanken machen, er würde im entscheidenden Augenblick unser Boot zum Absacken bringen. Dazu kam es dann aber nicht, da – wie schon oben erwähnt – im weiteren Verlauf der Aktion das Boot wegen des Ausbreitens der giftigen Gase auf Befehl der Engländer völlig geräumt werden mußte. Trotzdem war es unsere feste Überzeugung, daß die Engländer das Boot nicht bekommen würden; es lag, als wir es zuletzt sahen, tief im Wasser und sackte weiter weg. Es gelang den Engländern aber trotzdem noch, das Boot zunächst auf Island auf Strand zu setzen und später nach England zu bringen.

Es erschien später in einer englischen Darstellung (›The Battle of the Atlantic‹) die Behauptung, das Boot habe die weiße Flagge gesetzt.

In Wirklichkeit hat sich dieser Vorfall folgendermaßen abgespielt. In dem Augenblick, als wir nach dem Bombenangriff an Deck kamen, hat ein Mann der Besatzung ohne Befehl und ehe ich es verhindern konnte, sich das Handtuch, welches er als eine Art Schal um den Hals trug, herausgerissen und damit dem erneut anfliegenden Flugzeug gewinkt, wohl weil er dadurch das Flugzeug davon abhalten wollte, uns mit MG-Feuer zu belegen. Er unterließ es auf meinen Befehl hin sofort. – Zu bemerken wäre dazu auch noch, daß die Engländer, welche im Verlaufe der Aktion uns mit Feuer belegten – wie ich weiter oben stehend beschrieben habe – auf ein unter weißer Flagge liegendes Boot geschossen haben müßten, wenn – wie behauptet – das Boot die weiße Flagge gesetzt gehabt hätte. Rahmlow

Freiburg/Brsg., 27. April 1956.«

Der Funker Harry Ahlemann schrieb Carell folgendes:

»Ich war Funker auf U 570. Gegen 13 Uhr am 27. August 1941 ging das Boot aus 40 m Tauchtiefe auf Sehrohrtiefe, um einen Rundblick zu nehmen. Die unruhige See erlaubte jedoch eine Fahrt in Sehrohrtiefe nicht. Der Kommandant gab den Befehl zum Anblasen. U 570 tauchte also ohne vorherigen Sehrohrrundblick auf, und zwar an einer Stelle, die für jedes deutsche Unterseeboot höchste Gefahr durch britische Flugzeuge bedeutete.

Kaum waren wir hoch, brüllt unser allbeliebter Obersteuermann aus dem Turm in die Zentrale: ›Alarm!‹

Das Boot geht mit starker Vorlastigkeit auf Tiefe. Zu spät! In etwa 20 Meter treffen uns starke Detonationen. Das Licht fällt aus. Die E-Maschinen stehen still. Wasser spritzt den Männern in der Zentrale und in der E-Maschine entgegen. Von achtern wird Wassereinbruch gemeldet. (Das erweist sich kurze Zeit später als Irrtum; es waren nur zertrümmerte Meßgeräte gewesen.) Das fallende Boot mit den vorderen Rudern abfangen zu wollen, erweist sich als zwecklos.

›Alle Mann achteraus‹, befiehlt der L. I. Mit dieser Maßnahme und mit Hilfe des Anblasens von Tauchzelle 5 vorn im Bugraum wird das Boot abgefangen. Wohlgemerkt: Es fällt nicht mehr. Was geschieht jetzt? Der Kommandant läßt nach dem Abfangen des Bootes sofort anblasen, und wir schießen wie ein Gummiball an die Oberfläche.

Die britische Maschine, die ihre Bomben bereits abgeworfen hatte, griff nun von achtern kommend das Boot wiederholt mit ihren Bordwaffen an. Ein Teil der Besatzung, darunter auch ich, suchte vor den Feuergarben des Tommys so gut wie möglich Schutz an Oberdeck. Die 2-cm-Kanone auf dem Turm war nicht klar. So waren wir hilflos den Tiefangriffen des Briten ausgesetzt.

Auf Befehl des Kommandanten wurden rote Sternsignale geschossen, um das Flugzeug auf unsere Wehrlosigkeit aufmerksam zu machen. Es stellte seine Angriffe auch sofort ein.

Unser Boot trieb jetzt ohne Maschinenkraft in der See. Aber es hatte kein Leck im Druckkörper. Es schwamm ohne erhebliche Lastigkeit. Die E-Anlage war bereits soweit wieder in Ordnung, daß nicht nur das Licht im Boot wieder brannte, sondern sogar die Funkanlage funktionierte. Auch die Lenzpumpen waren intakt. Der L. I. war mit seinen Männern dabei, zu reparieren. Aber noch am Nachmittag des 27. August wurde auf Befehl des Kommandanten die Funkanlage teilweise und in der folgenden Nacht vollends zerstört.

Als es zu dunkeln begann, erschien am Horizont die Silhouette einer britischen Korvette. ›Jetzt ist es Zeit, Herr Kaleu, jetzt müssen wir versenken!‹ Das war die Ansicht aller an Bord. Statt dessen wurde mit der Klappbuchs Verbindung mit der Korvette aufgenommen. Diese verlangte nach längerem Hin und Her das Setzen eines hellbrennenden Lichtes. Es wurde gesetzt.

Mit Anbruch der Dunkelheit wurden auf dem Boot nicht nur alles Nachrichtenmaterial und die Seekarten, sondern auch Artilleriemunition, Gefechtsköpfe der Torpedos unbrauchbar gemacht oder außenbords geworfen.

Im Morgengrauen und im Laufe des 28. August erschienen neben einem britischen Zerstörer noch mehrere Korvetten und umkreisten uns ständig. Der Klappbuchsverkehr ging hin und her. Am Nachmittag begann der britische Zerstörer F 58 aus einer Maschinenwaffe auf unser Boot zu feuern. Eine Garbe traf die Brücke, auf der die Besatzung zusammengedrängt stand. Vier Männer, darunter auch ich, wurden mehr oder weniger schwer getroffen.

Warum tat der Tommy das? Offenbar, weil wir z. B. seine Treibflöße nicht wahrnahmen, die er an Leinen auf uns zutreiben ließ, als Vorbereitung dafür, das Boot zu entern. Auf heftiges Schwenken eines weißen Bettlakens, das bereits Stunden vorher auf Befehl des Kommandanten an der Turmbrüstung unseres Bootes angebracht war (unter an Meuterei grenzendem Murren der Besatzung), stellte der

Brite sein Feuer wieder ein. Die Verwundeten wurden verbunden und unter Deck gebracht.

Ich lag unten im U-Raum; und dort wurde von zwei Kameraden den anderen der Vorschlag gemacht, sich an Oberdeck zu begeben, während diese beiden Männer, die ihrer Ansicht nach keine Hoffnung mehr hatten, mit dem Leben davonzukommen, die Flutventile der Tauchzelle 3 in der Zentrale öffnen und mit dem Boot untergehen wollten, um es so dem Zugriff des Engländers zu entziehen. Ich kann die Namen der Männer nennen, die in diesem Augenblick dabei waren.

Da erschienen in der Zentrale die ersten beiden englischen Seeleute mit auf uns gerichteten Pistolen. Ich höre noch heute die Worte des neben mir auf einer Lederkoje liegenden Kameraden: ›Nun ist es auch dazu zu spät!‹«

Der Fall 570 hatte aber noch eine kriegsgeschichtlich sehr interessante Folgeerscheinung, welche die gefangenen U-Bootmänner direkt betraf.

Wie der Bericht von H. G. Buschmann, so verweisen auch fast alle U-Boot-Kommandanten auf sehr aufschlußreiche Tatsachen aus den ersten Tagen ihrer Gefangenschaft: Die psychologische Kriegführung gegen die Gefangenen, mit dem Ziel, Informationen zu erlangen.

Diese Verhörmethoden vor allem bei den U-Boot-Leuten in englischer Gefangenschaft sind ein besonderes Kapitel.

Eine Braut sagt's der anderen

Die psychologischen Berater der englischen Admiralität stellten sich 1941 auf den Standpunkt, daß es unklug sei, aus Rahmlows Kapitulation Propagandamaterial schlagen zu wollen. Würde man das Ereignis – so argumentierten sie – in den deutschen Sendungen der BBC groß bekannt geben, so unterstriche man damit ein Einzelereignis, das es tatsächlich war, während man aber doch so tun müßte, als sei solch eine »Flaggenstreichung« an der Tagesordnung. Zwar war den Experten der psychologischen Kriegführung in der britischen Admiralität durch die Haltung aller anderen bis dahin gefangenen deutschen Kommandanten und Besatzungen klar, daß sich so ein Fall vorläufig kaum wiederholen würde. Dennoch hielten sie die Zeit für gekommen, die Feldwebel und Mannschaften der deutschen U-Boot-Waffe propagandistisch zu überfallen. Wenige Wochen nach dem Fall 570 wurde in der britischen Admiralität eine Sonderabteilung für Propaganda zusammengestellt; und drei Monate später begann der sogenannte Kurzwellensender Atlantik, aus dem später der Soldatensender West hervorging, seine Sendungen von England aus. Die U-Boot-Flottillen in Toulon, Bordeaux, Brest, Lorient, St. Nazaire, La Baule, La Rochelle, Bergen, Drontheim und in den Heimatstützpunkten wurden propagandistisch bombardiert. Agenten und Spione, die bisher nur Einzelheiten über Neubauten und Auslaufzeiten der U-Boote zusammengetragen hatten, traten jetzt auch in den Dienst der Propagandawaffe.

»Wer hat mitgespielt, und wie ist das Spiel ausgegangen?« hieß zum Beispiel die Frage, die von England aus einem Agenten an der französischen Atlantikküste gefunkt wurde. Ihm mag es widersinnig erschienen sein, sein Leben aufs Spiel zu setzen, um zu erfahren, wer bei dem Fußballspiel der 7. deutschen U-Boot-Flottille in St. Nazaire gegen die 10. in Lorient antrat. Befehlsgemäß gab er gleich nach dem Spiel die verlangten Einzelheiten verschlüsselt nach London. Das ermöglichte dem Kurzwellensender Atlantik noch am gleichen Abend, im Sportteil über den Kampf zu berichten. Aus den Namen der mitspielenden Fußballer konnte der englische Marine-Intelligence-Service gleichzeitig errechnen, welche Boote im Stützpunkt und welche auf See waren. Je härter nun der Kampf auf den Meeren wurde, desto härter wurde auch der Kampf zwischen der englischen Propaganda und dem Intelligence Service einerseits und der deutschen Spionageabwehr andererseits. Englands klügste Köpfe wurden eingesetzt und Millionen von Pfunden ausgegeben, um die Männer der deutschen U-Boot-Waffe weich zu machen. Deutsche Emigranten, die fanatische Hitlergegner waren, halfen dabei.

Frau Annemarie Lippisch in Kiel-Wik hatte allen Grund, sich zu freuen und zu wundern. Denn es war eine höchst willkommene, aber auch staunenswerte Sendung, deren Ankunft am 21. Oktober des Kriegsjahres 1942 der Postbote avisierte: ein großes Paket! Absender Willi Lippisch aus Kanada, Obermaat der deutschen U-Boot-Waffe, derzeit im Prisoner-of-War-Camp 301.

Im Laufe der nächsten Wochen erhielt noch manche Frau in Deutschland leckere Pakete mit Kaffeebohnen, Ölsardinen, Schmalz, Zigaretten, Schokolade. Von ihren Männern, die als ehemalige U-Boot-Fahrer in Kanada in Gefangenschaft saßen. Alle diese Frauen glaubten, der Bruder, der Ehemann oder der Sohn könne sich drüben im Lager schwere Dollars verdienen, mit denen er in der Schweiz oder Portugal Lebensmittelpakete bezahlte. Keiner der Empfänger in Wilhelmshaven, Bremen, Hamburg, Kiel, Eckernförde, Swinemünde, Rostock, Pillau oder Danzig-Gotenhafen ahnte, wer die wirklichen Absender waren und welche Absichten hinter den Paketen steckten.

Bereits gut ein Jahr vor dieser Aktion hatten sich Roosevelt und Churchill in der Bucht von Placentia an Bord des englischen Schlachtschiffes ›Prince of Wales‹ getroffen. Die Gefahr und die

Bekämpfung der U-Boot-Waffe waren das Thema Nummer eins, das die beiden mit ihren Admirälen am 10. und 11. August 1941 behandelten. 234 versenkte alliierte Schiffe mit 1228520 BRT in den Monaten Mai und Juni 1942 kennzeichneten die Lage. Sie war alarmierend.

Als Roosevelt das Schlachtschiff verließ, um an Bord seines Zerstörers ›USS McDougal‹ zu gehen, hatte man sich geeinigt, die U-Boot-Wölfe nicht nur mit Wasserbomben, Kanonen und Flugzeugen zu bekämpfen, sondern gleichzeitig durch psychologische Kriegführung zu zermürben.

Bereits 14 Tage später wurde in der Londoner Admiralität eine neue Abteilung gegründet. Ihre Aufgabe war es, die Moral der U-Boot-Fahrer zu untergraben, und die erste Aktion waren jene Freßpakete. Bei zwei großen Lebensmittel-Exportfirmen in Lissabon und Zürich bestellten englische Agenten die Waren. Natürlich ohne Kenntnis der als Absender angegebenen Gefangenen. Als Empfänger wurden stets Frauen herausgesucht, die noch in deutschen U-Boot-Stützpunkten lebten, also noch engen Kontakt mit anderen U-Boot-Frauen von Frontfahrern hatten. Gemäß dem Motto: »Eine Braut sagt's der anderen« hofften die Engländer, daß die Pakete ins Gerede kommen und die noch fahrenden U-Boot-Leute – unter dem Einfluß der Frauen – den Gang in die Gefangenschaft als eine verlockende Angelegenheit betrachten würden.

Doch die neue Abteilung der britischen Admiralität für die psychologische Kriegführung beschränkte sich nicht auf die Paketaktion.

»Da habe ich aber einen seltenen Vogel im Kasten!« rief am 20. Dezember 1942 Edmund Meier aus Hamburg-Harburg, der als Flottillen-Funkmeister der 7. U-Flottille St. Nazaire noch nachts an seinem Funkempfänger gespielt hatte. Er hörte einen Sender, der abwechselnd flotte deutsche Märsche und den heißesten Jazz spielte. Bereits zwei Tage später gab sein Chef, Korvettenkapitän Sohler, seinen Männern bekannt, daß es sich bei dem sogenannten Kurzwellensender Atlantik um einen gut getarnten Feindsender handelte, den man auf keinen Fall abhören dürfe.

Auch dieser Sender, der sich später Soldatensender Calais und schließlich auf Mittelwelle Sender West nannte, entstand aus der britischen Sorge wegen der deutschen U-Boot-Gefahr.

»Deine Frau Mizzi in Eckernförde schickt Dir, lieber Hans Bartels, innigste Grüße in Dein Funkschapp in Hammerfest.« Oder: »Deine Kinder Uwe und Monika bitten uns, Dir, Funkobergefreiter Ernst Ritterling in La Rochelle, zum heutigen Geburtstag Deine Lieblingsplatte zu spielen: Eine kleine Stadt will schlafen gehn.« Mit dieser Art von Grüßen begann der britische Kurzwellensender Atlantik sein

Bombardement auf die Gemüter der deutschen U-Boot-Männer an der Front. Von wem kamen die Grüße, die an den Geburtstagen und Hochzeitsjubiläen über den Äther gingen? Woher hatte der Sender diese richtigen Daten? Denn die Daten waren richtig, und die angesprochenen Menschen lebten wirklich. Und das war auch das Frappierende an der Sache. Das war das Geheimnis. Deshalb wurde der Sender trotz aller Verbote abgehört, deshalb konnte er mit den rührenden Grüßen handfeste Propaganda, »Kampfmoral zersetzende« Informationen und vergiftende Lügen ins Ohr der Hörer träufeln.

Die englische Gesandtschaft in Stockholm erhielt jede Woche durch gut bezahlte neutrale Mittelsmänner dicke Pakete deutscher Zeitungen. Durch Luftkuriere wurden die Zeitungsbündel nach London gebracht. Mit Papierscheren saß dort eine beachtliche Schar von Auswertern. Sie schnippelten jede Anzeige einer Mariner-Verlobung, einer Hochzeit oder einer Geburt aus den Blättern heraus und klebten sie auf Karteikarten. Aus diesen Familiennachrichten ließ sich allerhand entnehmen. Zum Beispiel dies: Als Matrose hatte sich Otto Weber in Beverloo verlobt. Ein Jahr später heiratete er als Obergefreiter in Pillau. Das bedeutete für die Londoner Experten, daß er von der U-Boot-Lehrdivision aufgenommen worden war. Die hocherfreuliche Anzeige der Geburt seines Töchterchens Rosemarie in Eckernförde erkannte man in England ganz richtig als Beweis dafür, daß Weber in die Torpedolaufbahn der U-Boot-Waffe eingestiegen war.

Diese »Buchführung« half nicht nur dem Sender Atlantik, Weber an den Feiertagen seiner Familie Grüße zu schicken und ihn damit zum treuen Hörer zu gewinnen, sie hatte auch noch eine andere Bedeutung:

»Was uns ein gefangener deutscher General erzählen kann, ist nicht so wichtig wie das, was der kleinste U-Boot-Fahrer, den wir fangen, an Aussagen machen kann, wenn wir ihn zum Sprechen bringen können«, sagte während des Krieges Admiral Sir Dudley Pound, der Erste Seelord und Admiralstabschef.

Sollte zum Beispiel der Tag kommen, daß der inzwischen zum Torpedomaat beförderte Otto Weber aus der Biskaya gefischt würde, dann war es bedeutend leichter, sich im Londoner Vernehmungslager mit ihm zu unterhalten, wenn man seine Laufbahn ebensogut kannte wie seine Familienverhältnisse. Wenn man zum Beispiel wußte, daß seine Frau und die Kinder jetzt in Münster in Westfalen lebten, so unterrichtete man den Gefangenen nicht nur über einen Luftangriff auf diese Stadt, sondern man legte ihm während der ersten Tage seiner Gefangenschaft bei den Verhören Luftaufnahmen vor, die den augenblicklichen Zustand der Zerstörung in Münster zeigten.

»Wo liegt denn das Haus Ihrer Frau?«

»Hier!«

»Na, da ist ja noch alles heil!« Ein Mann atmet auf.

Diese menschliche Anteilnahme am Schicksal der Familie war ein Teil der »Schwarzen Magie« bei den Verhören der U-Boot-Gefangenen. Otto Weber wurde zugänglicher.

In einem Vortrag am Neujahrstag des Jahres 1943 wurde einer Schar britischer Admiräle von einem jungen Spezialisten der psychologischen Kriegführung dargelegt, was der britische Soldatensender erreichen wollte.

»Der Soldatensender«, so erklärte der Spezialist, »kann von den Männern der 29. U-Flottille in Toulon genauso gehört werden wie von der 11. in Bergen. Die Deutschen sollen keinesfalls glauben, es sei irgendein Geheimsender, der in Deutschland steht. Im Gegenteil. Sie sollen wissen, daß es eine englische Radiostation ist. Wenn wir in unseren Sendungen zeigen, wie gut wir unterrichtet sind, so ist das in vielerlei Hinsicht bedeutsam. Wir gewinnen Hörer für unsere Propaganda. Wir gewinnen an Vertrauen für die destruktive Agitation, und wir beunruhigen mit unseren Detailkenntnissen die deutsche Abwehr, machen sie nervös, führen sie auf falsche Fährte und zwingen sie zu verstärktem Einsatz an Stellen, wo es uns angenehm ist.«

Einer der anwesenden Offiziere fragte während der Konferenz: »Aber warum spielen Sie alle naselang den Badenweiler Marsch oder Preußens Gloria oder gar das deutsche U-Boot-Lied? Ich denke, Ihr Lockmittel ist heiße Musik, die Goebbels nicht haben will, die Seeleute aber so gern hören?«

Der Spezialist gab sofort eine Erklärung: »Wenn ein Offizier überraschend in einen Schlafsaal tritt, wo eine Gruppe von Männern heimlich unsern Sender hört, dann können die immer erstaunt sagen: ›Kann doch gar kein Feindsender sein, Herr Oberleutnant! Die haben doch eben das Lied vom guten Kameraden gespielt.‹ – Die Anziehungskraft des Jazz allerdings ist gar nicht zu unterschätzen.« Und der Spezialist erzählte folgende Geschichte:

»Ein Boot der 2. U-Flottille Lorient lief zu einem schwierigen Unternehmen aus. Ein zurückgebliebener Kamerad sagte dem Funkmaat des Bootes: ›Wenn ihr absauft und der Tommy euch 'rausfischt, bitte doch den Sender Atlantik, ein paar Tage zweimal hintereinander ›Rumba Negra‹ zu spielen. Dann weiß ich, daß Du lebst, und ich verständige Deine Frau.‹

Tatsächlich wurde das Boot versenkt, dreißig Mann der Besatzung wurden gerettet. Unter ihnen der Funkmaat. Nach einer Vernehmung bat er den Verhöroffizier um den ›Rumba Negra‹. Mit diesem Wunsch war er schon ein halber Kollaborateur geworden. Da keine militärischen Gründe für die Geheimhaltung der Vernichtung des Bootes bestanden, haben wir an einem Abend die 2. Flottille in Lorient gerufen und den gewünschten Rumba zweimal hintereinander gespielt. Dieser Vorgang ist wie ein Bazillus in die U-Boot-Stützpunkte gedrungen. Die Bereitschaft ›zur Zusammenarbeit mit dem Feind‹ ist damit psychologisch begründet. Das ist das Entscheidende an der Sache. Der Gefangene, der mit der Bereitschaft kommt, in uns nicht den bösen, hassenswerten Feind zu sehen, sondern der uns um einen Gefallen bittet, den wir ihm erfüllen, ist leichter dazu zu bewegen, uns Informationen zu geben.«

Gut gedacht!

Der psychologische Krieg über den Äther war also eine Vorbereitung für die Tätigkeit der Vernehmer. Die Kunst, die hier entwickelt wurde, verdient, mit Interesse beachtet zu werden.

»Wenn einer von Euch auch nur länger als drei Minuten in dem Zimmer da bleibt, werde ich ihn nach dem Kriege wegen Verrats belangen!« Diese Worte sagte der Vorgesetzte von drei Männern, die auf klapprigen Stühlen im Korridor eines Sonderlagers für Kriegsgefangene auf ihr Verhör warteten. Die vier Männer, deren Gesichter deutlich die Spuren schwerer Strapazen zeigten und deren Blässe verriet, daß sie zum Maschinenpersonal eines U-Bootes gehörten, waren ein Oberleutnant Ing., ein Maschinenmaat und zwei Maschinenobergefreite.

»Drei Minuten – das genügt, um dem Tommy Stammrollennummer, Rang und Namen zu nennen. Jeder Satz mehr ist schon Feindbegünstigung.«

In dem Zimmer, vor dessen Tür die vier saßen, sahen sich drei englische Offiziere bedeutungsvoll an. Sie hatten den Satz über eines der vielen in diesem Londoner Lager versteckten Mikrofone mitgehört. Die vier Mann draußen, die noch vor 36 Stunden an der westenglischen Küste im Bach geschwommen hatten, sollten um jeden Preis etwas Bestimmtes aussagen. Hatte doch einer der Agenten in La Baule gemeldet, das Maschinenpersonal der neuesten Bauten unter den VII-C-Booten sei in letzter Zeit nicht mehr mit den Dieseln zufrieden. Ähnliche Agentenberichte kamen aus Vegesack und aus der Werft Blohm & Voss. Darum hatten sich die Spezialvernehmer diese vier Fachleute des VII-C-Bootes zu einem Verhör kommen lassen; und ausgerechnet jetzt verwarnte der deutsche L. I. seine drei Männer wegen der Geheimhaltung. Die Engländer beratschlagten eine Viertelstunde. Dann war ein raffinierter Trick geboren. Zwei Vernehmer gingen in das Nebenzimmer. Die Mithöranlage wurde eingeschaltet. Dann öffnete der dritte Vernehmer die Tür zum Korridor. In fließendem Deutsch rief er hinaus: »Herr Oberleutnant, darf ich Sie bitten?«

Der deutsche U-Boot-Offizier ging ins Vernehmungszimmer. Seine drei Männer blieben – mit den Ermahnungen – draußen sitzen.

Drei Minuten, hatte er gesagt, das genügt. Wer länger bleibt...

Der Engländer nahm hinter einem Schreibtisch Platz: »Setzen Sie sich doch bitte auch, Herr Oberleutnant.« Etwas widerstrebend nahm der U-Boot-Ingenieur Platz.

»Zigarette, bitte?«

»Nein, danke.«

Der Engländer lächelte. Dann griff er zu Papier und Bleistift und begann seinen wöchentlichen Bericht über »Moral und Gesundheitszustand der anfallenden Gefangenen der deutschen U-Boot-Waffe« zu entwerfen. Er nahm gar keine Notiz mehr von seinem Gegenüber. Er wußte ja über das Mikrofon, aus diesem Mann war mit Sicherheit nichts herauszubekommen. Aber darum ging es ihm auch gar nicht. Es ging ihm um die drei Minuten. Es vergingen zehn Minuten. Der L. I. schäumte innerlich. Jetzt hatte der Kerl ihn noch nicht mal nach Namen und Stammrollennummer gefragt, und dabei war er schon sieben Minuten länger drin, als er vorgehabt hatte!

In der zwanzigsten Minute macht der Engländer wieder seinen Mund auf, sieht von seiner Schreibarbeit hoch und fragt wieder: »Zigarette?«

Der Deutsche lehnt noch frostiger ab. Kein Wort wird weiter gesprochen. Genau nach einer halben Stunde erhebt sich der Engländer, macht die Tür zum Korridor weit auf, so daß die drei draußen alles, was jetzt kommt, mit sehen und anhören können. Der Brite hält ihrem L. I. die Hand hin und sagt lächelnd: »Nochmals vielen Dank, Herr Oberleutnant, das war alles sehr interessant...« Dann läßt er den überraschten L. I., ehe der noch versteht, um was es geht, durch eine bereitstehende Wache abführen und ruft sofort den Maschinenmaat herein:

»Setzen Sie sich. Nun erzählen Sie mir mal, was mit Ihrem Diesel wirklich los gewesen ist!«

»Ich darf Ihnen nichts sagen außer Namen und Nummer«, antwortet der Maschinist, denkt dabei aber an die halbe Stunde, die sein Chef offenbar höchst angeregt auf diesem selben Stuhl verbracht hat.

»Ihren Namen und die Nummer will ich gar nicht wissen, Herr Obermaat Schönherr. Die kenne ich ja. Ich weiß sogar, daß Sie ausgerechnet an Ihrem Hochzeitstag von unserem Zerstörer aufgefischt worden sind und daß es Ihrer kleinen Tochter Ingrid gut geht.«

Für einen Augenblick ist der Maat wie vor den Kopf geschlagen. Die Karteikarte mit Agentenmeldungen und den Mitteilungen der Serviererin aus dem U-Boot-Stützpunkt, die Nachrichten aus deutschen Zeitungen tun ihre Wirkung. Es ist Schönherr unbegreiflich, woher der Feind von seinem Hochzeitstag wissen kann und sogar den Namen seines einzigen Töchterchens kennt. Aber dann versucht er, sich zusammenzureißen. Die sollen ihn nicht weichmachen!

»Ihr Chef, der L. I., hat mir eben erzählt, ein Diesel qualmt bei einer gewissen Tourenzahl. Er hat mir auch gesagt, warum. Ich möchte aber auch Ihre Meinung darüber wissen, Schönherr.«

Diese Bemerkung haut Schönherr fast um. Der biedere Feldwebel kann nicht ahnen, daß die Information über den qualmenden Diesel einer Agentenmeldung entstammt und nicht von seinem Chef soeben ausgeplaudert wurde. Ist denn der L. I. verrückt geworden? Nun, Schönherr hat sich mit dem L. I. nie sehr gut gestanden. Der war jünger als er. Der machte erst seine vierte Feindfahrt, während der Maat seine elfte hinter sich hatte.

Er überlegt. Er ist nicht mehr so sicher. Aber er ist noch immer auf der Hut. Er gibt ein paar Auskünfte. Nicht viel. Ein paar unbedeutende Dinge – meint Schönherr –, aber ein paar Anhaltspunkte für den Vernehmer, um zum nächsten Schlag auszuholen.

Die Unterhaltung hat eine Viertelstunde gedauert. Wieder erhebt sich der englische Offizier, als er merkt, daß nicht mehr viel zu holen ist. Wieder wiederholt sich in der offenen Tür die Abschieds- und Dankeschön-Szene. Jetzt kommt der Maschinenobergefreite herein. Auch er will erst stur bleiben. Aber jetzt macht der Engländer nicht viel Federlesens. Er schlägt eine andere Tonart an:

»Mann! Wollen Sie allein Deutschland noch retten? Der L. I. hat geredet, der Maat hat geredet – also ’raus mit der Sprache! Warum qualmt Ihrer Meinung nach der Diesel beim Schnorcheln? Oder wollen Sie als einziger in Einzelhaft bei Wasser und Brot ein bißchen nachdenken?«

Man muß schon sehr hart und sehr mißtrauisch und in sehr guter Verfassung sein, um nach solcher Vorarbeit nicht zu reden. Noch dazu, wenn man, wie der letzte Obergefreite dieser Gruppe, schließlich drei Stunden draußen gewartet hat. Drei Stunden – und jeder sollte doch nur drei Minuten bleiben!

Es hat in allen Kriegen auf allen Seiten Männer gegeben, die in der Gefangenschaft weich wurden, ja, sich sogar dem Feind anboten. Im letzten Kriege gab es Engländer, die in den deutschen MarLags sofort alles ausplauderten. In Berlin saß der Sohn des damals amtierenden britischen Kolonialministers Amery und beriet das Auswärtige Amt für die Propaganda-Arbeit gegen das Empire. Mister Joyce, bekannt als Lord Haw Haw, richtete eindrucksvolle Rundfunkansprachen über den Deutschlandsender an die Engländer und war die erfolgreichste Propaganda-Kanone von Dr. Goebbels. Beide waren Gegner Churchills und sympathisierten mit der faschistischen Idee.

Auch unter den Männern der deutschen U-Boot- und Schnellbootwaffe waren viele, die nichts im Sinn hatten mit der Führung des

Dritten Reiches. Manche davon waren auch entschlossen, diese Einstellung in die Tat umzusetzen. Dabei wiederum wußte die Mehrzahl zu unterscheiden, was Gegnerschaft gegen das Regime und was Verrat an den kämpfenden Kameraden war. Manche wußten das nicht oder wollten das nicht wahrhaben.

Der eine war mit einer Halbjüdin verlobt gewesen und hatte keine Heiratserlaubnis erhalten. Der andere hatte einen Onkel im KZ, weil dieser Sozialdemokrat oder Kommunist gewesen war. Beim dritten war es die Tatsache, daß man ihn – wie aktenkundig ist –, wegen Kaffeediebstahls in der Flottille kriegsgerichtlich verfolgt hatte und ihm trotz Tapferkeit nach acht Feindfahrten kein EK 1 geben wollte. Und wieder ein anderer hatte sichere Informationen von Greuelaktionen in KZ's erfahren oder war aus religiösen Gründen ins Lager der Antifaschisten geraten.

Die Engländer förderten den Willen dieser Männer zur politischen Absage an Hitler und verwandelten sie zur Absage an Hitler-Deutschland. Sie pflegten ihre Gegenwehr bis der letzte Widerstand gebrochen war. Schritt um Schritt wurde dabei vorgegangen. Schließlich galt es nur noch, den allerletzten zu tun.

Siebzig, die dazu bereit waren, wurden in den sogenannten Pool gesteckt. Es war ein deutscher antifaschistischer Stoßtrupp der psychologischen Kriegführung.

Nun ist zu bedenken, daß das Wissen eines Funkmaates, der im Jahre 1940 gefangengenommen wurde und etwas Interessantes zu erzählen hatte, oft schon nach vier Wochen veraltete. In seiner Laufbahn entwickelten sich die Geräte zu schnell. Trat er in die Dienste des Pools, dann hielt man ihn englischerseits auf dem laufenden. Man zeigte ihm Berichte und Ergebnisse von Verhören anderer, später gefangener Funkmaate, so daß er auch noch nach weiteren zwei oder drei Jahren als Mitglied des Pools über alle Funkmeßgeräte, FuMOs, Medoks, Mücke, Fliege, Hagenuck-Geräte und andere komplizierte Ortungsabwehrgeräte bis ins kleinste Bescheid wußte. Und wenn schließlich der Tag kam, an dem man diesen Maat ansetzen wollte, war er völlig im Bilde.

Solch ein Einsatz spielte sich wie folgt ab: Im Nordatlantik war eine Geleitzugschlacht geschlagen worden. Acht alliierte Frachter und sechs Tanker waren von U-Booten geknackt worden. Aber auch drei U-Boote hatten dran glauben müssen. Eine englische Begleitschutzkorvette hatte von einem der Boote 18 Männer aus den Wellen gefischt. Sie gab sofort verschlüsselt die Nummer des Bootes und die Ränge der Gefangenen an die Londoner Admiralität. Eine Kopie erhielt der Pool. Der sah sofort, daß von den 18 Gefangenen vier Offiziere waren, die voraussichtlich als Quelle für die beabsichtigte Aushorcherei nicht in Frage kamen. So brauchte man also nur 14 der

Schüler aus den Pools. In einem großen Raum wurde ihnen ein Vortrag gehalten. Ein englischer Offizier erklärte ihnen die Geleitzugschlacht: »Boote aus Brest, Lorient und St. Nazaire waren beteiligt. Von einem der Boote aus St. Nazaire kriegen wir morgen Besuch. Ihr müßt also vorgeben, aus Brest zu kommen.« In mehrstündigen Reden unterrichtete er die vierzehn ausgesuchten Pool-Boys über die augenblicklichen Zustände bei der 10. Flottille in Brest, so daß es ihnen vorkam, als seien sie alle selbst gestern dagewesen.

Fast 24 Stunden später fuhr auf einer der breiten Autostraßen ein Marine-Lkw, von dem aus die achtzehn U-Boot-Gefangenen ihre ersten Blicke auf englische Wiesen, Dörfer und Kleinstädte werfen konnten. Da überholte sie ein zweiter Lkw. Sie sahen auf dem Wagen die gleiche zusammengewürfelte Gesellschaft: Männer mit U-Boot-Bärten, einige in Lederpäckchen oder K.-M.-Hosen, andere in englischen Pullovern.

Als die zwei Lkw nebeneinander auf gleicher Höhe lagen, schrie einer aus der überholenden Gruppe: »Wo kommt Ihr denn her?«

»Uns haben sie Donnerstag aus dem Bach gefischt.«

»Mensch! Uns auch. Wir gehörten zur 7. St. Nazaire.«

»Wir sind aus Brest.«

Dann war der Wagen vorbei. Die U-Boot-Männer, die tatsächlich an der Geleitzugschlacht der Gruppe Roßbach teilgenommen hatten, schauten den anderen nach: »Also sind wir nicht die einzigen Geretteten!«

Eine halbe Stunde später fuhren beide Lkw auf einen Kasernenhof. Von da ab ging alles blitzschnell. Die Männer aus St. Nazaire mußten sich in einer Reihe aufstellen, die Offiziere an den linken Flügel, dann die Funker, die Torpedo-Mixer, die Artillerie, die seemännische Laufbahn. Und hinter jedem standen, Sekunden später, die Männer, die angeblich aus Brest waren, in der entsprechenden Aufstellung. Ganz lässig diktierte nun ein englischer Marineoffizier: »Die ersten zwei nach Zelle vier, die nächsten Zelle fünf. Diese zwei Zelle sechs.« Das ging alles wie zufällig.

Aber es war kein Zufall. Es war wohleinstudierte Reihenfolge. Ist es nun ein Wunder, daß der Torpedoobermaat aus Flensburg, der vor einer Woche noch in St. Nazaire gewesen war, auch nicht die leiseste Idee hatte, daß der Kumpel, mit dem man ihn in die Zelle sperrte, falsch war? Der war ja ebenfalls ein Torpedomaat. Man kam ins Gespräch. Oft kam nichts dabei heraus. U-Boot-Männer waren helle Köpfe und harte Jungs. Aber dann und wann unterlag einer der teuflischen, lange trainierten Kunst des Pools. Dann begann das Reden. Man verglich die Lebensbedingungen in St. Nazaire und Brest. Man schnackte über die Heimat. Und dann kam der Schuß. Der falsche Kumpel sagte plötzlich: »Wir sind übrigens mit dem T 9 gefahren.

Habt Ihr schon den Torpedo 11 mitgehabt?« Jetzt kam es darauf an. Vielleicht war die Alarmanlage im Gehirn noch intakt: Vorsicht! Aber jede Alarmanlage hat ihre Defekte.

Warum sollte man sich stur stellen und dem netten Kumpel nicht ruhig sagen, daß der T 11 ein ganz geriebener Torpedo war. Ein komplizierter Vogel. Und der Kumpel konnte sich vor Staunen über die neuen Möglichkeiten dieses Wundertorpedos kaum fassen. Damit mußten doch die verfluchten Briten auf die Knie gezwungen werden.

»Aber vielleicht war er gar nicht so gut, der T 11, wie?«

»Mensch, nicht gut!« In der Zelle fand sich ein Stück Lokuspapier und auch ein Stückchen Bleistift. Man zeichnete den Apparat gleich auf, um dem Zweifelnden zu zeigen, daß die St.-Nazaire-Flottille anscheinend bessere Torpedos kriegte als die von Brest ... Und jedes Wort, was gesprochen wurde, hörten die lauschenden Ohren der Verhörspezialisten über die geheimen Mikrofone der Zelle. Die Zeichnung wurde auf scheinheiligen Vorschlag des falschen Kumpels – ›aus Sicherheit‹ – in die Toilette geworfen und ›weggespült‹. Aber sie landete nicht im Gully, sondern in einem Behälter und wurde herausgefischt. Sie war vielleicht kriegsentscheidend!

Auf diese Weise wurde das von den Engländern lange gesuchte Geheimnis der Zaunkönig-Membrane enthüllt, wurde der Geheimschlüssel Freyheit und Irland geknackt, die lange unbekannte Tauchtiefe der VII-C-Boote herausgebracht und vieles andere, was zu den am meisten gehüteten Geheimnissen der deutschen U-Boot-Kriegführung gehörte. Und was die Mikrofone erlauschten, die Toilettenbehälter enthüllten, was aus ermüdeten Gehirnen entschlüpfte, verführten, enttäuschten Herzen entströmte, das wurde umgemünzt in kalte Vernichtung derer, die noch nicht auf dem Grund des Meeres lagen oder gefangen im Lager saßen.

Dieser deutsche U-Bootfahrer von U 175 hat den Untergang seines Bootes überlebt. Jetzt schwimmt er im eiskalten Atlantik. Nur der Feind kann ihn retten – und rettete ihn.

Auch diese drei von U 175 wurden von einem amerikanischen Küstenwachschiff aus dem Atlantik gefischt.

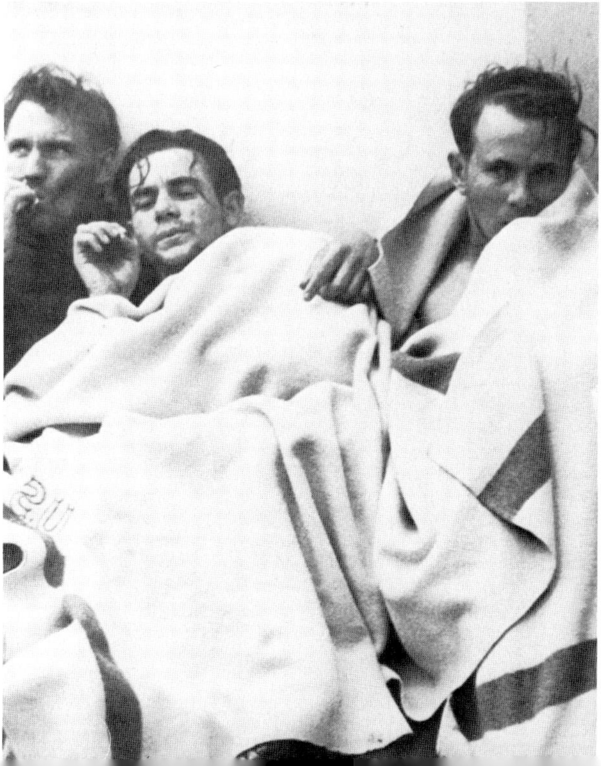

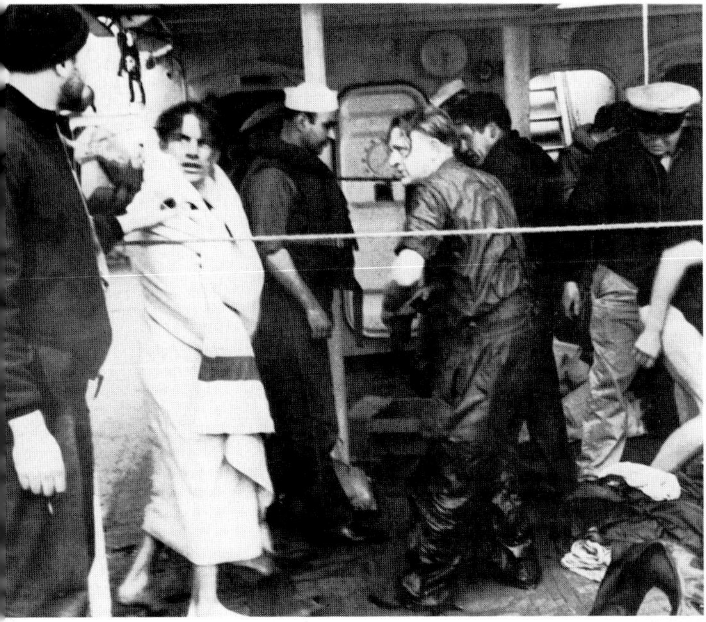

Die ersten Augenblicke nach der Rettung: Eine Decke und frische Klamotten (links).

Zwar dem Tode entronnen, aber Gefangener: Die Hose paßt nicht und er ist noch benommen von der Stunde im kalten Atlantik.

U 570 fiel unversehrt in britische Hand. Die Engländer setzten es als Falle gegen deutsche U-Boote ein.

»Malings« nannten die gefangenen Marineoffiziere die Zeichnungen ihrer Kameraden. Diese Weihnachtspostkarte von 1942 zeigt das Camp 30 (Bowmanville).

Das Unterhaltungsorchester des Gefangenenlagers Bowmanville (rechte Seite unten).

Gefangenenlager Gravenhurst in Kanada.

Etikette im Offizierslager Bowmanville/Kanada, Juli 1942. V. l. n. r.: Obfhr. z. S. Fischer, Steifensand, Kptlt. Elfe, Kptlt. v. Knebel-Döberitz, Oblt. z. S. Petersen, Kptlt. Hesselbarth, Korv. Kpt. Kretschmer, Obfhr. z. S. Rubahn, Kptlt. Schreiber, Obfhr. z. S. König, Oblt. z. S. Ipach.

Die Chaleurbucht, durch das Seerohr fotografiert. U 536 unter Kapitänleutnant Schauenburg war mit der Sonderaufgabe betraut worden, Otto Kretschmer und seine »Escaper«-Gruppe nach der Flucht aus Bowmanville abzuholen.

Schauplatz einer Massenflucht: Der Einstieg zum Fluchttunnel im Lager Papago-Park.

U-Boot beim Auslaufen:
Fritz Guggenbergers
U 81.

Ein Händedruck mit US-Präsident Eisenhower. Fritz Guggenberger, 1958

Fregattenkapitän der Bundesmarine, bei einem Besuch in den Vereinigten Staaten.

Guggenberger während des Zweiten Weltkriegs.

Die schmucklosen Grabsteine der sieben als »Fememörder« in Fort Leavenworth hingerichteten deutschen Soldaten.

Handschellen in Bowmanville

Am Abend des 19. August 1942 räumten deutsche Truppen den Strand des kleinen französischen Kreisstädtchens Dieppe am Ärmelkanal auf. Es war ein trauriges Geschäft. Tote und Verwundete wurden aufgesammelt. Kanadier der 4. und 6. Brigade der 2. Kanadischen Division, die morgens um sechs Uhr mit rund 6000 Mann, mit Panzern und mit starker Luftunterstützung ihren berühmt-berüchtigten Raid über den Kanal auf Dieppe gestartet hatten. 237 britische Schiffseinheiten waren bei der Landungsoperation beteiligt. Die deutsche Führung glaubte deshalb zuerst an den Beginn der Invasion; aber es war nur ein groß angelegter Erkundungsvorstoß für die seit langem von den alliierten Stäben in Vorbereitung befindliche Invasion Frankreichs. Daneben ging es der britischen Führung um die Erbeutung deutscher funk- und nachrichtentechnischer Einrichtungen an der Kanalküste: Die Funkmeßstation bei Dieppe mit ihrer damals modernsten Ausstattung, das Würzburg-Gerät, über das die Alliierten Näheres wissen wollten, sollte abgebaut und samt Bedienungsmannschaft nach England gebracht werden.

Dieser Teil der Operation gelang. Das übrige Unternehmen wurde ein katastrophaler Fehlschlag. Keins der gesteckten taktischen Ziele wurde erreicht, die Operation in wenigen Stunden abgeschmettert. Von den 6000 gelandeten Kanadiern und den Angehörigen der englischen Kommandos gerieten 2190 in Gefangenschaft, 1179 fielen. Allein 128 kanadische Offiziere marschierten in Gefangenschaft, darunter der Kommandeur der 6. Kanadischen Infanteriebrigade, zwei weitere Obristen und 13 Stabsoffiziere. 106 britische Flugzeuge wurden abgeschossen. Auf deutscher Seite gab es 311 Tote und Vermißte sowie 280 Verwundete.

Doch Churchill war der Preis nicht zu hoch. Er sprach von einer »Fundgrube der Erfahrung«.

Während die Gefallenen und Verwundeten am Strand von Dieppe zusammengetragen wurden, entstand plötzlich Aufregung. Ein Ordonnanzoffizier fegte zu Oberstleutnant Bartel vom Infanterieregiment 571 und meldete: »Wir haben einen gefesselten deutschen Soldaten tot im Wasser gefunden; und am Strand einen schwerverwundeten Deutschen, ebenfalls mit Stricken an Händen und Füßen gebunden.«

Die Meldung ging sofort über die Division ans 81. Korps und von dort über den Oberbefehlshaber West ins Führerhauptquartier: Kriegsgefangene in Fesseln, das war ein schwerer Völkerrechtsbruch.

Als man dann bei Sichtung der Kriegsbeute am Strand von Dieppe im kanadischen Divisionsgefechtsstand einen Operationsbefehl fand, in welchem die Fesselung der Gefangenen angeordnet war, es sich bei der Sache also nicht um einen Übergriff unterer Dienstgrade aus Bequemlichkeitsgründen gehandelt hatte, da wurde die Sache zum Fall. Das war klare Kriminalisierung der Kombattanten. Mitten im großen Krieg entstand auf diese Weise eine neue Front, sie trug den Namen »Fesselungskrieg«.

Hitler war über die Sache so aufgebracht, daß er öffentlich Repressalien ankündigte. Am 2. September ließ er das Oberkommando der Wehrmacht bekanntgeben:

»In dem bei Dieppe erbeuteten englischen Befehl heißt es: ›Wo immer es möglich ist, werden den Gefangenen die Hände gebunden, damit sie ihre Papiere nicht vernichten können.‹ In der amtlichen Darstellung des Oberkommandos der Wehrmacht vom 30. August 1942 wurde unter anderem dieser Abschnitt des englischen Operationsbefehls veröffentlicht. Die englische Regierung hat hierzu nicht Stellung genommen. Das Oberkommando der Wehrmacht hat deshalb angeordnet, daß alle bei Dieppe gefangengenommenen britischen Offiziere und Soldaten ab 3. September 1942, 14 Uhr, in Fesseln gelegt werden. Der Grund für diese Behandlung wurde den Gefangenen bekanntgegeben. Diese Maßnahme wird erst aufgehoben, sobald die britische Regierung die in oben bezeichnetem Befehl verfügte Anordnung über Fesselung deutscher Kriegsgefangener in amtlicher Bekanntmachung zurückzieht.«

Das britische Kriegsministerium antwortete am selben Tage:

»Der deutsche Wehrmachtbericht hat festgestellt, daß von den Engländern beim Unternehmen von Dieppe Befehle herausgegeben worden sind, daß den Gefangenen die Hände gebunden werden sollten, um zu verhindern, daß sie ihre Papiere vernichten. Es wurden Untersuchungen angestellt, ob in der Tat ein derartiger Befehl herausgegeben wurde. Es wird mit Nachdruck in Abrede gestellt, daß irgendeinem deutschen Gefangenen die Hände gebunden worden sind. Jeder derartige Befehl wird, falls er herausgegeben sein sollte, widerrufen werden.«

Das deutsche Oberkommando veröffentlichte die Erklärung und teilte gleichzeitig mit:

»Auf Grund dieser Erklärung hat das Oberkommando der Wehrmacht die am 2. September 1942 mittags angekündigten Maßnahmen gegen die britischen Kriegsgefangenen aufgehoben.«

Damit schien die peinliche Sache erledigt. Doch es kam anders.

Vier Wochen später wurde ein neuer Fall von Fesselung deutscher Gefangener durch ein britisches Kommandounternehmen auf der Kanalinsel Sercol festgestellt. Hitlers Zorn entfachte sich aufs neue.

Am 7. Oktober 1942 gab das deutsche Oberkommando bekannt, die britische Erklärung vom 3. September habe sich als unwahr herausgestellt.

»Denn aus den gerichtlichen Vernehmungen von einem deutschen Unteroffizier, einem Obergefreiten und fünf Schützen sowie fünf Männern der Organisation Todt, die bei Dieppe vorübergehend in britische Gefangenschaft geraten waren und später befreit wurden, geht hervor, daß sie sämtlich zwischen zehn Minuten bis zu eineinhalb Stunden gefesselt waren. Entweder wurden ihnen die Hände auf dem Rücken gefesselt, oder die Gelenke, zum Teil sogar die einzelnen Finger vor der Brust zusammengebunden. Damit aber nicht genug, hat sich ein ähnlicher schändlicher Vorfall am 4. Oktober auf der Kanalinsel Sercol ereignet. Dort überfielen in den frühen Morgenstunden 16 Engländer ein deutsches Arbeitskommando von einem Unteroffizier und vier Mann. Diese wurden im Hemd mit einer dünnen, aber sehr festen, rund geflochtenen Schnur gefesselt, verhindert, weitere Bekleidungsstücke anzulegen, und zum Strand abgeführt. Als sich die deutschen Soldaten gegen diese Behandlung zur Wehr setzten, wurden der Unteroffizier und ein Mann durch Schüsse und Stiche mit dem Seitengewehr getötet, ein weiterer Soldat verwundet. Diese Tatsachen werden durch die Aussagen eines Pioniers bestätigt, dem es gelang, im Handgemenge zu entkommen. Die Untersuchung hat ergeben, daß die Fesselung planmäßig vorbereitet war. Damit besitzt das Oberkommando der Wehrmacht die einwandfreien Beweise, daß beide Erklärungen des britischen Kriegsministeriums vom 2. September 1942 wahrheitswidrig abgegeben wurden. Das Oberkommando der Wehrmacht sieht sich daher gezwungen, folgendes anzuordnen: Vom 8. Oktober, 12 Uhr mittags, an werden sämtliche bei Dieppe gefangenen britischen Offiziere und Soldaten in Fesseln gelegt. Diese Maßnahme bleibt so lange wirksam, bis das britische Kriegsministerium nachweist, daß es in Zukunft wahre Erklärungen über die Fesselung deutscher Kriegsgefangener abgibt, oder daß es sich die Autorität verschafft hat, seine Befehle bei der Truppe auch durchzusetzen ...«

Churchill antwortete sofort und drohte seinerseits Repressalien an. Die kanadische Presse machte mobil und berichtete »die Hunnen brechen das Völkerrecht«. Churchill beließ es nicht bei der Drohung, sondern befahl, 2000 gefangene deutsche Heeresangehörige und zwar Heeresoffiziere und Mannschaftsdienstgrade des Heeres in kanadischem und britischem Gewahrsam zu fesseln.

So kam es, daß eines Tages der kanadische Kommandant des Lagers Bowmanville dem Acting Camp Leader Korvettenkapitän Kretschmer, eröffnete, er werde einen Teil der im Lager befindlichen Heeresoffiziere fesseln lassen. Der kanadische Offizier legte

Kretschmer eine Liste mit den Namen der Offiziere und Mannschaftsdienstgrade vor, die sich am Tor melden sollten, um gefesselt zu werden. Er deutete an, daß ihm persönlich die Sache sehr unangenehm sei. Und er werde dafür sorgen, daß die ganze Fesselei nicht ausarte; aber Befehl sei Befehl.

Kretschmer protestierte. Er berief sich auf den völkerrechtlich richtigen Grundsatz, daß »Repressalien« gegen Völkerrechtsbrüche erlaubt, Gegenrepressalien jedoch nicht statthaft sind. Kretschmer war voll im Recht.

Der kanadische General hörte sich alles an, zuckte jedoch die Achseln. Er habe, so sagte er, seine Befehle. Und es sei nicht seine Aufgabe, die Rechtmäßigkeit der an ihn ergangenen Befehle zu prüfen.

»Überlegen Sie's noch einmal, Commander Kretschmer« sagte der Kanadier begütigend und bedauernd, »wenn Sie nicht freiwillig zustimmen, muß ich Gewalt anwenden. Ich setze Ihnen eine Frist bis morgen 12 Uhr.«

»Dann leisten wir Widerstand« antwortete Kretschmer. Und ging.

Damit war Krieg erklärt. Krieg in der Gefangenschaft. Krieg zwischen den Gefangenen und ihren Wächtern.

Mit dem Tage, an dem die Fesselung beginnen sollte, blieben alle Gefangenen von Bowmanville dem Roll Call, dem täglichen Namensaufruf, fern und verbarrikadierten sich in ihren Häusern. Es war ein Sonnabend. Die kanadischen Wachmannschaften – die Veterans Guards, meist alte Soldaten des ersten Weltkriegs – bekamen Verstärkung durch aktive Truppenteile, die extra herantransportiert wurden. Am Vormittag wurden sie ins Lager geführt. Die Waffen mußten die Soldaten außerhalb des Lagers abgeben; dafür wurden sie mit Baseball-Schlägern aus Holz ausgerüstet. Innerhalb des Lagers wurden sie dann nochmals von ihren Vorgesetzten kontrolliert und abgetastet, damit sicher war, daß nicht irgendeiner eine Pistole oder Handgranate bei sich hatte. Und dann begann die kurioseste Schlacht des zweiten Weltkriegs, die Battle of Bowmanville.

Es gab im Lager außer den festen Steinhäusern zwei Holzbaracken. In einer waren Offiziere, in der anderen Mannschaften untergebracht. Weil die Baracken zum Verbarrikadieren ungeeignet waren, zogen sich die schlagkräftigen Mannschaftsdienstgrade – bestehend aus U-Boot-Leuten, Männern der Luftlandetruppen und Fliegern in das feste Kombüsengebäude, in dem auch der Speisesaal war, zurück. Das Hospital-Gebäude blieb nach stillschweigender Übereinkunft vom Kampf verschont.

Das Kombüsenhaus war das erste Ziel der Kanadier. In Kompaniestärke griffen sie an. Mit Rammböcken donnerten sie die Fensterkreuze heraus. Aber wie hineinkommen?

Drinnen standen die Deutschen – ihre Tische waren hochkant gegen die Fenster gestellt – mit Hockeyschlägern und Zeltstangen, Schöpflöffeln und Stuhlbeinen bewaffnet und schlugen auf jeden stahlhelmbewehrten Kopf ein, der sich in den Breschen zeigte. Jim Farley war der forscheste kanadische Soldat. Er nahm einfach einen Anlauf und sprang durch ein Fenster ins Haus. Aber drinnen wurde er eingekeilt. Er ging k. o. Wurde in die Ecke gesetzt, sein Stahlhelm diente einem U-Boot-Mann als Kopfschutz. Mit allem, was sich zur Verteidigung eignete – Porzellangeschirr und volle Marmeladengläser waren reichlich vorhanden – wehrten sich die Gefangenen. Es gab Verwundete auf beiden Seiten. Aber es fiel kein Schuß. »Don't kill«, hatte der kanadische Kompanieführer seinen Männern vor dem Angriff befohlen – nicht töten!

Spät am Abend, fast um Mitternacht, hatten sie das Kombüsenhaus ›geknackt‹. Die Gefangenen kämpften mit allen Mitteln und allen Tricks. Sie schmissen den eindringenden Soldaten Pfeffer ins Gesicht; warfen ihnen volle Marmeladengläser an den Kopf, so daß oft nicht auszumachen war, ob die Gesichter der Angreifer von Blut oder von Brombeermarmelade gezeichnet waren; zerdepperten Kaffeekannen auf ihren Schädeln; aber es nutzte nichts. Die Kanadier gewannen die Schlacht ums Kombüsenhaus. Damit hatten sie zwar die Mannschaftsdienstgrade für ihre Fesselungsliste; aber noch keinen Offizier. Die hielten sich in dem anderen festen Gebäude. Hinter den Türen standen Möbelstücke, Bettgestelle, Matratzen hoch aufgestapelt und festgezurrt.

Am gleichen Abend wurde zwar noch Haus V, in dem sich die Bewohner im Keller verbarrikadiert hatten, genommen. Die Kanadier setzten den Keller einfach mit Feuerlösch-Schläuchen unter Wasser. Nur wenige kanadische Soldaten waren für diese Wasseroperation nötig. Die übrigen hatten inzwischen in den ebenerdigen Aufenthaltsräumen die Bier- und Zigarettenvorräte entdeckt, die angesammelt wurden, um festliche Gelegenheiten feiern zu können. Auch von der Möglichkeit, an die vielbegehrten Souvenirs zu kommen, hatten sie reichlich Gebrauch gemacht: Orden, Ehrenzeichen, Rangabzeichen von den Uniformen, Mützenkokarden etc. landeten in den Taschen der Kanadier.

Inzwischen war der Keller bis unter die Decke mit Wasser vollgelaufen. Die deutschen Offiziere kamen triefend die Kellertreppe herauf. Es wurde ein »Spießrutenlaufen«; und da waren alle kanadischen Kämpfer wieder dabei. Ein deutscher Offizier nach dem anderen kam mit erhobenen Händen nach oben. Der Bierkonsum hatte die Kanadier fröhlich gemacht: Mit Schlägen, Puffen, Tritten nahmen sie Rache für die blutigen Köpfe, die sich ihre Kameraden bei der Erstürmung des Kombüsenhauses geholt hatten. Wenig rühmlich betätigte sich dabei der für den technischen Betrieb im Lager verantwortliche Captain Brent, der mit seinem Offiziers-Stöckchen jedem der sich ergebenden Offiziere auf den Kopf schlug.

Nicht der Kampf mit den Soldaten, aber diese übermütigen Stockhiebe des Captains auf die Köpfe, der an faire Behandlung gewöhnten U-Boot-Männer, Afrika-Kämpfer und Flieger machte böses Blut.

Dem kanadischen Lagerkommandanten wurde am nächsten Morgen durch Protestrufe zu verstehen gegeben, der Captain Brent solle sich nicht mehr im Lager sehen lassen, da für seine Sicherheit nach diesen Vorfällen seitens der deutschen Lagerleitung nicht mehr garantiert werden könne.

Danach war erst einmal Ruhe. Die Kanadier fischten die wenigen Heeresoffiziere aus den sistierten Gefangenen heraus und fesselten sie; die übrigen wurden ›entlassen‹ und konnten sich einen Schlafplatz suchen. Der erste Kampftag war zu Ende.

Die Sache war keineswegs mit der Sistierung der Offiziersbesatzung von Haus V ins Reine gebracht. Der kanadische Lagerkommandant hatte zwar eine genügende Anzahl von deutschen Offizieren aller Waffengattungen in seiner Gewalt; aber nicht diejenigen Heeresoffiziere, die er laut Liste des Kriegsministeriums in Ottawa fesseln sollte. Und so schlug der Kanadier einen ›Tauschhandel‹ vor: Es sollten sich die namentlich aufgeführten Heeresoffiziere am Lagertor melden, dann würden alle aus Haus V festgesetzten Offiziere, soweit sie nicht auf der Liste stünden, wieder ins Lager zurückkehren.

Doch die Stimmung war durch Captain Brents Stockschläge zu sehr angeheizt. Nach Beratung wurde der Vorschlag zurückgewiesen: »Die müßt ihr euch schon alle einzeln aus dem Lager holen«, lautete die Antwort.

Inzwischen schlugen die Bowmanviller Vorgänge im ganzen Land hohe Wellen. Die Zeitungen brachten dramatische Berichte. Danach sah das ganze wie eine blutige Meuterei, wie offene Rebellion gegen die Armee aus. Ein Abgesandter der Schweizer Botschaft in Ottawa kam in seiner Eigenschaft als Vertreter der Schutzmacht ins Lager, um zu vermitteln. Doch seine Bemühungen waren vergeblich. Die Lagerinsassen von Camp 2 Bowmanville waren nicht bereit, sich in irgendeiner Form freiwillig zum Fesseln zur Verfügung zu stellen.

Am nächsten Tag war Sonntag. Sonntags wird kein Krieg geführt. Die Kanadier nutzten die Zeit, neue aktive Truppen heranzuführen, denn die Kompanie, die tags zuvor im Einsatz gestanden hatte, war durch die vielen Ausfälle zu sehr dezimiert, als daß sie das ganze Lager, Haus für Haus hätte stürmen können. Und dies war es, was sich jetzt abzeichnete. Aber noch war Waffenstillstand.

Alles ging friedlich im Lager umher. Man mußte allerdings durch die Fenster aus den Häusern, da ja die Türen verbarrikadiert waren.

Plötzlich Alarm: »Captain Brent geht durchs Lager«! Er marschierte in Begleitung eines Wachsoldaten der Veterans Guards auf der Lagerstraße entlang. Ganz Sieger. Korvettenkapitän Kretschmer bezog Position an einer Stelle, die von den Wachtürmen nicht einzusehen war; und auf den lächelnden, herausfordernden Gruß von Captain Brent »Good morning commander«, verpaßte ihm Kretschmer mit den Worten »das ist für die Stockschläge« einen präzisen Kinnhaken, der den Kanadier wie vom Blitz gefällt zu Boden gehen ließ. In Windeseile hatte sich ein Stoßtrupp gebildet, der Captain wurde geschnappt. Wieselschnell durch ein Fenster in eins der Häuser geschoben. Und – gefesselt. Dann nahm ihn der Stoßtrupp zwischen sich, um ihn im Triumph zur Hauptwache zu führen.

Aber da hörte für die kanadischen Posten auf den Wachtürmen der Spaß auf. Von allen Türmen knallte es. Scharfe Schüsse. Die Einschläge spritzten um die Männer. Der Stoßtrupp stob zurück ins Haus. Der U-Boot-Oberfähnrich Volkmar König hechtete als letzter ins Gebäude. Doch am Eingang erwischten ihn die Schützen. Ein Schuß ging noch in die Türfüllung in Kopfhöhe. Zwei in die Mauer. Die Steinsplitter fetzten König in die Seite. Aber dann saß das Feuer im Ziel: glatter Durchschuß durch den Oberschenkel. Die Kameraden zogen ihn ins Haus. Für Oberfähnrich König war die Schlacht von Bowmanville zu Ende. Er kam, wie es sich für einen verwundeten Krieger gehört, ins Lazarett und wurde fürsorglich und fachmännisch behandelt. Es gab keine Komplikationen. Volkmar König nimmt heute mit seinen 59 Jahren noch jede Treppe im Laufschritt.

Captain Brent wurde von den Guards von seinen Stricken befreit. Zu seiner Ehre muß gesagt werden: Er war nicht rachsüchtig und nahm die Sache nicht tragisch. Er wußte zwar genau, wer ihn erwischt hatte, aber er nahm es sportlich. Vielleicht auch deshalb, weil er wußte, daß er bei seinen Leuten nicht zu den beliebten Offizieren gehörte und – die Stockschläge selbst nicht als Heldentat erkannte.

Der dritte Tag der Schlacht von Bowmanville war ein Montag. Ein kriegsstarkes kanadisches Bataillon wurde nach Bowmanville in Marsch gesetzt, um die Sache mit Elan ins reine zu bringen.

Auch sie versuchten es zuerst mit Baseball-Schlägern und Schlagstöcken – und natürlich die Köpfe mit Stahlhelmen geschützt. Als die Sache nicht lief, kam das Kommando, mit aufgepflanztem Seitengewehr anzugreifen. Und so stürmten sie dann Haus für Haus.

Einer der gefangenen U-Boot-Offiziere erzählt den letzten Akt so: »Ich selbst war im größten Haus. Wir hatten uns wieder bewaffnet; diesmal auch mit Feuerlöschbeilen und dicken Zeltstöcken von Zelten, die für die neuangekommenen Afrikakämpfer errichtet worden waren. Da wir keine Stahlhelme besaßen, wie unsere Widersacher, banden wir uns Kissen auf die Köpfe. Es sah abenteuerlich aus. Dann kamen sie heran und versuchten, unsere Türen aufzubrechen. Aber das lief nicht, da wir von innen unsere Betten als Barrikaden vor die Türen gestellt und alles mit Balken abgesteift hatten.

Doch die Kanadier waren auch findig. Sie bestiegen das Dach, brachen Löcher und ließen sich einfach herunterfallen oder sprangen – vier Meter tief! Mitten in die Verteidiger. Dazu spritzten sie Löschwasser aus mehreren Schlauchleitungen. Es war ein Höllentumult. Wir warfen mit Steinen; die Kanadier warfen sie zurück. Und dann hatten wir ja Konserven. Und wieder wurden Marmeladengläser als Artilleriegeschosse benutzt. Wir hatten ja genug davon gehortet.

Es wurde erbittert gekämpft. Auf dem Fußboden lagen Bewußtlose und in dem schwappenden Löschwasser schwamm alles, aber auch alles herum, was in unseren Spinden gewesen war. Es sah unvorstellbar aus.

Sieger blieben natürlich die Kanadier. Richtige Sieger in jeder Hinsicht. Als das Bataillon abrückte, riefen die Männer uns zu: ›Good sport!‹ Nun, das war es ja wohl auch. Es gab zwar Verwundete in Massen; aber es gab keinen Toten und keinen Haß.« Es war eben noch 1942.

Die Fesselung, die nun jeden Tag vor sich ging, war eine rechte Gaudi: Die Handschellen wurden morgens angelegt, zu den Mahlzeiten und vorm Schlafengehen aber abgenommen. Doch meistens waren die Fesseln gleich nach dem Anlegen »defekt« oder baumelten nur an einer Hand oder lagen überhaupt nur auf Stube.

Am 12. Dezember 1942, um 13 Uhr, war dann der Spuk zu Ende. Eine durch Vermittlung der Schweizer Regierung zustandegekommene Übereinkunft zwischen Deutschland, Großbritannien und Kanada beendete den Fesselungskrieg.

Ein interessantes und kurioses Nachspiel schleppte die Schlacht von Bowmanville allerdings noch eine Weile durch die Bürokratie; wohl das kurioseste, das die Kriegsakten des zweiten Weltkriegs ziert: Nach der Schlacht bekamen die in Bowmanville gefangenen Offiziere vom kanadischen Kriegsministerium eine lange und beachtliche Rechnung, was alles bei dem Aufruhr ruiniert worden war. Und die deutschen Offiziere, die ja auch in Gefangenschaft Löhnung erhielten, sollten zahlen. Das wollten sie natürlich nicht. Sie schickten an das kanadische Kriegsministerium eine Gegenrechnung, was ihnen alles kaputtgegangen und an Souvenirs »abhanden« gekommen war – vor allem die Orden und Uniformteile. Man konnte sie später in Montreal in den Läden zum Verkauf liegen sehen: EK's, Ritterkreuze, Deutsche Kreuze in Gold, Ärmelschilder, Hoheitsabzeichen etc.

Es entspann sich ein langer Briefwechsel zwischen dem Lager und dem Kriegsministerium. Und immer stand oben auf dem Briefkopf – auch bei den Antworten des Ministeriums – fein ordentlich, wie es sich in der Bürokratie gehört: Bezug, Doppelpunkt Battle of Bowmanville.

Schließlich wurde die Sache mit einem Vertrag, einem Friedensvertrag, bereinigt: Die Kanadier verzichteten auf alle ihre Forderungen, die deutschen Gefangenen auf die ihrigen. Der Vertrag trug die Unterschriften eines deutschen U-Boot-Offiziers und eines kanadischen Generals.

Vielleicht ist das der einzige erfreuliche Friedensvertrag des letzten Kriegs. Geschlossen in Bowmanville am Ontariosee.

So ganz sportlich freilich nahm die Lagerleitung den Krieg und die Berichte in der Presse nicht:

Die zerschlagenen Fenster und Türen wurden nicht repariert. Der kanadische Winter pfiff in die Stuben und jagte den Schnee auf die Betten. Die Zimmer waren kalt. Die Gefangenen dichteten, was sie mit »Bordmitteln« machen konnten; aber ihre Eingaben bewirkten beim Lagerkommandanten immer nur das »I will see what I can do«. Und er tat nichts. Erst im Frühjahr wurden die letzten Schäden beseitigt.

Dieser Winter erinnerte auf diese Weise in Bowmanville ein bißchen, ein ganz kleines bißchen, an die russischen Lager. Aber wirklich nur ein bißchen.

Die Chronik des Fesselungskrieges in Kanada wäre unvollständig, vergäße man über das schwäbische Modell dieses Krieges zu berichten; im Lager Gravenhurst – nördlich von Bowmanville – wurde es exerziert. Unter dem Lagerkommandanten Oberstleutnant Meythaler.

Als Meythaler die Liste mit den Heeresoffizieren übergeben wurde, die sich zur Fesselung am Tor melden sollten, reagierten die Betroffenen mit Unterstützung des gesamten Lagers auf ungewöhnliche Weise: Sie erschienen von Stund an in Marineuniform und führten die Namen von Marinekameraden. Es dauerte eine ganze Woche, bis die Kanadier die richtigen Leute aus der Lagerbesatzung fischten. Und als die Fesseln angelegt waren, da hielten sie keine Viertelstunde. Sie gingen immer wieder kaputt. Schließlich gab es von Nord bis Süd in Kanada keine Handschellen mehr und die Fesselung mußte mit allerlei Hilfsmitteln erfolgen, die natürlich noch weniger effektiv waren. Als die Sache zu Ende war, waren die Kanadier froh, froher als die Deutschen!

Treffpunkt Maisonette Point

Korvettenkapitän Otto Kretschmer lag in tiefem Schlaf im Bett. Da wurde leise die Tür geöffnet. Ein junger Mann im Schlafanzug huschte ins Zimmer, knipste eine Taschenlampe an: »Herr Kapitän, Herr Kapitän.« Er rüttelte den Schlafenden an der Schulter. Der fuhr hoch. »Was ist los?« »Im Aquarium ist die Decke runtergekommen, Herr Kapitän, mit einer Ladung Erdreich«, flüsterte der Oberfähnrich König.

Wie der Blitz war Kretschmer aus dem Bett. Und rüber in den benachbarten Schlafsaal, wo die jüngeren gefangenen Offiziere schliefen. Aquarium hatten sie die großen »Dormitories« getauft. Was Kretschmer sah, war schlimm.

Es ist Herbst 1943, Kriegsgefangenenlager Bowmanville, oben am Ontariosee; einst Anstalt für schwererziehbare Jugendliche. Und da die auch nicht ausbüchsen sollten, war das Anwesen als Gefangenenlager wie geschaffen. Nun saßen hier deutsche U-Bootfahrer, Flieger aus der Battle of Britain und Soldaten von Rommels Afrikakorps. Und wie alle Gefangenen der Welt beherrschte auch sie nur ein Gedanke: Wie kommen wir hier raus?

Im Schlafsaal der ehemaligen Schulzöglinge schliefen die jüngeren Offiziere; in den Räumen der ehemaligen Aufsichtslehrer darum herum wohnten die Stabsoffiziere. Prominente U-Boot-Kommandanten waren darunter, zum Beispiel Tonnagekönig Otto Kretschmer, Jahrgang 1912, Kommandant von U 99, Ritterkreuz mit Eichenlaub und Schwertern für 313 611 Tonnen versenkten Schiffsraum, Kapitänleutnant Hans Jenisch, Kommandant von U 32, Kapitänleutnant Herbert Wohlfarth, Kommandant von U 556.

Zwischen den Steinhäusern waren Baracken aufgestellt. Es gab ein Lager-Hospital, Küchengebäude mit Speisesaal, ein Vorratsgebäude mit Kantine und Tischlerei und der inneren Wache. Und um das Ganze zog sich ein doppelter Drahtzaun, der nachts beleuchtet wurde. Davor als Warngrenze ein Stolperdraht.

Im Lager schwirrte es von Fluchtprojekten, Escaperpläne war der Fachausdruck. Man hatte eine Zentralstelle gegründet, wo solche Pläne gemeldet werden mußten, damit keine Kollision entstand. Verrat oder Denunziation gab es in Bowmanville nicht.

Kapitän Kretschmer war deutscher Lagerkommandant. Das hinderte ihn nicht, mit einigen Kameraden einen raffinierten Escaperplan auszuhecken.

Wie bei allen Fluchtplänen war auch hier der Kerngedanke, eine

Geheimschlüssel Irland

»Teilt man die 26 Buchstaben des Alphabets in drei Gruppen auf, zwei Gruppen mit je neun und eine mit acht Buchstaben, so endet die erste Gruppe bei i, die zweite bei r:

1. Gruppe: a bis i als Anfangsbuchstabe bedeutet: · des Morsealphabets;
2. Gruppe: j bis r als Anfangsbuchstabe bedeutet: – des Morsealphabets;
3. Gruppe: s bis z als Anfangsbuchstabe bedeutet: / nämlich ein Trennungszeichen.

Aus den Buchstaben i und r wurde das Merkwort ›Irland‹ gebildet. Man mußte jetzt nur noch das Morsealphabet (das jeder U-Boot-Kommandant selbstverständlich beherrschte) kennen, um mit der Geheimschrift arbeiten zu können.

Als der U-Boot-Krieg begann, wurde die Aufgabe gestellt, eine Geheimschrift auszuarbeiten, die es den in Gefangenschaft geratenen U-Boot-Kommandanten ermöglichen sollte, auf dem Wege über die normale Kriegsgefangenenpost, trotz aller Zensur, Nachrichten an den BdU gelangen zu lassen oder Geheimnachrichten zu empfangen. Der BdU wollte etwas darüber erfahren, wo und auf welche Weise der Kommandant in Gefangenschaft geraten war, wie und mit welchen Waffen sein Boot versenkt wurde. Verborgen im offenen Text enthielten die Gefangenenbriefe geheime Nachrichten, über das Morsealphabet in den Anfangsbuchstaben der Textworte versteckt. So war es z. B. dem Satz: ›Meine Kameraden und auch ich waren lange in Sorge, denn wir ...‹ keineswegs anzusehen, daß er das Wort ›Mine‹ enthielt. Die Lösung war so: Das erste Wort begann mit m, gehörte damit zur zweiten Alphabetgruppe, es stellte somit, wie alle Buchstaben dieser Gruppe, den Strich eines Morsebuchstabens (–) dar. Das zweite Wort, mit k beginnend, gehörte der gleichen Gruppe an, repräsentierte also ebenfalls einen Morsestrich. Es folgt ›und‹; mit u beginnende Worte gehören zur dritten Alphabetgruppe, die ein Buchstabentrennungszeichen = (/) ausdrückten. Erkannt war jetzt der Morsebuchstabe – – = m. ›Auch‹ und ›ich‹ ergaben, da zur ersten Buchstabengruppe des Alphabets gehörend, je einen Punkt (·) des Morsealphabets, ›waren‹ wieder ein Trennungszeichen. Der zweite Geheimbuchstabe lautete also: · · = i. So ging es weiter, bis sich der gesamte Geheimtext, hier also das Wort ›Mine‹, herausgeschält hatte. Um dieses kurze Wort in Geheimschrift auszudrücken, waren allerdings elf Textworte nötig. Lange Romane ließen sich also schlecht mit dem Verfahren übermitteln, dafür wurde aber der Vorteil gewonnen, daß der Absender in der Wahl seiner Textworte einige Freiheit hatte und nicht zu völlig verkrampften Redewendungen gezwungen wurde. Das gleiche Geheimwort konnte in tausend verschiedenen Texten stehen. Es machte nichts aus, wenn der mißtrauische Zensor nicht den Originalbrief, sondern eine Schreibmaschinenkopie davon beförderte; es störte auch nicht sehr, wenn er einzelne Worte oder Satzteile unleserlich machte.«

Röhre unter dem Drahtzaun hindurch zu buddeln. Und dann? Ja, für das »dann« hatte Kretschmer eine ganz besondere Idee.

Jeder U-Bootoffizier hatte für den Fall, daß er aus der Gefangenschaft korrespondieren mußte, einen raffinierten Code, der im Text der Briefe an Eltern, Ehefrauen oder Bräute untergebracht wurde, den Geheimschlüssel Irland im Kopf: Buchstaben in bestimmter Reihenfolge untergebracht und in richtiger Folge gelesen, ergaben eine geheime Mitteilung.

Die Angehörigen der U-Bootoffiziere waren deshalb gehalten, von allen Briefen, deren Inhalt oder Formulierung ihnen seltsam erschien, dem BdU – Befehlshaber der U-Boote – Kenntnis zu geben.

Darauf baute Kretschmer seinen Plan. Der 1. Wachoffizier von U 99, von Knebel-Döberitz, bekam den Auftrag, in den Briefen an seine Mutter die Mitteilung an den Befehlshaber der deutschen U-Boote, Admiral Dönitz, über den Escaperplan unterzubringen, und anzufragen, ob er bereit sei, ein U-Boot an die Ostküste Kanadas in den St. Lorenzstrom zu schicken, um die U-Bootmänner nach geglückter Flucht aufzunehmen und nach Hause zu bringen! Ein verrückt scheinender Plan. Doch die U-Bootmänner wußten, daß sie auf ihren BdU bauen konnten.

Also der Brief von Knebel-Döberitz ging ab. Von Blumen war darin die Rede, von Frühling, sogar von einem Esel – von wegen der nötigen Buchstaben! Es las sich ganz hübsch, ganz logisch und – ganz harmlos.

Und dann ging man an die Planung. Zwar wußte man, daß auch der Luftwaffenhauptmann von Casimir mit seinem Anhang einen Tunnel grub; aber man wollte einen speziellen Marine-Tunnel bauen.

Sie hatten es nicht eilig; gingen sorgfältig zu Werke; denn schließlich wußten sie, daß die Kontaktnahme mit Dönitz, das Hin- und Herschreiben sich über viele Monate erstrecken würde. Drei Monate brauchte ein Brief, bis er beim Empfänger ankam. Es würde also mindestens zwölf Monate dauern, bis man sich mit Berlin einig sein konnte über Termin, Ort und Zeitpunkt.

Und was sagte Dönitz?

Die U-Bootführung brachte solchen Escaperplänen großes Interesse entgegen. Nicht so sehr wegen des Fluchterfolges, der ja sehr fraglich war, sondern auch – und besonders – weil solche Fluchtunternehmungen die Männer beschäftigte, sie bei Stimmung hielt, ihrem Leben Inhalt gab, Abenteuerstimmung schuf. Also so eine Art psychologische Fernbetreuung. Eine sehr nützliche und sehr wirksame Sache! In diesem Fall klang der Plan auch mal gut. Die Idee, einem halben Dutzend gefangenen U-Bootleuten, darunter ein As wie Kretschmer, zur Flucht aus Kanada zu verhelfen und mit einem U-Boot aus dem Mündungsgebiet des St. Lorenzstroms nach Hause zu holen, gefiel dem Admiral und seinen Offizieren ausnehmend gut. Das wäre ein Coup.

Frau von Knebel-Döberitz versteckte in einem rührenden Antwortbrief an ihren Sohn die positive Replik des BdU und die Ankündigung von »Hilfslieferungen«.

In Bowmanville herrschte Begeisterung. Zuerst kam das Geld. Kanadische Dollar, eingelötet im Doppelboden von Konservendosen. Ein Funkschlüssel kam auf die gleiche Weise. Ein Funkschlüssel? Nun, ein Luftwaffenoffizier hatte in die hohlen Beine eines selbstgezimmerten Tisches eine Funkempfangs- und Sendeanlage gebastelt. Ein saures Stück Arbeit. Kein Funkmaat der Marine hatte sie konstruiert, sondern ein Luftwaffenoffizier. Einer von jenen Technikern, die aus nichts, Draht und Zigarettenschachteln eben eine Funkstation zusammenbastelten, wie das in Gefangenschaft so geht.

Der Autor Carell selbst benutzte in einem amerikanischen Gefangenenlager monatelang einen Radioempfänger, der in einer Tabakschachtel für die Marke Prince Albert eingebaut war; ein Zahnarzt hatte den Empfänger gebastelt. Die Tabakschachtel in der Jackentasche überstand alle Kontrollen der eifrig suchenden Wachen.

Zusammen mit dem nach Bowmanville eingeschleusten Funkschlüssel hatte der BdU seinen Männern sogar auch eine eigene Welle zugewiesen, die Blockadebrecher-Welle, auf der sie guten Empfang hatten und mit Eifer die Sprüche des BdU entschlüsselten. Senden durften sie nur im äußersten Notfall, da sie sonst angepeilt worden wären.

Die Energie für die Sendeanlage? Die nahmen sie aus dem kanadischen Leitungsnetz. Das wurde angezapft. Sie hatten dafür einen eigenen Umformer installiert. Und das Röhrenproblem lösten sie durch Bestechung der Veterans Guards, denen sie vormachten, sie brauchten für den Projektor ihres kleinen Lagerkinos Ersatz für eine kaputtgegangene Röhre. Für die so begehrten Souvenirs und natürlich Bargeld waren die Wächter zu solchen Diensten gern bereit.

An der Tunnelröhre arbeiteten rund 50 Offiziere. Der Einstieg war in einem eigens hierfür umfunktionierten Kleiderschrank. Tagsüber hingen zur Tarnung die Klamotten drin, während der Arbeit wurden sie herausgenommen. Durch die aus Fliesen gegossene, abhebbare Grundplatte wurde »eingefahren«. Sie arbeiteten mit selbstgefertigten kleinen Hacken und gruben mit Schäufelchen aus Keksdosen.

Die Frage, die sich nach dem ersten Spatenstich stellte, lautete: Wohin mit dem Erdreich? Wohin mit dem ganzen Dreck, den die Kolonne vor Ort maulwurfsartig aus dem Kleiderschrank förderte?

Die Lösung: Über den Decken der Anbauten, die um das Haus herumliefen, befand sich ein niedriger Dachboden, gerade so hoch, um darin kriechen zu können, durchzogen von den Balken der Dachkonstruktion. Von unten war die Decke mit Korkplatten vernagelt. In die Zwischenräume packten sie das nasse Erdreich aus dem Stollen.

Der Transport unter das niedrige Dach war anstrengend. Sie bauten Transportkarren und Schienen, alles aus Holz. Und der Dreck aus dem Stollen wurde nun »maschinell« befördert: zuerst in selbstgenähten Seesäcken aus dem Stollen geholt; mit Hilfe von Taljen wurden diese auf den Dachboden gewunden; dann die Erde auf die hölzernen Transportkarren umgeladen, die kriechend auf hölzernen Schienen von Dach-Abteilung zu Dach-Abteilung geschoben und gezogen wurden. An den Deckenbalken mußte immer wieder umgeladen werden. Es war eine Viechsarbeit.

Doch eines Tages fiel alles, im wörtlichsten Sinne, ins Wasser: Der Stollen soff ab. Wassereinbruch. Alle Mühe war umsonst gewesen.

Was nun? Große Beratung. Von vorn anfangen? Das hätte den Zeitplan unheilbar durcheinandergebracht. Da sagte einer das Stichwort: Hauptmann von Casimir!

Man wußte, daß auch er an einem Tunnel arbeitete; was lag näher, als sich dieser Mannschaft anzuschließen; sich mit Casimir zusammenzutun. So geschah's.

Die Probleme mit dem ausgebuddelten Erdreich lagen jetzt etwas anders, weil der Einstieg in einem anderen Gebäude begann. Die Schachterde wurde deshalb auf dem Hauptdach gelagert. Es war ein Satteldach mit einem Riesen-Bodenraum und einer Einstiegluke an dem einen Ende, durch die das Erdreich aus dem Stollen hinaufbefördert wurde. Der Casimir'sche Stollen sollte zirka 100 Meter lang werden. Unter Stacheldraht und Straße hindurch sollte er in ein Gebüsch führen, wo ein Ausgang unauffällig gebrochen werden konnte.

Der Plan, der viele von den zahllosen Escaper-Träumen vereinigte, war, eine Massenflucht zu starten. Sternförmig sollten so an hundert Mann ins Land hinein nach allen Richtungen aufbrechen. Kretschmer und seine Freunde, darunter von Knebel-Döberitz, Kapitänleutnant Horst Elfe und Kapitänleutnant Hans Ey wollten Maisonette Point an der Chaleurbucht anstreben und dort auf das abholende Boot warten. Die Marschroute hatten sie auf dem Blatt eines Schulatlas ausbaldowert.

Der Tunnel wuchs. Sie arbeiteten unermüdlich. Nach der Erfahrung mit dem abgesoffenen Stollen, der »selbsttragend« gewesen war, wurde dieser unter der Straße jetzt abgestützt. Womit? Die Techniker überprüften die Daten der Dachkonstruktion und konstatierten: Es kann ruhig ein Teil der Deckenschalbretter herausgenommen werden. Sachgemäß zersägt, bildeten diese die Abstützungen des Schachtes. Aber die grubenmäßige Sicherung allein genügte nicht. Die Maulwürfe, die in der Tiefe buddelten, brauchten auch Luft. Das Problem wurde gelöst, indem man aus Konservendosen, die in eine Lehmrinne gelegt wurden, eine Luftleitung baute. Fast 1000 Dosen brauchten sie dazu. Es war gar nicht so einfach, sie zu beschaffen, denn in den Mülltonnen durften nicht plötzlich die leeren Konservendosen fehlen. Das hätte die Kanadier mißtrauisch gemacht. Über die Konservenleitung pumpten sie mit einem selbstgebastelten Blasebalg Luft in den Stollen. Außerdem wurde unterwegs ein Luftloch nach oben gebohrt.

Leider drang durch diese Belüftung ein Luftschwall von dem Blasebalg ins Freie. Deshalb mußte die Mündung bewacht werden. Nicht nur der kanadischen Posten wegen, sondern auch wegen der Hunde, die im Lager waren und für die dieses Luftloch ein willkommener Buddelplatz war. Darum lag über diesem Luftloch ein Offizierssoldat mit Liegestuhl und Buch auf »Lesewache«.

Und dann passierte, was Kretschmer aus dem Schlaf scheuchte: Als der Kapitän mit dem Fähnrich König, der ihn aus dem Bett geholt hatte, ins Aquarium kam, sah er die Bescherung: Zwei Quadratmeter groß waren Deckenputz, Korkplatten und Stollenerde heruntergebrochen. Die Last der gelagerten Erde war zu groß geworden.

Zum Glück war niemand von den schlafenden Offizieren zu Schaden gekommen. Was nun?

Kretschmer ließ den ganzen Dreck in eine Besenkammer schleppen. Dann holte er sein Bettlaken und sie hefteten es an die Decke. Farbe war im Werkraum. Sie wurde gelblich angerührt. Als der Morgen graute, war die Decke heil. Freilich, zu übersehen war der Fleck nicht, wenn man die Decke betrachtete. Doch es gelang, den inspizierenden kanadischen Offizier bei der Vormittags-Inspektion durch amüsante Gespräche abzulenken. Abends wurde dann mit einer Gipsplatte endgültig repariert. Kretschmer erhielt sein Bettlaken zurück. Die Farbe rauszuwaschen war nicht ganz einfach! Doch das gedichtete Leck an der Decke blieb unentdeckt. Man baute es mit der Zeit sogar zu einem richtigen Luk aus; so, als wäre hier noch ein normaler Einstieg zum Dachboden!

Der Stollen gedieh weiter. Der Zaun wurde unterschritten. Die Straße. Und damit war man in die größte Gefahrenzone geraten wegen der Belastung durch die LKWs. Sorgfältig mußte abgestützt werden.

Wieder einmal war es Nacht. Und wieder rüttelte einer Kretschmer wach: »Herr Kapitän, Herr Kapitän!« Auch die Decke im Fähnrichsaal war heruntergekommen. Nasse Erde, Korkplatten und Gipsputz hätten ums Haar einen Teil der Fähnriche erschlagen. Jetzt mußten mehrere Bettlaken her, das Loch zu flicken.

Einige Tage später begab sich leider ein weiteres Malheur: Wegen der Abstützung des Stollens hatten sie einen großen Teil der Deckenbretter entfernt. Und so geschah, was geschehen mußte. Es trat jemand beim Dreck-Stauen daneben und durch, das hieß: ein Loch in der Decke.

Wieder ein zweites Luk hineinschneiden, schlug jemand vor. Und das machten sie. Schnitten den Durchtritt säuberlich aus. Faßten ihn mit einer Leiste ein. Und die Kanadier merkten es nicht.

Mehr und mehr näherte sich der Fluchtstollen der Vollendung. Nur noch wenige Meter, dann war es geschafft.

Der Stollen hatte inzwischen nicht nur Belüftung, sondern auch elektrisches Licht. Ehe jedoch die ganze Hundertschaft auf und davon ging, schien es ratsam, diesen komplizierten Apparat wieder abzubauen. Irgendeiner hatte die anderen überzeugt, man müsse den Kanadiern die Aufspürung des Fluchtweges so schwer wie möglich machen. Eine verrückte Idee; aber sie wurde in die Praxis umgesetzt.

War es dieser Eifer, die rege Tätigkeit; hatte sich der Leichtsinn ausgebreitet; gab es einen Spitzel; oder hatten die Kanadier den Schlüssel Irland geknackt und längst Wind von dem Unternehmen und nur noch keine genaue Information? Jedenfalls geschah nur wenige Tage vor dem geplanten Ausbruch etwas Unerklärliches: Der dicke Staff-Sergeant Newman erschien am Vormittag mit drei Mann der Veterans Guards. Kontrolle!

Sie marschierten durch die Räume und dann griffen sie zu einer Feuerleiter, und Newman kletterte zum Deckenluk hinauf, das zum Dachboden führte, öffnete das Luk, zwängte seinen dicken Oberkörper hinein – und dann hörten sie alle unten im Schlafsaal nur die ständig wiederholenden Worte Newman's: »My Goodness, my Goodness!« – Der Staff-Sergeant hatte die auf dem Boden zu Hauf gestapelte Erde entdeckt! Der Staff-Sergeant, er, der für die ganze Lagerorganisation – und natürlich auch für die Sicherheit – verantwortlich war, war entsetzt, und als er von der Leiter herunterkam, bleich bis an die Ohren.

Newman rauschte davon. Der General kam. Schweigend betrachtete er die Bescherung. »Wo ist der Stollen?«

Die Escaper schalteten blitzschnell. Verständigten sich mit ein paar Worten. Und dann war reges Geflitze, halblaute Warnrufe, aber laut genug, daß die Wachen es hörten; ein Schrank wurde verbarrikadiert, polternd, so daß die nervösen Wachen aufmerksam wurden: »Was ist mit dem Schrank, aufmachen!« Die Stubenbesatzung zierte sich; da griffen die Wachen zu: Aha! Nun, es war der Schrank zum Eingang zu dem abgesoffenen, längst aufgegebenen Stollen. Fielen die Kanadier auf diesen Trick rein?

Die Kanadier krochen in den alten Tunnel. Sie lächelten siegessicher. Waren sie überzeugt, den richtigen Stollen zu haben? Leider aber war da ein kanadischer Pionieroffizier. Und der kroch auch in den Stollen. Und als er wieder rauskam, meinte er: »So viel Erde kann nicht aus dem kleinen Gang kommen. Es muß noch einen Stollen geben.«

Das ganze Lager wurde auf den Kopf gestellt. Die Wachmannschaften stachen mit Eisensonden den Boden ab. Und sie fanden schließlich, was sie suchten. Nicht mehr als zwei Meter fehlten an der Vollendung. Und: Das U-Boot, das sie in der Chaleurbucht abholen sollte, mußte bereits dicht am Zielort sein.

Die Enttäuschung war grenzenlos. Aber aufgeben? Nein! Und nochmal Nein! Doch wie? Tunnelbau war erstmal aus. Die Lage erforderte eine ganz neue Konzeption. Die Lösung kam von Kapitänleutnant Heyda. Einem sympathischen Einzelgänger, der an einem Gibraltar-Geleitzug sein Boot, U 434, verloren hatte. Während Kretschmer und seine Männer konservativ ihren Tunnel buddelten, hatte Heyda einen eigenen, revolutionären Escaper-Plan ausgeheckt: Er wollte nicht unter, sondern über den Stacheldraht hinweg. Und zwar an der Starkstromleitung entlang. Das klang abenteuerlich. Aber es war eigentlich ganz einfach. Wie alle guten Dinge:

Außerhalb und innerhalb des Drahtzaunes stand je ein Holzmast. Von einem zum anderen lief das Stromkabel, das – über den Zaun hinweg – das Lager mit Strom versorgte. Daran hatte Heyda seinen Plan geknüpft.

Er hatte sich Steigeisen gebaut. Dann einen Bootsmannstuhl gezimmert: ein Brett, das in Tauen hängt; oben brachte er hölzerne Führungsrollen an. Sein Plan: Nachts mit den Steigeisen am inneren Mast emporsteigen. Die Rollen seines Bootsmannstuhls auf das Kabel hängen. Und sie dann – frei vom Boden – mit den Händen an dem Kabel über den Stacheldraht hinwegholen, um drüben über den Außenmast wieder abzusteigen und zu verduften.

Die entscheidende Frage: Würde das Kabel einen Mann tragen, einen schmalen, schmächtigen Mann zwar, Mitte 20, aber immerhin über 60 kg wog er. Ausprobieren konnte man die Sache nicht; das Risiko, daß das Kabel riß, mußte in Kauf genommen werden. Und Heyda war entschlossen, es in Kauf zu nehmen.

Freilich, eine Massenflucht über das Stromkabel war nicht möglich. Aber nachdem die nun sowieso bis zum Erscheinen des angeforderten U-Boots, das sich mit Sicherheit auf dem Wege in die Chaleurbucht befinden mußte, nicht mehr zu bewerkstelligen war, sollte es nicht ganz vergeblich warten. Einen sollte es dann wenigstens mitnehmen können. Einen statt fünf, sechs – so deprimierend das für die anderen war. Und da die Sache mit dem Stromkabel Heydas Plan war, stand ihm auch der Platz im U-Boot zu. So waren sie, die U-Boot-Asse!

Alle arbeiteten nun für Heydas Flucht. Er bekam eine kanadische Armeeuniform mit den Rangabzeichen eines Sergeanten, die sich in den geheimen Beständen der Gefangenen befand, weil eine Reinigungsfirma sich versehen hatte, und bereits einem anderen Escaper-Plan gedient hatte, über den noch zu erzählen ist. Er bekam das Geld, das in den doppelten Böden der Konservendosen aus Deutschland gekommen war. Bekam eine Identitätskarte und ein prima gefälschtes Schreiben mit der Unterschrift des Oberkommandierenden der Kanadischen Marine. Es gestattete das Betreten des Sperrgebiets um Maisonette Point. Die Unterschrift hatte ein Künstler, dessen Hobby »Malings« waren, Zeichnungen vom Lager und von Mitgefangenen, nach einem Faksimile aus einer Zeitung fabriziert.

Und eines Nachts war Heyda weg. Seine Kameraden hatten eine große Singerei veranstaltet, der die Posten lauschten. Genau nach der ersten Strophe von »Am Brunnen vor dem Tore« segelte Heyda durch die Luft.

Als er außerhalb des Lagers vom Mast kletterte, rief ihn ein Posten vom Turm an. »Officer of the watch«, antwortete Heyda kaltschnäuzig – und marschierte in seiner Sergeanten-Uniform ruhig davon.

Beim morgendlichen Roll-Call – in Fünferkolonne wurde am kanadischen Offizier vom Dienst und Sergeanten vom Dienst – vorbeimarschiert – veranstalteten die Männer ein wohleinstudiertes Theater, so daß Heydas Fehlen noch nicht entdeckt wurde. Am anderen Abend glückte die Sache zwar nur unter Schwierigkeiten nochmal: durch Vorbeimarsch mit einer ausgestopften Puppe.

So bekam Heyda 36 Stunden Vorsprung, ehe die verschiedenen Roll-Call-Tricks nichts mehr halfen und die Kanadier den großen Fluchtalarm auslösten.

Von Bowmanville aus bis zur kleinen Hafenstadt Bath – über Montreal – fuhr Heyda frech in seiner Sergeanten-Uniform mit der Bahn. Dann machte er sich zu Fuß auf den Weg nach Maisonette Point, wo, wie er hoffte, Schauenburg mit seinem U-Boot auf ihn warteten.

Das Boot war tatsächlich schon am Ort der Handlung. Im Juli 1943 hatte Admiral Dönitz anläßlich einer Rückmeldung von einer Feindfahrt, zu Kapitänleutnant Rolf Schauenburg gesagt: »Schauenburg, ich habe etwas besonderes für Sie; ein Sonderunternehmen an der kanadischen Küste; haben Sie Lust?« Natürlich hatte Schauenburg Lust.

Er erzählte: »Ich fuhr erst acht Tage in Urlaub und dann in den Stützpunkt nach Frankreich. Da kam Addi Schnee vom BdU-Stab mit Instruktionen: ›Du, da ist was zu machen. Eine tolle Sache!‹ Und Vater Kals, mein Flottillenchef, gab mir die näheren Weisungen: ›Abzuholen sind Kretschmer, von Knebel-Döberitz, Elfe, Ey.‹ Und dann enthüllte er mir den abenteuerlichen Fluchtplan Kretschmers.

Ein Sonderkurier aus Berlin brachte das Spezialkarten-Material. Inzwischen rüstete ich mein Boot aus. Niemand in Lorient ahnte etwas.«

Und dann fuhren sie los. Pflügten durch den Atlantik. Funkten nicht. Ließen sich von nichts ablenken.

Und dann winkte das Ziel. Nachts und aufgetaucht gingen sie durch die Cabot-Straße in den St. Lorenz hinein: Sie standen vor Kanadas Haustür.

Der Lichtkegel des Leuchtturms von Maisonette Point strahlte friedensmäßig über das Mündungsgebiet des St. Lorenzstroms. Der helle Finger tastete sich durch die dunkle Chaleurbucht, weit hinaus aufs Meer. Es war Neumond, aber sternenklar. Das hieß für die Männer auf der Brücke von U 536 ideales Wetter: dunkel und doch sichtig.

In weitem Bogen, bis in Sicht der Anticosti-Insel ausholend, ging Schauenburg in die Chaleurbucht hinein. Die Einfahrt war durch einen Zerstörerkordon gesperrt; aber er schlich sich durch.

Merkwürdig tot war die ganze Bucht. Keinerlei Bewegung, kein Fahrzeug, kein Fischer, alles wie ausgestorben.

Schauenburg tauchte. Zweieinhalb Tage standen sie unter Wasser in der Mitte der Bucht und warteten und beobachteten die Küste von Maisonette Point. Es war ein ungewohnt friedensmäßiges Bild: Beleuchtete Straßen, hellerleuchtete Häuser und Straßenbahnen. Scheinwerfer von Autos auf abschüssigen Chausseen. Der Lichtkegel des Leuchtfeuers von Maisonette Point.

Kapitänleutnant Schauenburg versammelte die Mannschaft und weihte sie in den Geheimauftrag ein. Das war natürlich etwas für sie: Rollkommando bilden, an Land pullen und Kretschmer holen, »Otto den Schweigsamen«, wie der Tonnagekönig allgemein hieß.

»Mensch«, sagten sie, »Mensch, das ist ein Ding.« Der 2. Wachoffizier, Leutnant zur See Freudenberg, war als Führer für das Landunternehmen ausersehen. Er stellte gleich seine kleine Gruppe zusammen, mit der er im Schlauchboot an Land gehen wollte.

Endlich war es soweit. In der Abenddämmerung nahm Schauenburg einen sorgsamen Sehrohr-Rundblick aus der Mitte der Bucht. Er stand etwas querab vom verabredeten Punkt und ging nun dicht an die Küste. An Land schien alles ruhig. Niemand an Bord ahnte etwas Böses.

Als es völlig dunkel geworden war, kurz vor der verabredeten Zeit 23 Uhr, tauchte U 536 auf, um durchzulüften und die Batterie aufzuladen. Mit E-Maschine fuhren sie ganz langsam an. Lautlos schlichen sie bis auf 500 Meter an die Küste. Die Doppelgläser vor den Augen.

Der Strand lag dunkel, aber deutlich vor ihnen. Es war nichts Verdächtiges zu sehen. Aber auch keins der verabredeten Zeichen! Es war nun 23.15 Uhr und sie standen etwa hundert Meter westlicher als verabredet. Das Boot ging noch näher heran und lief an der Küste auf und ab. Flacher Strand war zu erkennen, Sand, Buschwerk und weiter hinten Bäume.

Sie mußten aufpassen, nicht in den Lichtkegel des Leuchtturms zu kommen.

Noch immer rührte sich nichts. Die Funkstation war auf der verabredeten Welle besetzt, auf der der Lagergeheimsender die geglückte Flucht melden sollte. Ungeduldig fragte Schauenburg hinunter. Nein, kein Empfang! Und drüben keine Licht-Morsezeichen.

Aber dann plötzlich der Ruf des Funkers: »Herr Kaleu'nt! Anruf für uns!« Alle waren wie elektrisiert, jetzt ging also das Abenteuer los!

War Heyda auf Warteposition? Er war. Aber nicht wie Schauenburg glaubte.

Drüben an Land hatte Heyda glücklich die Landzunge von Maisonette Point erreicht. Aber das war nicht mehr der einsame Ort. Eine Abteilung kanadischer Soldaten lag in Stellung. Ihr Kommandeur hielt den Einzelgänger Heyda an und unterzog seine Papiere einer genauen Prüfung.

»Was tun Sie hier?«

»Geologische Untersuchung im Auftrag des Oberbefehlshabers der Kanadischen Marine.«

Heyda reichte, ohne mit der Wimper zu zucken, seine gefälschten Dokumente hinüber.

Der Kanadier prüfte. »O. k.« sagte er endlich. »Sie können gehen.« So gut waren die Papiere!

Tagsüber kampierte Heyda in einer alten Bretterbude, ein paar hundert Meter vom Leuchtturm entfernt. Aber er mußte bei Nacht auf die Landspitze; denn es galt ja, das Schlauchboot heranzumorsen. Also schlenderte er nach Dunkelwerden los. Doch wieder wurde der ›Geologe‹ von einem kanadischen Wachtposten unter die Lupe genommen. Dieser war mißtrauischer. Nahm ihn mit zum Leuchtturm. Ließ telefonisch im Marineamt rückfragen. Von dort kam Fehlanzeige. Heyda wurde arretiert. Durchsucht. Verhört. Als Agent verdächtigt. Schließlich gab er zu, wer er war. Nannte Namen und Dienstgrad, sonst nichts. Natürlich auch kein Wort von dem U-Boot. Aber das war, wie sich bald zeigen sollte, auch nicht nötig.

Während Schauenburg und seine Männer von der Brücke ihres U-Boots angestrengt durch ihre Doppelgläser zum Strand spähten, wurde Heyda schwer bewacht in den Oberraum des Leuchtturms von Maisonette Point gebracht. Was er dort sah und hörte, ließ ihm das Blut gefrieren: Englische Seeoffiziere waren da. Funkgeräte waren aufgestellt. Und dann kam die explosive Frage des Engländers an Heyda: »Sind Sie vielleicht der Mann, den der Kapitänleutnant Schauenburg mit seinem Boot abholen soll?«

Heyda muß ein sehr verdutztes Gesicht gemacht haben. Der Tommy lachte und sagte in der Manier eines mitteilungsfreudigen Kriminalisten, der sich am Ziel sieht und keinen Fehlschlag mehr fürchtet: »Ja, Gentleman, wir haben einen guten Service; seit Wochen wissen wir von der Aktion; was wir nicht wußten, war, ob Schauenburg jemand holen oder bringen soll. Es scheint, daß er Sie holen sollte. Nun, er ist da. Und wir haben ihn in der Falle.«

Kein Zweifel: Schauenburgs Fahrt war den Engländern bekannt. Verrat? Oder Funkaufklärung, die, wie wir heute wissen, viel wirksamer war als allgemein noch lange nach dem Kriege angenommen wurde. Die Engländer haben bis heute über den Fall keine Enthüllungen gemacht.

Heyda wurde nach seinem Gespräch mit dem englischen Offizier wieder abgeführt und in den unteren Raum des Leuchtturms gesperrt. Von hier aus wird er Ohrenzeuge der Befehle, die der Engländer oben über Funkspruch an die hinter einer Landspitze verborgen liegenden Zerstörer gibt. Es ist eine ganze U-Jagd-Gruppe, und sie erhält Befehl, das deutsche U-Boot in der Chaleurbucht zu jagen.

»Das Boot«, hört Heyda den Engländer in den Sprechfunk rufen, »das Boot steht in 400 Meter Abstand von der Küste, peilt vom Leuchtturm aus in X Grad. Achtung, U-Jagd-Gruppe, wir werden das Boot jetzt anrufen.«

Das war der Augenblick, in dem Kapitänleutnant Schauenburg aus dem Funkraum seines U-Bootes freudig zugerufen wurde: »Herr Kaleu'nt Anruf für uns!« Und gleich darauf: »Anruf lautet: Komm, komm.« Schauenburg stutzte. Komm, komm? Das war nicht das verabredete Signal. Schauenburg, der Fuchs, spürte, daß da etwas nicht in Ordnung war.

»Stimmt die Welle«, fragt er in den Funkraum. »Nein, die Welle stimmt nicht.«

Falsches Signal auf falscher Welle! Und vom Strand nicht das verabredete Lichtzeichen.

Schauenburg wurde vom Mißtrauen befallen; jene »Tugend« kam über ihn, die ihn, den kühnen Draufgänger, schon oft in mißlicher Lage vor bösen Überraschungen bewahrt hatte: die Vorsicht.

Schauenburg drehte ab, um ein Stück abzulaufen und den zweiten für ein Uhr verabredeten Anruf abzuwarten.

Ein starkes Nordlicht erleuchtete plötzlich die Szene. Das Boot lag hell auf dem Präsentierteller. »Alarm, tauchen.« Und weg waren sie. Zum Glück!

Kaum war das Boot unter Wasser, da meldete der Horchraum starke Schraubengeräusche. Es blieb keine Wahl. Schauenburg legte das Boot bei 30 Meter auf Grund und ließ alles abstellen: kein Geräusch, kein Laut!

Kaum war dieser Befehl erfolgt, da mahlte es auch schon heran, und dann war es, als wollte die Welt untergehen! Die erste Serie von Wasserbomben krachte.

Merkwürdigerweise war der Schaden gering. Es gab starke Erschütterungen im Boot. Das Licht fiel aus. Ein paar Gläser platzten. Aber sonst passierte nichts. Wahrscheinlich war auf dem flachen Wasser der Hauptdruck nach oben ausgewichen.

Und nun schickte Schauenburg alle in die Kojen, damit Luft gespart wurde, denn diese Verfolgung konnte lange dauern.

Schließlich ließ sich das Boot vom Grund lösen und kroch seewärts, bis es ein Loch von 40 Meter Tiefe hatte, in das es sich hineinlegen konnte. Dort warteten sie den ganzen Tag und mucksten sich nicht. Alles lag flach; nur das Horchgerät und die Zentrale waren besetzt.

Als es Mittag geworden war, suchten immer noch vier Fahrzeuge die Bucht ab. Aber ihr Suchstreifen wurde ständig weiter seewärts verlegt. Stundenlang wanderten oben die Geräusche. Sägten an den Nerven. Bald ferner, bald näher. Hin und her. Allmählich wurde die Luft im Boot knapp. Zur Abenddämmerung verholte das Boot zum Ausgang der Chaleurbucht, um mit der Dunkelheit aufzutauchen. Sehrohr-Rundblick: alles frei!

Schauenburg gelang die Meisterleistung, mit hart beschädigtem Boot nicht nur wieder aus der Bucht und der Mündung des St. Lorenzstroms in die offene See zu entkommen – sondern auch noch zwei kanadische Zerstörer mit einem Torpedofächer seiner neusten Zaunkönig-Torpedos – die ihr Ziel selbst suchen – abzuschießen.

Schauenburg hat den Krieg überlebt. Und der kühne Heyda? Der Mann, der im Kampf sein U-Boot verlor; gerettet wurde; in Gefangenschaft geriet; über eine Starkstromleitung in die Freiheit floh; wieder gefangen wurde – kehrte nach dem Kriege nach Hause zurück und starb wenige Wochen nach der Heimkehr an Polio – auch Kinderlähmung genannt. Welch ein Schicksal!

Rolf Schauenburg erwischte es auf der Rückfahrt aus der Chaleurbucht nördlich der Azoren am 20. November 1943. Als er einen Geleitzug angriff, knackten ihn kanadische und englische Zerstörer. Er wurde aufgefischt und gefangen. Er überlebte.

Findige Escaper

In den kanadischen Gefangenenlagern Bowmanville und Grizedale Hall aber ging noch mancher Escaper-Plan über die Bühne.

Einer ragt heraus, weil er nicht nur besonders originell, sondern weil er einer der wenigen erfolgreichen Fluchtaktionen aus Kanada war.

Der Luftwaffen-Oberleutnant Steinhilper erschien eines Tages mit Leiter und Farbtopf am Drahtzaun, bewacht von einem Sergeanten, der in Wahrheit ein Mitgefangener war. Er hatte sich jene kanadische Sergeantenuniform angezogen, die aus Versehen von einer Reinigungsfirma zwischen den gereinigten Klamotten der gefangenen Marineoffiziere mit ins Lager geraten war und später Kapitänleutnant Heyda zur Flucht diente. Während der Sergeant wachhabend seine Pfeife rauchte, pinselte Steinhilper gelbe Ringe um die Zaunmasten, stieg schließlich mit der Leiter über den Zaun, um auch von außen sein Werk akkurat zu beenden. Und zog mit der Leiter immer weiter, von Pfahl zu Pfahl, bis in einen toten Winkel zum Wachturm. Dann verschwand er im Gebüsch.

Auch der Sergeant zog davon, die Uniform aus und war wieder Gefangener. Die Uniform blieb versteckt bis Kaleu Heyda sie für seine Flucht zum Maisonette Point benutzte. Steinhilper allerdings hatte mehr Glück als Heyda. Es dauerte vier Tage, ehe seine Flucht entdeckt wurde; aber da war er schon per Zug über alle Berge. Geld und gut gefälschte Papiere ließen ihn nach USA gelangen, wo er erfolgreich bis Kriegsschluß untertauchte.

Und da war der Leutnant Krug, Escaper-Krug genannt, weil er immer neue Fluchtpläne ausheckte. Beinahe wäre ihm geglückt, nach Mexiko zu kommen. Er war sich seiner Sache ganz sicher. Hatte alles akkurat vorbereitet. Er wollte nicht nachts über die Grenze, sondern bei Tage und übernachtete deshalb in einer kleinen, bescheidenen Absteige. Dort aber fiel er einem Gast auf. Nicht wegen seines Aussehens, nicht wegen seines Verhaltens, nicht wegen der Sprache; nein, er trug seine gute schöne Armbanduhr; und die wurde ihm in jenem Armbanduhren-abstinenten Milieu zum Verhängnis; denn in der Nacht zuvor, war in ein Uhrengeschäft eingebrochen worden und die Zeitung hatte darüber ausführlich berichtet und eine Belohnung für die Ergreifung der Täter ausgesetzt.

Der Gast informierte die Polizei. Sie kam. »Wo hast Du die Uhr her?« Krug war auf alles gefaßt gewesen, nur nicht auf den Herkunftsbeweis seiner Armbanduhr. Er schwindelte drauflos; aber überzeugte den Polizisten nicht. Er nahm ihn mit zur Wache. Und dort war inzwischen auch ein Fahndungsfoto vom Lager eingetroffen. Aus!

In Gravenhurst ließ sich Leutnant Schmidt vom Lagerarzt sogar einen Hockey-Puck unters Kinn einoperieren, nachdem er einen Sturz mit Knieverletzung erlitten hatte, und versteckte sich im Lager, während man im Lande überall nach ihm suchte. Er wollte erst fliehen, wenn die Fahndung nicht mehr energisch betrieben wurde und außerdem das Fahndungsfoto aus der Kartei mit seinem veränderten Kinn wirkungslos machen.

Doch beim nächtlichen Spaziergang im Lager erwischte ihn ausgerechnet der Lager-Sergeant, der ihn gut kannte. Aus!

Der Puck wurde wieder rausoperiert. Was blieb, war der dann weithin bekannte Spitzname: Body-Schmidt.

Man hat die in kanadischen Lagern gefangenen deutschen Offiziere die »Kavaliere von Kanada« genannt. Sie litten keinen Hunger. Ihr Leben war nicht bedroht. Sie lasen Bücher, soviel sie wollten. Studierten Sprachen. Spielten Theater. Und hatten anspruchsvolle eigene Tanzorchester. Es war der Stacheldraht, die fehlende Freiheit, das Heimweh und die Sehnsucht, die sie zu Meistern der Flucht, zu Genies der Täuschung machte und lebensgefährliche phantastische Abenteuer auf sich nehmen ließ, um nach Hause zu kommen, wo der Krieg auf sie wartete – und Krieg ist immer dicht beim Tod. Aber nichts schreckte sie, auch sie nicht, die Kavaliere von Kanada.

Schließlich soll die Geschichte von Charly Müller nicht vergessen werden, der auf wunderliche Weise erst gar nicht nach Kanada kam, um sich dort in die Escaper-Mannschaft einzureihen. Er war der einzige deutsche Offizier, der einen amerikanischen Lagerkommandanten als Fluchthelfer hatte – um einen heute gängigen Begriff zu benutzen.

Der deutsche Kriegsgefangene mit dem klassischen deutschen Namen Müller fühlte sich an diesem Septembermorgen des Jahres 1944 mehr als ungemütlich. Schuld war nicht der graue, nach Schwefel schmeckende Nebel Londons, sondern seine Kleidung. Eigentlich hätten die bequemen grauen Flanellhosen, die man ihm ein paar Stunden vorher gegeben hatte sowie die ebenfalls nagelneue Tweedjacke, das weiße Sporthemd und der geflochtene Schlips, ihm ein gewisses Wohlbehagen geben müssen: denn er hatte wochenlang in seiner Marineuniform gesteckt und auf See den Rollkragenpullover und das Lederpäckchen getragen. Die Ungemütlichkeit war zurückzuführen auf den beinahe feierlichen Empfang, den man ihm, dem erfolgreichen Feind, dem Schnellboot-Kommandanten, Kapitänleutnant und Chef der 10. S-Flottille Charly Müller, hier in dem berühmten Gebäude der britischen Admiralität bereitet hatte. Ein Admiral schlug ihm auf die Schulter, ein anderer schüttelte ihm die Hand, und die Offiziere der Royal Navy behandelten ihn mit ebensoviel Freundlichkeit wie Hochachtung. Gegen diese Navy hatte er noch vorgestern im Ärmelkanal mit den Booten seiner Flotille einen Kampf auf Leben und Tod geführt. Dabei wurde sein Schnellboot versenkt und er und seine Besatzung aufgefischt und als Gefangene in das Lager 16 Kensington Palace Gardens London-W gebracht, »The London District Cage« (Londoner Käfig). Er war mit seinen 28 Jahren nicht irgendein Kapitänleutnant Müller. Er war Charly Müller – das Schnellboot-As der deutschen Kriegsmarine; erfolgreicher Spezialist im Torpedieren britischer Küstenfrachter; Spezialist im heimlichen Kleckern von tödlichen Minen im Kanal. Einer der ganz schnellen Windhunde dieser schnellen Truppe, zu denen auch andere berühmte S-Boot-Kommandanten gehörten – wie Friedrich Kemnade, Ritter von Georg, Nico Stempel, Götz Freiherr von Mirbach und Heinz Birnbacher. – Alles Männer, die den Engländern nur zu gut bekannt waren. Charly Müller hatte bei den Briten drei Ausrufezeichen hinter seinem Namen in der Karte. Er war auf der Hut. Er fühlte zwar, daß die Freundlichkeit des Gegners mitten im Krieg nicht gespielt war.

Dennoch wußte er, daß die Briten alles daransetzen würden, ihn, den erfolgreichen Ritterkreuzträger, eben durch das Händeschütteln und die drei-Finger-hohen Whiskys, die an den Schreibtischen ausgeschenkt wurden, aufs Kreuz zu legen. Das durfte ihnen nicht gelingen. Kein Wort würde er ihnen sagen über seine Waffe oder die Taktik seiner Schnellboot-Angriffe.

An den Wänden des Lagezimmers des Führers der E-Boote, wie die Briten ihre Schnellboote nannten, hingen Seekarten. Charly Müller warf verstohlene Blicke, studierte die eingezeichneten Minensperren. Die Engländer beobachteten sein Kartenstudium. Sie ließen ihn gewähren. Was konnte dieser deutsche Gefangene schon für Vorteile aus seinem Wissen ziehen. Man würde ihn ein paar Tage feiern, versuchen auszuhorchen und dann in eines der großen Lager nach Kanada abschieben.

Noch wurde gelacht, der Krieg schien vergessen. Ein Offizier nach dem anderen holte seine Whisky-Flasche hervor. Es wurde auf alles getrunken: auf die Erfolge, auf die Familien, auf die Flottille, die Seefahrt. Nur auf einen wurde nicht getrunken: auf Adolf Hitler.

Nach einigen Stunden brachte der Begleitoffizier Charly Müllers, Lieutenant-Commander Peter Scott, ebenfalls in Zivil, seinen Gefangenen zurück in den Londoner Käfig – wie das spezielle Lager in der englischen Metropole unter Kennern genannt wurde.

»Lassen Sie sich kommen, was Sie wollen. Vor allem: schlafen Sie gut. Machen Sie sich um Ihre Leute keine Gedanken. Auch die behandeln wir gut«, sagte Scott. Dann verabschiedete er sich mit den Worten: »Morgen hole ich Sie zu einem ungezwungenen Gespräch ab.«

Scott, Chef einer Torpedobootsflottille, sollte der Interrogator (Vernehmer) von Müller werden; er schrieb an einer Studie über die Taktik der deutschen Schnellboote und erhoffte sich brauchbare Informationen aus »zwanglosen Gesprächen« beim Whisky. Er hoffte vergeblich.

Seit vier Tagen hatte der Londoner Käfig einen neuen Lagerkommandanten – einen alten Herrn. Er war aus Amerika gekommen, um für große Lager in Frankreich und Deutschland in der Praxis zu lernen, wie man so ein Camp führt. Dieser Kommandant, ein Infanterie-Oberst einer berühmten amerikanischen Division, hatte wahrlich keine Ahnung von Lagerführung. Aber er würde es lernen. An diesem Tage, an dem Charly Müller zu seinem abendlichen Gespräch abgeholt werden sollte, standen frühmorgens 28 kriegsgefangene deutsche Offiziere aller drei Wehrmachtsteile auf dem Hof. Alle verwundet oder krank. Sie zeigten nicht die verbissenen Gesichter machtloser Gefangener. Sie hatten fast strahlende Augen; denn sie sollten gegen kranke und blessierte Briten in deutschen Gefangenenlagern über Schweden ausgetauscht werden.

Die Austauschverhandlungen über das Internationale Rote Kreuz hatten sich mal wieder endlos in die Länge gezogen. Um so schneller mußte jetzt alles gehen. Das schwedische Lazarettschiff ›Drottning‹ lag auslaufbereit in Southhampton. Der Kurs des Schiffes nach Stockholm war der deutschen Kriegsmarine gemeldet, damit dem Schiff nichts passierte; und der Sonderzug, der die deutschen Austausch-Offiziere in den südenglischen Hafen bringen sollte, stand bereits unter Dampf in Londons großem Bahnhof Waterloo Station.

Der amerikanische Oberst schaute immer wieder auf seine Liste mit den Namen der Deutschen.

»Verdammt!«, sagte er plötzlich. »Hier sind nur achtundzwanzig kranke Offiziere angetreten. Dreißig müssen es sein. Dreißig Engländer warten in Stockholm. Schlamperei!«, schrie er seinen Adjudanten an.

Dann fiel sein Blick auf die herumstehenden anderen deutschen Offiziere, die ihre glücklichen Kameraden beobachteten. Unter den Neugierigen stand Charly Müller. Er hatte seine englische Sportkluft wieder gegen seine Marine-Uniform gewechselt. Plötzlich fixierte ihn der Ami-Oberst.

»Sie, da, wollen Sie nicht vielleicht nach Hause? Mit dem Ding um'n Hals, mit dem Knights Cross oder wie Sie es nennen, zählen Sie doch direkt doppelt! Sie machen die zwei Mann aus, die mir fehlen!«

Charly Müllers Antwort kam ebenso fix wie laut. Er schrie in englisch:

»Sure, I want to go home!« und stellte sich schnell zu den 28 Glücklichen.

Als am Abend Lieutnant-Commander Scott den Schnellboot-Kommandanten Charly Müller zu jenem ersten Vernehmungsgespräch mit Whisky abholen wollte, war er längst auf hoher See an Bord des schwedischen Dampfers. Eine Möglichkeit, ihn von dem neutralen Schiff herunterzuholen, gab es nicht, und in der Admiralität gab es nur lange Gesichter.

Noch ein Mann befand sich bald auf hoher See. Es war der amerikanische Oberst.

Die Unbeugsamen von Papago-Park

Das aufregendste und größte Fluchtunternehmen der deutschen Kriegsgefangenengeschichte ist mit dem Namen Papago-Park verbunden. Papago-Park war ein amerikanisches Kriegsgefangenenlager im südwestlichen US-Staat Arizona, der sich zwischen dem Colorado-Plateau mit dem Grand Canyon und der mexikanischen Grenze erstreckt.

Ein heißes, trockenes Gebiet mit weiten Sandwüsten, großen Landschaftsschutzgebieten, Indianer-Reservaten.

Vom Lager Papago-Park, nahe der Hauptstadt Phoenix, waren es rund 200 Kilometer zur mexikanischen Grenze – vier bis fünf Nachtmärsche für einen Mann, der bei guten Kräften ist. Papago-Park war für ein paar tausend deutsche Kriegsgefangene ein Begriff; und Schauplatz einer unvergeßlichen Geschichte. Doch erst etwas über die Akteure und ihren Weg nach Arizona.

Am 13. November 1941 stampfte ein Verband britischer Kriegsschiffe durchs Mittelmeer nach Westen: zwei Flugzeugträger, ein Schlachtschiff und sieben Zerstörer. Die Träger hatten 37 Jäger und sechs Bomber zur Verteidigung der Mittelmeerinsel Malta gestartet, das britische Bollwerk für den alliierten Nachschub nach Afrika, der Rommel so zu schaffen machte; weshalb schwere deutsche und italienische Angriffe die Insel zermürben und sturmreif machen sollten.

Von der Brücke des Trägers ›Ark Royal‹ blickte Kapitän Maund gegen den westlichen Horizont. Er war zufrieden: die Operation war planmäßig ausgeführt; der Hafen Gibraltar nicht mehr weit entfernt.

Doch da passierte es: Eine gewaltige Detonation donnerte an der Bordwand auf, ein harter Schlag erschütterte das mächtige Schiff. Fontänen aus Wasser und Qualm schossen an der Steuerbordseite hoch. Feueralarm. Geschrei. Meldung zur Brücke: »Torpedotreffer. Wassereinbruch mittschiffs – im Pumpenraum!«

1200 Meter von der ›Ark Royal‹ entfernt ging der Schütze, der dem Flugzeugträger den schweren Schlag versetzt hatte, gerade auf Tiefe: das deutsche U-Boot U 81, Kommandant Kapitänleutnant Fritz Guggenberger. Er konnte die Wirkung des Torpedofächers, den sein Boot gegen den britischen Verband abgefeuert hatte, nicht mehr beobachten: Britische Zerstörer stürmten heran.

Von nachmittags bis 23 Uhr blieb U 81 auf Tiefe. Die Wasserbomben der Zerstörer trafen nicht. Die ›Ark Royal‹ schleppte sich mühsam weiter auf Gibraltar zu. Doch das Schiff war nicht mehr zu halten. Der Flugzeugträger, 31 000 Tonnen groß, Besatzung 1575 Mann, sank wenige Meilen vor dem rettenden Hafen.

Ein schwerer Verlust für die britischen Seestreitkräfte im Mittelmeer. Ein grandioser Erfolg der deutschen U-Bootwaffe.

Der 26jährige Kapitänleutnant Fritz Guggenberger, einer der kühnsten U-Bootkommandanten, erhielt für die Versenkung der ›Ark Royal‹ das Ritterkreuz. Guggenberger war nun eins der Asse von Admiral Dönitz »grauen Wölfen«.

Zwei Jahre später pirscht Kapitänleutnant Fritz Guggenberger, jetzt Kommandant von U 513, in den Gewässern vor der brasilianischen Küste. Immer hatte er das, was Friedrich der Große die neben Mut und Tüchtigkeit des Offiziers so entscheidend wichtige »Fortune« nannte. Doch auch der Erfahrenste hat keine Erbpacht auf das Glück. Und an diesem Tage verließ es ihn. Ein amerikanisches Kampfflugzeug schießt mit der tiefstehenden Sonne im Rücken heran. Guggenberger taucht nicht, er hofft, das Flugzeug mit seiner geübten Geschützmannschaft abschießen zu können. Doch sein Gegner ist ein ebenso erfahrener Seeflieger, er stößt durch das Flakfeuer und setzt zwei Bomben direkt neben das Boot. Mit dem Bug voran geht es auf Tiefe, das letzte was das Flugzeug sieht, sind die in der Luft wirbelnden Schrauben.

Sieben Mann – Geschützmannschaft und Turmbesatzung – können sich retten. Einer von ihnen ist der Kommandant Fritz Guggenberger. Er berichtet über den Augenblick, in dem der Sog des sinkenden Boots ihn mit sich zu reißen drohte: »Dunkelheit des Wassers um mich. Der Kopf zum Platzen ohne Luft. An mir vorbei schossen riesige Blasen nach oben. Ich krabbelte wie ein Dackel. Alles rauschte. Dann endlich konnte ich frei atmen. War an der Wasseroberfläche, schwamm in einem zischenden Teppich aus weißem Schaum.«

Die sieben von U 513 schwammen im Atlantik um ihr Leben. Die amerikanische Maschine flog wieder an und – warf ein Schlauchboot ab. Die sieben Deutschen zogen sich in das Gummifloß. Im Boot erst merkte Kapitänleutnant Guggenberger, daß er sich den Rücken aufgerissen hatte. Er war schwerverwundet und blutete.

Die US-Maschine zog über den schiffbrüchigen Deutschen ihre Runden. Wurde von einem anderen amerikanischen Flugzeug abgelöst, das eine Leuchtboje abwarf.

Am nächsten Morgen stampfte der US-Kreuzer ›Barnegat‹ heran. Er nahm Kurs auf Boje und Boot und nahm die Deutschen an Bord.

Gefangen! Die Männer trugen ihren Kommandanten Fritz Guggenberger in den Lazarettraum des US-Kreuzers. Würde er durchkommen?

Er kam durch! Und gut ein Jahr später suchten die Behörden der Vereinigten Staaten eben diesen Kapitänleutnant Fritz Guggenberger im ganzen Land mit einem Steckbrief. Auf seinen Kopf war eine Prämie ausgesetzt. Und das kam so:

Fritz Guggenberger war im Marine-Hospital Bethesda bei Washington, wo auch amerikanische Präsidenten untersucht und behandelt werden, zweimal operiert worden.

Nach seiner Genesung wurde er in das Vernehmungslager Fort Hunt geschafft. Und ausgerechnet hier in Amerika begegnete er einem alten Freund: Kapitänleutnant August Maus.

Guggenberger und Maus wurden nach dem Abschluß der Verhöre durch die Amerikaner in das Lager Crossville im Staate Tennessee geschafft. Deutschen Gefangenen im Lager Crossville ist ein Plakat in Erinnerung geblieben, mit dem die US-Armee in großen Lettern ihren Soldaten, die die Lager bewachten, einschärfte:

»Behandlung:
Bestimmt und fair!
Bestehe auf strikter Einhaltung der Disziplin!
Keine Verhätschelung!
Bestehe auf Gehorsam!
Vergiß nicht, wer du bist; Du bist ein Soldat – er ist Soldat.
Du befiehlst – er gehorcht.
Du bist der Fänger – er ist der Gefangene.
Arbeit:
Fordere ehrliche und harte Arbeit!
Keine Bummelei!«

In Tennessee, im Lager Crossville, trafen Guggenberger und Maus auf weitere U-Boot-Offiziere, die – wie sie selbst – nicht Gefangene bleiben wollten. Darunter waren Fregattenkapitän Jürgen Wattenberg, Kapitänleutnant Jürgen Quaet-Faslem und Kapitänleutnant Hans Werner Kraus.

Auch die Ereignisse, die zur Gefangennahme dieser Marineoffiziere führten, spiegeln die gnadenlose Härte des U-Boot-Kriegs im Atlantik wider. Die »grauen Wölfe«, die zwischen Island und Kapstadt nach Beute suchten, waren – dank der neuen Ortungsgeräte der Amerikaner und Engländer – selbst zum leicht jagdbaren Wild geworden.

Jürgen Wattenberg war Navigationsoffizier des Schlachtschiffes ›Graf Spee‹ gewesen, das nach einem Gefecht mit englischen Schiffen im Dezember 1939 – schwer beschädigt – vor Uruguay von seiner Besatzung versenkt wurde. Wattenberg war auf Umwegen nach Deutschland zurückgekommen und dann Kommandant von U 162 geworden.

Auf seiner dritten Fahrt steht Jürgen Wattenberg in seinem Operationsgebiet in der Karibik. Als er am 7. Juli 1942 bei Tage über Wasser fährt, wird er von einem feindlichen Flugzeug angeflogen. U 162 taucht rechtzeitig weg. Die abgeworfenen Bomben richten keinen Schaden an. Ereignislose Wochen folgen.

Am 3. September 1942 stand das Boot rund hundert Kilometer vor der südamerikanischen Küste. Über der Kimm sieht Wattenberg eine silber-glänzende Mastspitze auftauchen, offensichtlich ein Zerstörer. Alarm, tauchen! Es handelt sich um eine Zerstörer-Suchgruppe, die ›Pathfinder‹, ›Vimy‹ und ›Quentin‹. Die breite Suchformation läßt Wattenberg durch das Sehrohr jedoch nur die ›Quentin‹ erkennen, die ihm schußgerecht vor die Rohre läuft.

In der Abenddämmerung ist es soweit: Wattenberg kommandiert: »Rohr los!« und der Torpedo verläßt das Rohr. Doch was nun geschieht ist in Gegenwart eines Zerstörers ein schreckliches Unglück, eine tödliche technische Panne: Die Tiefensteuerung des Torpedos versagt, er läuft an der Oberfläche und verrät durch seine weithin sichtbare Bahn die Position des Bootes. Kurze Zeit später ist der Zerstörer über dem Boot, das in der Tiefe Schutz sucht. Die Wasserbomben liegen gut. Eine der elektrischen Antriebsmaschinen fällt aus. Durch Undichtigkeiten dringt Wasser ins Boot. Langsam, im Laufe von Stunden, sammeln sich zehn Tonnen Wasser. Auch die andere E-Maschine beginnt heißzulaufen. Das Boot ist nicht mehr zu halten.

Gegen Mitternacht muß Wattenberg auftauchen. Als der Kommandant auf die Brücke springt, sieht er sich im Scheinwerferlicht der Zerstörer. »Alle Mann aus dem Boot, Boot versenken!« Die Männer springen über Bord, aber das Boot sinkt nicht. Der Leitende Ingenieur (L. I.) stürzt nochmal ins Boot, Wattenberg wird ihm zurufen, wenn das Boot zu sinken beginnt, damit auch er noch herauskommt. Doch dann geht alles ganz schnell. Das Boot sinkt Wattenberg unter den Füßen weg, ehe der L. I. wieder hochkommen kann. Die Zerstörer sind mittlerweile weiter weg. Wattenberg schwimmt allein in der See. Doch dann kommt der Zerstörer näher und fischt Wattenberg und seine Mannschaft auf.

Und wie geriet Kapitänleutnant Hans Werner Kraus in die Hände der Amis?

Er war Kommandant von U 199 und fiel mit seinem Boot – genau wie Fritz Guggenbergers U 513 – dem Angriff eines amerikanischen Bombers vor Brasiliens Küste zum Opfer. Auch hier war die neue Ortungsmethode der Alliierten im Spiel, die das große U-Bootsterben des Jahres 1943 bewirkte.

Am 31. Juli 1943 um 7 Uhr morgens war die feindliche Maschine plötzlich da. Feuer aus schweren Bordkanonen deckte das U-Boot ein.

Die Deutschen schossen mit ihren Fla-Maschinenkanonen zurück. Zwei brasilianische Maschinen kamen den Amerikanern zu Hilfe. Und kurz nach 8 Uhr morgens versank U 199 im Südatlantik. Ein Dutzend Männer nur kamen davon. Der US-Kreuzer ›Barnegat‹, der schon Guggenberger und die Überlebenden von U 513 aufgefischt hatte, rettete auch Hans Werner Kraus und die anderen Männer von U 199, die davongekommen waren.

Und Kapitänleutnant Quaet-Faslem?

Er war Kommandant von U 595 und stand am 14. November 1942 im westlichen Teil des Mittelmeeres, in dem Seegebiet, in dem ein Jahr zuvor Fritz Guggenberger den Flugzeugträger ›Ark Royal‹ versenkt hatte.

Plötzlich ist auch hier eine britische Maschine da, im Anflug auf das längst geortete Boot. Sie fliegt niedrig und zielt genau. Vier Bomben fallen, drei detonieren in unmittelbarer Nähe des Bootes. Instrumente fallen aus, Lichter erlöschen. Doch Quaet-Faslem, selbst alter Seeflieger, läßt sich so leicht nicht kleinkriegen. U 595 wehrt sich. Das nun anfliegende Flugzeug wird so schwer beschädigt, daß es das Gefecht abbrechen muß. Aber schon erscheinen zwei weitere Maschinen. Die erste wirft aus zehn Meter Höhe ihre Wasserbomben dicht neben den Bug des Bootes. Erhält jedoch mehrere Treffer, so daß auch sie abdrehen muß. Auch die zweite Maschine muß mit erheblichen Beschädigungen vom weiteren Angriff absehen.

Zwanzig Minuten sind seit dem ersten Angriff vergangen, U 595 ist zwar beschädigt und tauchunklar, aber noch keineswegs niedergekämpft. Nach einer Stunde ist die nächste Maschine da.

Trotz des Abwehrfeuers setzt sie die Wasserbomben genau. Für das schwer beschädigte U 595 reicht es nun. Kaleu Jürgen Quaet-Faslem entschließt sich, die tunesische Küste anzusteuern. Die Chiffriermaschinen werden zerstört, die Schlüsselunterlagen über Bord geworfen. Dann setzt das Boot an der nordafrikanischen Küste auf Grund.

Die Männer schwimmen an Land – und sind wenig später Gefangene der amerikanischen Armee, die in Nordafrika gelandet ist, um den Engländern gegen Rommels Wüstenfüchse beizustehen.

Die Gefangenen von U 595 werden nach Amerika transportiert. Neben Kapitänleutnant Jürgen Quaet-Faslem auch der Leitende Ingenieur von U 595, Oberleutnant Emmerich von Mirbach, später eine der Schlüsselfiguren bei der großen Flucht.

Und schließlich der fünfte im Bund: Kapitänleutnant August Maus, Kommandant von U 185. Er steht am 24. August 1943 mit seinem Boot südwestlich der Azoren im Atlantik. Er marschiert Kurs Nordwest; Fahrt etwa zehn bis elf Knoten – 18 bis 20 Kilometer in der

Stunde. Südwestlich der Azoren stampft in den langen Rollern des Atlantik an diesem schönen Augusttag auch der amerikanische Flugzeugträger ›Core‹.

Vor Sonnenaufgang schon hat der Kommandant des Trägers Kampfflugzeuge starten lassen. Sie patrouillieren über dem Seegebiet. Ihre Aufgabe: Aufspüren und Vernichten deutscher U-Boote. Zwei Maschinen der ›Core‹ fliegen in Sichtweite zueinander zweitausend Meter hoch. Einer der Piloten macht die dunkle Silhouette des deutschen U-Boots auf dem blauschimmernden, von weißen Wellenkämmen gesprenkeltem Wasser des Atlantik aus. Kurze Verständigung über Sprechfunk. Im Logbuch des Flugzeugträgers ›Core‹ steht die Eintragung, die eine lehrbuchmäßige Schilderung des Angriffs von Flugzeugen auf U-Boote darstellt:

»Die Maschinen suchten Deckung in den Wolken und drehten nach Steuerbord, um in Angriffsposition zu gelangen. Sie stießen aus den Wolken, als das Heck des U-Bootes vor ihnen lag. Die erste Maschine begann sofort mit dem Feuer aus Bordkanonen. Unmittelbar darauf näherte sich die zweite Maschine, vom Typ TBF (= Torpedo-Bomber-Fighter), dem Boot von Steuerbord in einem Winkel von 15 Grad (zur Mittelachse des U-Boots gerechnet, also im spitzen Winkel von hinten rechts). Aus einer Höhe von 75 Metern wurden zwei Wasserbomben vom Typ Mark 47 abgeworfen. Sie deckten das U-Boot voll ein. Eine Bombe explodierte unterhalb des Rumpfs in der Nähe des Turms, die zweite am Backbord-Bug. Das Wasser, das von der Explosion hochgerissen wurde, hüllte das Boot fast vollständig ein. Es drehte 90 Grad nach Backbord. Schlug einen Haken. Zog dichten, schwarzen, niedrighängenden Rauch hinter sich her. Das Heck begann abzusacken. Die Maschine machte eine leichte Drehung nach links und beschoß das Boot ein zweites Mal mit Bordkanonen.« Der Pilot bemerkte, nach seinem Bericht, »daß das Boot schwere Schlagseite nach Backbord hatte und in der Höhe des Turmes beschädigt war. Das Boot machte keine Ausweichmanöver mehr und erwiderte das Feuer nicht.«

Was war auf U 185 passiert? August Maus berichtet: Der Druckkörper hatte anscheinend einen Riß in Höhe des Batterieraumes. Im Boot entwickelte sich Chlorgas. Im Dieselraum brannte es. Dann begann das Boot abzusacken und sank der Besatzung unter den Füßen weg. Mit hocherhobenem Bug über den Achtersteven bei voller Fahrt. Kapitänleutnant Maus befahl: »Alle Mann von Bord.« Sie kamen in letzter Sekunde aus dem sinkenden Boot. Drei Stunden später fischte ein amerikanischer Zerstörer den Kapitänleutnant Maus und 33 seiner Kameraden aus dem Atlantik. Er brachte sie zum Flugzeugträger ›Core‹. Sie waren gefangen.

August Maus, Fritz Guggenberger, Jürgen Quaet-Faslem und Hans

Werner Kraus waren zur gleichen Zeit in die Marine eingetreten, gehörten zur Crew 1934. Sie hatten sich länger nicht gesehen – nun hatte die Jagd im Atlantik sie alle im Gefangenenlager Crossville wieder zusammengeführt.

Anfang 1944 wurden Guggenberger, seine Kameraden und eine Reihe anderer deutscher Gefangener aus dem Lager Crossville in den fernen Westen der Vereinigten Staaten transportiert. Zwei Tage und zwei Nächte fuhr der Zug. Sein Ziel: Phoenix, die Hauptstadt des US-Staates Arizona.

Auf Lastwagen ging es in das Lager Papago-Park. Dort waren 2391 deutsche Seeleute und 102 deutsche Offiziere versammelt. Kommandant des Gefangenenlagers war US-Oberst William A. Holden, »ein würdevoller, untersetzter, grauhaariger Mann«, wie ihn John H. Moore beschreibt, der in seinem Buch »The Faustball-Tunnel« die Geschehnisse im Lager Papago-Park aufgezeichnet hat.

Fritz Guggenberger, August Maus, Jürgen Quaet-Faslem, Hans Werner Kraus, Jürgen Wattenberg und Emmerich von Mirbach blieben zusammen. Die amerikanische Lagerleitung wies ihnen eine Baracke im Lagerbezirk 1 A zu.

Wenn der Jeep der amerikanischen Wache in stumpfsinniger Regelmäßigkeit am Stacheldraht entlang rund um das Lager fuhr, wirbelte er den Sandstaub auf. Hinter dem Patrouillenweg wuchs hohes Gebüsch. Ein Telefonmast ragte daraus empor.

Vom Dach der Baracke aus konnten die Gefangenen blinkendes Wasser sehen; denn hinter dem Gebüsch floß ein rund vier Meter breiter Kanal. Also: Stacheldraht, Patrouillenweg, Kanal. Das waren die Sicherheitsfakten. Dahinter aber – so wußten die Gefangenen – lag ein offener, leerer Weg in die Freiheit. Vier Einwohner je Quadratkilometer – das war Arizona. Und zur mexikanischen Grenze waren es 130 Meilen, etwas mehr als 200 Kilometer. 200 Kilometer – vier bis fünf Nachtmärsche für einen kräftigen Mann. Selbst wenn die Gefangenen einrechneten, daß sie nicht geradewegs auf ihr Ziel losmarschieren konnten, sondern viele Umwege machen, Verstecke suchen, Trinkwasser finden mußten – mit kluger Vorbereitung und etwas Glück konnten sie hoffen, in zehn bis vierzehn Tagen in Mexiko zu sein. Aber: Von USA nach Mexiko? Von einem Feindstaat in den anderen? Hatte nicht auch Mexiko den Achsenmächten, also Deutschland, Italien und Japan, am 13. Mai 1942 den Krieg erklärt.

John H. Moore schreibt, weshalb Mexiko trotzdem ein vielversprechender Zufluchtsort für deutsche Kriegsgefangene in amerikanischen Lagern war: »Bei der Kriegserklärung handelte es sich nur um eine ›offizielle‹ Feindschaft. Der durchschnittliche Bürger, gekränkt durch viele Jahrzehnte amerikanischen Hochmuts und dreiste US-Einmischung in die inneren Angelegenheiten seines Landes, hatte nur ein Achselzucken für die neue Allianz zwischen Mexiko und den USA. Jeder Deutsche mit ein bißchen Geld, der über die Grenze gelangte, würde wahrscheinlich jemanden finden, der zu helfen bereit war.«

Fritz Guggenberger begründet die Pläne der Gefangenen, die aus dem Lager Papago-Park ausbrechen wollten: In Mexiko, so hofften sie, würden sie ein Schiff finden, irgendwo an der Westküste, und mit diesem Schiff wollten sie ins neutrale Chile und von da aus schließlich nach Deutschland gelangen.

Es war Anfang August 1944, als sich die Fluchtpläne der Gefangenen verdichteten. Zwei Monate nach der Invasion der Anglo-Amerikaner in der Normandie. Von Westen wie von Osten rückten die feindlichen Armeen den Grenzen des Reiches näher. Trotzdem Flucht aus einem Gefangenenlager, tief im Inneren der Vereinigten Staaten? Ja, trotzdem Flucht!

Wolfgang Clarus, Oberleutnant der Marineartillerie, einer der Insassen des Lagerbezirks 1 A in Papago-Park, über die Gefühle der Gefangenen: »Du stehst stundenlang da, starrst auf den Stacheldraht, grübelst und grübelst und kommst doch immer nur auf die gleiche Lösung. Entweder fliegst du oben rüber, gehst mittendurch oder gräbst dich drunter durch.«

Die Gefangenen im Lagerbezirk 1 A von Papago-Park beschlossen, sich durch die Erde zu graben. Unter dem Stacheldraht hindurch, weiter unter dem Patrouillenweg, bis ins Gebüsch. Dort, wo Laub und Äste Tarnung boten, sollte der Tunnel wieder die Erdoberfläche erreichen.

Sie suchten die Stelle, wo sie innerhalb des Lagers den Anfang des Tunnels ausheben konnten. Sie fanden ihn einen Meter von der Wasch- und Duschbaracke entfernt.

Dort stand eine Kohlenkiste. Der Deckel ragte geöffnet hoch und entzog die Tunnelbauer den Blicken der Bewacher. Die Offiziere und Mannschaften teilten sich auf drei Arbeitsschichten auf. Jede Schicht zu je drei Mann wurde nach anderthalb Stunden abgelöst. Die Arbeit war schwer. Die Luft schlecht. Der Schacht 1,80 Meter tief.

Die Werkzeuge der Gefangenen: Kohlenschaufeln, kleine Pickel, ein Wagen aus Holz, nicht größer als ein Karren für Kinder.

Sie arbeiteten bei Licht, das sie von einer Leitung im Duschraum abgezapft hatten. Freilich: Die Isolierung des Drahts war brüchig. Er teilte elektrische Schläge aus, allerdings nicht lebensgefährliche. Das Lichtnetz hatte nur 110 Volt Spannung.

Die Männer, die am Fluchttunnel gruben, kannten die Richtung, aber sie wußten nicht, wie weit sie den Durchstich vortreiben mußten, um im Gebüsch außerhalb des Lagers Papago-Park durchzubrechen.

Der gefangene U-Boot-Ingenieur Emmerich von Mirbach erzählt: »Wir konnten ja nur bis zum Stacheldraht ausmessen, dahinter war

Sense. Wir durften nicht zu früh hochbuddeln, dann hätte uns die Wache gesehen. Und nicht zu spät, nämlich im Kanal, da wäre der Tunnel abgesoffen.« Von Mirbach ermittelte die Entfernung mit einem Peildreieck, das er sich im Lager selbst gebastelt hatte. Sein Meßergebnis: 55 Meter vom Einstieg bis zum Telefonmast.

Einige der Offiziere im Lagerbezirk 1 A hatten zu den Berechnungen des Ingenieurs jedoch kein rechtes Vertrauen. Sie wollten es genau wissen. Sie schlichen sich nachts an den Stacheldrahtzaun.

Einer brachte aus seiner Tasche einen langen dünnen Bindfaden hervor und knüpfte ihn um einen Stein. Dann ging er einige Schritte zurück, nahm einen Anlauf und schleuderte den Stein über den Zaun. Das Wurfgeschoß kam dicht neben dem Telefonmast nieder.

Die Schnur bildete einen Winkel zwischen Mast und dem oberen Ende des Zaunes. Die beiden Offiziere hinter dem Zaun begannen, die Schnur Hand über Hand einzuziehen und dabei zu zählen: Eins, zwei, drei.

Und genau dies war der Augenblick, wo der ganze Fluchtplan in seinem frühen Stadium zu scheitern drohte: Der Jeep der Lagerwache machte die Runde. Die deutschen Offiziere warfen sich zu Boden. Die Schnur, an der ihr Meßstein hing, legte sich um den Hals des Beifahrers im Jeep – und riß durch. Die beiden amerikanischen Soldaten stutzten, hielten den Jeep an. Und – fuhren weiter.

Die Tunnelbauer verließen sich von nun an auf Mirbachs Meßergebnis: 55 Meter.

Aber 55 Meter Tunnel mit einem Durchmesser von durchschnittlich 60 Zentimetern bedeutete: Rund 35 Kubikmeter Sand, Erde und Steine mußten befördert und, vor allem, im Lagerbezirk 1 A versteckt werden – zwei große Lastwagen voll.

Zuerst legten die Gefangenen Beete für Blumen und Gemüse an. Sie fegten nun auch mehrmals täglich den Sandplatz zwischen den Baracken und streuten die aus dem Tunnel geförderte Erde hinein. Aber nur ein Bruchteil des Aushubs konnte auf diese Weise verborgen werden.

Dann hatte Kapitänleutnant Quaet-Faslem eine Idee, die sie von allen Sorgen befreite. Quaet-Faslem, Guggenberger, Maus, Kraus und Wattenberg meldeten sich bei der amerikanischen Lagerkommandantur.

Sie baten um die Erlaubnis, einen Sportplatz anlegen zu dürfen – für Faustball, ein Spiel, das in Deutschland besonders beliebt sei, wie der U-Boot-Kommandant den Amerikanern sagte. Der Lagerkommandant William A. Holden stimmte ohne Zögern zu. Er ließ den Deutschen sogar zwei Schaufeln und zwei Harken aus Beständen der US-Armee für die Arbeit an dem Faustball-Platz zur Verfügung stellen.

Auf dem Gelände des künftigen Faustball-Platzes lag eines Tages ein sauber geschichteter Haufen Erde. Die amerikanischen Wachen bemerkten ihn, stellten aber keine Fragen und gewöhnten sich an den Anblick. Der Haufen Dreck blieb in Form und Höhe mehr oder weniger unverändert.

Der Trick der Gefangenen, die den Ausbruch planten: die aufgehäufte Erde wurde jeweils nachts mit Schaufeln und Harken über den Sportplatz verteilt. Und nachts entstand aus dem Aushub aus dem Tunnel immer ein neuer Haufen Erde, der dann wieder verteilt wurde.

Die Männer im Tunnel arbeiteten hart. Gestein stellte sich ihnen in den Weg. Manchmal kamen sie in einer Nacht nicht einmal einen einzigen Meter vorwärts. Sie konnten auch die gerade Linie zwischen Einstieg und Ausstieg nicht einhalten. So wuchs die Tunnelstrecke von 55 Metern schließlich auf 60 Meter.

Doch es war ja nicht damit getan, einen Tunnel zu bauen. Es mußte die Ausrüstung für die Flucht durch Arizonas Wüste zusammengestellt werden. Kapitänleutnant Hans Werner Kraus befaßte sich mit der Herstellung von Ausweisen. Seine Kunstfertigkeit verhalf jedem der Ausbrecher zu einem Paß mit Lichtbild und Stempel. Die Stempel wurden aus Leder und Gummi geschnitten.

Doch was war mit der Verständigung in Mexiko? Spanisch mußte man lernen. Kraus erteilte den Männern Spanisch-Unterricht, damit jeder wenigstens einigermaßen auf Spanisch fragen und antworten konnte. Sie schneiderten sich Jacken und Hosen – Kleidung, in der sie nicht sofort als entlaufene Kriegsgefangene erkannt werden konnten. Sie beschafften Landkarten und sparten eisern die wenigen Dollar, die ihnen die Amerikaner als Löhnung zahlten.

Und dann das Problem der Nahrung während der möglicherweise wochenlangen Fluchtmärsche. Sie konnten ja nicht hoffen, auf dem Weg nach Süden durch die unfruchtbare Wüste irgendwelche Lebensmittel zu finden. So rösteten, zerkrümelten und trockneten sie Weißbrot und packten es in Beutel. Kapitänleutnant Kraus: »Das alles neben den Tunnelarbeiten, Erdbewegungen und Tarnvorkehrungen!« Eine meisterhafte Organisation eigener Art.

Vier Monate nach dem ersten Spatenstich war der Faustball-Platz fertig – und auch der Tunnel. Doch: Die Gefangenen wußten nicht, ob sie genau gearbeitet hatten. Führte der Tunnel tatsächlich exakt an der Stelle ans Tageslicht, die sie ausgesucht hatten? Fritz Guggenberger und Jürgen Quaet-Faslem krochen am 20. Dezember 1944 durch die ausgeschachtete Fluchtröhre – bis an ihr Ende.

Dann stieß Guggenberger einen Stock, an dem ein kleines weißes Stück Stoff befestigt war, nach oben. Frische Luft strömte herein. Die Offiziere im Tunnel warteten. Dann hörten sie lautes Geschrei. Kameraden, die auf dem Dach der Baracke standen, riefen Hurra. Da wußten die zwei im Tunnel: Der Stock hatte die Erdoberfläche neben dem Telefonmast im Gebüsch durchstoßen.

Zwei Tage später, am 22. Dezember 1944, nachts bewegte sich Hans Werner Kraus durch den Tunnel. Er stieg jenseits des Lagers aus dem Schacht. Er berichtet über den Zweck des Probeausstiegs: »Ich bin einige zwanzig Meter am Kanal entlanggelaufen, um die Wassertemperatur zu prüfen und zu untersuchen, ob die Kanalböschung Deckung vor den Scheinwerfern der Wachttürme bot. Außerdem stellte ich fest, wieviel Zeit genau zwischen Einstieg und Ausstieg verstrichen war.«

Die Tunnelbauer musterten noch einmal die Vorräte: Dosenmilch, Schokolade, das zerkrümelte Weißbrot, das für viele Tage reichen mußte. Dann die Kleidungsstücke, die keine Ähnlichkeit mit Uniformen mehr aufwiesen.

Tag und Stunde der Flucht standen unmittelbar bevor. In der Nacht zum 24. Dezember 1944 wollten sie in den Tunnel kriechen und nach Süden durchbrechen, nach Mexiko. Ihre Hoffnung: An den Weihnachtstagen würden es die Amerikaner mit dem Zählappell weniger genau nehmen.

Zwei der Männer, die großen Anteil an den Vorbereitungen der Flucht getragen hatten, mußten zurückbleiben: Kapitänleutnant August Maus und Ingenieur Emmerich von Mirbach. Maus hatte sich einen Leistenbruch zugezogen, Mirbach hatte gerade eine schwere Gastritis überstanden und fürchtete, die Strapazen der Flucht nicht durchstehen zu können.

Am Abend des 23. Dezember 1944, es war ein Sonnabend, war der Himmel über dem Sonnenland Arizona bewölkt. Die Männer verabschiedeten sich. Kapitänleutnant Fritz Guggenberger kroch als erster in den Tunnel. Ihm folgte Kapitänleutnant Jürgen Quaet-Faslem. Dann neun weitere Offiziere, 14 Unteroffiziere und Gefreite. Der Weg durch den Tunnel war schwer und zeitraubend; denn die Männer mußten kriechen und zugleich den 40 Pfund schweren Rucksack mit Vorräten und Kleidung vor sich herschleppen.

Also: Den Rucksack mit einer Hand packen, ihn heben, den Arm ausstrecken, den Rucksack absetzen, nachkriechen, den Rucksack heben. Und immer so weiter – 60 Meter.

Um 9.45 Uhr abends am 23. Dezember 1944 öffnete Fritz Guggenberger den mit Erde und Gras bedeckten Deckel, der den Tunnelausgang verbarg. Er steckte vorsichtig den Kopf aus dem Tunnelausstieg und blickte um sich. Alles klar! Kein Posten war zu sehen; nichts zu hören außer den schlurfenden und keuchenden Geräuschen der kriechenden Kameraden im Tunnel.

Es hatte zu regnen begonnen. Die Gefangenen hielten das für einen Glücksfall. Er verwischte ihre Spuren im Sand.

Doch es regnete vier Tage hintereinander. Die Kleidung weichte auf; die Rucksäcke aus Stoff wurden klitschnaß, die Vorratsbeutel mit dem getrockneten Weißbrot sogen sich voll Wasser, wurden Beutel mit Brei.

Die Flüchtlinge hatten sich getrennt. Einzeln und in Gruppen versuchten sie, sich nach Süden durchzuschlagen.

Doch vergebens hatten sie auf die Nachlässigkeit der Amerikaner beim Zählappell zu Weihnachten gehofft. Fünf der Ausbrecher saßen schon am Heiligen Abend wieder hinter Stacheldraht. Im offiziellen Bericht der US-Armee über die Massenflucht ist verzeichnet: »Um 19.30 Uhr rief eine Frau aus dem Ort Tempe im Gefangenenlager an und teilte mit, daß zwei Gefangene sich in ihrem Haus aufhielten. Um 20.30 Uhr rief ein aufgeregter Mexikaner an und sagte, daß sich zwei Gefangene ihm ergeben hätten. Er sagte, sie seien hungrig und durchfroren. Sie möchten in das Lager zurückkehren. Um 21.00 Uhr wurde ein Gefangener auf dem Bahnhof von Tempe festgenommen.«

Am 28. 12. 1944 veröffentlichten alle Zeitungen Arizonas Steckbriefe mit den Fotos der noch nicht gefaßten Ausbrecher.

In jeden Briefkasten im Lande steckten Postboten ein Blatt mit den Bildern. Eine Belohnung von 25 Dollar für jeden der flüchtenden Männer wurde ausgesetzt.

Farmer, Sheriffs, Cowboys und Soldaten der US-Armee machten sich auf »die größte Menschenjagd in Arizonas Geschichte«, wie die »Phoenix Gazette« am 28. 12. 1944 schrieb.

Kapitänleutnant Hans Werner Kraus und sein Fluchtgefährte, der Leutnant zur See Helmut Drescher, gelangten in sieben Tagen rund 75 Kilometer weit nach Süden. Zunächst waren sie rasch vorangekommen, dann war ihr Tempo langsam geworden. Helmut Drescher hatte sich am Fuß verletzt, und der Fuß schwoll immer mehr an. Er humpelte an einem Stock dahin.

Drescher versuchte, Kraus zu überreden, allein weiter zu flüchten. Er selbst wollte sich stellen. Doch der Kapitänleutnant wollte den Kameraden nicht allein in der Wüste zurücklassen. Am 31. Dezember klopften sie an die Tür eines Farmhauses. Ein Junge öffnete. Seine Eltern waren nicht zu Hause. Die Gefangenen warteten auf die Rückkehr des Farmerpaares. Sie gaben sich zu erkennen und wurden in das Gefangenenlager zurückgebracht.

Das waren sieben von 25. Und die anderen 18?

Da waren Fritz Guggenberger und Jürgen Quaet-Faslem. Sie versteckten sich in der Wüste hinter Kakteenbüschen und Geröllfeldern. In der Nacht marschierten sie, am Tage ruhten sie aus.

Sie versuchten die Spuren zu verwischen, wie sie es bei Karl May gelesen hatten: Sie liefen rückwärts. Aber sie stolperten dabei in die Kakteen. Sie wollten den Saft von Kakteen trinken. Aber Kapitänleutnant Quaet-Faslem hieb mit dem Messer in ein Wespennest.

Doch die beiden kamen vorwärts. Sie hielten die Richtung. Und am 6. Januar waren sie nur noch knapp sechs Kilometer von der mexikanischen Grenze entfernt.

Wenn das Glück ihnen beistand, konnten sie schon in der nächsten Nacht in Mexiko sein. Doch in dieser Nacht machte in der Wüste Arizonas auch ein Mann Jagd auf die Deutschen, der sich mit den Tricks und Einfällen geflohener Gefangener auskannte.

Ein Jahr zuvor hatte dieser Sheriff den flüchtenden Kapitänleutnant Quaet-Faslem nach längerer Jagd schon einmal gefaßt. Im Jeep des Sheriffs fuhr jetzt ein indianischer Fährtensucher mit. Er hatte in der Wüste Arizonas die Spur der flüchtenden Deutschen ausgemacht, und er verlor sie über 150 Kilometer hinweg nicht mehr aus den Augen. Der Sheriff fand so hinter Gebüsch und Steinen auch diesmal seinen Mann. Fritz Guggenberger schreckte aus dem unruhigen Halbschlaf hoch, als er eine Stimme hörte: »Nun, Mister, haben Sie gut geschlafen?«

Die Flucht von Guggenberger und Quaet-Faslem war zu Ende.

Drei Tage später waren von den 25 Mann, die durch den Tunnel im Papago-Park die Freiheit gesucht hatten, nur noch drei Mann auf der Flucht: Fregattenkapitän Wattenberg und seine Begleiter Walter Kozur sowie Johann Kremer.

Sie hatten sich einen besonderen Trick ausgedacht: Ganz in der Nähe des Lagers Papago-Park hatten sie sich versteckt, um zu warten, bis die Aufmerksamkeit der Fahnder nachgelassen hatte.

Doch die Amerikaner faßten erst Walter Kozur, dann auch Johann Kremer.

Der letzte, Jürgen Wattenberg, wußte, daß er allein keine Chance hatte, nach Mexiko zu gelangen. Er beschloß, geradewegs nach Phoenix, der Hauptstadt von Arizona, zu marschieren, um dort in der japanischen Kolonie um Hilfe zu bitten. Wattenberg kam unangefochten nach Phoenix. Er schlenderte durch die Stadt. Schließlich fragte er einen Straßenfeger nach dem Weg zur Van-Buren-Straße. Doch als er fragte, befand er sich schon in eben dieser Van-Buren-Straße. Der Straßenfeger stutzte und hielt wenig später einen Polizisten an; der alarmierte Sheriff Gilbert Brady, und der setzte sich in seinen Polizeiwagen und suchte die Straßen ab. Er erwischte Wattenberg knapp vor dem japanischen Quartier, in dem er sich Unterstützung und Versteck erhoffte.

Sheriff Brady stieg aus. Fragte Wattenberg nach seiner Adresse. Der nannte in fließendem Englisch einen Ort in der Nähe von Phoenix. Sheriff Brady ruckte an seinem Gürtel, an dem der Revolver hing und fragte Wattenberg nach seinem Ausweis.

Da gab der Deutsche auf.

Er sagte: »Ich bin Fregattenkapitän Jürgen Wattenberg, der Mann, nach dem ihr sucht.«

Wattenberg stieg in Sheriff Bradys Wagen. Es war der 28. Januar 1945, morgens um 3.30 Uhr Ortszeit. 37 Tage nach dem Ausbruch aus dem Lager Papago-Park.

Für Kapitänleutnant Fritz Guggenberger endete anderthalb Jahre später, im August 1946, die Gefangenschaft. Mit dem Schiff wurden er und seine Kameraden nach Europa transportiert. Im offenen Viehwagen fuhr Guggenberger durch Deutschland nach Bad Aibling in Bayern, dem Ort, an dem er entlassen werden sollte. Guggenberger heute: »Diese Fahrt werde ich nie vergessen. Die Wälder und Äcker und Kirchen und Flüsse, das war ein unheimliches Heimatgefühl.«

In Bad Aibling mußte der Kapitänleutnant ein letztes Verhör über sich ergehen lassen. Er nannte seinen Namen.

Der amerikanische Vernehmungsoffizier stutzte und sagte: »Guggenberger? Sind Sie der Mann, der den britischen Flugzeugträger ›Ark Royal‹ versenkt hat?«

»Ja«, sagte Guggenberger.

Der Amerikaner stand auf und kam einige Minuten später in Begleitung eines englischen Offiziers wieder herein.

Der Brite streckte Guggenberger die Hand hin und sagte: »Ich freue mich, Sie kennenzulernen. Ich war Seekadett auf der ›Ark Royal‹. Herzlichen Glückwunsch zu Ihrem ausgezeichneten Schuß.«

Gefängnis und Prügel

Wer das Unglück hatte, noch in letzter Minute in amerikanische Gefangenschaft zu geraten, als der Krieg dem Ende zuging und der Rausch des Sieges die Rücksichten auf die Völkerrechtsregeln und die Sorge vor deutschen Repressalien überdeckte, hatte meistens andere Erlebnisse als die Veteranen unter den Gefangenen in den amerikanischen Lagern. Das belegen die ungewöhnlichen Erlebnisse, die Kapitänleutnant Paul Just, Kommandant von U 546, nach seiner Gefangennahme durchzustehen hatte.

Das U-Boot 546 wurde von amerikanischen Seestreitkräften am 24. April 1945, nördlich der Azoren nach schweren Beschädigungen durch Wasserbomben zum Auftauchen gezwungen.

Nach dem Auftauchen wurde das Boot von einem halben Dutzend Zerstörer unter Feuer genommen und zusammengeschossen. Die Amis waren in Kampfwut; denn U 546 hatte zwei Tage zuvor ihren Zerstörerkameraden ›F. C. Davies‹ torpediert und versenkt, 13 Offiziere und 105 Mann fanden den Tod. Nur 65 Mann der Besatzung konnten gerettet werden.

U-Boot-Kommandant Paul Just und die Besatzung konnten nicht mehr durch den zerschossenen Turm an Deck gelangen. Sie mußten durchs Diesel-Luk kriechen. Und wurden oben gleich vom rasenden Feuer aller Kaliber aus den Geschützen der amerikanischen Zerstörer eingedeckt.

Niemand konnte zur Gegenwehr an die Kanonen. Und Just befahl deshalb: »Alle Mann außenbords!« Er selbst hockte sich hinter die Trümmer des Turms; er wollte als letzter von Bord, wollte sicher gehen, daß das Boot zur Versenkung vom L. I. geflutet wurde und nicht gekapert werden konnte.

Just beobachtete, wie die Männer aus dem Diesel-Luk krochen und dann ins Wasser rutschten. Da wurde das Boot donnernd von einer schweren Granate getroffen. U 546 neigte sich hart über. Just rutschte ins Wasser. Und während er mitten unter seinen Leuten im Wasser schwimmt und sein Einmannschlauchboot sich aufbläst, sackt U 546 weg. Mit ihm der L. I., Oberleutnant von Behr und 23 Mann, die nicht mehr an Deck gelangt waren.

Just, der Erste Offizier Schöneich, Bootsarzt Dr. Rudolf und die noch rausgekommenen Männer der Besatzung wurden von den Amerikanern gerettet und auf einer Fregatte in Neufundland an Land gebracht.

Zu ihrer Überraschung kamen Kommandant und Besatzung ins

Gefängnis. Hunger, Grobheit, Schikane bestimmten die ersten Tage. Dann kam die Vernehmungstour. Als der Kommandant und auch die Besatzung sich weigerten, militärische Auskünfte zu geben, geschah etwas Ungewöhnliches. Paul Just berichtet in seinem soeben erschienenen Buch »Vom Seeflieger zum U-Boot-Fahrer«:

»Noch einmal versucht er (der vernehmende Offizier) mich zur Aussage zu veranlassen, ich verweise auf meinen Eid. Die Verbindlichkeit des Gesprächs verfliegt, er setzt sich aufrecht, fragt leise und nachdrücklich in akzentfreiem Deutsch: ›Wissen Sie, wie die Russen ihre Gefangenen behandeln, die nicht antworten wollen?‹ Ich schweige. Plötzlich schlägt er mit der Hand auf den Tisch: ›Benehmen Sie sich doch nicht wie ein Hitlerjunge! Ich warne Sie. Sie befinden sich weit nördlich der Vereinigten Staaten, auf Neufundland. Hier ist es sehr einsam, hier sagen sich Fuchs und Hase gute Nacht. Niemand weiß bisher, daß Sie gerettet wurden. Niemand fragt, was mit Ihnen passiert. Ich frage nochmals, wollen Sie weiter schweigen?‹

›Ja!‹

›Nun gut, dann werden wir die russischen Methoden bei Ihnen anwenden.‹

Ein Wink zur Tür. Der Posten jagt mich fluchend und mit dem Gummiknüppel drohend durch die Gänge zurück in die Zelle. Die Gittertür knallt ins Schloß! Was kommt jetzt?«

Was kam jetzt? Es kam körperliche Folter schlimmster Art. Stundenlange Kniebeugen mit Gummiknüppel-Schlägen. Tritte in die Kniekehlen. Wettlauf auf dem Zellengang unter dem bekannten Ruf »Mak snell«; und wenn es dem Posten nicht schnell genug ging, dann knallte der Gummiknüppel auf Kopf, Rücken und Beine. Und alles zum Gaudium der im Zellentrakt mit untergebrachten amerikanischen Kriminellen, die die Schlägerorgien der Wachen mit aufmunternden Schreien durch die Gitter ihrer Zellentüren begleiteten. »Gebt es dem Nazi-Schwein – kill him – schlagt ihn tot!«

Der I. W. O. spuckte bereits am zweiten Tage Blut. Zerschunden, blutend, lahm und von Schmerzen geplagt waren sie alle.

Sie wurden in andere Verhörlager gesteckt. Die Behandlung blieb die gleiche. Sie wurden wieder mitten in der Nacht über den Zellengang gejagt. Mußten Strümpfe sortieren in einer bestimmten Zeit – und wurden zusammengeschlagen, wenn sie es nicht fristgerecht schafften.

Paul Just: »In den Zellen gibt es keine sanitäre Einrichtung. Morgens wenn sofort nach dem Lichteinschalten das Brett hochgeklappt und die Decke zusammengelegt ist, reißt einer die Zellentür auf, jagt mich durch den großen Raum zum WC. So schnell ich auch an ihm vorbeisausen will, der Knüppel trifft mich doch.

Die WC-Tür bleibt auf. Ich schaffe es, schnell einen Schwapp

Wasser in Mund und Gesicht zu erwischen, da brüllt er schon wieder los: ›Let's go, Nazi Commander!‹ Der Knüppel saust, die Zellentür knallt hinter mir ins Schloß.

Als Frühstück gibt es eine halbe Tasse dünnen Kaffee und eine Scheibe trockenes Brot. Kaum habe ich es hintergeschluckt, da steht schon wieder einer in der Zelle: ›An die Wand, du Schwein! Hände hoch! Let's go!‹«

Warum tun diese Ami-Soldaten das? So fragt sich Just in quälenden Nächten. Warum schlägt dieser Mann auf mich ein? Und er kommt zu einer Antwort: »Man hat ihm Macht gegeben, mit Pistole und Gummiknüppel hier im Gefängnis Wache zu schieben. Die Freizeit wird öde sein. Vielleicht muß er auch exerzieren. Bumslokale wird es geben, und sicher viel Schnaps und Langeweile. Plötzlich werden ihm Nazis ausgeliefert. Daß wir Soldaten sind wie er, daß wir zu Pflichten gerufen wurden, Leben gegen Leben setzten – er kann es nicht wissen und spüren. Daß wir Widerstand leisten, keine Angaben machen hat man ihnen gesagt: ›Macht Sie geständig, macht Sie klein, zeigt es Ihnen, diesen verdammten Nazis!‹«

Er sollte bald die Bestätigung für seine Deutung erhalten. Als er wieder vor dem Vernehmungsoffizier steht, protestiert er gegen die Behandlung. Just ist erregt. »Was wollen Sie von uns? Warum lassen Sie uns immer noch quälen? Der Krieg ist aus, was soll die Barbarei?«

Die Antwort ist dieselbe wie vor Wochen, nur das damals noch Krieg war: Informationen will der Ami. Auskünfte über U 546. Denn der amerikanische Vernehmungsoffizier schreibt einen Bericht über die deutschen U-Boote. Just begreift; und da er Wochen nach der Kapitulation keinen Grund mehr sieht, die Informationen zu verweigern, sagt er zu, sie zu geben, wenn die Quälerei an ihm und seinen Männern sofort aufhöre. Sie hörten von Stund an auf. Die Wochen der verschärften Verhöre waren zu Ende.

»Normale« Kriegsgefangenschaft begann. Kriegsgefangenschaft in den bekannten Lagern in Texas, dem berühmten Lager Little Rock in Arkansas, berühmt wegen seiner Lager-Universität für die 10000 hier untergebrachten deutschen Offiziere aller Waffengattungen, berühmt wegen seines Lager-Theaters, seines Orchesters und – seines Zoos. Freilich, die auch nach Arkansas durchsickernden Nachrichten über die entdeckten deutschen KZs wirkten sich auch hier auf die Ernährung und die Haltung der Amerikaner aus. Und diese Wandlung war es wohl, die den Amerikanern den Wortbruch leicht machte, ihre Gefangenen nicht nach Hause, sondern erst nach Frankreich zum Arbeitseinsatz zu überstellen.

Auch Kapitänleutnant Paul Just mußte den Weg über Attichy, Erdlöcher, Hunger und Sklavenarbeit gehen, ehe er 1946 in Bayern, zu Hause, landete.

Ein Fememord und seine Folgen

Am frühen Abend des 6. August 1943 stand das deutsche U-Boot U 615 vor der Küste von Südamerika, 200 Meilen östlich von Curacao. Kommandant war der Kapitänleutnant Ralph Kapitzki.

Unter den 60 Männern seiner Besatzung waren fünf Matrosen, die von diesem Tag an durch seltsame Fügungen aneinander gekettet wurden – bis in den Tod an einem amerikanischen Galgen:

Helmut Fischer, 21 Jahre alt, Fritz Franke, 20 Jahre alt, Günther Külsen, 21 Jahre alt, Rolf Wizuy, 22 Jahre alt, und Bernhard Reyak, 20 Jahre alt.

An jenem 6. August 1943 fuhr U 615 über Wasser. Plötzlich stieß mit der Sonne im Rücken ein amerikanischer Bomber auf das deutsche Boot herab. Er warf Wasserbomben. Den U-Boot-Leuten gelang es, die abdrehende Maschine mit der Bordkanone abzuschießen. Doch eine Wasserbombe hatte auch U 615 weidwund geschlagen: Ein Leck im Heck machte es tauchunklar.

So pflügte U 615 hilflos wie ein Manöver-Ziel durch die Atlantik-Dünung, als unmittelbar nach dem Abschuß des ersten Angreifers drei amerikanische Jagdbomber zum zweiten Angriff ansetzten. Wieder krachten Wasserbomben, wieder feuerte das U-Boot mit seiner Flak. Helmut Fischer und Günther Külsen schossen mit ihrem Geschütz zwei der Angreifer ab. Die dritte US-Maschine drehte ab und flog zurück nach Westen.

U 615 aber hatte dennoch keine Chance mehr. Und schon im Morgengrauen des nächsten Tages, am 7. August 1943, stürmte das Verhängnis heran: Der Wachoffizier auf der Brücke von U 615 entdeckte am Horizont einen US-Zerstörer. Es war die ›Walker‹. Er hielt mit Höchstfahrt auf U 615 zu.

Kapitänleutnant Kapitzki gab seinen letzten Befehl: Alle Mann von Bord. Die Mannschaft kletterte in die Schlauchboote. Der Kapitänleutnant selbst verschwand im Rumpf des Bootes. Er flutete die Tanks. Mit seinem Kommandanten an Bord sank U 615 auf den Grund der Karibischen See.

43 deutsche U-Boot-Männer überlebten. Sie wurden nach Fort Meade bei Washington transportiert. Dort versuchten amerikanische Abwehr-Offiziere, die gefangenen Seeleute nach Einzelheiten über die U-Boot-Waffe auszuforschen.

Alle 43 Gefangenen wurden in Einzelzellen gesperrt – mit der Ausnahme von Rolf Wizuy.

Er teilte seine Zelle mit einem deutschen U-Boot-Mann, der sich als

Obermaat Leimi vorstellte. Er habe zur Besatzung des deutschen U-Bootes 118 gehört, das am 12. Juni 1943 im Atlantik von Amerikanern aufgegriffen und versenkt worden war; dabei sei er am rechten Bein verletzt worden.

Tatsächlich war der Mann auf U 118 gefahren und verwundet worden. Aber er war in Wirklichkeit nicht der Obermaat Leimi, sondern der Gefreite Drechsler. Und er arbeitete jetzt für Amerikas Geheimdienst.

Drechsler hatte dem Feind nicht nur berichtet, was er von seinem eigenen Boot, dessen Ausrüstung, Standort und Einsatzbefehl wußte. Er war auch zum Werkzeug der US-Spionage geworden: Unter wechselnden Decknamen – wie Obermaat Leimi oder Leutnant Nimmer – ließ er sich in die Zellen gerade gefangener U-Boot-Leute legen und half, sie auszukundschaften. Die U-Boot-Männer beantworteten dort arglos die Fragen eines vermeintlichen Kameraden über Operationsziele, Bewaffnung, Erfolge und Mißerfolge ihres Bootes. Und die Amerikaner hörten alles mit.

Trotz aller Vorsichtsmaßnahmen der Amerikaner blieb das Geheimnis des Spions nicht gewahrt. Mit dem untrüglichen Instinkt der Unterdrückten hatten die Gefangenen den Spitzel gewittert und enttarnt.

Ein amerikanischer Vernehmungsoffizier notierte daher alsbald in einem Aktenvermerk: »Drechsler ist so kooperativ, daß er niemals in ein Lager geschickt werden sollte, in dem andere deutsche Kriegsgefangene von der Marine sind.«

Im Marinelager Papago-Park, im Westen der USA, saßen im Frühjahr 1944 rund 3000 Offiziere und Mannschaften der deutschen Kriegsmarine hinter Stacheldraht. Das Lager war aufgeteilt in fünf sogenannte Compounds, jedes von dem anderen durch drei Meter hohe Zäune abgetrennt.

Unter den 600 Insassen von Compound 4 befanden sich die fünf Freunde des bei Curacao versenkten U-Bootes U 615; Helmut Fischer, Fritz Franke, Günther Külsen, Rolf Wizuy und Bernhard Reyak. Sie waren nach ihrem Aufenthalt in Fort Meade nach Papago-Park gebracht worden.

Die U-Boot-Leute vertrieben sich die Zeit mit Sport und Scherzen. Sie hatten wie fast alle Gefangenen in den USA keine leibliche Not zu leiden, und wie immer der Krieg enden mochte –, alle fünf waren knapp 20 Jahre alt, jung genug für einen neuen Start.

Doch dann kam der 12. Mai 1944.

An jenem Tag, an einem Sonntag, rumpelten 17 Armee-Lastwagen auf das Lagertor zu. Auf der Ladefläche der Fahrzeuge: 350 von den Amerikanern gefangene deutsche U-Boot-Männer. Viele waren erst in den letzten Wochen in amerikanische Hände geraten, einige hatten schon viele Monate in amerikanischen Lagern verbracht. Drei der Lastwagen steuerten Compound 4 an, in dem die fünf von U 615 saßen. Von den Lastwagen sprangen 58 deutsche U-Boot-Leute. Einer von ihnen zog das rechte Bein leicht nach. Er trug einen Bürstenhaarschnitt. Es war Werner Drechsler, der Spitzel von Fort Meade.

Nie ist herausgekommen, was die Amerikaner bewogen hat, den damals 21jährigen Drechsler nach Papago-Park zu transportieren, obwohl er enttarnt war. Verachteten sie den Verräter, der ihnen so nützlich gewesen war, und lieferten ihn nun der Rache der Kameraden aus? Hatte der Zufall, hatte Gedankenlosigkeit mitgespielt?

An diesem Sonntagnachmittag nahm das Verhängnis in Papago-Park seinen Anfang. Kaum hatten die 58 Ankömmlinge die Transporter verlassen, wurden sie von den Lager-Insassen des Compound 4 umringt. Die Gefangenen hofften auf Nachrichten aus Deutschland, hofften vielleicht, einen Kameraden aus der Heimatstadt zu entdecken.

Werner Drechsler beteiligte sich nicht am Gespräch. Er ging sofort in die ihm zugewiesene Baracke und packte seine persönlichen Habseligkeiten auf das zweite Feldbett neben der Eingangstür: eine Pfeife, ein Tabaksbeutel und zwei Badehosen.

Zum Zählappell um 17.00 Uhr mußte Drechsler die Baracke verlassen. Er reihte sich ein – und wurde von einem U-Boot-Fahrer erkannt.

Nach dem Appell suchte Drechsler wieder sein Feldbett auf. Ausgestreckt lag er da, die Arme hinter dem Kopf verschränkt. Er war allein. Die anderen Bewohner beobachteten das sonntägliche Fußballspiel.

Es war 18.30 Uhr. Plötzlich ging die Tür auf. Die fünf Männer von U 615 drängten herein und stellten sich nach kurzem Zaudern an Drechslers Bett auf.

Rolf Wizuy fragte: »Obermaat Leimi, was tun Sie hier?«

Drechsler setzte sich halb auf: »Ich bin Gefreiter, und mein Name ist Drechsler.«

»Du kannst Dich nicht an mich erinnern? An Rolf Wizuy von U 615? Wir lagen doch in derselben Zelle in Washington?«

Drechsler setzte sich ganz auf: »Das muß ein Irrtum sein.«

Wizuy unterbrach ihn: »Sag mal, wie geht's denn Deiner Verwundung am Bein?«

»Ganz gut«, antwortete Drechsler gedankenlos, faßte sich ans rechte Knie – und hatte seine Identität mit dem Spitzel von Fort Meade endgültig preisgegeben.

Draußen sagte Wizuy: »Er ist es. In Fort Meade trug er Bart. Aber er ist es.« Um 19 Uhr an diesem Sonntag versammelten sich in der Baracke des Gefangenen Hox, Sprecher von Compound 4, 30 Kriegsgefangene. Zweck der Zusammenkunft in dem verqualmten Raum: ein Urteil über den Verräter zu fällen.

Ganz vorn saßen die fünf Freunde von U 615. Rolf Wizuy sprach erregt auf Hox ein: Er forderte eine »ordentliche Gerichtsverhandlung«. Doch Hox lehnte ab: Er müsse erst mit Fregattenkapitän Jürgen Wattenberg, dem Lagersprecher für alle Compounds, sprechen. Die jungen Leute gaben sich damit nicht zufrieden. Sie forderten den Tod Drechslers, seinen sofortigen Tod: »Er hat seine Kameraden verraten. Er hat Hitler und Deutschland verraten. Wir müssen schnell handeln.«

Sie drängten: Drechsler wisse, daß er erkannt worden sei. Also würde er schon am nächsten Tag den Amerikanern melden, daß er von Wizuy und dessen Freunden bedroht worden sei. Dann würden die Amis die fünf von U 615 in einem Speziallager verschwinden lassen, aus dem niemand lebend herauskomme.

Compound-Sprecher Hox war ratlos. Er schob die Entscheidung von sich. »Ich kann Ihnen keinen Rat geben. Ich muß die ganze Sache Ihnen überlassen.«

Da fällten die fünf von U 615, umringt von Kameraden, das Urteil selbst. Es lautete: Tod durch den Strang für den Verräter. Die übrigen Gefangenen murmelten zustimmend. Ein Spion in ihrer verschworenen Gemeinschaft – das war für jeden einzelnen Gefangenen ein existentielles Problem. Denn ein Spion konnte nicht nur durch Verrat militärischer Geheimnisse das Leben noch kämpfender Kameraden gefährden und jene Mitgefangenen verpfeifen, die ihn bedroht hatten. Ein Spion war zugleich ein Element der Dekomposition, das unkontrollierbaren Sprengstoff in die Gesellschaft hinter Stacheldraht trug. Ein Spion im Lager konnte die wichtigste Voraussetzung für das körperliche und vor allem das geistige Überleben der Gefangenen zerstören: die Solidarität der »Baracken-Front«.

»Also gut. Und wer machts's?« fragte einer aus dem Hintergrund.

»Wir«, sagte Helmut Fischer laut. Zusammen mit seinen vier Kameraden hob er den rechten Arm. Und noch eine Hand streckte sich empor. Sie gehörte Heinrich Ludwig, 25, einem Mann von U 199. Um 21 Uhr schlichen die sechs zur dritten Baracke von Compound 4.

Helmut Fischer hatte ein Seil besorgt, alle trugen Handschuhe. Drechsler lag in seinem Bett. Plötzlich erstarrten die sechs Deutschen: Ein Schatten huschte herbei. Sie erkannten ihn trotz der Dunkelheit: Fritz Stengel, 26, von U 253. Er wußte alles, hörte alles und wollte überall dabeisein. In jedem Lager gab es so einen Stengel.

»Was habt Ihr mit Drechsler vor?« fragte er.

Fischer: »Töten. Er ist ein Verräter. Weißt Du das nicht?«

Stengel: »Braucht Ihr noch einen?«

Wizuy: »Ja, Wir könnten noch einen gebrauchen.«

Stengel: »Dann will ich Euch helfen.«

Die sieben Rächer teilten sich in zwei Gruppen: Fischer, Reyak und Wizuy liefen zur hinteren Barackentür; Stengel, Franke, Külsen und Ludwig zur vorderen. Leise öffneten sie die Tür und schlichen zu Drechslers Bett.

Keiner der übrigen zwei Dutzend Gefangenen in der Baracke warnte ihn: Stumm beobachteten sie, was geschah. Keiner von ihnen, dem nicht die Bedeutung dieses Augenblicks gegenwärtig gewesen wäre.

Drechsler schlief.

Ein paar Sekunden standen die Verschwörer schweigend um sein Bett. Dann rüttelte Fischer den Schläfer an der Schulter. Drechsler wachte auf.

»Was ist los?« fragte er. Es klang noch etwas verschlafen.

Ludwig: »Was hast Du in Washington gemacht?«

Drechsler, plötzlich hellwach, sagte: »Einen Moment.«

Wizuy unterbrach ihn: »Gib zu, daß Du ein Verräter bist, ein Spitzel.«

Drechsler: »Nein, das ist nicht wahr. Gebt mir bis morgen früh Zeit. Ihr versteht das nicht. Ihr macht einen Fehler. Morgen früh erkläre ich euch alles.«

»Morgen wirst Du wieder bei Deinen verdammten amerikanischen Freunden sein«, sagte Fischer.

Wizuy: »Du Hund, Du hast uns in Washington verraten. Du hast Deutschland verraten. Wir wissen, was Du getan hast. Du brauchst uns das nicht zu erzählen. Du bist ein Verräter.«

Drechsler spürte offenbar, daß es um sein Leben ging. Er verfiel in einen flehenden Ton: »Ich konnte nichts dafür. In Washington haben sie mich umgedreht.«

Die Schatten an seinem Bett schwiegen.

Drechsler fuhr drängend fort: »Aber ich kann es Euch wirklich erklären. Wartet nur bis morgen. Bitte, Kameraden, morgen erklär' ich es Euch.«

Der amerikanische Historiker Richard Whittingham, der in seinem Buch »Martial Justice« über das Feme-Gericht von Papago-Park alle diese Einzelheiten minuziös festgehalten hat und dem wir die Schilderung dieser Vorgänge verdanken, glaubt, daß Drechsler bis zu diesem Moment noch eine Chance gehabt hatte, davonzukommen – bis er das Wort »Kameraden« aussprach.

Dieses Wort aber löste Gewalt aus. Drechsler, für die sieben Verschwörer ein Verräter, durfte sich nicht einen der Ihrigen nennen.

Einer der sieben schrie mit überschnappender Stimme: »Du hast keinen Kameraden – Du Schwein.« Er schlug Drechsler ins Gesicht.

Dann prügelten auch die übrigen sechs auf den liegenden Drechsler ein. Es kam zum Kampf, zu einem ungleichen Kampf, in dem die Rächer jene Grausamkeit entwickelten, die Gruppenangehörige in rational unregulierbaren Ausnahmesituationen kennzeichnet.

Die Wissenschaftliche Kommission der Bundesregierung für Kriegsgefangenengeschichte schreibt über die seelische Situation der Gefangenen: »Die Kriegsgefangenschaft ist ein Massenschicksal geworden – eines der Massenschicksale, die für unsere Zeit typisch sind und ihr das Gepräge geben. Dabei ist dieses Massenschicksal keineswegs nur quantitativ zu begreifen. Der Verlust der persönlichen Freiheit und das Unterworfensein unter einen fremden Willen, ein ungesichertes Dasein in starren äußeren Normen, darüber hinaus vielfach und oft lang dauernd eine Extremsituation unter den Auswirkungen von Hunger, Unbehaustheit und Krankheit, riefen eine Unzahl der verschiedensten seelischen Haltungen und geistigen Reaktionen von Millionen einzelner Menschen hervor.«

Der Spion Drechsler, auf den die sieben jetzt alle einprügelten, wehrte sich. Er schlug zurück. Er war ein ungewöhnlich starker Mann. Mit wilden Schwingern kämpfte er sich aus dem Bett frei. Nur knapp zwei Meter entfernt war die rettende Tür.

Er schaffte es nicht. Franke klammerte sich von hinten an Drechslers Hals, ein schwerer Tritt gegen das Schienbein ließ ihn einknicken, ein Faustschlag zersplitterte sein Nasenbein. Drechsler sackte auf den Barackenboden. Reyak rannte zur Barackentür, öffnete sie, spähte hinaus.

Die übrigen sechs stemmten den blutenden, ohnmächtigen Drechsler hoch, nahmen ihn auf die Schultern, gingen schwankend durch die Barackentür nach draußen über den Platz in Richtung Duschhaus. Drechsler war auf dem Weg zum Galgen.

Doch da – buchstäblich in letzter Minute – näherte sich Rettung für den Todeskandidaten.

Ein Jeep der amerikanischen Armee mit Suchscheinwerfern fuhr langsam auf dem Patrouillenweg zwischen Compound 3 und 4 entlang. Im gleichen Moment erwachte Drechsler – und schrie um sein Leben. Sofort schwenkte der Suchscheinwerfer über den Platz. Und die Soldaten im Wachturm des Gefangenenlagers richteten den großen Scheinwerfer auf den Barackenplatz von Compound 4. Die Verschwörer ließen Drechsler fallen und hechteten in den Schutz der Dunkelheit.

Drechsler, nur mit Hemd und Turnhose bekleidet, war über und über mit Blut besudelt. Mühsam richtete er sich auf, stand schwankend da, rief die US-Soldaten im Jeep an. Dabei schwenkte er die Arme. Sekundenlang stand die blutende halbnackte Gestalt so im sich kreuzenden Licht der Scheinwerfer. Dann wurde das Licht plötzlich abgeschaltet; gleichzeitig setzte sich der Jeep langsam wieder in Bewegung.

Es ist nie geklärt worden, weshalb weder Patrouille noch Wachturmbesatzung sich um den verletzten, verzweifelt schreienden Mann auf dem Lagerplatz kümmerten.

Seine sieben Feme-Richter lauerten in der Dunkelheit und sahen, wie sich Drechsler in seine Baracke zurückschleppte.

Der Zwischenfall hatte sie nicht ernüchtert, ihre Entschlossenheit, den Verräter zu richten, nicht erschüttert.

Wieder drangen sie von zwei Seiten in die Baracke ein. Der Verdammte saß zerschlagen auf seinem Bett. Wieder fielen sie über ihn her, Drechsler brach zusammen. Franke warf Drechsler eine Schlinge um den Hals, Fischer stopfte dem Ohnmächtigen ein Taschentuch in den Mund.

Noch einmal stemmten sie ihn auf ihre Schultern. Franke ging voran. Er hielt das Seil um Drechslers Hals straff. Keiner der Kriegsgefangenen in Drechslers Baracke rührte sich.

Schweratmend verließen die sieben mit ihrem Opfer die Baracke. Der Trupp erreichte diesmal ungestört den 30 Meter entfernten Duschraum, ein aus Brettern gezimmertes Haus.

Zu diesem Zeitpunkt war Drechsler bereits wieder bewußtlos. Einer der sieben, Reyak, blieb als Wache draußen vor der Tür stehen: Die Rächer wollten keine Zeugen.

Vier der Männer hoben Drechsler in eine aufrechte Lage. Zwei sprangen auf eine Bank und befestigten ein Seil an einem Dachbalken. Drechsler wurde auf die Bank gehoben. Zwei Mann stützten die leblose Gestalt vorn, zwei hinten.

Ein fünfter legte ihm die Schlinge des vom Dachbalken baumelnden Seils um den Hals. Dann ließen die vier, die ihn gestützt hatten, Drechsler loß. Einen Augenblick lang fanden die Füße des Verurteilten Halt auf der Bank. Die Henker kippten die Bank um.

Es war 22.00 Uhr am Sonntag, den 12. Mai 1944.

Genau um diese Zeit wurde – wie jeden Abend – das Licht in den Baracken ausgeschaltet. Vollständige Dunkelheit lag über dem Lager Papago-Park, als Werner Drechsler starb.

13. Mai 1944. Der Soldat Kenneth Brown stürmt in die Kommandanten-Baracke des amerikanischen Gefangenenlagers Papago-Park in Arizona. Captain Cecil Parshall blickt erstaunt auf. Der Soldat salutiert aufgeregt: »Sir«, sprudelt er los. Und dann hört der Captain die Meldung: Im Duschraum des Lagerbezirks Compound 4 hat man um 6.30 Uhr früh die Leiche des U-Boot-Gefreiten Werner Drechsler gefunden. Aufgehängt am Dachbalken des Duschraumes.

Schwere Verletzungen im Gesicht. Nase zertrümmert. Spuren von Schlägen und Tritten am Unterleib. Der Fußboden unter dem nur mit

Unterhose und Unterhemd bekleideten Toten rot von Blut.

»Das ist kein Selbstmord, Sir«, schloß der Soldat seine Meldung, »das ist Mord.«

Mord an einem Gefangenen? Mitten im Lager? Wer hat es getan – wer von 600 Verdächtigen?

US-Captain Cecil Parshall, Kommandant des Lagers Papago-Park, ließ die Leiche am Seil fotografieren und den Tatort nach Spuren absuchen. Gefunden wurde nichts. Noch am selben Tag begannen Parshall und seine Offiziere mit dem Verhör der Insassen von Compound 4.

Die Amerikaner hatten zwei dringende Gründe, die Gefangenen zu finden, die Drechsler getötet hatten: Wenn sie die Ausübung von Gewalt durch Lagerinsassen duldeten, mußte das gesamte Lager in Papago-Park früher oder später der Kontrolle der Wachmannschaften entgleiten.

Wichtiger aber noch war: Der gehenkte Drechsler war ein Kollaborateur der Amerikaner gewesen, ein Mann, der seine Kameraden ausgeforscht hatte und dem US-Geheimdienst nützlich gewesen war.

Wenn sich unter den Gefangenen herumsprach, daß Spione von ihren Kameraden getötet werden konnten, ohne daß die Tat geahndet wurde, mußten die Amerikaner damit rechnen, daß sich künftig kein Gefangener zum Spitzel hergeben würde. In jenen Tagen aber, im Mai 1944, rollte der 2. Weltkrieg seinen entscheidenden Schlachten entgegen. Jede Information über den Feind konnte von ungeheurem Wert sein.

Doch die amerikanischen Vernehmungsoffiziere stießen in Compound 4 des Lagers Papago-Park auf Schweigen – oder sie erhielten nichtssagende Auskünfte. Die meisten Gefangenen kannten die Männer, die Werner Drechsler am 12. Mai 1944 umgebracht hatten:

Helmut Fischer, zum Zeitpunkt der Tat 21 Jahre alt, Günter Külsen, 21 Jahre alt, Fritz Franke, 20 Jahre alt, Heinrich Ludwig, 25 Jahre alt, Bernhard Reyak, 20 Jahre alt, Otto Stengel, 26 Jahre alt, Rolf Wizuy, 22 Jahre alt. Alle sieben waren U-Boot-Fahrer gewesen.

Aber keiner der vielen hundert verhörten Deutschen sagte ein verräterisches Wort. Sie hatten ebenso triftige Gründe zu schweigen, wie die Amerikaner, sie zum Sprechen zu bringen:

Viele der Gefangenen billigten die Tat: Für sie war der Krieg mit der Gefangennahme keineswegs zu Ende. Zudem konnte ein Spion die Überlebensfähigkeit der Männer hinter Stacheldraht gefährden, zerstörerisches Mißtrauen in die Gemeinschaft tragen.

Viele schwiegen aus Angst. Was dem Spion Drechsler geschehen war, konnte auch dem Mann widerfahren, der die Täter verriet. 14 Tage blieben die Vernehmungen ohne Ergebnis.

Aber die Amerikaner gaben sich nicht zufrieden. Am 30. Mai 1944 traf Oberst Gerald L. Church, Offizier im Hauptquartier der 19. Service-Einheit der US-Armee im Lager Papago-Park ein. Church wurde von einem kleingewachsenen, untersetzten Zivilisten namens Leonard Keeler begleitet.

Keeler führte auf einem Lastwagen technische Apparaturen mit sich, die keiner der Gefangenen kannte.

Eine neue Runde im Vernehmungskrieg begann. Sie brachte die sieben U-Boot-Leute dem Schicksal näher, das sie dem Spion Drechsler bereitet hatten: Tod durch den Strick.

Leonard Keeler war ein Spezialist in der Handhabung des Lügendetektors, eines Gerätes, das Veränderungen von Pulsschlag, Hirnströmungen und Hautfeuchtigkeit eines Verhörten aufzeichnet und damit dem Verhörenden angeblich erlaubt, Wahrheit von Lüge zu unterscheiden.

Wieder wurden die Insassen von Compound 4 in den Vernehmungsraum befohlen. Leonard Keeler befestigte Elektroden an ihren Handflächen, auf der Brust, an den Schläfen. Oberst Church stellte die Fragen – und bekam von den Männern, die in Drechslers Baracke gelegen und beobachtet hatten, wie der Gefreite geschlagen und hinausgeschleppt worden war, zum Beispiel solche Antworten:

Church: »Haben Sie irgend etwas Ungewöhnliches in der Nacht vom 12. zum 13. Mai gehört oder gesehen?«

»Nein«.

Church: »Sie liegen in derselben Baracke wie Drechsler?«

»Ja.«

Church: »Sie haben wirklich nichts gehört?«

»Doch. Irgendwann in der Nacht habe ich was gehört. Es klang, als ob einer krank sei, stöhnte oder einen Hustenanfall hätte.«

Church: »Haben Sie gesehen, wer das war?«

»Nein.«

Church: »Versuchten Sie dem Mann zu helfen?«

»Nein, das Stöhnen hörte nach ungefähr einer Minute auf, und da dachte ich, jetzt ist alles wieder o. k.«

Nach jedem Verhör wertete Leonard Keeler die Kurven aus, die sein Gerät aufgezeichnet hatte. Nach vier Wochen hatte er aus den Insassen von Compound 4 zwanzig Männer ausgesiebt, die er für stark verdächtig hielt. Und: Die Namen der sieben Gefangenen, die Drechsler umgebracht hatten, standen auf dieser Liste von Keeler.

Gleichwohl waren die Amerikaner der Aufklärung der Femetat von Papago-Park nicht entscheidend nähergekommen: Sie hatten zwanzig Hauptverdächtige, aber nicht ein einziges Geständnis, keine brauchbare Zeugenaussage. Kein Gericht in den USA, auch kein Militärgericht, hätte die Verdächtigen allein auf Grund der Aufzeichnungen eines Lügendetektors verurteilt.

Die Amerikaner machten sich daran, ein Geständnis zu erlangen – um jeden Preis. Sie verlegten die zwanzig Verdächtigen in ein Speziallager bei Stockton in Kalifornien. Bereits am Tage ihrer Ankunft, am 3. Juli 1944, begegneten die Gefangenen dem Mann, der ihrem Schicksal die endgültige Richtung geben sollte. Er hieß Oscar Schmidt, war Captain der US-Armee, sprach akzentfreies Deutsch und war Spezialist für die Erpressung von Aussagen.

Der deutsche U-Boot-Mann Otto Stengel, der sich als siebter den Tätern von Papago-Park angeschlossen hatte, berichtete vor dem Militärgericht, wie der deutschstämmige Oscar Schmidt mit den Verdächtigen verfuhr: »Es fing mit einer vier Stunden langen Autofahrt an. Ich wurde in einem fensterlosen Lieferwagen auf eine aufgehängte Stahlstange gefesselt, die während der Fahrt über Wege voller Schlaglöcher wild hin und her schwang und mich gegen die Wände knallen ließ. Nach ungefähr einer Stunde hielt Captain Schmidt auf einem Feld an und rief: ›Wollen Sie ein Geständnis machen?‹ Ich antwortete ›nein‹, da starteten sie wieder ...«

Captain Schmidt wiederholte die Folterfahrt mit Otto Stengel dreimal. Doch Stengel schwieg. Schmidt brachte Stengel ins Lager zurück. Dort stießen Schmidts Helfer den Verdächtigen in einen Raum. Stengel über die nächsten Augenblicke: »Sie setzten mir eine Gasmaske auf, und Captain Schmidt schrie: ›Willst Du jetzt endlich gestehen, oder willst Du noch mehr von der Sorte Behandlung wie bei Euch in Dachau?‹

Als ich noch immer nicht gestehen wollte, zerdrückten sie eine Zwiebel und Knoblauchzehen und schmierten das Mus in den Filter der Gasmaske. Ein Leutnant stellte sich neben mich und schloß immer wieder die Luftlöcher der Gasmaske. Dabei schaute er auf seine Armbanduhr und Captain Schmidt sagte: ›Nun siehst Du, wie das ist, wenn einem langsam die Luft ausgeht. Dasselbe habt Ihr bei Drechsler gemacht.‹ Ich brach dann bewußtlos zusammen.

Als ich wieder zu mir kam, hatten sie mir die Gasmaske abgenommen, aber Captain Schmidt hielt sie in der Hand, beugte sich über mich und fragte: ›Willst Du das noch mal erleben?‹ Ich sagte: ›Nein, es ist genug. Ich möchte den Major sprechen und ein Geständnis machen.‹«

Schmidt unterzog auch Stengels Mittäter dem Verhör dritten Grades. Aber ihren Widerstand brach er schnell: Er hielt ihnen Stengels Geständnis vor, die sechs gestanden ihre Beteiligung an der Tat ein.

Am 15. August 1944, morgens um 9.08 Uhr, trat in Camp Florence, Arizona, ein Militärgericht zusammen, um gegen die Männer zu verhandeln.

Ihre Sache stand schlecht: Dem Verteidiger, US-Major William H. Taylor, gelang es nicht, den Nachweis zu erbringen, daß der getötete

Werner Drechsler tatsächlich für die amerikanische Abwehr Spitzeldienste geleistet hatte. Die US-Armee verweigerte jede Auskunft – sie berief sich auf die Staatssicherheit. So mußte es vor Gericht scheinen, als sei Drechsler von seinen Kameraden nur auf eine Vermutung hin aufgehängt worden.

Und: Die Richter befaßten sich auch nicht damit, wie die Geständnisse zustande gekommen waren. Captain Oscar Schmidt durfte im Zeugenstand nur einsilbig antworten – angeblich ebenfalls aus Gründen der Staatssicherheit.

Gleichwohl – die sieben standen zu ihrer Tat. Helmut Fischer sagte: »Die Hinrichtung von Drechsler ist ausschließlich deshalb geschehen, weil wir als deutsche Soldaten für unser Land kämpfen müssen, auch als Kriegsgefangene. Drechsler war ein Verräter, und deshalb hatte er kein Recht, weiter unter uns zu leben.«

Otto Stengel: »Ich bin ein Soldat, ich handelte aus meiner Verantwortung als Soldat. Sicher, Drechsler ist ermordet worden, aber er selbst hat unzählige Morde begangen. Wie viele tapfere U-Boot-Männer sind von Drechsler in den Tod geschickt worden? Ich sehe mich nicht als Mörder, sondern als deutschen Soldaten.«

Die Wissenschaftliche Kommission der Bundesregierung für Kriegsgefangenengeschichte schreibt zur Erklärung der politischen Haltung deutscher Kriegsgefangener:

»Die Konfliktlage, die sich in vielen, wohl den meisten Lagern ergab, hatte ihre Wurzel darin, daß sich zunächst bis Kriegsende die Mehrzahl der Kriegsgefangenen als deutsche Soldaten betrachtete, die ihre Loyalität zur deutschen Staatsführung zu wahren hatten. In der Praxis bedeutete das und mußte bedeuten, weithin auch Loyalität zum Nationalsozialismus. Diese Empfindungen waren besonders ausgeprägt bei den ›Afrika-Gefangenen‹. Sie gerieten zu einer Zeit in Gefangenschaft, als Deutschlands Lage scheinbar noch erfolgversprechend war, sie gingen überwiegend als geschlossene Einheiten in Gefangenschaft, und sie empfanden weithin die Kapitulation in Tunesien nicht als Niederlage der eigenen Truppe. Der Respekt und die Anerkennung, die dem ›Afrikakorps‹ auch von alliierter Seite vielfach zuteil wurden, trugen zu dieser Haltung bei.

Zu den negativsten Äußerungen der Gegensätze unter den Kriegsgefangenen gehörten tätliche Auseinandersetzungen untereinander, die sich in einigen Lagern bis zum Fememord steigerten ...«

Der Prozeß gegen die sieben von Papago-Park dauerte nur drei Tage. Am 16. August 1946, abends um 6.00 Uhr, erkannten die Richter einstimmig auf schuldig. Der Vorsitzende des Militärgerichtes, Oberst Poust, sprach das Urteil. Er begann – gemäß der alphabetischen Reihenfolge – mit Helmut Fischer und endete mit Rolf Wizuy.

Siebenmal wiederholte Oberst Poust den Satz: »... am Halse aufgehängt zu werden, bis der Tod eintritt.« Fünf der Verurteilten waren zu diesem Zeitpunkt noch nicht einmal 23 Jahre alt.

Die sieben von Papago-Park hörten das Urteil in soldatischer Haltung. Draußen bewegte sich die Sonne dem westlichen Horizont zu. Die fernen Bergspitzen funkelten im gleißenden Rot.

Die sieben wurden nach Fort Leavenworth in Kansas transportiert und dort in Zellen für zum Tode Verurteilte gesperrt.

Doch Franke und Fischer, Külsen und Reyak, Stengel, Ludwig und Wizuy konnten immer noch hoffen, dem Strick zu entgehen. Die Todesurteile mußten vor ihrer Vollstreckung vom Präsidenten der Vereinigten Staaten bestätigt werden. Und die sieben hatten erfahren, daß den Urteilen eine Empfehlung des US-Generals William E. Shedd beigefügt war, die Strafe in lebenslange Haft umzuwandeln.

Zudem wußten die sieben in Fort Leavenworth, daß die US-Regierung sie im Austausch gegen sieben in Deutschland gefangene US-Piloten freigeben wollte: Über Mittelsmänner in der Schweiz verhandelten Amerikaner und Deutsche. Doch der rasche amerikanische Vormarsch in Europa machte die Verhandlungen gegenstandslos. Panzer des US-Generals Patton befreiten die Piloten.

Jetzt lag das Leben der sieben jungen Männer in der Todeszelle von Fort Leavenworth in der Hand des neuen US-Präsidenten Harry S. Truman.

Nach der Kapitulation des Deutschen Reiches am 8. Mai 1945 war den Alliierten das ganze Ausmaß der Greueltaten in deutschen Konzentrationslagern bekanntgeworden. Amerika und sein Präsident waren nicht in der Stimmung, Gnade gegen deutsche Männer walten zu lassen, die wegen Mordes vom amerikanischen Kriegsgericht verurteilt worden waren. Zudem: Die Kriegsverbrecher-Prozesse gegen deutsche Soldaten, Beamte, Parteifunktionäre zeichneten sich schon ab.

Die Wissenschaftliche Kommission hat verzeichnet: »Vier Fälle von Mord (von Gefangenen an Gefangenen) und drei von Totschlag wurden von den amerikanischen Behörden auf politische Ursachen zurückgeführt. Im Zusammenhang mit diesen Vorfällen wurden insgesamt 15 deutsche Kriegsgefangene zum Tode verurteilt. Vierzehn dieser Todesurteile – die ersten fünf von ihnen wurden im Januar 1944 verhängt und am 5. Oktober 1944 vom amerikanischen Präsidenten bestätigt – wurden vollstreckt, allerdings erst nach Ende des Krieges in Europa, als deutsche Repressalien nicht mehr zu fürchten waren; in einem Falle wurde der Verurteilte zunächst zu lebenslänglich, später zu 20 Jahren Zuchthaus begnadigt. Außer in diesen 15 Fällen wurden Strafverfahren wegen Vergehen oder Verbrechen gegen Leib oder Leben von Mitgefangenen gegen 102 deutsche

Kriegsgefangene durchgeführt. 15 von ihnen wurden zu zehn und mehr Jahren, 20 zu drei bis zehn Jahren, alle übrigen – außer fünf Freigesprochenen – zu Freiheitsstrafen unter drei Jahren verurteilt.«

Am 16. August 1945, wenige Tage nach dem von ihm befohlenen Abwurf der Atombombe auf Hiroshima, bestätigte Präsident Harry S. Truman die Todesurteile gegen die deutschen U-Boot-Fahrer.

Der Abend des 23. August 1945 war in Kansas brütend heiß. Um 21.25 Uhr öffneten die Posten die Tür zum Trakt der Todeszellen im Gefängnis von Fort Leavenworth. Vier Männer traten herein: Gefängniskommandant Oberst Eley, Gefängnis-Kaplan Towle, der die Todeskandidaten in den elf Monaten seit ihrer Verurteilung nahezu täglich besucht hatte, und zwei Offiziere.

Unter dem rechten Arm trug Oberst Eley eine dünne Mappe. Einer der Posten rief »Achtung«. Die sieben Verurteilten stellten sich in ihren Zellen auf. Oberst Eley wischte sich die Stirn, schlug die Mappe auf und verlas die Todesurteile. Und er schloß: »Der Präsident der Vereinigten Staaten von Amerika hat eine Begnadigung abgelehnt. Die Hinrichtung wird am 25. August 1945 um Mitternacht hier im Gefängnis durchgeführt.«

Kaplan George A. Towle gab später dem Historiker Richard Whittingham für dessen Buch »Martial Justice« einen genauen Bericht über die Reaktion der sieben auf die Nachricht, daß der Tod nahte.

Otto Stengel redete als erster: »Die Schweinehunde, diese verdammten Schweinehunde. Warum zum Teufel machen die das? Sie haben es immer noch nicht verstanden. Ich dachte, inzwischen hätten sie ...«

Rolf Wizuy wandte sich zu ihm: »Das lohnt nicht mehr. Jetzt ist alles aus.«

Heinrich Ludwig fiel ein: »Und es sind doch Schweinehunde, ob nun alles vorbei ist oder nicht: es bleiben Schweinehunde.«

Günther Külsen sprach den Kaplan an: »Morgen nacht ist es also soweit?«

»Ja, genau um Mitternacht«, antwortete Kaplan Towle, »ich werde morgen den ganzen Tag hier sein. Kann ich irgend etwas für Sie alle tun?«

»Nein«, antwortete Helmut Fischer für alle.

Am letzten Morgen, den die sieben erlebten, saßen sie gemeinsam an einem Tisch. Kaplan Towle kam und brachte ihre Uniformen. »Ich habe sie noch reinigen lassen«, sagte er.

Fischer sprach: »Wir werden als aufrechte Deutsche sterben – genauso, wie wir gelebt haben.« Die anderen nickten. Am Abend wurde die Henkersmahlzeit serviert: Hähnchen nach Südstaatenart.

Zwei Minuten vor Mitternacht, am 25. August 1945, marschierten ein Leutnant und sechs Mann mit aufgepflanztem Bajonett den Gang zwischen den Zellen entlang. Sie machten vor Fischers Zelle halt.

»Helmut Fischer!« rief der Leutnant. Ein Soldat öffnete die Zelle. Fischer, 22 Jahre, trat heraus. Er fragte den Offizier, ob er sich von seinen Kameraden verabschieden dürfte.

Fischer ging von Zelle zu Zelle und schüttelte durch die Gitterstäbe die Hände seiner sechs Kameraden. Als er zu Stengel kam, schlug der ihm auf die Schulter und sagte mit einem Lächeln: »Kamerad.«

Fischer nickte und antwortete: »Kamerad.«

Dann ging er weiter. Zu Wizuy sagte er: »Wir sterben als Soldaten, Rolf.« Und als er schon zwischen den Wachen stand, drehte er noch einmal den Kopf zu Wizuys Zelle und rief: »Vergiß es nicht.« Wizuy antwortete nicht, starrte dem Trupp stumm nach.

Was jetzt begann, war das Muster für die Kriegsverbrecher-Exekutionen von Nürnberg und Landsberg.

Kaplan Towle ging neben Fischer den Gang entlang, hinaus auf den Hof. 120 Meter entfernt war der Eingang des alten, jetzt hellerleuchteten Lagerhauses zu erblicken. Unterwegs wandte sich Fischer an den Kaplan: »Sie sind nervös! Dabei müßte doch ich nervös sein.«

Die Wachen, der Kaplan und der Verurteilte marschierten eine Rampe hinauf.

Am Tor der Lagerhalle verhielt Helmut Fischer. Vor sich sah er den Podest, auf dem der Galgen errichtet war. Der untere Teil des Podestes war mit schwarzen Tüchern verhängt. Sie sollten den zuckenden Körper des Gehenkten vor den Blicken der Zeugen verbergen. Links stand eine Gruppe Offiziere, rechts eine Gruppe Journalisten.

Vor dem Galgen wartete Oberst Eley. Fischer schritt auf ihn zu. Eley verlas noch einmal das Todesurteil. Danach schaute er Fischer an: »Wollen Sie noch ein letztes Wort sagen?«

»Nein, ich möchte nur dem Kaplan danken.«

Oberst Eley: »Gott möge Ihrer Seele gnädig sein.«

Der Oberst trat zur Seite. Zwei Soldaten nahmen Fischer in die Mitte und führten ihn die Stufen hinauf auf die Plattform. Ein Soldat deutete auf einen schwarzen Kreis auf der Plattform. Fischer stellte sich darauf. Ein Soldat nahm Fischers Arme nach hinten und fesselte die Handgelenke aneinander, ein zweiter fesselte die Füße.

Fischer blieb aufrecht, ohne Bewegung. Er starrte auf das Tor des Lagerhauses, durch das er eben gekommen war.

Ein dritter Soldat stülpte ihm eine schwarze Hülle über den Kopf.

Der Henker trat hinzu. Er legte Fischer die Schlinge um den Hals und zog sie an. Dann stieg er die Plattform hinunter und salutierte vor Oberst Eley. Der Henker legte die Hand auf einen großen Hebel.

Oberst Eley hob langsam den rechten Arm, streckte den Zeigefinger aus der Faust und senkte den Arm mit einer schnellen Bewegung.

Der Sergeant drückte den Hebel nach vorne. Die Falltür fiel mit einem scharfen Geräusch. Fischer stürzte in die Tiefe. Zwei Ärzte untersuchten hinter dem schwarzen Vorhang den Gehenkten, dessen Herz noch schlug. Kaplan Towle war ihnen gefolgt. Einer der Ärzte drehte sich zu ihm um, sah sein Entsetzen und sagte: »Regen Sie sich nicht auf, Vater, er ist bewußtlos.«

Sechsmal noch wiederholte sich die Prozedur. Fritz Franke bestieg wortlos das Gerüst. Günther Külsen, wurde auf seinem ganzen Weg von der Zelle bis zum Galgen von Journalisten begleitet. Außer einem Wort des Dankes an Kaplan Towle sagte er nichts. Auch Heinrich Ludwig dankte dem Kaplan.

Bernhard Reyak schwieg. Dann holten die Soldaten Otto Stengel. Auf dem Gang des Gefängnisses blieb er plötzlich stehen: »Ich möchte das Bild von meiner Frau und meinen Kindern mitnehmen.«

Draußen, auf dem Weg über den Platz, entdeckte Stengel im Mondlicht an der Mauer Heckenrosen. »Schöne Blumen«, sagte er zum Kaplan, »es ist lange her, daß ich welche gesehen habe.«

Unterwegs zum Galgen versteckte Otto Stengel seine Angst mit gespielter Gleichgültigkeit. Er bemängelte seine Henkersmahlzeit: »Mein Huhn war ein bißchen mager.«

Seine letzten Worte: »Ich bin glücklich, daß ich den Kaplan kennengelernt habe. Und ich glaube, der Oberst hat uns sehr korrekt behandelt. Ja, wir sind gut behandelt worden.«

Rolf Wizuy war der letzte der Gehenkten. Als er abgeholt wurde, schaute Wizuy auf die offenen Türen der leeren Zellen seiner Kameraden: »Es ist keiner mehr da, von dem ich mich verabschieden kann!«

Um 2.48 Uhr am 26. August 1945 starb auch Wizuy.

Soldaten legten die sieben hingerichteten Gefangenen in Holzkisten und begruben sie in der Dämmerung des heraufziehenden Morgens in einem abgelegenen Eck von Fort Leavenworth. Auf ihren Grabsteinen stehen Name, Geburts- und Todesdatum sowie der militärische Rang.

Galgenprotokoll

In Fort Leavenworth wurde das Zeremoniell begründet, mit dem Marschälle, Minister, Generale, SS-Führer und Gauleiter des Dritten Reiches vom Leben zum Tode befördert wurden.

Fort Leavenworth war die Generalprobe für Nürnberg. Am Dienstag, dem 15. Oktober 1946, bewegte sich eine Gruppe von fünf Männern mit hallenden Schritten durch das Erdgeschoß des Gefängnisses von Nürnberg. Voran schritt der Gefängniskommandant, US-Oberst Burton C. Andrus, auf dem Kopf einen silberglänzenden Helm. Ihm folgten ein zweiter amerikanischer Offizier, ein Dolmetscher und zwei Deutsche: Bayerns Ministerpräsident Hoegner und Generalstaatsanwalt Leistner. Der Oberst und seine Begleiter waren gekommen, um zehn Machthabern des Dritten Reiches zu verkünden, daß sie in den nächsten Stunden am Galgen sterben würden. Reichsmarschall Göring, der elfte, hatte sich kurz vorher durch Selbstmord der Exekution entzogen.

Oberst Andrus und seine Begleiter gingen von Zelle zu Zelle. Der Oberst las jedem Verurteilten noch einmal den Text des Todesurteils vor. Der Dolmetscher übersetzte. Die Mehrzahl der Verurteilten hörte schweigend zu.

Dann wurde die Henkersmahlzeit angeboten. Würstchen mit Kartoffelsalat oder Pfannkuchen mit Kompott standen zur Wahl. Keiner machte davon Gebrauch.

Eine Stunde später, kurz vor ein Uhr morgens, schritten wieder fünf Männer durch den Todestrakt von Nürnberg. Wieder marschierte der Mann mit dem Silberhelm, Oberst Burton C. Andrus, an der Spitze. Hinter ihm aber gingen diesmal der katholische Gefängnispfarrer Sixtus O'Connor und der evangelische Pfarrer Henry F. Gerecke, beide Angehörige der US-Armee. Den Schluß bildeten zwei amerikanische Soldaten. Vor der Zelle des ehemaligen Reichsaußenministers Joachim von Ribbentrop machte die Gruppe halt. Der Posten vor der Tür salutierte und riß den Riegel zurück. In der Zelle stand Joachim von Ribbentrop im braunen Anzug, blaues Hemd, rostbraune Krawatte. Die Soldaten traten neben ihn. Handschellen klickten und Andrus kommandierte: »Folgen Sie mir«. Darauf setzte sich die Gruppe in Bewegung. Voran der Oberst, hinter ihm die beiden Geistlichen, dann die Wächter mit dem Verurteilten. Sie verließen den Gefängnisflügel durch die Hintertür und marschierten über den regennassen Hof hinüber zur Turnhalle. Die war von Doppelposten bewacht. Andrus klopfte dreimal an die Tür. Sie wurde von innen geöffnet. Die Halle war von Scheinwerfern gleißend hell erleuchtet. Schwarz und drohend standen an ihrer Stirnseite die drei Galgenbäume auf drei Podesten. In der Turnhallentür erschienen ein Major und zwei Militärpolizisten. Sie nahmen den Delinquenten in ihre Mitte und führten ihn zum Galgen Nummer eins.

Der deutsche Gefängnisarzt Dr. Ludwig Pflücker berichtete über die Technik des Hängens: »Der Delinquent tritt auf eine Falltür, die nach Anlegung des Stranges geöffnet wird. Der Delinquent fällt ein Stockwerk tief. Das untere Stockwerk des Galgens ist mit einem Tuch verhängt, so daß die Vorgänge verborgen bleiben. Zwei amerikanische Ärzte überwachen hier die Gehenkten und stellen fest, wann der

Tod eintritt. Dabei geht die medizinische Wissenschaft davon aus, daß der Tod beim Hängen nicht sofort eintritt, wohl aber Bewußtlosigkeit, ein Trost, den ich allen Delinquenten vorher geben konnte.«

Oben auf dem Gerüst in der Nürnberger Turnhalle warteten der Gehilfe des Henkers und der Henker selbst: John C. Woods, Master Sergeant der US-Armee. Woods hatte in den USA in 15 Jahren 347 Verurteilte durch den Strang hingerichtet. Am Fuße des Galgengerüstes lösten die Soldaten die Handschellen, mit denen Ribbentrop an sie gefesselt war. Ribbentrop mußte seine Hände auf den Rücken legen. Mit einem schwarzen Schuhriemen wurden sie zusammengeschnürt. Die beiden Soldaten fesselten ihn an den Armen und führten ihn die 13 Stufen zum Galgen hinauf. Unter dem baumelnden Strick nahm Henker Woods den Delinquenten in Empfang. Drehte ihn den Zeugen unten in der Halle zu. Oberst Gruffy, der Exekutionskommandant, sagte laut zum Dolmetscher » Ask the man his name.« Der ehemalige deutsche Außenminister wartete die Übersetzung nicht ab und sagte laut und deutlich »Joachim von Ribbentrop.«

Im selben Moment stülpte Woods die dreimal verknotete Schlinge über Ribbentrops Kopf und zog sie fest; ein Gehilfe bückte sich und band mit einem schwarzen Strick die Beine zusammen. Pfarrer Gerecke, an der linken Seite des Delinquenten, betete leise. »Haben Sie noch etwas zu sagen?« fragte der Oberst.

Ribbentrop sprach mit erhobener Stimme: »Gott schütze Deutschland. Gott sei meiner Seele gnädig. Mein letzter Wunsch ist, daß Deutschlands Einheit erhalten bleibt und Ost und West darüber eine Verständigung erzielen.«

Der Exekutionskommandeur machte dem Henker ein Zeichen. Ein Gehilfe reichte Woods die schwarze Kapuze. Der Henker stülpte sie Ribbentrop über den Kopf. Ehe das Tuch sein Gesicht verdeckte, blickte er schnell zu Gerecke und sagte: »Mein letzter Blick, Ihnen Kaplan.« Da zog Woods die Kapuze herunter. Trat schnell an den Hebel. Zog. Die Falltür unter dem Gefesselten sprang auf. Die Füße verloren den Halt. Und er stürzte ins Nichts. Mit einem Ruck stand der Strick. Bewegte sich leicht schaukelnd. Kein Laut. Es war 1.16 Uhr.

Ein sowjetischer Arzt, das Stethoskop um den Hals, und ein amerikanischer Doktor mit einer Taschenlampe in der Hand schlüpften unter den schwarzen Vorhangstoff, der den unteren Teil des Schafotts abdeckte und den Gehenkten am Strick vor den Augen der Zeugen verbarg. Es dauerte 19 Minuten, ehe sie wieder unter dem Tuch auftauchten und den Zeugen verkündeten: »Der Mann ist tot.« 19 Minuten. 19 Minuten hatte das Herz in der Brust des Mannes am Strick noch geschlagen.

Auf Joachim von Ribbentrop, 53, folgten Feldmarschall Wilhelm Keitel, 63, SS-Obergruppenführer Ernst Kaltenbrunner, 43, Reichsleiter Alfred Rosenberg, 53, Generalgouverneur Hans Frank, 46, Innenminister Wilhelm Frick, 69, Gauleiter Julius Streicher, 61, Gauleiter Fritz Sauckel, 48, Generaloberst Alfred Jodl, 56. Und um 2.45 Uhr an diesem Mittwoch, dem 16. Oktober 1946 starb der Letzte der Gehenkten, Reichskommissar Arthur Seyß – Inquart, 54. Die Leiche von Reichsmarschall Hermann Göring wurde aus der Zelle geholt und unter den Galgen Nummer eins gelegt: Symbolik! Auch er – nach Hitler der zweite Mann des NS-Regimes – galt damit als gehenkt.

Die Zeremonie von Fort Leavenworth, wo am 25. August 1945 um 2.48 Uhr der 22jährige Rolf Wizuy als letzter der sieben U-Bootfahrer gehenkt wurde, war bis auf die Minute eingehalten.

2

Hinter Stacheldraht auf fünf Kontinenten

)as Frachtschiff ›Steier-
nark‹ der Hapag wurde
ls ›Kormoran‹ zum größ-
en Hilfskreuzer der deut-
chen Kriegsmarine um-
erüstet.

Der australische Kreuzer ›Sydney‹ wurde ein Opfer der ›Kormoran‹. Die gesamte Besatzung der ›Sydney‹, 645 Mann, ging mit dem Schiff unter. Noch nicht einmal ein Funkspruch konnte mehr abgesetzt werden.

Auch die ›Kormoran‹ überlebte das Gefecht nicht. Nach vier Treffern brannte sie aus. Aufgefischte Schiffbrüchige der ›Kormoran‹ betreten als Gefangene australischen Boden.

Massenkapitulation deutscher Afrikakämpfer. Neuseeländische Panzereinheiten führen tausende Deutsche und Italiener am 13. Dezember 1942 bei Marsa Matruh in die Gefangenenlager.

Marsch durch die Wüste. Marsch in die Gefangenschaft (links unten).

Stacheldraht, Symbol der Gefangenschaft (unten).

Angehörige des Deutschen Afrikakorps, gefangen nach der Schlacht von El Alamein, werden »gefilzt«.

Diese beiden Afrikakämpfer werden nach ihrer Gefangennahme durch einen britischen Nachrichtenoffizier verhört.

Ein Barackenlager für deutsche Kriegsgefangene in Großbritannien.

Prominente Kriegsgefangene mit ihrem Gepäck auf britischem Boden: v. l. n. r.: Englischer Captain, General Blumentritt, Feldmarschall v. Rundstedt, britischer Sergeant, Feldmarschall v. Kleist.

'er Schiff ins Gefange-
ıenlager: Die ›Queen
Elizabeth‹ nimmt im Juli
942 in einem Mittel-
ıeerhafen deutsche
Kriegsgefangene an Bord
links).

Einsatz deutscher Kriegsgefangener in der britischen Landwirtschaft (links).

Die Barrieren der Feindschaft sind gefallen: Kriegsgefangenen-Hochzeit in England 1947. Deutsche POW's stehen Spalier.

Werner Rang (links), einst deutscher Kriegsgefangener in England, begrüßt als stellvertretender Polizeichef der Kanalinsel Sark im Jahre 1978 Königin Elisabeth II. bei ihrem Besuch auf der Insel.

Abitur im Camp: Deutsche Kriegsgefangene holten in englischen Gefangenenlagern ihre Abiturprüfung nach.

Der stille Dorffriedhof von Hawkshead mit dem Grab des I. W. O. von U 570, Bernhard Berndt. Ein Ehrengericht hatte Berndt der »Feigheit vor dem Feinde« bei der unversehrten Übergabe von U 570 an die Engländer für schuldig befunden. Zu seiner Rehabilitierung unternahm er einen tollkühnen Fluchtversuch. Dabei wurde er erschossen.

Ein Schloß in Australien

Über alle fünf Kontinente der Erde waren deutsche Kriegsgefangene des Zweiten Weltkriegs verstreut. Gefangenenlager gab es nicht nur im Hinterland der großen Kriegsschauplätze, es gab sie auf den Mittelmeerinseln Malta und Zypern, auf der Festung Gibraltar, am Suezkanal, im damaligen britischen Protektorat Palästina, im Irak und selbst an so exotischen Plätzen wie Jamaica in der Karibischen See, in Eritrea am Horn von Afrika und im Sudan.

Mehr als tausend deutsche Gefangene verschlug der Krieg nach Australien; fast die halbe Welt und eine fünf Wochen verschlingende Schiffsreise lag zwischen ihnen und der deutschen Heimat.

Für einige hundert der Deutschen hinter australischem Stacheldraht bedeutete die Gefangennahme jedoch zugleich die Rettung aus höchster Not:

20. November 1941, Indischer Ozean westlich des australischen Kontinents. Fünf kleine Boote steuern weit entfernt voneinander in schwerer See nach Osten, Richtung australische Küste. Die Boote sind mit Männern überfüllt. Dicht gedrängt hocken sie nebeneinander. Brecher der rauhen See schlagen über sie hinweg. Die Boote sind 200 Meilen, mehr als 350 Kilometer, vom nächsten Land entfernt. Die geplagten, ums Überleben kämpfenden Insassen gehören zur Besatzung des deutschen Hilfskreuzers ›Kormoran‹.

Mit dem Namen dieses Schiffes ist ein ungewöhnlicher Erfolg der Seekriegsgeschichte verbunden. Und ein ebenso spektakuläres Abenteuer seiner Besatzung.

Am 19. November 1941, am Buß- und Bettag, stand die ›Kormoran‹ rund 200 Meilen vor der westaustralischen Küste. Die Dünung eines irgendwo im Süden tobenden Sturms hebt das Schiff an, läßt es fallen. Mäßiger Wind weht. Die ›Kormoran‹ läuft mit zehn Meilen Fahrt auf Ostkurs. Die Offiziere auf der Brücke suchen mit ihren Ferngläsern den Horizont ab. Das Schiff ist auf der Suche nach Beute. An Bord herrscht Sonntagsruhe. Unter Deck wird Dauerskat gespielt. Einige räkeln sich in den Kojen. Es geht auf 16 Uhr. Die Backschafter tragen Schüsseln mit Bauernfrühstück durch die Decks. Die Eier dafür stammen von dem englischen Kühlschiff ›Duquesa‹, welches der schwere Kreuzer ›Admiral Scheer‹ aufgebracht und als Versorgungsschiff eingesetzt hat.

Zwei Jahre zuvor noch war die ›Kormoran‹ ein braves Frachtschiff der Reederei Hapag in Hamburg. Damals hieß sie ›Steiermark‹. Dann war das fast 9000 Bruttoregistertonnen große Schiff zum größten

Hilfskreuzer des Zweiten Weltkriegs umgerüstet worden. Seine Bewaffnung: Sechs Geschütze vom Kaliber 15 Zentimeter; dazu vier Geschütze Kaliber 3,7 in Doppellafette; und vier Geschütze Kaliber 2–cm; dazu vier Torpedorohre in Zweirohrsätzen.

Diese beachtliche Ausrüstung war sorgfältig verborgen; denn die stärkste Waffe der Hilfskreuzer im Kaperkrieg gegen die feindliche Handels- und Versorgungsschiffahrt war die Tarnung und das darauf beruhende Überraschungsmoment. Der Gegner sollte das getarnte Kriegsschiff für ein Handelsschiff halten. So konnte sich ein Schiff wie die ›Kormoran‹ an Frachter, die für England fuhren, heranpirschen, sie im Handstreich als Prise nehmen oder versenken. Und mit Hilfe seiner Tarnung konnte der Hilfskreuzer auch hoffen, feindlichen Kriegsschiffen und ihren Aufklärungsflugzeugen nicht aufzufallen; denn für den Kampf gegen Kriegsschiffe waren Hilfskreuzer nicht gebaut. Dazu waren sie nicht stark genug bewaffnet, liefen geringere Geschwindigkeiten; und waren ungepanzert.

Die ›Kormoran‹ war am 19. November 1941 fast ein Jahr unterwegs. Am 3. Dezember 1940 hatte sie die Danziger Bucht verlassen. Im Atlantik und im Indischen Ozean war sie überraschend aufgetaucht und hatte schwere Schläge gegen die Nachschublinien der Engländer geführt: Elf Schiffe waren von der ›Kormoran‹ versenkt oder als Prise genommen worden, Schiffe mit insgesamt 68 000 Bruttoregistertonnen. Der Kommandant der ›Kormoran‹, Fregattenkapitän Theodor Detmers, konnte mit sich und den Leistungen seiner Besatzung zufrieden sein.

Doch seit Wochen war keine Beute mehr in Sicht gekommen; die See war wie leer gefegt. Kein Frachter, kein Tanker mit Gütern für England oder seine Verbündeten kam in Sicht. Der letzte Überfall war der ›Kormoran‹ am 26. September vor Madagaskar gelungen. Dann war der deutsche Hilfskreuzer nach Osten gelaufen. Vor der australischen Küste hoffte Kapitän Detmers dem Nachschub für Großbritannien neue Schläge zu versetzen.

Am Nachmittag des 19. November scheint die Rechnung Detmers endlich aufzugehen. Ein Schiff! Ein großes Schiff! Auf der Brücke stehen die Offiziere und drücken die Ferngläser vor die Augen. Und bald wissen sie: Das ist nicht die Beute, auf die sie gehofft haben.

Es war genau 16 Uhr als die Führung der ›Kormoran‹ Klarheit über das Schiff hat, das sich mit rascher Fahrt nähert: Kein Frachter, kein Tanker, kein Passagier-Liner. Was da mit stiebender Bugwelle heranrauscht – ist ein Kriegsschiff mit zwei hohen Masten, vermutlich ein australischer Kreuzer der ›Perth‹-Klasse. Mit der höchsten Geschwindigkeit, mit 16,5 Meilen, versucht Kapitän Detmers davonzulaufen. Aber nach zehn Minuten meldet die Maschine: »Motor vier unklar.« Die Fahrt fällt auf 13 Seemeilen ab.

›Kormoran‹-Kapitän Detmers berichtet: »An ein Entkommen war nicht zu denken. Wir mußten uns in unser Schicksal fügen. Es blieb uns nichts anderes übrig, als die Begegnung abzuwarten, Fehler, die der Feind machte, zu erkennen und auszunutzen. Mein ganzes Sinnen und Trachten hieß daher: Zeit gewinnen.«

»Jetzt ist es auch für uns soweit«, sagt Gustav Albers am 4. Geschütz.

»Der wird uns abschießen wie einen Hasen«, knurrt Jan Klos unten in einem der Betriebsgänge. Sie wissen, wie der Hilfskreuzer ›Pinguin‹ am 8. Mai 1941 von dem britischen Kreuzer ›Cornwall‹ auf sichere Entfernung zusammengeschossen wurde. Nur 33 Mann konnten gerettet werden.

»Wenn der Bursche sich erst klar ist, daß er einen ›German Raider‹ vor sich hat, dann wird es uns genauso ergehen«, sagen sie.

›Kormoran‹ gehört zur zweiten Welle der Hilfskreuzer. Man hat alle Erfahrungen der ersten Welle ausgewertet, als man ihn auf die Reise schickte. Die Tarnung war raffinierter geworden. Alle Geschütze waren unter Deck untergebracht. Oben sah wirklich alles ganz harmlos aus. Auch die Flakgeschütze standen unter Deck. Bei ihnen fuhr auf einen Hebeldruck nicht die Tarnung weg, sondern die Geschütze selbst fuhren nach oben in Schußposition. Und der Richtschütze gleich mit. Aber das alles nützte natürlich nichts gegen einen Kreuzer von 7000 Tonnen Wasserverdrängung, der mit 32,5 Seemeilen, fast 60 Stundenkilometer, heranbrauste und acht 15,3-cm-, acht 10,2-cm- sowie vier 4,7-cm-Geschütze, zwölf leichte Flak-MG und dazu acht Torpedorohre und zwei Flugzeuge hatte. Dazu eine 76 Millimeter Panzerung an der Wasserlinie und ein Panzerdeck von 51 Millimetern. Bis auf 3000 Meter hat sich der Kreuzer genähert. Er morst ununterbrochen. Kapitän Detmers reagiert nicht. Gegen 16.30 Uhr schließlich gibt er dem Signalmaaten den Befehl, ein Flaggensignal zu setzen. Der Maat nimmt sich viel Zeit. Zweck des Manövers ist, den Kreuzer noch näher heranzulocken. Ihn auf kurze Entfernung anzugreifen und – wenn möglich – schwer zu treffen, das ist die einzige Chance für den Hilfskreuzer.

Wieder signalisiert der Gegner. »Klarieren Sie Ihr Signal!« Detmers hat das Zeichen des holländischen Dampfers ›Straat Malakka‹ setzen lassen. Am Heck hat der Signalobergefreite Otte die holländische Flagge gehißt.

Die Entfernung zwischen den beiden Schiffen beträgt kaum noch tausend Meter. Drüben lehnen Matrosen faul an der Reling

Mit 13 Seemeilen Geschwindigkeit fahren die beiden Schiffe jetzt nebeneinander her.

Der Australier signalisiert: »Where are you bound for! What cargo?« »Wohin wollen Sie? Welche Ladung?« Kapitän Detmers läßt die Signalflaggen für die Antwort setzen. Umständlich. Noch hat der Kreuzer offenbar keinen Verdacht geschöpft. Vielleicht läßt er den Hilfskreuzer doch ungeschoren laufen.

Ein Schiff mit dem Namen ›Straat Malakka‹ gibt es tatsächlich. Es fährt unter holländischer Flagge, und es fährt im Indischen Ozean. Die Frage nach dem Bestimmungshafen beantwortet Detmers mit »Batavia«. Die Frage nach der Ladung mit »Stückgut«.

Doch nun fordert der Australier die angebliche ›Straat Malakka‹ auf, ihr geheimes Erkennungssignal zu nennen. Der Augenblick der Entscheidung ist gekommen. Das Signal ist den Deutschen an Bord der ›Kormoran‹ nicht bekannt. Detmers antwortet nicht. Jetzt muß der Australier Lunte riechen, muß erkennen, daß er getäuscht worden ist. Wird er aus allen Rohren feuern?

Der Kreuzer ist auf 900 Meter Entfernung heran, läuft steuerbord querab von der ›Kormoran‹.

Auf der Brücke ist es mäuschenstill. In den Ohrmuscheln der Geschützbedienungen hört man die Stimme von Oberleutnant Skeries: »An alle Geschütze. Gegner ist Kreuzer der ›Perth‹-Klasse. Er läßt sich nicht abschütteln und verlangt unser Erkennungszeichen. Wir werden es ihm auf unsere Art geben. Jedes Geschütz schießt nach Befehl zum Enttarnen selbständig.« Dann herrscht wieder atemlose Stille.

Kapitän Detmers berichtet: »Es war genau 17.50 Uhr. Die holländische Flagge ging am Flaggenstock nieder. Die deutsche Kriegsflagge stieg am Großmast hoch. Die schweren Tarnklappen an Bug und Heck flogen hoch, als seien sie aus leichten Brettern. Die Torpedoklappen wurden geöffnet. Geschütze und Torpedorohre wurden geschwenkt und gerichtet. ›Feuer!‹«

Alle Geschütze sind geladen. Entfernung ist eingestellt. Den ersten Schuß gibt das vordere Geschütz. Gleich darauf folgen die anderen.

Alle fünf Sekunden verläßt eine Salve die Rohre. Die Einschläge liegen in der Wasserlinie des Kreuzers. »Immer hinein! Immer hinein!« schreien die Lords an den Geschützen. Von der ersten Salve wird zweimal die Brücke des Kreuzers und der Artillerieleitstand getroffen. »Rohr los!« befiehlt jetzt der Torpedooffizier. Da laufen die Aale auch schon.

Der Gegner drüben aber sieht es nicht.

Eine mächtige Explosionssäule geht hoch. Der Kreuzer ist schwer angeschlagen. Sackt vorne weg. Die Türme ›Anton‹ und ›Bruno‹ sind außer Gefecht gesetzt. Die Flak des Hilfskreuzers beschießt das Oberdeck. Das zum Start fertige Flugzeug fliegt nach einem Treffer in hohem Bogen ins Meer.

Aber auch der Australier hat Kanonen. Und die Führung hat sich endlich von ihrem Schreck erholt. Die ersten Salven liegen zwar zu hoch, aber dann landet eine Granate im Schornstein der ›Kormoran‹. Eine weitere geht als Blindgänger durch die Geschützbedienung des 3. Geschützes. Die Männer schauen verdutzt, als der Hauch des Todes sie streift. Der Kreuzer schießt mit Panzersprenggranaten. Das ist gut; denn durch die dünnen Platten des Hilfskreuzers werden die Verzögerungszünder kaum behindert, und die meisten Granaten gehen durch die Wandungen hindurch, ohne zu explodieren.

Die Gesichter der Geschützbedienungen auf ›Kormoran‹ sind schwarz von Qualm. Der Schweiß läuft in Strömen. Sie schießen in einem Salventakt von 16 bis 18 Schuß in der Minute. Das wurde noch nicht einmal bei Übungen erreicht.

Schlag auf Schlag donnern die Granaten dem Kreuzer in den Leib. Er brennt bereits an vielen Stellen.

Und jetzt hat er genug. Er dreht hart ab. Geht nach Backbord. Läuft brennend hinter dem Heck des Hilfskreuzers vorbei und flieht. Qualmend. Torkelnd. Kapitän Detmers: »18.25 Uhr ließ ich das Geschützfeuer einstellen. Der Gegner stand etwa 10 000 Meter ab. Er trieb mehr, als er fuhr. Ein lichterloh brennendes Wrack. Starker Feuerschein war bis gegen 21 Uhr sichtbar. Dann sahen wir noch einmal ein besonders helles Flackern. Danach erlosch auch dieser Feuerschein.

Der deutsche Hilfskreuzer ›Kormoran‹ hatte etwas Unglaubliches, Einmaliges zustandegebracht: Ein ausgewachsenes, weit überlegenes Kriegsschiff im Gefecht versenkt.

Später erst erfuhren Kapitän Detmers und seine Besatzung, daß es der Kreuzer ›Sydney‹ gewesen war, den sie mit ihrer Tarnung getäuscht und ins Verderben gelockt hatten. Die ›Sydney‹ ging mit Mann und Maus unter; sie war nicht einmal mehr in der Lage, einen Funkspruch abzusetzen. Offenbar war die Funkanlage mit dem ersten Treffer zerstört worden. Die gesamte kriegsstarke Besatzung der ›Sydney‹, 645 Mann, fand den Tod.

Die australische Marine hat das Unerklärliche zu erklären versucht. Sie glaubt bis heute, die Gründe für die ›Sydney‹-Katastrophe in einem nebensächlichen, man könnte auch sagen burlesk-bürokratischen Ereignis gefunden zu haben: Als der Leichte Kreuzer auf die ›Kormoran‹ stieß, stand er unter dem Kommando von Kapitän zur See Burnett. Er hatte die ›Sydney‹ am 13. Mai 1941 übernommen, sechs Monate vor ihrer Versenkung. Er war ein Offizier mit besten Beurteilungen. Warum aber hatte ein so guter Offizier bei der Begegnung mit der ›Kormoran‹ nicht sein Flugzeug gestartet? Aus der Luft wäre wahrscheinlich erkannt worden, daß die ›Kormoran‹ Geschütze führte. Warum vor allem aber hielt Burnett nicht eine größere Entfernung, um seine starke und weitreichende Artillerie sowie seine höhere Geschwindigkeit zum Tragen bringen zu können, da doch mit deutschen Hilfskreuzern immer gerechnet werden mußte?

Warum auch klärte er nicht durch eine Rückfrage bei der australischen Seekriegsleitung, ob die ›Straat Malakka‹ in diesen Gewässern stand, ehe er dicht an das verdächtige Schiff heranging?

»All dies sind Fragen«, schreibt die australische Marineführung, »die niemals mehr beantwortet werden können.«

Nur eine Vermutung setzte sich bei der australischen Marine durch, weshalb Kommandant Burnett nicht schon aus weitem Abstand auf die ›Kormoran‹ schoß. Diese nämlich: Salven aus großer Entfernung liegen oft nicht im Ziel. Mehr Schüsse sind nötig, um den Gegner zu treffen, mehr Munition muß verschossen werden.

Kapitän Burnett aber hat sehr wahrscheinlich Munition sparen wollen, um einer Rüge durch Vorgesetzte zu entgehen. Denn Burnett war vor seinem Kommando auf der ›Sydney‹ stellvertretender Chef des australischen Marinestabes. Dieser Kommandobehörde hatte im April 1941 der Kampfbericht des australischen Kreuzers ›Canberra‹ vorgelegen, der zwei deutsche Schiffe aus einer Entfernung von etwa 17 Kilometern angegriffen und versenkt hatte – dabei aber 215 Granaten vom Kaliber 20,5 Zentimeter verschoß.

Der australische Admiral Leatham hatte diesen Munitionsaufwand gerügt. Er hatte Burnett den Vermerk diktiert:

»Es war richtig, daß ›Canberra‹ Vorsichtsmaßnahmen gegen die eventuellen Torpedoschüsse des vermeintlichen Hilfskreuzers ergriff, aber ich denke, daß es in diesem Falle übervorsichtig war, nicht näher als 19000 Yards heranzugehen. Wenn eine wirksame Reichweite schneller erlangt worden wäre, hätte der Feind schneller erkannt und viel Munition gespart werden können.« Kapitän Burnett hatte diese Anmerkungen zum Verhalten des Kreuzers ›Canberra‹ im Sinn, als er auf die ›Kormoran‹ stieß. Und mit großer Wahrscheinlichkeit hat diese Rüge sein Verhalten bestimmt. Deshalb brachte er die ›Sydney‹ so nahe an die ›Kormoran‹ heran, daß wenige Salven genügt hätten, einen möglichen Gegner zu versenken. Doch dieser Gegner war schneller. Eine bürokratische Vorsicht stürzte den australischen Kreuzer und 645 Mann ins Verderben.

Aber auch die ›Kormoran‹ mußte zahlen. Der Hilfskreuzer hat zwar nur vier Treffer erhalten, aber im Maschinenraum brennt es, und der Qualm macht jede Arbeit unmöglich. Die Schaumfeuerlöschanlage kann nicht eingesetzt werden. Es gibt keine Möglichkeit, den Brand zu löschen.

Kapitän Detmers: »An ein Wiederklarwerden der Maschinenanlage war nicht mehr zu denken. Noch einmal versuchten wir alles, die im Maschinenraum eingeschlossenen Kameraden zu retten. Umsonst. Überall schlugen uns Flammen entgegen. Überall drängte uns das

Feuer zurück. So stand ich vor dem schwersten Entschluß meines Lebens: den Hilfskreuzer zu versenken.«

Kapitän Detmers gibt den Befehl, in die Boote zu gehen.

Die Boote werden zu Wasser gelassen. Die Motorboote sind von Granatsplittern durchlöchert. Der Bootsraum ist also knapp. Die Flöße und Schlauchboote werden ins Wasser geworfen. Die Männer laufen noch einmal in ihre Wohndecks, holen sich warme Uniformjakken, unberührt steht das Bauernfrühstück. Niemand hat Appetit.

Die Ladebäume können nicht ausgebracht werden. Die Winden haben keinen Strom. Man schiebt die großen Arbeitsboote bis an die Bordwand und gibt ihnen einen kräftigen Stoß. In hohem Bogen fliegen sie aus sieben Meter Höhe außenbords. Man hat Glück, sie kommen mit dem Kiel nach unten zu Wasser. Gegen 20 Uhr legt das letzte Boot ab. Doch zu allem Unglück hat auch eins der Schlauchboote Splittertreffer bekommen. Ist undicht. Sinkt. Und mit ihm versinken ein Teil der Verwundeten, die auf dem Boot untergebracht waren: 40 Mann fanden den Tod. Und noch immer befinden sich auf ›Kormoran‹ der Kommandant Detmers, mehrere Offiziere und etwa 100 Mann. Können sie sich retten?

Immer näher frißt sich das Feuer an das Minendeck heran, wo 420 Seeminen lagern – eine phantastische Sprengkraft, die kein Stück auf dem anderen lassen wird.

In der Ladeluke ruht die letzte Chance: zwei eiserne Kutter, die Detmers von einem gekaperten Handelsschiff übernommen hat. Aber wie sollen die mehr als drei Tonnen wiegenden Boote ohne Winden und Ladegeschirr zu Wasser gebracht werden? Sie schaffen es. Hand über Hand werden die Boote aus der Luke an Deck gebracht und dann ins Wasser gestoßen.

Um Mitternacht legt auch das letzte Boot ab.

Kapitän Detmers schreibt: »Ich wartete, bis die Sprengladung angeschlagen war, dann verließ ich als letzter Überlebender die ›Kormoran‹. Um 00.35 Uhr gingen die Minen mit einer gewaltigen Explosion hoch. Über dem Achterschiff zuckte bis zum Mittelaufbau eine Stichflamme von mehreren hundert Metern in die Nacht. Um uns herum prasselten Sprengstücke der in die Luft gewirbelten Teile des Schiffes so dicht wie Regentropfen bei einem Gewitter hernieder.« Siebenhundert Meter weit flogen die Schiffstrümmer.

Kapitänleutnant Bretschneider, der im zweiten Boot saß, berichtete über den Anblick, der sich den Männern bot: »Eine ungeheure Feuersäule steigt zum Himmel empor und bildet in vielleicht 500 Meter Höhe einen gewaltigen Rauchpilz, der von unten hell erleuchtet ist. Auf das Feuerwerk und das Getöse folgt Nacht und Stille. Die Trümmer der ›Kormoran‹ sanken auf den Grund des Meeres.«

Das Ende der ›Kormoran‹ war der Beginn des großen Abenteuers ums Überleben der Besatzung in den Booten und auf den Flößen. Herbert Bretschneider sucht sich den Weg durch die Nacht. 58 Männer kauern, hocken, liegen in dem Gefährt, das nur 8,20 Meter lang und 2,80 Meter breit ist. Sie mustern ihre Vorräte: Hartbrot und Dosenmilch, Obst in Dosen, und, das Wichtigste, ein Faß mit Wasser, gefüllt mit 30 Litern. Sie steuern nach Osten, nachts nach den Sternen, am Tag nach der Sonne, auf die australische Küste zu. Sie ist rund 200 Seemeilen entfernt, mehr als 350 Kilometer.

In fünf Tagen müßte Land in Sicht sein. Im Boot liegt ein Segel, sie setzen es an einem notdürftig zusammengebastelten Mast, die Quälerei des Ruderns ist vorerst vorbei. Mit etwas mehr als drei Knoten, wenig über fünf Kilometer in der Stunde, schiebt das Boot sich vor südlichem Wind nach Osten.

Über den zweiten Tag schreibt Herbert Bretschneider: »Plötzlich taucht die Besorgnis auf, daß wir zu weit nach Norden kommen. Wir wissen, daß die Nord-West-Ecke Australiens eine große, wasserlose Wüste ist; eine Landung an dieser Küste würde für uns das Verderben bedeuten.«

Der dritte Tag vergeht, die Nacht zum 23. November 1941 legt sich über das Boot.

Und in dieser Nacht greift noch einmal die See nach ihnen. Starker Wind fegt über den Ozean, türmt die Wellen zu Bergen, Wasser schlägt ins Boot. Die Männer schöpfen um ihr Leben, aber sie erkennen, daß sie diesen Wettlauf mit den immer wieder in das Boot stürzenden Brechern auf die Dauer nicht gewinnen können.

Da bilden sie einen lebenden Wall. Setzen sich dicht an dicht an die Seite des Bootes, die vom Wind getroffen wird. Mit ihren Leibern fangen sie die Brecher ab. Herbert Bretschneider erinnert sich: »Aber nach Mitternacht ist auch diese Methode kaum noch wirkungsvoll, die Leute sind völlig durchnäßt, frieren und ermatten. Statt sich den Brechern entgegenzustemmen, fangen sie an, sich vor der Übergewalt des Meeres zu ducken. Wir sind an dem Punkt angelangt, wo wir anscheinend aufgeben müssen. Wachträume und Fieber treten auf.«

Die Männer im Boot überstehen die Nacht. Widerstehen dem Sturm. Eine strahlende Sonne geht am 23. November auf. Doch jetzt weht der Wind den Männern entgegen, das Boot treibt nach Westen, zurück in die Weiten des Indischen Ozeans. Dann dreht der Wind weiter, nach Süden, das Boot kann den Kurs nach Osten halten - Kurs auf das Land, den rettenden Kontinent.

Herbert Bretschneider notiert: »Neuer Mut und neue Kraft!«

Wieder kommt die Nacht, wieder frischt der Wind auf, wieder stürzt Wasser ins Boot. Bretschneider erinnert sich: »Das Phantasieren und die Wachträume greifen unter den Bootsinsassen immer mehr um sich.

Bei einigen wird es so schlimm, daß wir sie an die Duchten binden müssen, um zu verhindern, daß sie über Bord springen.«

Am Nachmittag des 24. November sichten sie Land; das Wasser verfärbt sich, wird grünlicher. Und am Morgen des 25. November, fünf Tage und sechs Nächte nach dem Untergang der ›Kormoran‹, erhebt sich vor ihnen aus der Dämmerung die felsige Steilküste Australiens. Land. Land. Das Boot segelt die Küste entlang nach Norden, aber die Sorge hat noch kein Ende.

Herbert Bretschneider: »Mit immer größer werdender Enttäuschung müssen wir erkennen, daß sich keine Spur von Menschen feststellen läßt. Sollten wir nun doch in der nordwestaustralischen Wüste landen? Dies würde den sicheren Tod bedeuten. Die Stimmung im Boot sinkt wieder merklich.«

Dann aber entdecken die Männer an den Felsen etwas, das Ähnlichkeit mit einer Röhre hat. Es führt aus dem Wasser zur Kante des Felsen. Vielleicht ein Kabel. Sie steuern das Ufer an, sehen vor sich einen Sandstrand, darauf Spuren, die von einem Autoreifen rühren könnten.

Das Boot läuft auf den Sand. Die Spuren am Strand sind aber von Riesenschildkröten gezogen worden, nicht von Autos.

Doch dann: Ein Flugzeug! Herbert Bretschneider über die Minuten nach der Landung: »Wie betrunken taumeln wir zwischen der Landungsstelle und einem schnell gewählten Lagerplatz in einer Felsenhöhle hin und her.«

Wieder Flugzeuge am Himmel über uns in niedriger Höhe. Und am Nachmittag tauchen zwischen den Felsen am Strand zwei Männer in Zivil auf, mit Pistolen bewaffnet.

Sie führen die 58 Männer zu zwei Lastwagen. Sie sind gerettet. Doch sie sind Gefangene.

Das Boot, in dem Oberleutnant z. S. von Gösseln, der Adjudant von Kapitän Detmers, das Kommando führte, hatte 73 Mann an Bord, darunter zwei Chinesen, einen Schwer- und 15 Leichtverwundete. Auch ihre Reise wurde die Fahrt zur Hölle.

Die Nacht vergeht. Am Morgen wird Musterung gehalten. Verpflegung ist keine im Boot. Nur zwei Flaschen Wasser. Ein paar Schachteln Zigaretten haben die Insassen bei sich. Die Aufteilung dieser Schätze ist nicht schwierig. Der Schwerverletzte bekommt das Wasser. Und er bekommt auch eine ganze Zigarette. Die anderen rauchen zu 36 Mann je eine – statt der Mahlzeiten.

Alle Stunde ist Schichtwechsel an den Riemen und beim Wasserschöpfen. Am späten Nachmittag kommen zwei andere Rettungsboote in Sicht. Winken. Zusammentreffen. Eines gibt eine Kiste mit 48 Dosen Milch und einige Büchsen Marmelade ab. Dazu ein Focksegel. Dann trennen sie sich wieder. Mit einem Bootsriemen, Kabelgarn und einem Bettbezug wird das überladene Boot unter Segel gebracht. Kompaß? Nicht vorhanden. Am Tage wird nach der Sonne gesteuert. Bei Nacht dient die Venus als Wegweiser. Mit einer Armbanduhr wird bei Sonnenuntergang der Standort berechnet.

Es mag gegen 22 Uhr sein, als einer ruft: »Ein Dampfer!« Und wirklich, fünf bis sechs Meilen entfernt zieht ein Schiff vorbei. Deutlich kann man seine gelb-braunen Aufbauten ausmachen. Es ist ein Frachter. Gleich muß er seinen Bug nach Steuerbord drehen. Dann sind sie gerettet. Aber er dreht nicht. Er behält seinen Kurs bei. Wird kleiner. Verschwindet hinter der Kimm: erst der Schornstein, dann auch die Masten. Enttäuscht pullen die Männer weiter.

Der Tag ist windstill und die See bei strahlendem Sonnenschein zum Glück ruhig. Aber nach Eintritt der Dunkelheit jagt der Südwind pfeifend gischtgekrönte Wogenberge vor sich her. Der Wind peitscht feinen Sprühregen übers Boot. Bis auf die Haut durchnäßt, stehen die Männer zusammengepfercht. Sehnsüchtig erwarten sie den Morgen, der die Sonne bringt. Dann wird das Zeug vom Leibe gerissen und getrocknet. Aber mit der tropischen Sonne kommt auch der Durst.

Willi und Hans Kurz sind vom Wachdienst befreit. Sie betreuen den schwerverwundeten Kameraden. Sie bringen ihn mit einem Schluck Wasser, einer Zigarette und ein paar Worten über die letzten Stunden.

Er stirbt am zweiten Tag auf der harten Seitenbank des Kutters. Oberleutnant von Gösseln läßt das Segel einholen. Das Boot schaukelt in der Dünung. Die Männer halten sich aneinander fest. Senken die Köpfe. »Vater unser, der Du bist im Himmel...« Und dann gleitet der Tote ins Meer.

Die Männer hatten nicht damit gerechnet, die beiden Frischwassertanks gefüllt zu finden; denn bei einer Reparatur des Kutters hatten die Mechaniker das Wasser ablaufen lassen. Doch sie hatten die Tanks wieder aufgefüllt. Das war eine frohe Überraschung für Herbert Pfau, den Koch, als ihm beim Abdrehen des Verschlusses schönstes Wasser in die Hand lief.

Der Oberleutnant ordnet an, daß nur der Koch den Tank öffnen und das Wasser verteilen darf. Da sich bei dem Gedränge keiner frei bewegen kann, werden Gruppen zu je sieben Mann gebildet, die je eine Marmeladenbüchse zum Wasserempfang bekommen. Der Gruppenführer wacht darüber, daß keiner zuviel trinkt. Er hält jedem die Dose an den Mund und zieht sie nach dem dritten Schluck weg. So geht auch der dritte Tag zu Ende. Wieder fährt ein Schiff, ein dicker Passagierdampfer, an ihnen vorbei. Ein Passagierdampfer mit allem Komfort. »Mein Gott, mach, daß er uns sieht.« Sie halten die Konservendosen in die Sonne und bewegen sie schnell hin und her: Die blitzenden Reflexe sollen die Aufmerksamkeit des Dampfers auf sie lenken.

Vergebliche Mühe. Er fährt vorbei. An ihnen jedenfalls. Es ist ein britisches Schiff, die ›Aquitania‹. Ein paar Stunden später nimmt sie die Besatzung eines Schlauchbootes von ›Kormoran‹ auf. Der Kutter der Hoffnungslosigkeit aber verpaßt auch in der fünften Nacht die Chance der Rettung. Ein mächtiger Schatten fährt so nahe vorbei, daß die Männer im Boot meinen, ihn greifen zu können. Es ist ein Tanker. Sie rufen. Aber der Riese rauscht vorbei.

»Das ist die Rache«, schreit einer, »das ist die Rache.«

Es war keine Rache, es war der Tanker ›Trocas‹, und er nahm gegen Morgen 25 Mann der ›Kormoran‹-Besatzung von einem anderen Rettungsboot an Bord.

Die Mutlosigkeit steigt ins Boot. Bald auch die Verzweiflung. Die Männer werden zermürbt vom Hunger und von der See. Am Tage ist es windstill und heiß. Nachts stürmisch und kalt. Eine Welle schlägt ins Boot. Füllt es bis an den Rand. Ist das die letzte Stunde? Alle schöpfen mit den Büchsen und den bloßen Händen. Sie schaffen es. Und sie begrüßen den neuen Morgen wie ein neues Leben.

Haie streichen ums Boot. Zu zehn und mehr. Ihre großen Dreiecksflossen huschen ganz nahe vorbei. Es wird kaum noch ein Wort gesprochen. Mechanisch kommen die Befehle zum Ruderwechsel, zum Wasserempfang.

Dann geht das Spinnen los.

Der Zimmermann Westphal trinkt Seewasser. Er läßt sich nicht davon abhalten. Merkwürdigerweise wird er nicht krank.

Die Lippen werden brandig. Die Augen rot. Die Zunge geschwollen. Einer hat eine Tube Zahnpasta in der Tasche. Damit beschmieren sie die aufgesprungenen Lippen. Gespenstisch sehen sie aus.

Und wieder beginnt einer zu toben. »Laßt mich durch, ich soll nach unten kommen und mir mein Eis abholen.« Mit Gewalt will er sich vom Heck nach vorn durchzwängen. Die Männer, die dicht gedrängt im Boot stehen und dösen, werden böse. Beginnt das Chaos? Aber es geht noch mal gut. Der Speiseeis-Spinner wird überwältigt und weint. Aber mit Schaudern denken die, deren Sinne noch intakt sind, an die Nacht.

Und wieder heult der Wind. Frierend und zähneklappernd sucht jeder hinter seinem Vordermann etwas Schutz. Einer nutzt die Dunkelheit, um ans Trinkwasser zu gehen. Zu spät wird es bemerkt. Der Dieb hat den Verschluß des Tanks schon geöffnet – es gibt einen Aufruhr, und das Boot beginnt zu schlingern. Eine Welle kommt über. Seewasser läuft in den Tank. »Verfluchter Hund!« Fäuste gehen hoch. Aber der Oberleutnant rettet den Übeltäter.

Sieben Tage treiben sie schon auf dem Ozean.

Sieben Tage ohne einen Bissen zu essen. Sieben Tage mit 21 Schluck Wasser im Bauch.

Sieben Tage im Stehen schlafen. Und das Wasser geht zu Ende.

Da ist der unverwüstliche Zimmermann Westphal. Er sagt: »Wenn ich noch einmal an Land komme, werde ich vor jedem Glas Wasser eine Ehrenbezeugung machen.« Aber keiner lacht. Sie pullen, segeln, hoffen. Max, der Chinese, behauptet, Land zu riechen. Und dann sehen sie Seetang im Wasser und vorüberfliegende Vögel. Wo die sind, kann das Land nicht mehr fern sein. Und sie rudern. Rudern durch die Hölle des sonnendurchglühten Pazifiks.

Am achten Tag nach dem Gefecht mit der ›Sydney‹, am 27. November 1941, gegen acht Uhr, wird ein Flugzeug gesichtet. Es kommt heran. Kreist. Deutlich kann man die australischen Hoheitszeichen sehen und den Piloten. Der Flieger wirft eine Schleppantenne aus. Dann fliegt er davon. Kommt wieder. Dreht wieder ab. Und dann dampft ein größerer Frachter heran. Der Flieger hat dem Frachter den Weg gewiesen

In etwa hundert Meter Entfernung bleibt das Schiff mit gestoppter Maschine liegen. Am Heck weht die norwegische Flagge. Neugierige Seeleute schauen herüber.

Oberleutnant von Gösseln befiehlt den Männern noch einmal: »Kein Wort über die Geheimnisse des Hilfskreuzers; vor allem nichts über das Hilfsschiff ›Kulmerland‹, das mit Gefangenen und wichtigen Papieren irgendwo schwimmt.«

Die meisten hören gar nicht zu. Starren nur immer zu dem Norweger hinüber. Und dann wird klar, warum die Norweger so untätig warten: Über die Kimm schiebt sich ein kleines Motorschiff von 800 BRT. Es ist ein Hilfsschiff der australischen Kriegsmarine, der U-Jäger ›Yandra‹. Er, nicht der norwegische Dampfer, soll die gefährlichen Deutschen an Bord nehmen.

Auf der Back der ›Yandra‹ steht ein 7,5-cm-Geschütz, dessen Rohr ständig auf das Rettungsboot gerichtet ist. Geschickt manövriert der australische Kommandant sein Schiff längsseits. Die erste Stimme fragt nach den Verwundeten. Sie werden zuerst an Bord geholt. Während Leutnant Bunjes im Boot bleibt, bis auch der letzte Mann draußen ist, steigt Oberleutnant von Gösseln über und macht dem australischen Offizier seine Meldung.

Die australischen Lords, die wissen, daß sie es hier mit Deutschen zu tun haben, die ihre Kameraden von der ›Sydney‹ auf den Grund des Meeres geschickt haben, zeigen sich von einer großartigen Seekameradschaft. Die Verwundeten kommen ins Schiffslazarett. Die restliche Besatzung macht es sich auf dem Vorschiff bequem. Es gibt Zigaretten. Wasser. Dann Kaffee und Tee. Trockene Kleidung. Bei allem wird allerdings der Krieg nicht vergessen und die Tatsache, daß sie zwar gerettet, aber Gefangene sind. Die deutschen Offiziere werden von der Mannschaft getrennt. Wachen mit Gewehr und und Pistole ziehen mittschiffs und auf der Back auf. Maschinengewehre werden aufgebaut. Aber das alles stört die Deutschen nicht. Bald liegt der ganze Haufen auf den Luken und schläft den ersten tiefen, ungestörten Schlaf nach acht Tagen. Sie wachen erst auf, als am späten Nachmittag australische Matrosen ihnen einen Kessel mit heißer Suppe auf das Vorderschiff bringen und laut rufen: »Hey, hey, come on.«

Alle Insassen der Boote, die auf See von britischen Handelsschiffen oder Tankern aufgebracht worden waren, wurden nach Australien gebracht. Ein weiteres Boot landete – wie das von Herbert Bretschneider – an der australischen Küste.

317 Offiziere, Unteroffiziere und Mannschaften der vierhundertköpfigen Besatzung der ›Kormoran‹ überlebten und gerieten in Gefangenschaft.

Die Australier hatten in den ersten Tagen nur ein Ziel: Sie wollten alle Einzelheiten über das Gefecht zwischen ›Sydney‹ und ›Kormoran‹ kennenlernen. Und die Gefangenen erfuhren auf diese Weise, daß die ›Sydney‹ seit dem Gefecht verschwunden war – nur ein zerfetztes Schlauchboot des leichten Kreuzers war gefunden worden. Das letzte Zeichen des stolzen Kriegsschiffes.

In der Hafenstadt Perth in West-Australien werden die Männer der ›Kormoran‹ auf ein Schiff gebracht, das sie nach Melbourne an der Süd-Ost-Küste des Kontinents transportiert. Kapitän Detmers, Herbert Bretschneider, und ihre Offizierskameraden beziehen Baracken in der Nähe von Murchison, nördlich von Melbourne. Weihnachten 1941 und Neujahr verleben sie in diesem Lager. Am 27. Januar werden sie in einer Zwei-Stundenfahrt auf ein Schloß gebracht. Ein richtiges Schloß. Mit vielen Zimmern. Und einem Schloßturm. Allerdings auch einem hohen Stacheldrahtzaun. Vor dem Tor Wachen unter Gewehr: Offizierslager.

60 deutsche Offiziere, die von den Alliierten in Nordafrika, in Griechenland oder auf Kreta gefangen genommen worden waren, haben sich schon eingerichtet, als die Männer der ›Kormoran‹ ankommen.

Herbert Bretschneider marschiert in das große Gebäude, auf das exotische Eukalyptusbäume ihre Schatten werfen; und ahnt nicht, daß es für nahezu vier Jahre sein Zuhause sein wird.

Nicht weit entfernt von Schloß Dhurringile lag das Mannschaftslager, in dem auch die übrige Besatzung der ›Kormoran‹ untergebracht wurde. Zunächst lebten sie in hellfarbenen Armeezelten. Dann brachten Lastwagenkolonnen Bretter, Fenster und Türen. Die Zelte wurden durch Baracken ersetzt, jene Requisiten der Gefangenschaft, die zu Kriegsgefangenen in allen Kontinenten gehören wie der Deckel zum Topf – und wie Wachturm und Stacheldraht. Allerdings blieb die Gesamtzahl während des ganzen Krieges überschaubar. Insgesamt

1658 deutsche Soldaten waren auf dem fünften Kontinent interniert. Und sie wurden ausnahmslos gut versorgt. Die Wissenschaftliche Kommision der Bundesregierung für Kriegsgefangenengeschichte stellt fest: »Die reichliche und gute Verpflegung, von den Gefangenen auf über 3000 Kalorien geschätzt, bestand im wesentlichen während der gesamten Gewahrsamszeit.«

Die Offiziere erhielten Wehrsold – in der gleichen Höhe wie die Offiziere der australischen Streitkräfte; die Mannschaften arbeiteten im Straßenbau, in Sägewerken, als Holzfäller. Ein Delegierter des Internationalen Komitees des Roten Kreuzes hat Anfang 1944 den typischen Arbeitstag eines deutschen Gefangenen in australischer Hand festgehalten:

»6.30 Uhr ... Wecken
7.00 Uhr ... Zählappell
7.00 Uhr ... Frühstück
7.45 Uhr ... Abmarsch zur Arbeit
9.30 Uhr ... Inspektion durch den Lagerkommandanten und Zählappell
10.15 Uhr ... Teepause für alle Arbeitenden
12.00 Uhr ... Rückkehr von der Arbeit
12.15 Uhr ... Mittagessen
13.00 Uhr ... Abmarsch zur Arbeit
15.00 Uhr ... Teepause für alle Arbeitenden
17.15 Uhr ... Rückkehr von der Arbeit
18.00 Uhr ... Zählappell
18.00 Uhr ... Abendessen
22.15 Uhr ... Ausschalten der Beleuchtung«

Alles in allem eine 45-Stunden-Arbeitswoche.

Die Gefangenen bauten im Lager ein Ehrenmal für gefallene Kameraden, und sie marschierten an Feiertagen zu Paraden auf. Sie lernten Sprachen, studierten Philosophie und belegten Kurse über höhere Mathematik und Astronomie. Sie organisierten Sportveranstaltungen, züchteten Blumen und Bienen. 15 000 Bücher standen in den Lagerbibliotheken. Die Offiziere suchten in der Umgebung des Lagers bei ihren Spaziergängen nach Champignons. Einer entwickelte eine besondere Kunstfertigkeit, wilde Kaninchen zu fangen.

Trotzdem stellte sich Langeweile ein. Spannungen machten die Atmosphäre oft unerträglich. Besonders auch bei den Offizieren. Und besonders in der heißen australischen Sommerzeit. Sie hatten zwar alle Bequemlichkeit, doch sie hockten zu dicht an dicht; sie hatten zuviel überflüssige Zeit. Und sie hatten Heimweh, Sehnsucht nach zu Hause, nach Vater, Mutter, Frau und Kind.

Wie sollte es da anders sein: Man tüftelte über Fluchtplänen. Kapitänleutnant Bretschneider erzählt: »Tunnel unter dem Lagerzaun hindurch wurden gebaut. Aber das war nicht zuletzt mehr Beschäftigungsdrang und Flucht vor dem Lagerkoller. Denn wohin sollten wir denn flüchten auf diesem Kontinent? In die menschenleere sengende Wüste? In die öden Berge? Meistens waren die Ausbrecher auch nach drei oder vier Tagen wieder da.«

Die Jahre vergingen, der Krieg war beendet. Im Herbst 1945 rollten vor dem Schloß Dhurringile wieder Lastwagen vor. Aber sie fuhren nicht zum Hafen, nicht an die Pier zu einem Schiff nach Deutschland. Nein. Rund 15 Monate verbrachten sie noch in den Baracken eines sogenannten Durchgangslagers. Wurden überprüft. Befragt. In Gruppen eingeteilt, deren Sinn den Gefangenen selten begreiflich war. Man teilte sie in »Schwarze«, »Weiße« und »Graue«; was nichts über Haar- oder Hautfarbe aussagte, sondern über ihre Gesinnung. Die »Weißen« galten als gute Demokraten; die »Grauen« als unsichere politische Kantonisten; die »Schwarzen« aber hatten den Grad demokratischer Ehren noch nicht erklommen. Sie wurden, wie auch die »Grauen« weiter geschult, weiter überprüft und zur Besserung ermahnt.

Doch Australien ist weit von Europa; und die Australier nahmen das alles nicht so wichtig und so ernst wie die Engländer und Amerikaner auf dem alten Kontinent. Am 22. Januar 1947 war es dann soweit: In langen Reihen standen die deutschen Gefangenen an der Pier von Melbourne. Und schoben sich langsam über die Gangway des Dampfers ›Orontes‹. Ein englisches Schiff. Mit Engländern als Offiziere und Besatzung. An Bord dieses Schiffes erfuhren die Gefangenen, die während der Gefangenschaft und Jahre nach Deutschlands Kapitulation keinen Hunger kannten, doch noch karges Prisoner-Leben: Die Engländer gaben Rationen aus, die den POW's als Hungerrationen erschienen. Herbert Bretschneider erinnert sich: »Wir beschwerten uns aufgebracht bei den Engländern. Die Antwort war: Sie erhalten genausoviel zu essen wie die Zivilbevölkerung in Deutschland.« Und so war es!

Die ›Orontes‹ lief über Bombay, Neapel, Southhampton nach Cuxhaven. Von dort ging es nach Munsterlager. Dort wurden Herbert Bretschneider und seine Kameraden entlassen – nach mehr als fünfjähriger Gefangenschaft.

Die Wissenschaftliche Kommission schreibt über die Deutschen in australischer Hand: »Dem Gewahrsamsstaat sind sie heute noch dankbar für ihre großzügige Behandlung und die überaus guten Lebensbedingungen.«

Nur acht Gefangene sind in australischen Lagern gestorben – vier eines natürlichen Todes, vier aber von eigener Hand. Selbstmord – eine der düsteren Begleiterscheinungen der Kriegsgefangenschaft.

Zelte am Nil

Für den Selbstmord von Kriegsgefangenen haben die Psychologen und die Mediziner viele Erklärungen zusammengetragen, aber in vielen Fällen bleibt er im Zwielicht schwer zu ergründender Motive. Zahlreiche deutsche Offiziere erschossen sich, wenn die Gefahr drohte, in die Hände der Roten Armee zu fallen: Angst vor Folter, vor Mißhandlungen und Demütigungen war der Grund.

Doch in dem Millionenheer deutscher Soldaten, die in russischen Lagern dahinvegetierten, gab es verhältnismäßig wenige Selbstmorde, trotz Hunger, Zwangsarbeit, Würdelosigkeit und der trostlosen Aussichtslosigkeit ihrer Lage.

Selbstötungen häuften sich hingegen unter Gefangenen in den britischen Gefangenenlagern auf ägyptischem Boden, und nahezu zwei Jahre nach dem Ende des Krieges, im Herbst und Winter 1947.

Die Wissenschaftliche Kommission der Bundesregierung für Kriegsgefangenengeschichte schreibt dazu: »Es muß wohl auch an der klimatischen Eigenart des Landes gelegen haben, daß nirgendwo so ausgeprägt wie im Nahen Osten, die ›Moral‹ der Gefangenen so schlecht war, und zwar zu einem Zeitpunkt, als die äußeren Lebensbedingungen recht gut waren. Selbstmorde und nicht wenige Fälle geistiger Erkrankung...«

Die Briten hatten erst Soldaten des Deutschen Afrikakorps nach Ägypten geschafft, dann auch Soldaten, die sie in Griechenland und in Italien gefangen genommen hatten. Schließlich waren mehr als 100 000 deutsche Soldaten in Lagern in der Nähe des Suezkanals untergebracht; die meisten von ihnen am Rande des Bittersees.

Doppelter Stacheldraht zog sich rund um die Pferche im Wüstensand. Die Gefangenen hatten keine Baracken, sondern kampierten in Zelten, zumeist 25 Mann in einer dieser Behausungen aus hellfarbener Plane. Sie schliefen auf Strohsäcken, manchmal auch auf gebündeltem Schilf.

Im Sommer fauchte der heiße Wüstenwind über die Zeltstädte dahin, im Frühjahr verklebte der Sandsturm den Gefangenen die Augen, Nase und Ohren. Wenn kein Wind wehte, lastete bleierne, schwüle Hitze über den Pferchen im Sand.

Richtigen Hunger litten die deutschen Gefangenen am Nil nicht. Die Briten ernährten sie ausreichend: Sie bekamen nach der Tabelle mehr als 2000 Kalorien am Tag, wie Delegierte des Internationalen Roten Kreuzes im Januar 1946 feststellten. Trotzdem drängten sich die Gefangenen nach Arbeit für geringsten Lohn. Sie räumten Minen und entschärften Munition. Sie bauten für britische Soldaten Häuser; sie legten Rollbahnen an, reparierten Autos und Panzer.

Gefangene, die geschickt und fleißig waren, konnten so den »Spitzenlohn« von zehn Piastern am Tag verdienen. Für zehn Piaster, den Lohn eines harten Arbeitstages, konnte man in der Kantine des Lagers Fanara 20 Zigaretten kaufen, oder fünf Bananen, zehn Eier oder ein großes Stück Schokolade. Wenig genug für einen harten Arbeitstag, aber eben doch eine Bereicherung der Lagerverpflegung; denn es war das Einerlei aus Bohnen, Reis und wenig Brot, das das Los der Gefangenen auch ohne richtigen Hunger noch trostloser erscheinen ließ.

Doch die Engländer gewährten das Recht auf Arbeit und damit die Möglichkeit, in der Kantine einzukaufen, keineswegs allen Gefangenen am Nil. Sie hatten die deutschen Afrika-Kämpfer und ihre Kameraden aus den Armeen, die in Griechenland und in Italien gefochten hatten, einer hochnotpeinlichen politischen Überprüfung unterworfen. Sie lief nach dem gleichen Muster ab, wie das Verfahren im britischen Mutterland und in Australien. Die englischen Vernehmungsoffiziere am Nil teilten die Deutschen auch in Weiße, Graue und Schwarze ein.

Die Weißen durften unbeschränkt arbeiten und sich ein paar Piaster verdienen. Die Grauen bekamen, je nach dem Stand ihres Gesinnungswandels die Vergünstigung, arbeiten zu dürfen. Für Schwarze aber, die Gefangenen, die nach Meinung der englischen Umerzieher nicht von ihrer nationalsozialistischen Überzeugung abließen, gab es keine Arbeitsmöglichkeit.

Freilich waren die Briten höchst mißtrauisch gegenüber den Versicherungen, aktiver Kämpfer für die Demokratie zu sein. Nur wenig mehr als 14 000 der Deutschen am Nil wurden zu Anfang des Jahres 1946 zu den Weißen gerechnet, mehr als 24 000 hingegen zu den Schwarzen, die Masse zu den Grauen.

Den in die Kategorie »weiß« eingereihten Gefangenen wurde in den Lagern auf ägyptischem Boden bald gestattet, ohne Wächter zur Arbeit zu marschieren, sie fuhren auch ohne Aufsicht die Nachschubwagen der britischen Armee; und gelegentlich wurden diese weißen Deutschen damit beauftragt, solche Kameraden zu bewachen und an der Flucht zu hindern, die in den Augen der Briten als »Ultra-Blacks« galten, als unverbesserliche Nationalsozialisten. Umerziehung! Eine mildere Form dessen, was in sowjetischen und jugoslawischen Lagern zu so unheilvollen Praktiken führte.

Noch am Ende des Jahres 1946 – 20 Monate nach dem Ende des Krieges – saßen fast ebensoviele deutsche Soldaten am Nil hinter Stacheldraht, wie zwölf Monate zuvor. Über ihnen der subtropische Himmel, vor ihnen die Wüste, ihre Behausung das Zelt. Immer dieselben Gesichter, immer die gleichen Partner beim Sport, beim Kartenspiel, beim Schach. Die Enge des Zeltes, die Unmöglichkeit, jemals für sich zu sein. Immer beobachtet, von Kameraden, von Posten. Die Ungewißheit über das eigene Schicksal, über die Lage zu Hause in Deutschland. Die schwüle Luft, die das Atmen schwer macht, Bewegungen lähmt. Und keine Aussicht auf ein Ende. Da setzte mancher selbst ein Ende. Und manchen zwang die scheinbare Ausweglosigkeit in die Fänge des Wahnsinns.

Im Dezember 1946 – fast zwei Jahre nach Kriegsschluß – hob sich plötzlich die Stimmung in den ägyptischen Lagern. Der erste Transport von Heimkehrern wurde zusammengestellt: 6000 Mann durften fahren. Aber jetzt erwies sich, daß die Briten mit ihrer Schwarz-Weiß- und Graumalerei nicht allein das Leben der Soldaten in den Lagern kanalisiert und reglementiert hatten. Die Noten entschieden auch über den Zeitpunkt der Heimkehr – wie in den Lagern der britischen Inseln auch. Die Weißen sollten als erste nach Deutschland fahren dürfen, die Schwarzen als letzte.

Im Mai 1947 verkündete die britische Kommandantur den Gefangenen in der Wüste: »Die Reihenfolge der Entlassung nach politischen Stufen ist folgende:

Weiß (A)

Grau (B)

Grau minus (B-).«

Und dann, eindeutig: »Angehörige der Stufe schwarz sind noch nicht entlassungsfähig.«

Den Gefangenen, die sich nun auf unbestimmte Zeit an den Nil verdammt sahen, wurde jedoch Hoffnung gemacht, mit einer Änderung ihrer politischen Haltung den Zeitpunkt ihrer Heimkehr beschleunigen zu können. Ein Erlaß formulierte das so: »Die Stufe Schwarz wird aufgehoben, da alle Schwarzen neu geprüft und je nach dem Ergebnis der Prüfung entweder in die stufe Grau-minus oder eine höhere Stufe oder aber in die Stufe Ultra-Schwarz eingereiht werden.«

Aber auch für die politisch unverdächtigen Gefangenen ersannen die Briten wiederum ein ausgeklügeltes Punktsystem, das über die Reihenfolge bei der Heimkehr entschied. Alter und Dauer der Gefangenschaft wurden ebenso in Rechnung gestellt, wie der Familienstand und die Führung bei der Arbeit. Aber auch dies: Gefangene, die mindestens sechs Monate lang einem Minenräumkommando angehört und dabei ihr Leben aufs Spiel gesetzt hatten, erhielten Sonderpunkte.

Am 13. Oktober 1947 legte am Schuppen 29 des Hafens von Hamburg das 7500 Tonnen große Hospital-Schiff ›El Nil‹ an. Es hatte 417 kranke deutsche Kriegsgefangene an Bord. 97 der Gefangenen kamen aus ägyptischen Lagern. Der Delegierte des Internationalen

Roten Kreuzes besichtigte das Schiff. Er schrieb: »Die Überfahrt war gut. Für die meisten der Heimkehrer gab es genug zu essen. Alle fanden es sehr schmackhaft und gut. Unter den Patienten waren 20 Tuberkulosefälle.« Und dann notiert der vom Roten Kreuz gesandte Mann: »Nur ein paar Fälle von Geisteskrankheit. Diese Männer waren in einem besonderen Teil des Schiffes gut untergebracht. Die ernsthaft geistig Erkrankten befanden sich in geschlossenen Zellen.«

Baracken in England

Im November 1941 hatten die deutschen Armeen den ganzen westlichen Teil Kontinentaleuropas besetzt, haben Jugoslawien und Griechenland erobert, Panzer rollen in Nordafrika und die Divisionen marschieren auf Moskau. Am 19. November begann der deutsche Großangriff auf die sowjetische Hauptstadt. »Die Zeit des Wartens ist vorüber. Wir können wieder angreifen. Die letzte russische Verteidigung vor Moskau ist zu zerschlagen. Wir müssen das Herz des bolschewistischen Widerstandes in Europa zum Stillstand bringen, um den Feldzug für dieses Jahr zu beenden« – so lautete der deutsche Tagesbefehl an die Kommandeure der Panzergruppe 4. Und Generaloberst Hoepner beschwor die Kommandeure: »Rütteln Sie die Truppe auf. Beleben Sie ihren Geist. Zeigen Sie ihr das Ziel, das für sie einen ruhmreichen Abschluß der schweren Kämpfe und die Aussicht auf die verdiente Ruhe gibt. Führen Sie mit Tatkraft und Siegeszuversicht.«

Das war – wie gesagt – Mitte November 1941. Und wir zitieren diesen Tagesbefehl nicht wegen des Pathos und der im Kriege üblichen großen Worte. Die Bedeutung dieses Dokuments liegt vielmehr darin, daß ein so hervorragender militärischer Führer und persönlich mutiger Mann wie Hoepner, der zu den aktiven Verschwörern gegen Hitler gehörte und dafür nach dem 20. Juli am Galgen endete, daß ein solcher Mann Mitte November 1941 der Überzeugung Ausdruck gab, daß man Moskau nehmen und den Krieg gegen die Sowjetunion sehr bald siegreich beenden konnte. Mit der Eroberung von Moskau hofften Hitler und das deutsche Oberkommando des Heeres, die Kriegsentscheidung doch noch im Jahre 1941 erzwingen zu können. Niemand außerhalb des Führerhauptquartiers kannte ja Hitlers Wort vom 19. November, das in einem geheimen Gespräch mit vertrauten Generalen fiel: »Die beiden Feindgruppen werden sich nicht gegenseitig vernichten können; und daher werde es wohl zu einem Verhandlungsfrieden kommen müssen.«

Wie gesagt, niemand kannte dieses pessimistische Wort, sondern die Welt hallte wider von der deutschen Siegeszuversicht und vom Sturm auf Moskau. Sollten da die Soldaten und Offiziere in den Gefangenenlagern Englands andere Gefühle und Gedanken haben als die, daß sie abgesperrt waren vom letzten Einsatz? Wer wundert sich, daß ihre Gedanken auf Überwindung des Stacheldrahts, auf Flucht in die Heimat, zur siegenden Front gerichtet waren?

Im Gefangenenlager Penrith in der britischen Grafschaft Westmoreland sitzen sich zwei deutsche Luftwaffenleutnants in einer Ecke ihrer Baracke gegenüber: Karl Wappler und Dieter Schnabel. Sie rauchen. Sie sprechen über den Krieg. Über den zu erwartenden Sieg in Rußland. Und über die Gefangenschaft. Beide sind während der Luftschlacht über England im Sommer 1941 abgeschossen worden, haben sich mit dem Fallschirm gerettet und sollen im Lager Penrith hocken bis der Krieg vorbei ist.

Wiederholt haben sie schon von der Flucht gesprochen. Gewiß: Es kann nicht allzuschwer sein, aus dem Lager auszubrechen. Aber zwischen England und dem Kontinent liegt der Kanal. Wie ein Schiff finden, um hinüberzukommen? In das Gespräch der Leutnants dringt gelegentlich ein Dröhnen, auf- und abschwellendes Brummen. Ganz in der Nähe des Gefangenenlagers sind auf einem Militärflugplatz Maschinen der Royal Air Force stationiert. Am Tage können die gefangenen deutschen Fliegeroffiziere sehen, wie Spitefires und Hurricanes zum Angriff starten und vom Feindflug zurückkehren. Ein bitteres Gefühl, in der Baracke zu sitzen und zu warten; warten bis der Tag vergangen ist. Warten auf eine Nachricht von der Heimat, über die Kriegslage, von der Familie.

Und wieder einmal ein Gespräch über Flucht. Und wieder Resignation. Dieser verdammte Ärmelkanal! Und dann auf einmal die Erleuchtung: Sie sind mit dem Flugzeug gekommen – warum nicht mit dem Flugzeug zurück? Nach Deutschland. Oder wenigstens nach Frankreich. Zwei oder drei Flugstunden sind das. Und Flugzeuge stehen doch genug drüben auf dem Platz. Wer sollte sie schon aufspüren bei Nacht?

Die beiden kommen in Eifer. Rechnen. Planen. Beobachten. Ja, so müßte es gehen.

Sie warten auf Neumond. Dann, in der Dunkelheit eines frühen, nebligen Novemberabends, schleichen sie zum Lagerzaun. Die Bewachung des Lagers ist schwach. Die Engländer denken wie die Deutschen: Wenn schon einer flüchtet – wie will er über den Kanal kommen? In aller Ruhe knacken die beiden den Drahtzaun auf. Durch! Wappler und Schnabel marschieren auf den Flugplatz zu. Ein harmloser Zaun – kein Hindernis. Kein Posten. Unbemerkt gelangen sie über das Gelände.

Sie sehen die dunklen Schatten der Flugzeuge, die sich gegen den Nachthimmel abheben – Kampfmaschinen. Aber die sind, das ahnen die beiden Flüchtlinge, bewacht. Und es sind einsitzige Maschinen. Sie tasten sich weiter durch die Dunkelheit. Niemand hört sie, niemand ruft sie an.

Wappler faßt Schnabel am Arm, zeigt auf ein Flugzeug. Eine zweisitzige Schulungsmaschine der britischen Luftwaffe. Eine Maschine, mit der Piloten ausgebildet werden. Ist ein Posten in der Nähe? Die Deutschen lauschen und warten; warten und lauschen. Kein Posten.

Sie schleichen an die Maschine heran, öffnen die Kanzel. Schnabel klettert hinein, tastet nach dem Schalter für die Instrumentenbeleuchtung, macht sich vertraut mit den Skalen und Ziffern. »Bin im Bilde«, flüstert er.

Wappler geht nach vorn, greift den Propeller, schleudert ihn mit Macht herum. Einmal. Zweimal. Beim drittenmal springt der Motor polternd an. Der Propeller dreht sich erst langsam, dann schneidet er pfeifend in die Luft. Wappler springt auf den Sitz hinter Schabel, der steuert die Maschine zur Startbahn, gibt Gas, mehr Gas, blickt auf den Geschwindigkeitsmesser, zieht den Steuerknüppel an, die Maschine hebt ab. So einfach? So einfach!

Die RAF-Offiziere in der Flugplatzzentrale haben gehört, wie die Maschine gestartet wurde; sie beobachten mit den Nachtgläsern, wie sie anrollt und abhebt. Aber sie sind nicht alarmiert. Sie glauben, es handle sich um einen Übungsflug.

In der Luft nehmen die Deutschen Kurs Süd zum Kanal. Es ist nicht zu fassen: Alles läuft, als wären sie in Deutschland auf Übungsflug. Kein Jäger ist ihnen auf den Fersen; kein Scheinwerfer greift nach ihnen; kein Flakgeschoß zieht seine Spuren auf sie zu. Ruhig zieht die Maschine dahin. Eine halbe Stunde noch, dann ist es geschafft. Höchstens eine Stunde.

Doch dann wendet Schnabel den Kopf zu Wappler. Deutet aufgeregt auf die Instrumententafel – die Benzinuhr. Ihr Zeiger steht in der Nähe von Null. Er schreit: »Wir müssen landen; wir schaffen es nie über den Kanal!« Enttäuscht, verzweifelt, mit Tränen in den Augen drückt er den Steuerknüppel nach vorn. Die Nase der Maschine neigt sich, im Tiefflug fegt sie dahin. Und die beiden Deutschen finden in der Not tatsächlich eine Platz, auf dem sie die Maschine sicher landen. Es ist der Flughafen von Yarmouth an der britischen Südküste – nicht viel mehr als hundert Kilometer von der holländischen Küste entfernt. Es ist ein Militärflughafen.

Doch noch geben sich die beiden nicht geschlagen. Sie landen. Überraschte britische Platzwarte. Schnabel und Wappler reden aufgeregt auf sie ein. Bitten, sie zur Flugplatzkommandantur zu bringen; dort erzählen sie, sie seien Offiziere der holländischen Armee, nach dem Einmarsch der Wehrmacht in den Niederlanden evakuiert, und würden jetzt für die Royal Air Force an einem geheimen Ort als Piloten ausgebildet. Die Briten bewirten die »holländischen« Waffenbrüder in der Offiziersmesse und quartieren sie für die Nacht in Einzelzimmern ein.

Natürlich macht der Offizier vom Dienst Meldung an das Gruppenkommando. Dort stutzt man. Rückfrage beim Oberkommando.

Holländische Piloten in Ausbildung? Und auf Nachtflug? »Bullshit«, meinte ein bärtiger Colonel, zornig über die gestörte Nachtruhe;

um dann aber sogar ziemlich laut von Spionen zu reden. Spione! Den verdammten Deutschen war doch alles zuzutrauen! Und damit wurde auch das Kommando in Yarmouth hellwach.

»Vorführen, die beiden Himmelsreiter«, befahl der Platzkommandant. Schnabel und Wappler werden aus dem ersten Schlaf gerissen; starren in die Mündung von Revolvern.

»Wo ist Ihr Flugplatz?« Natürlich begriffen die beiden Deutschen, daß es keinen Zweck hatte, jetzt noch weiter mit »geheimen Ort« zu argumentieren. Das Wort Spione fiel und Standgericht; und die beiden merkten, daß es ernst wurde. Also sagten sie die Wahrheit.

Doch ein Unheil kommt selten allein. Als der Offizier in Penrith rückfragte, ob dort zwei kriegsgefangene Offiziere abgängig seien, hieß es: »No. Bei uns sind alle da.« »Mit einer unserer Maschinen«? »Unfug«! Doch zehn Minuten später kam der entsetzte Anruf aus Penrith: Ein Schulflugzeug fehlt. Und von da an herrschte Entsetzen und auch Hohngelächter in Englands militärischen Telefonnetzen.

Von dem Schreck und dem Donnerwetter in der Kommandantur des Flugplatzes Penrith wollen wir nicht reden. Jedermann kann sich ausmalen, was da los war. Jedenfalls waren sämtliche Luftwaffenstäbe ganz Südenglands in Aufregung. Die zuständigen Befehlshaber rauften sich die Haare: Zwei deutsche Fliegeroffiziere verduften von einem britischen Militärflugplatz mit einer geklauten Maschine!

Militärpolizisten brachten Schnabel und Wappler in das Lager von Penrith zurück. Sie wurden böse empfangen und mit Arrest bestraft; vor allem aber war der Fall Anlaß, das Sicherheitssystem auf dem Flughafen von Penrith zu verbessern. Und die Überwachung der Kriegsgefangenen wurde verschärft. In der englischen Öffentlichkeit aber mischten sich Ärger über die Schlamperei mit Bewunderung für Phantasie und Mut der beiden Gefangenen. Der Sinn für Sport prägte die Reaktion. Schließlich waren in keinem der Länder auf den fünf Kontinenten, in denen deutsche Kriegsgefangene hinter Stacheldraht saßen, die Menschen weniger von Vorurteilen und Haß gegen den Feind bestimmt, wie auf der britischen Insel. Rund 3,7 Millionen deutsche Soldaten gerieten während des Zweiten Weltkrieges in britische Hand, 400 000 wurden nach Großbritannien gebracht.

Die Gewahrsamsmacht verfuhr mit den Deutschen streng nach den Regeln der Genfer Konvention. Die Wissenschaftliche Kommision der Bundesregierung für Kriegsgefangenengeschichte stellte der Regierung in London dieses Zeugnis aus: »Die Kriegsgefangenen wurden, von einigen Ausnahmen abgesehen, (in England) menschlich behandelt und ausreichend, meist sogar recht gut verpflegt und ausreichend gekleidet. Die sanitären Verhältnisse waren fast immer zufriedenstellend, infolgedessen kehrte die weitaus überwiegende Mehrheit gesund und arbeitsfähig zurück.«

Delegierte des Internationalen Komitees des Roten Kreuzes hielten fest, was im Oktober 1944 im englischen Lager Carburton auf dem Speiseplan der Gefangenen stand: Morgens gab es Tee, Milch und Brot, Margarine und Sirup, mittags Rinderhaschee und Kartoffeln, abends Haferflocken in Milch und Gemüseeintopf. Lange Zeit wurden die Deutschen in den britischen Lagern besser ernährt als die britische Zivilbevölkerung.

Die Wissenschaftliche Kommission der Bundesregierung für Kriegsgefangenengeschichte stellt zur Versorgung der deutschen Gefangenen in englischen Lagern fest:

»Die Verpflegung in den Lagern auf der britischen Insel auf der Basis der während des Krieges an die Gefangenen ausgegebenen 3300 bis 3400 Kalorien – nach Heimkehrerbekundungen sollen es in einzelnen Fällen auch weniger gewesen sein – hielten die Betroffenen für ›sehr gut‹, ›gut‹ oder ›ausreichend‹. Daß die Rationen über denen der Zivilbevölkerung lagen, bestätigten auch ausgetauschte Kriegsgefangene bei ihren Befragungen.«

Erst in den Monaten nach dem Ende des Krieges wurden die Rationen für die Männer hinter Stacheldraht herabgesetzt – wie überall in den Gewahrsamsländern. Die Engländer führten als Begründung an, sie müßten nicht nur für das eigene Volk und die deutschen Gefangenen, sondern auch für die Deutschen in der britischen Besatzungszone sorgen.

Die deutschen Gefangenen durften in aller Regel ihre Uniformen behalten. Sobald sie verschlissen waren, wurden sie durch englische Militärkleidung ersetzt. Allerdings waren alle Gefangenen auf weite Entfernung zu erkennen: Die Rückenteile der Jacken und Mäntel sowie die Hosenbeine waren mit kreisförmigen Flicken aus andersfarbigem Stoff gekennzeichnet. Die Gefangenen lebten in Baracken und schliefen mit Wolldecken. Es gab zumeist zwei Decken pro Mann, bei größerer Kälte auch drei.

Zwar: Auch in den Vereinigten Staaten war die Verpflegung zulänglich, die Behausung der Gefangenen menschenwürdig, die Behandlung meist korrekt – dennoch bestand ein gewichtiger Unterschied: In England kamen sich Gefangene und Bevölkerung schneller näher als sonstwo; in England erarbeiteten sich deutsche Soldaten Respekt und oft die andauernde Freundschaft und sogar Zuneigung der Sieger. So zum Beispiel Heinz Karl Schmilzer, Panzermechaniker in Feldmarschall Erwin Rommels Afrikakorps.

Heinz Karl Schmilzer steuert am 7. Mai 1943 einen VW-Kübelwagen in wildem Tempo über den Strand von Tunesien. Mit ihm im Wagen drei Kameraden. Die vier Soldaten schwitzen unter ihren dünnen Uniform-Blusen. Feiner Sand dringt ihnen in Nase und Ohren.

Schmilzer hat Mühe, den Wagen auf dem schmalen Weg zu halten. Die Räder schlagen in die Schlaglöcher, mit beiden Händen müssen sich seine drei Kameraden festhalten.

Trotzdem vermindert er das Tempo nicht. Die Vier im VW sind auf der Flucht. Es sind Soldaten der 21. Panzerdivision des deutschen Afrikakorps. Tagelang hatten die Deutschen in Tunesien den Angriffen der Engländer und Amerikaner unter Montgomery und Eisenhower standgehalten. In der Abwehrschlacht war die 21. Panzerdivision aufgerieben worden.

Doch die Vier im VW wollten sich nicht gefangen geben. Ihre Hoffnung war, am Strand ein Boot zu finden. Ihr verwegener Plan: mit diesem Boot über das Mittelmeer zu setzen – nach Sizilien; 200 Kilometer übers Meer. Die Fahrt über die See war ihre einzige Chance, der Gefangenschaft zu entrinnen. In Nordafrika zu bleiben bedeutete, in die Hände der alliierten Truppen zu fallen, die in diesen Tagen des Mai 1943 in Nordafrika mehr als 150 000 deutsche Soldaten gefangennahmen.

Heinz Karl Schmilzer, geboren in Wolfsburg und damals 21 Jahre alt, blickte starr nach vorn. Rechts flimmerte die Hitze über der Wüste, zur linken Hand schimmerte blau das Mittelmeer. Dreißig Kilometer weit waren sie über den Sandweg gefahren. Sie hatten weder einen Menschen gesehen noch ein Boot. Sie waren erschöpft. Doch sie gönnten sich keine Pause: Vorwärts, vorwärts! Je schneller und weiter sie sich vom Schlachtfeld entfernten, desto größer war die Aussicht, den Engländern und Amerikanern zu entkommen.

Dann plötzlich, weit hinten am weißen Himmel, am Strand, was war das? Vielleicht ein Boot? Schmilzer gibt Gas. Höher hüpft der Wagen, bricht härter in die Schlaglöcher ein, die Achsen ächzen. Ja – es ist ein Boot; tatsächlich ein Boot. Die Männer springen aus dem Wagen und untersuchen das Ding. Es ist aus Holz; offen, ohne Kajüte, kein Aufbau, nur sechs Meter lang, aber motorisiert. Ein Blick in den Tank: gefüllt.

Kurze Beratung: Ja, sie könnten es schaffen – wenn kein Sturm aufkommt. Doch jetzt im Mai müssen sie mit starkem Wind nicht rechnen. Zwanzig, vielleicht dreißig Stunden werden sie brauchen. Jetzt ist es früher Nachmittag. Wenn sie Glück haben, können sie am nächsten Abend schon am Strand von Sizilien auflaufen. Sie malen sich das aus. Sie lachen. Schieben das Boot in das flache Wasser. Starten den Motor. Er tuckert gleichmäßig.

Das Gepäck wird im Boot verteilt – der Proviant, der ihnen geblieben ist, die Feldflaschen mit Trinkwasser.

Doch ihre Freude ist von kurzer Dauer. Überraschend mischt sich in das ruhige Tuckern des Bootmotors der dröhnende Lärm von Flugzeugen. Kommt schneller näher. Dunkle Punkte am Horizont, dann spiegelt sich die Sonne auf blankem Metall. Vier englische Jäger vom Typ Spitfire jagen im Tiefflug die Küste entlang. Die Deutschen werfen sich auf den Boden des Bootes. Lange, bevor die Soldaten die Maschinen erkannt haben konnten, haben die Piloten die Vier im Boot ausgemacht, jetzt erkennen sie die Uniformen deutscher Soldaten. Und sie feuern.

Eine Front kleiner Fontänen springt aus dem glatten Wasser des Mittelmeers; saust näher. Die Spitfire schießen aus Maschinengewehren. Dann spritzt Wasser an der Bordwand hoch und Heinz Karl Schmilzer hört die trockenen Einschläge der Geschosse ins Holz des Boots, und gleichzeitig hört er qualvolle Schreie.

Fünf Sekunden nur dauert der Tiefflieger-Angriff. Die Maschinen entfernen sich – ein zweiter Anflug auf das kleine, unwichtige Ziel lohnt sich nicht. Die Briten haben mehr im Vorbeifliegen geschossen. Heinz Karl Schmilzer bleibt noch einige Sekunden im Boot liegen. Er bewegt Arme und Beine, dann tastet er mit den Händen seinen Körper ab: Glück gehabt, unverletzt.

Er dreht den Kopf zu seinen Kameraden. Sie liegen still. Blut. Blut auf den Uniformen. Blut an der Bordwand. Heinz Karl Schmilzer beugt sich hinüber. Zwei sind tot. Der dritte lebt. Er blutet aus einer klaffenden Wunde am Hinterkopf. Er fleht: »Hilf mir, Heinz!«

Schmilzer erzählt über diesen Augenblick: »Ich hatte die Wahl, die Flucht nach Sizilien allein mit dem Schwerverletzten zu wagen oder umzukehren und Sanitäter zu suchen.« Er entscheidet sich für den Kameraden, für dessen Überleben, für die Suche nach einem Arzt. Und damit steht der Panzermechaniker Heinz Karl Schmilzer am Anfang eines Weges, der nicht nach Deutschland zurückführt; nicht in jenem Kriegsjahr 1943 und auch nach dem Ende des Krieges nicht mehr. Die Entscheidung, den verwundeten Kameraden zu retten, bestimmt von nun an sein Leben.

Der Panzermechaniker steuert das Boot zum Strand zurück, zieht den Verletzten an Land, lädt ihn auf seine Schultern und schleppt ihn zum VW-Kübelwagen, der noch am Strand steht. Er bettet den Schwerverwundeten auf den Rücksitz und fährt los. Gegen Abend sieht er vor sich in der Wüste Zelte. Sie tragen das Rote Kreuz. Schmilzer steuert darauf zu. Amerikanische Soldaten stellen sich ihm in den Weg, die Maschinenpistolen im Anschlag. Als sie sehen, welche Fracht Schmilzer befördert, lassen sie ihn durch. US-Sanitäter helfen dem Deutschen, den Verletzten in ein Zelt zu bringen. Heinz Karl Schmilzer ist am Abend des 7. Mai 1943 Gefangener der Armee der Vereinigten Staaten von Amerika.

Sechs Tage später wurden 3800 deutsche Soldaten des Afrikakorps, unter ihnen Schmilzer, auf dem 23 000 Tonnen großen Truppentransporter ›Christina‹ eingeschifft. Zwölf Tage brauchte die ›Christina‹ bis Boston, im Norden der USA, vier Tage und vier Nächte der Zug, der Schmilzer und seine Kameraden in den Süden der Vereinigten Staaten brachte. Im Lager Hood im Bundesstaat Texas arbeiteten sie als Holzfäller und Kohlenträger. Bäume fällen, Kohle schleppen, ein hartes Geschäft; aber zum Glück kannten die Texaner keine von Arbeitsnormen abhängige Nahrungszuteilung. Die Gefangenen lebten nicht schlecht. Aber auch nicht gut. Drei Jahre ging das so. Drei Jahre harte Arbeit. Schulung. Befragung. Kategorisierung. Missionierung – für die amerikanische Demokratie. Dann schienen die Tage der Gefangenschaft zu Ende zu gehen. Der Krieg war seit einem Jahr beendet; und endlich wurden Schmilzer und seine Kameraden wieder auf ein Schiff gebracht. 3000 Mann waren sie, 3000 Ex-Prisoners.

Es war Anfang März 1948, als das Schiff im englischen Hafen Portsmouth festmachte. Doch die Hoffnung, nach Hause zu kommen, war ein Trug. Die Deutschen aus Texas wurden nicht entlassen, sondern erneut zur Arbeit in England verdungen. »Was Ihr kaputtgemacht habt, müßt Ihr auch wieder in Ordnung bringen,« sagten die Wachtposten.

Sie fahren auf Lastwagen durchs Land. Lastwagen und Baracken, Stacheldraht und Zählappell – das waren die festen Bestandteile der Gefangenen-Existenz. Nunmehr für Heinz Karl Schmilzer sechs Jahre lang. Er mustert die grünen Hügel und die roten Backsteinhäuser des fremden Landes mißtrauisch und enttäuscht. So nah ist die Heimat – und doch so weit weg.

Drei Jahre später wird er das Land, das er jetzt zum erstenmal betritt und in dem er als Zwangsarbeiter schaffen soll, zu seiner zweiten Heimat machen. Aber das dauert noch.

Englische Bräute

Blättern wir den Kalender zurück zum April 1945. Über dem Ruhrgebiet hängt der Rauch der großen Schlacht. Die 1. US-Armee und die 9. US-Armee haben die deutsche Heeresgruppe B unter Feldmarschall Model mit der 5. Panzerarmee und der 15. Armee im Gebiet zwischen Rhein–Ruhr und Sieg eingeschlossen: Der Ruhrkessel ist gebildet.

14 Tage später wird der Kessel von den Amerikanern aufgespalten. 325 000 deutsche Soldaten, die Reste von 19 Divisionen, marschieren als Gefangene in die amerikanischen Sammellager. Der deutsche Feldmarschall Model, der legendäre Verteidiger und Retter an der russischen Front im schicksalhaften Winter 1941/42, wo er mit der 9. Armee im Raum Rschew die Katastrophe des russischen Durchbruchs meisterte, schießt sich am 21. April in einem Waldstück zwischen Düsseldorf und Duisburg eine Kugel in den Kopf. Er wollte die Niederlage im industriellen Herzen Deutschlands nicht überleben.

Überall zwischen Münster und Arnsberg, zwischen Wesel und Soest versuchten versprengte Gruppen deutscher Landser der Gefangenschaft zu entgehen. Briten und Amerikaner machen Jagd auf sie in Gehöften und Scheunen, in Feldern und Wäldern. Soldaten der alliierten 21. Armeegruppe des Feldmarschalls Montgomery fangen in einem Wäldchen in jenen Tagen auch einen deutschen Fallschirmjäger. Sein Name: Bernd Trautmann. Er ist groß, blond und damals 21 Jahre alt. Dieser Fallschirmjäger wird zusammen mit tausend anderen Gefangenen nach England geschafft. Bernd Trautmann: Der Name wurde in den Jahrzehnten nach dem Krieg zu einem Symbol besonderer Art. Symbol für die neue Freundschaft zwischen Briten und Deutschen, zwischen Siegern und Besiegten, für die Verständigung zwischen den Völkern nach einem schrecklichen Krieg.

Die Insel Sark ist ein seltsames Eiland. Sie ist der französischen Küste vorgelagert, gehört aber zu Großbritannien. Sie liegt auf der Breite von Saarbrücken, doch das Klima ist so mild, daß Palmen wachsen. Nicht viel mehr als ein halbes Tausend Menschen wohnt auf Sark. Am 9. Mai 1945 sieht auf dieser kleinen Insel der deutsche Sanitätsunteroffizier Werner Rang aus Thansbrück in Thüringen, damals 25 Jahre alt, einem ungewissen Schicksal entgegen. Er gehört zu den deutschen Soldaten, die während des Kriegs auf den Kanalinseln stationiert waren. Vor wenigen Stunden hat die Deutsche Wehrmacht an allen Fronten kapituliert.

Am Morgen des 9. Mai kommen die Engländer nach Sark. Die Deutschen warten schweigend auf die Befehle der Sieger. Sie müssen ihre Waffen auf Lastwagen werfen. Dann werden sie zur Entlausung geführt. Tags darauf landen die Männer im Hafen Southampton. Werner Rang und einige hundert seiner Kameraden werden in das Gefangenenlager Devises in der Grafschaft Wiltshire, westlich von London, gebracht.

Drei Jahre später, am 13. Mai 1948, wird Werner Rang aus der Gefangenschaft entlassen. Doch er fährt nicht zurück nach Thüringen, nicht nach Deutschland. Er fährt zurück auf die Insel Sark. Dort lebt der ehemalige Sanitätsunteroffizier Werner Rang noch heute.

Die große Mehrzahl der deutschen Soldaten, die auch nach dem Ende des Krieges noch in britischen Lagern zurückgehalten wurden, mußte arbeiten. Deutsche Gefangene werkten in der britischen Industrie, in Handwerksbetrieben. Sie arbeiteten in Häfen, auf Flugplätzen. Sie räumten Minen. Die meisten aber schwitzten in der englischen Landwirtschaft.

So auch Heinz Karl Schmilzer, der mit seinen Kameraden im Lager Horam in der Grafschaft Sussex landete. Morgens kam ein Lastwagen. Schmilzer und zwanzig andere Gefangene wurden zu Bauern in der Umgebung transportiert. Schmilzer kam zum Bauern Yoslin. Der drückte ihm eine Mistgabel in die Hand. Bis 16.30 Uhr arbeitete der Deutsche im Stall und auf den Feldern. Dann kam der Lastwagen, sammelte die Gefangenen ein und brachte sie ins Lager zurück. Die Bewachung des Lagers: Zwei Engländer, zwei freundliche Männer.

Ein Heimkehrer aus England berichtete der Wissenschaftlichen Kommission der Bundesregierung für Kriegsgefangenengeschichte über die Arbeitsbedingungen der Gefangenen: »Jeder von uns hatte ein fabrikneues Armee-Rad, mit dem er zur Arbeit fuhr. Ich arbeitete mit zwanzig Kameraden auf einer großen Farm. Ein englischer Zivilist hatte die Aufsicht. Er ist uns allen ein guter Kamerad gewesen.«

Ein anderer Gefangener: »Wir waren mit drei Mann auf der Farm, es war ganz nett. Acht Stunden Arbeit. Ich habe am Tisch des Farmers mitgegessen, bekam das gleiche wie die Familie und hatte über nichts zu klagen. Ich war sogar bewaffnet. Der Farmer hatte keinen Spaß an der Jagd, ich dafür umso mehr. Es gab viele Wildkaninchen und Rebhühner.« Die Deutschen beeindruckten durch ihren Fleiß und ihren energischen Arbeitseinsatz. Stolz berichtete ein Gefangener über den Erfolg der Deutschen bei der Trockenlegung von sumpfigen Wiesen und Äckern: »Die Drainage kann nach einjähriger Arbeit auf folgende Ergebnisse zurückblicken: Es wurden 450 000 laufende Meter Gräben gezogen oder ausgebessert, was einer Entfernung von London nach Newcastle in der Luftlinie gleichkommt. Um die 93 000

Kubikmeter Boden zu bewegen, sind 129 vollbeladene, 120achsige Güterzüge nötig. Mehr als 2500 Hektar Öd- und Sumpfland wurden in fruchtbares Kulturland umgewandelt.« Die Wissenschaftliche Kommission der Bundesregierung für Kriegsgefangenengeschichte hat den Umfang der gesamten Arbeitsleistung deutscher Kriegsgefangener in Großbritannien ermittelt und kommt zu einem beachtlichen Ergebnis: »Addieren wir die Quartalsergebnisse zusammen, so ergibt sich für den Zeitraum Anfang 1944 bis Mitte 1948 die beachtliche Zahl von mindestens 153 744 750 Arbeitstagen. Setzen wir schließlich die genannte Summe von über 153 Millionen Arbeitstagen in Arbeitsstunden um, wobei nur ein durchschnittlicher Achtstundentag in Anrechnung kommt, obwohl dieser in der Landwirtschaft oft nicht eingehalten werden konnte, so entfallen auf Kriegsgefangenenarbeit in Großbritannien insgesamt mindestens 1 229 958 000 Arbeitsstunden.« In Worten: Eine Milliarde zweihundertneunundzwanzig Millionen neunhundertachtundfünfzigtausend Arbeitsstunden!

Auf den Feldern von Wales und East Anglia, in den Fabriken von London und Newcastle sproß aus der einstigen Feindseligkeit die Versöhnung. Ein Heimkehrer schrieb: »Der deutsche Name hat in Northumberland einen guten Klang. Das beweisen die täglichen Dankschreiben der Farmer.« Ein anderer Gefangener berichtete der Wissenschaftlichen Kommission der Bundesregierung für Kriegsgefangenengeschichte: »Eine alte Dame, die im Ersten Weltkrieg ihren Mann, im Zweiten Weltkrieg ihren Sohn verloren hatte, erkundigte sich eines Tages danach, ob meine in der sowjetischen Besatzungszone lebende Frau überhaupt noch etwas anzuziehen habe. Und dann ließ sie sich die Anschrift geben und schickte ihr ein neues Kleid, ein neues Kleid, auf Bezugsmarken gekauft.«

Ein Jahr nach dem Krieg gestand die Regierung in London ihren unfreiwilligen Gästen gewisse Erleichterungen zu: Da, wo es angebracht war, konnte die Kasernierung in Lagern aufgehoben werden.

So wurde unser gefangener Panzermechaniker und Landarbeiter Heinz Karl Schmilzer im Sommer 1946 auf dem Hof des Bauern Yoslin einquartiert. Die Arbeit war immer noch schwer, der Lohn gering – drei Mark pro Woche und ein Päckchen Tabak. Pro Woche!

Heinz Karl Schmilzer war gleichwohl zufrieden. Denn nun konnte er seine Abende häufig in der Gesellschaft eines Menschen verbringen, der ihm inzwischen viel bedeutete: die 24 Jahre alte Gladys, die Tochter des Bauern Yoslin.

Doch noch war es gefährlich für einen Gefangenen, sich in eine Britin zu verlieben und diese Liebe erkennen zu lassen. Immer noch galt das von der Londoner Regierung herausgegebene strikte Verbot jeglicher Annäherung zwischen Deutschen und Engländern. Doch es hielt der stürmischen Entwicklung nicht lange mehr stand.

Am 17. November 1946 versammelten sich 1000 Gefangene des Lagers Featherstone und 400 Engländer zum Erntedankfest in der Abtei von Hexham, der ältesten Kirche der Grafschaft Northumberland. Der Gottesdienst wurde zweisprachig gehalten. Zweisprachig sangen Gefangene und Sieger »Lobet den Herrn« – ein für die Deutschen bewegendes Erlebnis. Einer schrieb. »Als am Mittag die 15 LKW und die 20 Autobusse aus Featherstone in die herbstliche Landschaft hinausgefahren waren, hatte wohl mancher verloren gelächelt, denn die lange Kolonne der schweren Wagen, die da einer hinter dem anderen über das gewellte Band der Straße rollten, rührte fast schon vergessen geglaubte bittere Bilder auf. Als aber am Abend die gleiche Kolonne mit offenen Scheinwerfern durch die Nacht zurückfuhr – da war es, als bräche eine leuchtende Sternenkette durch das Dunkel.«

Allenthalben in Großbritannien blühten inzwischen die Gefühle zwischen Engländerinnen und deutschen Gefangenen. Heinz Karl Schmilzer ging – wenn es dunkel geworden war – mit Gladys Yoslin zwischen den Feldern spazieren. Im Dämmerlicht des Kinos, über dessen Leinwand gerade »Vom Winde verweht« lief, tuschelten sie beide von Heirat – eine Möglichkeit, die aber noch für lange Zeit ausgeschlossen schien. Denn trotz aller Lockerungen war noch immer jeglicher Kontakt, der nicht mit der Arbeit der Gefangenen zusammenhing, mit Strafe bedroht. Merkwürdige Geschichten, Eskapaden und Abenteuer wuchsen aus solchen verbotenen Liebesbeziehungen.

Ein englisches Mädchen folgte einem gefangenen Deutschen in ein besonders gefährliches Abenteuer, um endlich mit ihm zusammensein zu können: Das Paar stahl in einem Hafen an der Südküste Englands eine Yacht und segelte über den Ärmelkanal. Doch auf dem Kontinent wurden die beiden aufgegriffen.

Im Juni 1947 stand der ehemalige Panzergrenadier Werner Vetter vor einem britischen Militärgericht »wegen verbotener Beziehungen zu einer Engländerin«. Er wurde zu zwölf Monaten Gefängnis verurteilt. Zwölf Monate wegen verbotener Liebe – eines Deutschen zu der Engländerin Lovett Olive Reinolds.

Doch nun geschah etwas Unerwartetes: In der englischen Öffentlichkeit setzte ein Protestschrei ungeahnten Ausmaßes ein. Ein Engländer schrieb an seine Zeitung: »Warum werden deutsche Gefangene für Freundschaften mit britischen Mädchen bestraft? Unsere Jungs in Deutschland dürfen doch auch deutsche Mädchen heiraten.« Und das war der mildeste Leserbrief. Die Engländer auf dem Lande wollten nicht mehr mit dem hochgezüchteten Feindbild leben. Das Thema kam nicht mehr zur Ruhe. Vielfältige Aktionen britischer Sympathie für deutsche Gefangene begannen, den Widerstand der Regierung in London zu zernagen. Als immer mehr Fälle von Liebe zwischen britischen Mädchen und deutschen Gefangenen im Zuge der Affäre Vetter bekannt wurden, mußte die Regierung zurückstecken. Die Liebe war stärker. Die Bestimmungen wurden geändert.

Was in anderen Siegerländern, vor allem im Ostblock, unvorstellbar gewesen wäre, geschah in Großbritannien: Gefangene, die noch im Lager saßen, durften eingeborene Mädchen heiraten.

Schon im Juli 1947 – vier Wochen nach seiner Verurteilung – ehelichte Werner Vetter in der Kirche von Hampton die Engländerin Lovett Olive Reinolds, mit 22 genau so alt wie der Bräutigam. 150 deutsche Gefangene standen Spalier. Der Chor der Gefangenen sang »Ave Maria«. Als das Paar die Kirche verließ, streute Werner Vetter Pennies unter die Zuschauer. Für das Hochzeitsmahl hatten seine Kameraden ihre Rationen aufgespart. Es gab Roastbeef, Kartoffeln, Möhren und Fruchtdessert. Die Hochzeitsnacht verbrachte Vetter im Gefangenenlager, seine Frau zwei Kilometer entfernt im Dorf.

Der Panzermechaniker Heinz Karl Schmilzer wurde im Mai 1948 aus der Gefangenschaft entlassen. Doch er kehrte nicht in die Volkswagen-Stadt Wolfsburg zurück, sondern verdingte sich als Knecht auf einer Farm, die zwei Kilometer vom Hof des Bauern Yoslin entfernt lag. Wobei nicht der Bauer Yoslin das Entscheidende war, sondern seine Tochter Gladys. Jeden Abend nach der Arbeit machte sich Schmilzer auf den Weg hinüber zu Yoslins.

An einem Herbstabend des Jahres 1949 saß Heinz Karl Schmilzer wieder in der guten Stube des Bauern. Der blickte den Deutschen über die dampfende Teetasse hinweg lange an, trank einen Schluck, räusperte sich und sagte: »Ein Deutscher als Schwiegersohn war nicht mein Traum.« Er machte eine Pause. Dann sagte er: »Aber Ihr könnt heiraten.«

Am 10. November 1950, siebeneinhalb Jahre nach seiner Gefangennahme in der Wüste Nordafrikas, ehelichte der ehemalige deutsche Panzermechaniker Heinz Karl Schmilzer die Engländerin Gladys Yoslin.

Auch der deutsche Sanitätsunteroffizier Werner Rang heiratete, noch am Tage seiner Entlassung, auf der Kanalinsel Sark am 13. Mai 1948 sein englisches Mädchen Phyllis. Heute verkauft Werner Rang auf Sark Souvenirs an Touristen. Nicht nur das; er amtiert auch als stellvertretender Polizeichef der Insel. Den Amtsstab aus schwarzem Elfenbein und der kleinen Krone an der Spitze, in der linken Hand haltend, begrüßte Werner Rang an einem Sonntag des Jahres 1978

Königin Elisabeth II. von England auf der Insel. Auf der Fahrt vom Hafen in die Stadt schritt der ehemalige Sanitätsunteroffizier der Deutschen Wehrmacht neben der Karosse der Königin her. Der Deutsche erzählte der Queen, wie und weshalb er Brite geworden sei. Werner Rang über die sichtbaren Empfindungen seiner Königin: »Sie lächelte.«

In der Statistik sieht dieses Kapitel Liebe in britischer Gefangenschaft so aus: Insgesamt heirateten 796 deutsche Gefangene Engländerinnen. Zwei deutsche Gefangene nahmen sich wegen unerwiderter Liebe das Leben.

Doch da war noch der Fallschirmjäger Bernd Trautmann, der im April 1945 im Ruhrkessel gefangen und nach England gebracht worden war. Er spielte im Kriegsgefangenenlager in der Nähe von Liverpool Fußball – dabei entdeckte man ein Talent, das ihn von allen seinen Mitgefangenen unterschied: Er war wegen seines ungewöhnlichen Reaktionsvermögens ein ganz hervorragender Torwart.

Im Jahre 1948, drei Jahre nach seiner Gefangennahme, hielt Trautmann den Entlassungsschein aus englischer Kriegsgefangenschaft in der Hand. Der Weg ins heimatliche Bremen war frei, aber Trautmann blieb in England. Arbeitete in der Landwirtschaft. Und spielte in einer englischen Mannschaft Fußball. Ein Jahr später schon war sein Ruf in Fußballkreisen so gut, daß Manchester City, eine der weltberühmten Mannschaften der Insel, ihn holte – als Berufsspieler für zunächst 400 Mark im Monat. Da stand er nun Tag für Tag auf dem Trainingsplatz und sonntags in den Meisterschaftsspielen der 1. englischen Division im Tor.

Trautmann war dabei, als seinem Team der größte Erfolg gelang, den eine englische Mannschaft überhaupt erringen kann: Manchester City gewann 1956 mit Bernd Trautmann im Tor den englischen Fußball-Pokal. Es ging dabei nicht ohne Dramatik ab: Bernd Trautmann brach sich in der 70. Minute des Spiels einen Halswirbel an. Doch er blieb auf seinem Platz – trotz qualvoller Schmerzen.

Als er nach dem Sieg vor der englischen Königin stand, die traditionsgemäß die Siegerehrung vornahm und die Goldmedaille empfing, fragte ihn Prinzgemahl Philipp: »Warum halten Sie den Kopf so schief?«

Trautmann antwortete: »Ich habe einen gebrochenen Halswirbel.«

Die Verletzung war so schwer und so gefährlich, daß Kopf und Hals wochenlang in Gips gebettet werden mußten. Fußball-England war begeistert. Englands Sportjournalisten wählten den ehemaligen deutschen Kriegsgefangenen wegen seines bravourösen Einsatzes im Pokalendspiel zum Fußballer des Jahres. 1964 beendete er seine Laufbahn nach 538 Spielen in der höchsten englischen Fußballklasse.

47 000 Engländer kamen, um das Benefizspiel für Bernd Trautmann zu sehen. 50 000 Mark blieben für ihn übrig. Davon kaufte er sich ein Haus.

Drei Jahre später, 1967, kehrte der ehemalige Gefangene, der durch seine sportliche Haltung und die Art seines Auftretens wahrscheinlich mehr für den Abbau der Vorurteile zwischen Engländern und Deutschen getan hatte, als 100 Botschafterpartys es tun können, in die Bundesrepublik zurück. Hier wurde er Fußballtrainer.

Doch er hatte wenig Glück. Die Deutschen hatten keine Geduld mit ihm. Trautmann wurde arbeitslos, mußte sein Haus verkaufen. 1972 flog er nach Birma. Dort betreute er das National-Team. 1978 ging der einstige Fallschirmjäger und dann prominenteste deutsche Ex-Gefangene Englands ins afrikanische Liberia. Dort hilft er, den Fußball-Sport zu entwickeln.

Umerziehung in US-Camps

In der Morgendämmerung eines Frühsommertages des Jahres 1946, ein Jahr nach Schluß des Krieges, wurde in Tunis ein deutscher Feldwebel von einem Exekutionskommando der französischen Armee erschossen. Fünf seiner Kameraden verschwanden im Zuchthaus von Tunis – verurteilt zu 20 Jahren Haft.

Mit dem Todesurteil gegen den Feldwebel und den langjährigen Freiheitsstrafen hatte ein französisches Militärgericht eine Tat gesühnt, die bereits zwei Jahre zurücklag. Die sechs Deutschen, gefangene Soldaten der Heeresgruppe Afrika, hatten im Gefangenenlager einen Kameraden ermordet. Das Opfer hatte nicht etwa Brot gestohlen, nicht seine Kameraden verraten, auch nicht mit dem Feind zusammengearbeitet.

Der deutsche Soldat hatte vielmehr aus politischen Gründen sterben müssen.

Seine sechs Mörder waren überzeugte Nationalsozialisten, und sie hatten auch hinter Stacheldraht weiter für ihren Glauben gestritten. Andere Ansichten, die von ihren Mitgefangenen geäußert wurden, versuchten sie zu unterdrücken – mit Terror und Gewalt. Schließlich hatte sich ihr Haß in einem Fememord entladen.

An der politischen Haltung vieler deutscher Soldaten in Gefangenenlagern wird in besonderer Weise deutlich, daß der Zweite Weltkrieg ein Waffengang nicht allein mit Panzern, Bomben und Torpedos war, sondern auch ein Weltanschauungskrieg, eine Auseinandersetzung im Glauben und wegen des Glaubens. Ein moderner Religionskrieg also, wie es ihn seit drei Jahrhunderten nicht mehr gegeben hatte. So kommt denn auch allein der Dreißigjährige Krieg zwischen Katholiken und Protestanten in seiner Erbitterung, seiner Grausamkeit und seiner Schamlosigkeit dem Zweiten Weltkrieg gleich.

Die Gefangenen in den Lagern der Alliierten fühlten sich weiter als Soldaten des Deutschen Reiches, sie hatten einen Treueeid auf Adolf Hitler geschworen, viele von ihnen wollten zudem lange Zeit nicht wahrhaben, daß Deutschland diesen Krieg verlieren könnte.

In den Lagern der Sowjetunion war das Bekenntnis zum Nationalsozialismus oft gleichbedeutend mit Hungertod, Karzer und langer Haft. Die von den Russen eingesetzten Antifaschistischen Ausschüsse monopolisierten überdies die politische Diskussion.

In den Lagern der westlichen Alliierten hingegen blieben die Gefangenen – während des Krieges jedenfalls – politisch weitgehend sich selbst überlassen.

Die Wissenschaftliche Kommission der Bundesregierung für Kriegsgefangenengeschichte schreibt über die Verhältnisse in den Lagern auf amerikanischem Boden, wohin zunächst die Soldaten des Afrikakorps und – mehr als ein Jahr später – Gefangene der Invasion – geschafft worden waren: »Die Konfliktlage, die sich in vielen, wohl den meisten Lagern ergab, hatte ihre Wurzel darin, daß sich zunächst bis Kriegsende die Mehrzahl der Kriegsgefangenen als deutsche Soldaten betrachtete, die ihre Loyalität zur deutschen Staatsführung zu wahren hatten. In der Praxis bedeutete dies und mußte bedeuten: weithin auch Loyalität zum Nationalsozialismus. Diese Empfindungen waren besonders ausgeprägt bei den ›Afrika-Gefangenen‹. Sie gerieten zu einer Zeit in Gefangenschaft, als Deutschlands Lage scheinbar noch erfolgversprechend war, sie gingen überwiegend als geschlossene Einheiten in Gefangenschaft, und sie empfanden weithin die Kapitulation in Tunesien nicht als Niederlage der eigenen Truppe. Der Respekt und die Anerkennung, die dem ›Afrikakorps‹ auch von alliierter Seite vielfach zuteil wurde, trugen zu dieser Haltung bei.«

Die Soldaten jedoch, die später gefangengenommen worden waren, die Folgen des Bombenkrieges gegen Deutschland gesehen und die gewaltige angloamerikanische Übermacht an Menschen und Material an der Westfront erlebt hatten, mochten nicht mehr uneingeschränkt an einen Sieg der deutschen Armeen glauben. Und sie sprachen dies auch in den Lagern offen aus. Schwere Auseinandersetzungen waren die Folge.

Die überzeugten Nationalsozialisten klammerten sich um so hartnäckiger an die Hoffnung auf die deutschen Wunderwaffen, sie rechneten mit ihrer Befreiung aus amerikanischer Gefangenschaft durch die Japaner. Trotzig feierten sie die Gedenktage der Weltanschauung, mit der sie in den Krieg gezogen waren.

Im US-Gefangenenlager Fort Eustis in Virginia versammelten sich im November 1944 – im Osten wie im Westen standen die feindlichen Armeen bereits an den Grenzen des Reiches – etwa hundert Afrikakämpfer zur Feier des 9. November, des Tages, an dem Hitler im Jahre 1923 an der Spitze der SA zur Münchner Feldherrnhalle marschiert war. Ein Gefangener berichtet: »Opferschalen, Hakenkreuzfahnen, Trommelwirbel. Auch die alten Lieder aus der Kampfzeit wurden gesungen.«

Die Zahl der Nationalsozialisten in den amerikanischen Lagern war nicht sonderlich groß, aber diese kleinen Einheiten handelten geschlossen und zielbewußt. So kam es, daß sie in der deutschen Lagerführung oft ungewöhnlich großen Einfluß ausüben und damit auch den Alltag der übrigen Gefangenen mitbestimmen konnten. Widerstand gegen ihren Machtanspruch räumten sie mit Gewalt beiseite.

Sieben Gefangene starben in US-Lagern von der Hand ihrer Kameraden, 15 Gefangene erlitten unter den Fäusten und Schlagwerkzeugen schwere Verletzungen und 14 Gefangene wurden wegen dieser Taten von US-Gerichten zum Tode verurteilt und gehenkt. 102 deutsche Gefangene wurden verurteilt, weil sie Kameraden halbtot geschlagen oder gefoltert hatten.

In den Lagern, in denen überzeugte Nationalsozialisten ihre Herrschaft aufgerichtet hatten, fühlten sich ihre politischen Gegner unter den Gefangenen nicht mehr ihres Lebens sicher. Die Amerikaner verfielen auf zwei Gegenmaßnahmen: Sie faßten deutsche Soldaten, die keinen Hehl daraus machten, immer noch Nationalsozialisten zu sein, in Sonderlagern zusammen, und sie boten den Gefangenen, die sich bedroht sahen, den besonderen Schutz der Gewahrsamsmacht an.

In jedem Lager auf amerikanischem Boden hing eine Bekanntmachung aus, in der es hieß: »Jeder Kriegsgefangene, ohne Rücksicht auf seine Konfession oder politische Überzeugung, der befürchtet, daß sein Leben in Gefahr ist oder er körperlicher Verletzung von seiten anderer Kriegsgefangener ausgesetzt ist, hat diese Tatsache sofort persönlich einem beliebigen amerikanischen Offizier dieses Lagers zu berichten, ohne seinen [deutschen] Lagersprecher zu Rate zu ziehen. Von diesem Zeitpunkt an wird einem solchen Kriegsgefangenen durch den Lagerkommandanten ausreichender Schutz durch Absonderung, Versetzung oder andere Mittel gewährleistet werden. Kriegsgefangene, welche Mitgefangene mißhandeln, werden streng bestraft.«

So entstanden in Amerika »Nazi-Lager« und »Anti-Nazi-Lager«.

Je näher jedoch das Ende des Krieges rückte, desto mehr verfestigte sich in der Führung der USA die Ansicht, daß es nicht damit getan war, die überzeugten Nationalsozialisten von ihren Gegnern zu trennen. Vielmehr sollten auch die Nationalsozialisten bekehrt werden – zu der Weltanschauung, die Amerika geprägt hatte.

Die für Kriegsgefangene verantwortliche Behörde der USA schrieb später: »Das US-Kriegsministerium sah in der Anwesenheit von (rund) 370 000 deutschen Kriegsgefangenen in den USA eine noch nie dagewesene Gelegenheit, unter den Deutschen eine Keimzelle demokratischen Denkens und Respekts für Amerika zu entwickeln.«

Die Amerikaner setzten in ihren Lagern in Gang, was später als Reeducation zu Bedeutung und Bekanntheit gelangt ist.

In den Lagern erschienen nun regelmäßig Amerikaner, um die Gefangenen zu unterrichten: über die amerikanische Geschichte und die amerikanische Verfassung, über den Aufbau eines demokratischen Staates und seine Institutionen, über die Grundsätze der Humanität und schließlich in der Landessprache Englisch.

Am Anfang hatten die Umerzieher es schwer. Viele Gefangene

quittierten die Bemühungen ihrer amerikanischen Lehrer mit Spott. Aus dem Lager Rupert in Idaho berichtete ein Heimkehrer: »Nach Kriegsende kamen jeden Sonntag wirkliche und angebliche Professoren zu uns, um uns in Diskussionen von der Glorie Amerikas und den zweifellos vorhandenen Wert der Demokratie zu überzeugen.«

Manchmal versuchten die Gefangenen, in den Debatten mit den Amerikanern einen ideologischen Sieg zu erringen. Aus einem Lager, in dem besonders viele überzeugte Nationalsozialisten versammelt waren, berichtete ein Gefangener der Wissenschaftlichen Kommission der Bundesregierung: »Aus Spaß und Freude an der Diskussion und der Opposition nahmen viele von uns teil. Und nicht selten hat der Ami-Propagandist den kürzeren gezogen und ist kleinlaut von dannen gegangen.« Aus dem Lager Drew Field in Florida: »Ich erinnere mich, daß der amerikanische Lehrer einmal wütend weggegangen ist, weil die profilierten Nationalsozialisten des Lagers ihn in die Enge getrieben hatten wegen der Rassenfrage in Amerika.«

Die Amerikaner beschränkten sich nicht auf Vorträge vor den Gefangenen. Sie stellten alle Informationsmittel in den Dienst des Ziels Umerziehung: Radio, Film, Zeitschriften und vor allem Lagerzeitungen. Die USA hatten ihren deutschen Gefangenen von Anfang an erlaubt, Lagerzeitungen herauszugeben. Tatsächlich erschienen während des Krieges rund 150 verschiedene Blätter, aus denen sich die Gefangenen unterrichteten – nicht nur über das, was im Lager richtig war, sondern auch über den Verlauf des Kriegs und über Politik.

Die genau gezählten 363 000 deutschen Gefangenen in Amerika waren auf 155 Haupt- und 760 Nebenlager verteilt. Und jedes Hauptlager brachte eine eigene Zeitung heraus, so zum Beispiel:

»An der Schwelle«,
»Arizona Sonne«,
»Deutsche Inseln«,
»Drahtberichter«,
»Echo«,
»Mattscheibe«,
»Texas Horchpost«,
»PW-Oase« und
»Stacheldraht«.

Der Inhalt der Zeitungen hatte die Amerikaner zunächst nicht sonderlich interessiert, bis sie – offenbar überrascht – feststellten, daß eine größere Zahl der Blätter von Nationalsozialisten geschrieben und redigiert wurde. Die Zeitungen enthielten Angriffe auf die Politik der USA und ihr Verhalten gegen Deutschland. Sie priesen Nationalsozialismus und Militarismus. Dagegen zogen die Amerikaner nun ideologisch zu Felde – mit einer Zeitung.

Sie hieß »Der Ruf«, erschien Anfang März 1945 zum erstenmal und am 1. April 1946 zum letztenmal. In 75 000 Exemplaren wurde das Blatt in den Gefangenenlagern auf amerikanischem Boden verteilt. Redakteure dieser Zeitung waren deutsche Gefangene; ihre Arbeit wurde von Amerikanern überwacht.

Die Wissenschaftliche Kommission schreibt über den Eindruck, den diese Zeitung machte: »Die Aufnahme, die ›Der Ruf‹ unter den Kriegsgefangenen fand, reichte von Dankbarkeit bis zu hitziger Ablehnung.« Ein Delegierter des Internationalen Roten Kreuzes beobachtete im Offiziers-Gefangenenlager Trinidad im Bundesstaat Colorado: »Die Zeitung ›Der Ruf‹ ist im Lager von Offizieren zum Zeichen des Protests öffentlich verbrannt worden, denn die erste Ausgabe widersprach ihrer Weltanschauung. Infolge dieses Zwischenfalls sind einige Kriegsgefangene in andere Lager verlegt worden.«

Im Herbst 1945 wurde allen gefangenen Deutschen befohlen, sich den Film anzusehen, den Kamera-Männer der US-Truppen in deutschen Konzentrationslagern gedreht hatten. Ein Gefangener: »Wir sahen General Eisenhower, wie er sich zwischen Bergen von Leichen bewegte und die Verbrennungsöfen besichtigte.« Ein zweiter Gefangener über die Wirkung dieses Films: »Die Jungen hatten keine Ahnung, daß es so etwas tatsächlich geben konnte und waren erschüttert.« Ein dritter berichtet, was nach der Vorführung des Films im Lager Custer im Bundesstaat Michigan geschah: »In diesem Lager wurden für die Opfer der Konzentrationslager in Deutschland 10 000 Dollar gesammelt.«

Die Früchte der Umerziehung aber wollten die Amerikaner in Deutschland ernten. Aus den 369 000 Gefangenen, die in ihren Lagern saßen, suchten sie rund 23 000 Mann aus, die für eine Sonderverwendung in der Heimat vorgesehen waren. Sie sollten der amerikanischen Besatzungsmacht behilflich sein, die US-Zone Deutschlands zu verwalten.

Wie aber konnten die für diese Aufgabe geeigneten Männer gefunden werden? Erst sortierten die Amerikaner alle Männer aus, deren nationalsozialistische oder aber kommunistische Gesinnung feststand. Wer jünger war als 25 Jahre, kam nicht in Frage, ebenso wenig, wer einen Rang oberhalb des Obristendienstgrades hatte. Wer nicht hinlänglich Englisch sprach, wurde ebenso wenig in den Kreis der Kandidaten für ein Amt in Deutschland aufgenommen wie jemand, der nicht eine Befähigung für leitende Funktionen nachweisen konnte. 25 000 Mann blieben übrig.

An diese 25 000 wurden Fragebogen verteilt. Nachdem sie diese ausgefüllt hatten, begegneten auch die deutschen Gefangenen in Amerika zum ersten Mal einer Farbskala, die für Hunderttausende noch eine schicksalhafte Bedeutung bekommen sollte: schwarz, grau, weiß.

Als »weiß« galt auch hier in USA der Gefangene, dessen demokratische Gesinnung als erwiesen angesehen wurde; als »grau« derjenige, dessen politische Haltung nicht als sicher galt; als »schwarz« aber derjenige, von dem man annahm, daß er noch fest im nationalsozialistischen Gedankengut verhaftet sei. Englisches Modell – als brainwashing oder Gehirnwäsche in die Geschichte der Nachkriegszeit eingegangen. Die von den Amerikanern ausgesuchten Gefangenen wurden in einem Sonderlager zusammengefaßt. Dort besuchten sie Kurse. Dann wurden sie eingeschifft und gelangten nach kurzem Zwischenaufenthalt in Frankreich nach Deutschland. Viele ihrer Kameraden hingegen wurden nach dem Transport über den Atlantik noch jahrelang in Frankreich oder England festgehalten – zur Arbeit für die Sieger, zur Fortsetzung des eintönigen Tagesablaufs, der ihnen schon in den Vereinigten Staaten auferlegt worden war.

Über die Arbeit deutscher Gefangener in den USA schreibt die Wissenschaftliche Kommission: »Erst mit der langsamen Umstellung der amerikanischen Wirtschaft auf die Bedingungen des Krieges wurden die deutschen Kriegsgefangenen als Arbeitskräfte interessant. Sie wurden vorwiegend in Einrichtungen der amerikanischen Streitkräfte sowie in der Landwirtschaft eingesetzt. Ein Sonderproblem bildeten hierbei die deutschen Unteroffiziere, denen man ihre Papiere abgenommen hatte, so daß sie ihren Dienstgrad nicht mehr nachweisen konnten. Sie wurden daher gegen die Bestimmungen der Genfer Konvention als Arbeitskräfte eingesetzt.«

Die amerikanische Regierung beziffert den Gewinn, den sie aus der Arbeit der Deutschen erzielte, auf mehr als 180 Millionen Dollar.

Die Kommission kommt auch zu dem Schluß, daß die »Beanspruchung der Kriegsgefangenen in den USA durch den Arbeitseinsatz« dem Erfolg der Umerziehung im Wege stand; einfach deshalb, weil die Männer nach einem harten Tag nicht mehr in der Lage waren, Vorträge zu hören, zu verfolgen, zu verstehen und zu verarbeiten.

Das Urteil der Kommission über die Umerziehung in den USA: »Zieht man alle Faktoren in Betracht, so erscheint die Annahme begründet, daß das amerikanische Re-education-Programm, was die weit überwiegende Mehrzahl der Kriegsgefangenen – etwa 355 000 von rund 370 000 – betrifft, weder Breite noch Tiefgang genug hatte, um wesentliche Wirkungen erzielen zu können; daß hingegen ein Teil der Teilnehmer an den ›Schulprogrammen‹ sicherlich Förderung bei der inneren Auseinandersetzung mit dem Nationalsozialismus erfahren hat.«

Was den deutschen Kriegsgefangenen an Umerziehung in den Vereinigten Staaten entgangen sein mochte, wurde ihren Kameraden in britischen Lagern in um so reicherem Maße zuteil – und vielen ihrer ehemaligen US-Gefangenen auch.

Re-education in England

Mehr als 123 000 Deutsche wurden 1946 von den USA an Großbritannien überstellt – zur Arbeit.

Die Engländer waren zwei Jahre vor den Amerikanern in den Krieg eingetreten. Sie hatten früher als die anderen Siegerstaaten des Zweiten Weltkrieges Erfahrung mit deutschen Gefangenen sammeln können. Ihnen erschien eine Umerziehung besonders dringlich. Und sie betrieben sie besonders gründlich.

Die ersten deutschen Soldaten, die den Engländern im Zweiten Weltkrieg in die Hände fielen, waren Fallschirmjäger – vom britischen Expeditionskorps in Holland gefangengenommen – und Männer der Luftwaffe, über England abgeschossen. Britische Offiziere unterzogen ihre Gefangenen dem üblichen militärischen Verhör.

Doch schon in diesen Routine-Vernehmungen machten die Engländer eine verblüffende Entdeckung: Die Gefangenen, die ihnen in den Verhörzimmern gegenübersaßen, waren ein besonderer Typ Soldat. Die Fallschirmjäger, Jäger- und Bomberbesatzungen waren nahezu ausnahmslos überzeugte, wenn nicht fanatische Nationalsozialisten, und sie waren zugleich von glühender Vaterlandsliebe erfüllt – zwei Dinge, die in den Augen der Briten nicht zusammenpassen wollten.

Der Engländer Cyrus Brooks, der im Auftrag der Abteilung Kriegsgefangene des britischen Außenministeriums diese ersten Deutschen in britischem Gewahrsam ausforschte, kam zu dem Schluß: »Für fast alle war Hitler ein Übermensch, ein Gott...«

Diese Deutschen waren, so brachten die Engländer heraus, in den Krieg gezogen, weil sie Deutschland in Gefahr glaubten. Das Urteil des Engländers Brooks über diese Deutschen: »Sie waren energisch und diszipliniert. Sie hatten ein ausgeprägtes Pflichtgefühl. Sie drängten sich nach Verantwortung.« Ihr Weltbild war eindeutig und durch keinerlei Zweifel getrübt. Deutscher zu sein, bedeutete für sie auch Nationalsozialist zu sein. Patriotismus und nationalsozialistische Weltanschauung gingen nahtlos und ununterscheidbar ineinander über. Nationalsozialismus, so schien es den Engländern, war im Wortschatz ihrer Gefangenen nur ein anderes Wort für Deutschland.

Zehntausende, schließlich Hunderttausende von deutschen Soldaten folgten den Gefangenen des Jahres 1940 in britische Lager. Zum Erstaunen der Engländer hielten auch viele dieser neuen Gefangenen mit Verbissenheit an der nationalsozialistischen Ideologie fest – trotz Stalingrad, trotz Rückzug im Osten, trotz verlorener Schlachten im

Westen, trotz der Ohnmacht des Reiches gegen den Bombenkrieg. Noch unmittelbar vor der Kapitulation der Deutschen Wehrmacht im Mai 1945 waren 40 Prozent der deutschen Gefangenen in britischen Lagern vom Glauben an Adolf Hitler erfüllt.

Diese von gemeinsamer Ideologie zusammengeschweißte Gruppe versuchte auch hinter englischem Stacheldraht die Prinzipien nationalsozialistischer Weltanschauung zu behaupten und jegliche abweichende politische Meinung unter ihren Mitgefangenen zu bekämpfen. Oft gelang es den Nationalsozialisten – genauso wie in den USA – in die Lagerführung aufzurücken. Die Posten in der Lagerverwaltung mochten unbedeutend erscheinen – Kantine, Küche, Arbeitseinteilung, Wäscherei, Karteiführung – aber es waren in Wirklichkeit die Schlüsselstellungen für das Lagerleben. Von da aus konnte der Alltag in der Gefangenschaft für den Einzelnen unerträglich gemacht werden.

Der britische Oberst Henry Faulk, der die Re-education der englischen Gefangenenlager leitete und im Auftrag der Wissenschaftlichen Kommission der Bundesregierung seine Erfahrungen in einem mehr als siebenhundert Seiten starken Band zu Papier gebracht hat, berichtete ausführlich über die Technik nationalsozialistischer Machtergreifung in einem Kriegsgefangenenlager: »Rund 1400 Offiziere sollten aus einem Lager in Südengland in ein Lager in Mittelengland verlegt werden. In diesem Lager befanden sich bereits fünf Offiziere und 250 Mannschaftsdienstgrade. Die Neuankömmlinge in diesem Lager standen unter dem Einfluß einer größeren Gruppe von nationalsozialistischen Offizieren. Es war Mai 1945, der Krieg für Deutschland verloren. Der erste Angriff der Offiziere galt der Verwaltung von Küche und Kantine. Er wurde von der britischen Lagerkommandantur abgewiesen. Der zweite Angriff zielte auf das Krankenrevier. Auch er schlug nicht durch. Henry Faulk schreibt: »Als sich die deutsche Lagerführung bewußt wurde, daß man sich über ihre wahren Ziele im klaren war, gingen sie zu Gewaltmethoden über. Der deutsche katholische Lagerpfarrer ließ sich in offensichtlicher Lebensangst zum britischen Dolmetscher-Offizier bringen und verlangte, in dieser Nacht bei den britischen Soldaten untergebracht zu werden. Ein Femegericht habe ihn zum Tode verurteilt; man wolle ihn in dieser Nacht noch aufhängen.«

Die nationalsozialistischen Offiziere verlangten von ihren Kameraden, alle Briefe, die sie an ihre Familie in Deutschland schrieben, vorzulegen. Sie unterbrachen den Informationsfluß in das Lager. Englische Zeitungen wurden von ihnen verbrannt, und sie drohten ihren Mitgefangenen an, ihre Namen nach Deutschland zu melden – Verrat am Nationalsozialismus werde an den Angehörigen gesühnt.

Die britische Lagerkommandantur sprengte den Riegel, den die

Nationalsozialisten um das Lager gelegt hatten, mit einem Handstreich. 250 der Gefangenen, die als besonders fanatisch erkannt worden waren, wurden aus dem Lager geholt und in ein anderes verlegt.

Henry Faulk schreibt: »Das war also ein Beispiel der Verhältnisse, die nach der Invasion und bis gegen Ende des Krieges in den meisten deutschen Kriegsgefangenenlagern Großbritanniens vorherrschten. Politische Auseinandersetzungen, Gewalttaten, psychologischer Druck und sogar Mord kamen vor, und all das geschah im Namen des Patriotismus, denn durch das politische Gruppenethos hatten die Nationalsozialisten immer den Schein des Rechts.«

Den Engländern – der Regierung, dem Volk und der Armee – erschien der Nationalsozialismus, schreibt Henry Faulk, als ein »moralisches Übel«, eine Krankheit, die nahezu alle Kriegsgefangenen, nicht nur die überzeugten Nationalsozialisten unter ihnen, befallen hatte. Diese Krankheit wollten die Briten heilen – mit einer Medizin namens Re-education.

Die zuständige Abteilung des britischen Außenministeriums umschrieb die Ziele der Umerziehung so:

»1. Den Glauben an den traditionellen deutschen Militarismus und an die nationalsozialistische Ideologie, deren Basis die Macht und eine jedes Gesetz verschmähende Selbstbestimmung des Staates ist, auszurotten.

2. Den Kriegsgefangenen ein wirkliches Verständnis und eine echte Wertschätzung für demokratische Grundsätze und Prinzipien und ihrer Folgerungen für das Handeln von Menschen und Völkern beizubringen: insbesondere die Anwendung demokratischer Grundsätze auf deutsche Verhältnisse als Grundlage für die friedliche Reintegration Deutschlands in die europäische Gemeinschaft zu fördern, denn das ist auch für Großbritannien von lebenswichtigem Interesse.

3. Das britische Commonwealth als Beispiel für das demokratische Verfahren in einer Gemeinschaft darzulegen, wobei zu vermeiden ist, daß Großbritannien als Vorbild geboten wird, das sklavisch nachzuahmen ist.

4. Deutsche Mißverständnisse der europäischen Geschichte der letzten fünfzig Jahre und besonders der Ursachen, Führung und Folgen der beiden Weltkriege aufzuklären.«

Bei diesem gewaltigen Unterfangen, die deutschen Gefangenen von der Weltanschauung der westlichen Sieger zu überzeugen, aber mußten die überzeugten Nationalsozialisten in den Lagern im Wege sein. Die Regierung in London fürchtete, daß alle Bekehrungsversuche am Widerstand und am Einfluß der Fanatiker scheitern würden. Diese Sorge gebar eine Maßnahme, an die sich Hunderttausende von deutschen Gefangenen mit Schaudern erinnern: das sogenannte Screening, die Aussiebung. Es war die großangelegte Aktion der Engländer, unter den Gefangenen die überzeugten Nationalsozialisten, die Unbelehrbaren, ausfindig zu machen und sie – wie die Träger eines gefährlichen Bazillus – zu isolieren.

In die Lager rückten britische Vernehmungsoffiziere ein. Diesmal fragten sie nicht – wie im Krieg – nach Truppeneinheit, Dienstrang, Standort und Bewaffnung; diesmal fragten sie nach der sogenannten Moral der Gefangenen, nach ihrem Verhältnis zum Christentum, zum Staat, zur Anwendung von Gewalt, zum Nationalsozialismus.

Sie stellten Fragen nach Verantwortung und Gewissen. Die Inquisitoren nahmen sich für jeden Mann zwei bis drei Minuten Zeit. Dann glaubten sie, ein gültiges Bild der geistigen Haltung des Gefangenen zu haben.

Das Ergebnis der ersten Durchleuchtung der Deutschen im Frühjahr 1945 mußte die Briten entmutigen: allenfalls 15 Prozent der Gefangenen schienen nach dieser Befragungsrunde verläßliche Demokraten zu sein und das Prädikat »weiß« zu verdienen. 54 Prozent jedoch waren, meinten die Briten, »schwarz«, also Nationalsozialisten. 31 Prozent der Gefangenen galten als »grau«, also als Menschen ohne genau zu bestimmende Weltanschauung.

Später verfeinerte die britische Kriegsgefangenen-Behörde die Einstufung der Gefangenen auf insgesamt acht Kategorien:

»1. A^+ Diese Einstufung bekommt der Kriegsgefangene, der echter Antinazi ist und eine positive, intelligente, tolerante und menschliche Weltanschauung besitzt. Er muß fähig sein, konstruktive Mitarbeit zu leisten.

2. A ist der Kriegsgefangene, der echter, aber nicht notwendigerweise aktiver Antinazi ist. Er hat eine positive Weltanschauung, die den Nationalsozialismus ersetzt, aber er wird wahrscheinlich keinen großen Einfluß ausüben. Es ist also nötig, Intelligenz und Charakter im Zusammenhang mit den Umständen in Betracht zu ziehen.

3. A^- Der Kriegsgefangene, der ganz bestimmt Antinazi ist, der aber wegen seines Temperaments mit anderen nicht auskommen kann. [Man muß hier die Erklärung einschalten, daß die Bemerkungen über den Charakter für eine evtl. Arbeit bei der Control Commission – Militärregierung – in Deutschland gedacht waren, was man damals immer noch für möglich hielt.]

4. B^+ bekommt der Kriegsgefangene, der vor der Einstufung A steht. Ein anständiger und ehrlicher Mann, dem man Vertrauen schenken kann, ein echter Antinazi, der aber noch keine positive Weltanschauung hat, womit er den Nationalsozialismus ersetzen kann, wahrscheinlich aus Unwissenheit.

5. B Der ›graue‹ Nichtnazi oder unpolitische Mensch.
6. B^- Der Kriegsgefangene, der ehrlicher Anhänger des Nationalsozialismus war und jetzt auf dem Wege ist, die wahre moralische Fäulnis des Nationalsozialismus zu erkennen.
7. C Der Kriegsgefangene, dessen Gesinnung immer noch vom Nationalsozialismus bestimmt ist, der aber nur Zeit braucht, um sich weiterzuentwickeln; oder aber der Nationalsozialist, der harmlos ist (d. h. der die Umerziehungsversuche nicht behindert).
8. C^+ Der überzeugte und fanatische Nationalsozialist, normalerweise in der Altersgruppe, die mithalf, den Nationalsozialismus aufzubauen, und der noch behauptet, ›die Partei hatte recht‹, und der keine Absicht hat, dem Engländer, dem er gewöhnlich feindlich gegenübersteht, beim Wiederaufbau mitzuhelfen.«

Ihre Befragungsergebnisse nutzten die Briten zu zwei sehr unterschiedlichen Zwecken: einmal durften zunächst nur jene Kriegsgefangenen die Lager zur Arbeit verlassen, die politisch unverdächtig waren. Der britische Umerziehungs-Offizier Henry Faulk schreibt: »Für die Kriegsgefangenen hatte das Einstufungssystem den Vorteil, daß man endlich aufhörte, wie ein gefangenes Tier hinter Stacheldraht zu sitzen. Die Kriegsgefangenen, die arbeiten konnten, hatten eine unvergleichbar höhere Moral als diejenigen, die arbeitslos hinter dem Stacheldraht zurückblieben.«

Zum anderen aber faßten die Engländer jene Gefangenen, in denen sie besonders gefährliche Nationalsozialisten vermuteten, in einem Sonderlager zusammen – im Lager 165, das im rauhen Norden Schottlands lag.

Tatsächlich standen die Briten bei vielen ihrer Gefangenen vor einer unüberwindlichen Mauer aus Feindseligkeit, Mißtrauen und Trotz. Im Lager Odham, berichtete ein Heimkehrer, weigerten sich viele Gefangene strikt, zu glauben, daß die Deutsche Wehrmacht kapituliert hatte. Sie erklärten die Nachricht über das Ende des Krieges für einen »britischen Propaganda-Bluff«.

Die Engländer stellten voller Erstaunen noch im Oktober 1946 fest, daß im Lager 106, in dem viele junge Soldaten festgehalten wurden, »oft geäußert wurde, es sei unmöglich, Hitler umzubringen. Er werde wie Christus wiederauferstehen, um Deutschland zu befreien und er werde das Vaterland zur herrschenden Macht der Welt emporheben.«

Das Lager 165, in dem die unnachgiebigen Nationalsozialisten versammelt waren, erwies sich auch zwei Jahre nach dem Ende des Krieges noch als Hort der Weltanschauung des untergegangenen Drittes Reiches. Ein britischer Vernehmungs-Offizier berichtete resigniert: »Was findet man hier? Erstens einen tiefen Haß gegen alles Britische, der sogar ihre leidenschaftliche Verachtung des ›Bolschewismus‹ übertrifft. Sie sagen: ›Wir wollen zu den Russen gehen. Sie werden uns Waffen geben, damit wir mit diesen englischen Hunden fertig werden. Nachher sind die Russen dran!‹ Zweitens prangt hier die alte Arroganz, hauptsächlich unter den Offizieren. Die Offiziere sprechen weniger als die Mannschaften und benehmen sich ›korrekt‹. Im Verhör aber sind sie herablassend und verächtlich. Die Antworten sind immer korrekt, aber der Ton hat eine giftige Qualität. Die Mannschaften scheinen in ihren Antworten gedrillt worden zu sein. Frage: Haben Sie gegen Ihre Einstufung protestiert? Antwort: Nein. Frage: Sind Sie mit Ihrer Einstufung als unnachgiebiger Nationalsozialist einverstanden? Antwort: Jawohl (und sie grinsen schadenfroh, oder sehen grimmig und fanatisch aus). Wir fühlten aber, daß es trotzdem einige geben müßte, mit denen man reden könnte.«

Sie sangen zum Entsetzen der Engländer garstig-politische Lieder wie:

Es geht alles vorüber
es geht alles vorbei.
In einigen Wochen
macht Stalin uns frei.

Dieser für die Engländer sehr ärgerliche Gefangenensong drang auch in andere Lager. Und die Briten, die in jenen Jahren auf antikommunistischem Kurs lagen, versuchten vergeblich, mit pädagogisch gezielten »Gegendichtungen« zu parieren. So z. B. durch den Vers:

Und wir tragen unser Schicksal mit Geduld;
denn an der ganzen Scheiße
sind wir selber schuld.

Die Gegnerschaft zur politischen Einstufung durch die Engländer fand sich nicht nur bei den Nazis, sondern auch bei vielen der Gefangenen, die sich als politische Gegner des Nationalsozialismus fühlten. Sie wußten nicht, wie sie so manche Frage der Vernehmungs-Offiziere vernünftig beantworten sollten, so zum Beispiel diese: »Was würden Sie sagen, wenn Ihre Schwester einen Neger heiraten will?«

Und manchmal waren die Gefangenen ratlos, wenn Kameraden ihnen ihre Erlebnisse im Verhör berichteten.

So soll einer der Briten die Gefangenen, die ihm zum Verhör vorgeführt wurden, gefragt haben: »Welche politische Einstellung hatte Ihre Familie?« Einer antwortete: »Meine Familie war nationalsozialistisch eingestellt.«

Der Brite: »Kein Wunder, daß Sie auch ein solcher Nazi geworden sind. Sie bekommen die Kategorie ›schwarz‹.«

Der nächste Gefangene antwortete auf die Frage nach der politischen Einstellung seiner Familie: »Meine Eltern waren Demokraten.«

Der Brite: »Sie sollten sich schämen, die gute Tradition Ihres Elternhauses verlassen zu haben. Also ›schwarz‹.«

Viele Gefangene nahmen in den Verhören die Zuflucht zur Lüge – einfach weil sie glaubten, der Zeitpunkt der Rückkehr nach Deutschland sei mit ihrer Einstufung eng verknüpft. Tatsächlich bestand der erste Transport von Heimkehrern aus England im Juli 1946 ausschließlich aus Leuten der A-Gruppe, also aus sogenannten »Weissen«. Aber schon im Herbst jenes Jahres durfte die erste Gruppe von »grauen« und »schwarzen« Gefangenen England verlassen.

Die Briten hatten sich mit der ersten Einstufung nicht zufriedengeben wollen. Sie unterzogen die meisten ihrer Gefangenen einer zweiten oder sogar dritten Überprüfung. Mancher, der zuerst »schwarz« gewesen war, wurde »grau« und schließlich sogar »weiß«. Im Sommer 1947 stellten die Engländer die Verhöre in den Gefangenenlagern endgültig ein. Vor dem Unterhaus in London erklärte ein Staatssekretär, welchen Nutzen das gigantische Vernehmungsverfahren für die Briten abgeworfen hatte: »Das Screening-System hat in unserem Umerziehungsprogramm eine bedeutende Rolle gespielt. Es ermöglichte es uns, die fähigen Kriegsgefangenen ausfindig zu machen, die bereit waren, sich aktiv am Umerziehungsprogramm zu beteiligen.«

Der gute Wille der Gefangenen in England wurde jedoch durch zwei Ereignisse beeinträchtigt: durch die Ankunft von Kameraden, die in amerikanischen Lagern gesessen hatten, und durch die Ankunft von Kameraden, die in britischen Lagern auf belgischem Boden gefangengehalten worden waren. Beiden Gruppen war beim Transport vorgespiegelt worden, sie seien auf der Heimfahrt nach Deutschland. Ein englischer Vernehmungs-Offizier schilderte die Reaktion der Gefangenen: »Im NS-Regime mußte ich alles glauben, was mir gesagt wurde. Es wurde viel versprochen, aber nichts gehalten. In Amerika erhielt ich das Versprechen, ich werde repatriiert. Dieses Versprechen wurde auch gebrochen. Was soll ich jetzt überhaupt glauben?«

Über den Erfolg der Umerziehung schreibt der Brite Henry Faulk: »Kein Mensch wurde direkt und bewußt von den Engländern ›umerzogen‹. Die Engländer halfen nur, den untergetauchten deutschen Humanismus wieder an das Licht des Tages zu bringen, damit Toleranz, Menschlichkeit und Achtung vor der Menschenwürde wieder einmal, wie früher, zu den deutschen Tugenden gerechnet werden könnten. Diese Hoffnung ging auch unter den Kriegsgefangenen in großem Ausmaß in Erfüllung.«

3

Zwischen Rhein und Atlantik

Rheinwiesenlager

Der Obergefreite Hans Friedhelm sah, wie 14jährige Flakhelfer verhungerten.

Der Volkssturmmann Werner Ebenbacher sah, wie deutsche Soldaten in den Schlamm fielen und erstickten, weil ihnen die Kraft fehlte, sich zu erheben.

Der Panzerjäger Jürgen C. Otto sah, wie deutsche Soldaten Kameraden in Jauchegruben warfen.

Der Fahnenjunker Benno Tins beneidete einen Kameraden, einen 20jährigen Fliegersoldaten, um dessen Blinddarmschmerzen, weil sie den Transport in ein Lazarett bedeuteten.

Der Heeresverpflegungsamtsleiter Marzell Oberneder lebte monatelang mit fünf Kameraden in einer selbst gegrabenen Lehmgrube, die drei Quadratmeter groß war.

Der Leutnant Willi Willers vom Magdeburger Pionierbataillon 4 kampierte rund zwei Monate in einem Ackerloch. Er sah die in den Schlammboden getretenen Hunger-Toten, von denen zuweilen ein Arm, ein Bein aus dem Boden ragte.

Dies alles hat sich zugetragen im Frühjahr und Sommer 1945 am deutschen Rhein. An den Ufern des Stromes und seiner Nebenflüsse, zwischen Rheinberg in der Nähe von Wesel im Norden und Bad Kreuznach im Süden, waren mehr als eine halbe Million Soldaten der Deutschen Wehrmacht auf Äckern und Wiesen zusammengetrieben, von Drahtverhauen eingezäunt, allesamt Gefangene der Amerikaner.

Die Weltgeschichte kennt keine größere Ballung von Gefangenen auf so wenigen Quadratkilometern. Hier auf den feuchten Wiesen der Rheinniederung pferchten die Sieger aus Amerika die Soldaten der geschlagenen deutschen Armeen zusammen. Drei Namen stehen vor allen für alle Zeiten als geographische Standortbestimmung der Wiesenlager in den Chroniken der Kriegsgefangenengeschichte: Rheinberg, Wickrath und Remagen.

Es waren zuerst die Soldaten der Heeresgruppe B, die im Ruhrkessel die letzte Schlacht an der Westfront geschlagen hatten, und hier zusammengetrieben wurden. 19 deutsche Divisionen wurden zerschlagen: 325 000 Mann gaben sich zwischen dem 15. und 20. April 1945 gefangen.

Aber auch von den anderen deutschen Frontabschnitten – aus Bayern, von der Elbe, aus Thüringen – brachten die Amerikaner ihre Gefangenen, die sich ihnen während der letzten Kämpfe in Deutschland ergeben hatten, in die improvisierten Lager am Rhein.

Und dazu nahezu jeden Deutschen männlichen Geschlechts, der verdächtig schien, eine Waffe tragen und abfeuern zu können: Im Lager Heidesheim gab es Greise und Jungen von unter 14 Jahren, die nur Schlafanzug oder Hose und Unterhemd anhatten, da sie wegen Werwolfverdachts nachts verhaftet und abtransportiert worden waren.

Der Soldat Hans Friedrich, Obergefreiter der Panzergrenadierdivision »Großdeutschland« fiel ebenfalls in Thüringen den Amerikanern in die Hände und landete am Rhein auf einem Kleefeld.

Der Schütze Jürgen C. Otto, Soldat einer Panzerjägerabteilung, war 17 Jahre alt, als er sich am 12. April in Altenburg in Thüringen amerikanischen Panzertruppen ergab. Ab an den Rhein!

Der Heeresverpflegungsamtsleiter Marzell Oberneder wurde von Amerikanern in Regensburg gefaßt und mit dem Lastwagen an den Rhein transportiert.

Der Volkssturmmann Werner Ebenbacher geriet zwischen Soest und Lippstadt – schon ohne Waffen – vor die Läufe eines amerikanischen Suchtrupps: Ab zum Rhein!

Oberwachtmeister Hans Otto Lippens, Zugführer in der Panzernachrichtenabteilung 458, ergab sich im Ruhrgebiet bei Solingen am 20. April den stürmenden US-Truppen: Zum Rhein!

Pionierleutnant Willi Willers vom Pionierersatzbataillon 4, damals 22, aus Hildesheim wurde am 18. April in Magdeburg von der 9. US-Armee gefangen und über das berüchtigte Zwischenlager im Stadion von Brackwede bei Bielefeld an den Rhein transportiert.

Benno Tins, Fahnenjunker in einem Panzerjagdkommando, wurde am 16. April bei Bernburg an der Saale gefangen, gefilzt und ausgeplündert – ein Los, das nahezu allen widerfuhr – und auf einem Lastwagen weggekarrt. Einer auf dem Lastwagen kam aus dem Lazarett Altenburg in Thüringen.

Die Soldaten der Sieger rissen den Gefangenen die Orden von der Uniform und schnitten ihnen die Ordensbänder ab. Der bei Eisleben gefangene Heinz Feise aus Bremen: »Die Amerikaner nahmen uns die Armband- und Taschenuhren ab. Der US-Soldat, der mir meinen Ehering vom Finger zog, hatte an seiner Uniform einen Bindfaden, auf dem bereits 30 bis 40 Ringe aufgezogen waren.«

Im Lazarett Altenburg in Thüringen ließ sich ein Soldat der US-Armee von den gefangenen Verwundeten die Arme zeigen, um an den ungebräunten Hautstellen zu erkennen, ob Uhren versteckt worden sind.

Ein deutscher Soldat, gefangen in der Nähe von Idar-Oberstein, berichtete der Wissenschaftlichen Kommission der Bundesregierung für Kriegsgefangenenfragen über die Augenblicke nach der Entwaffnung durch die US-Truppen: Die Amerikaner schlugen die Deutschen, traten sie, ohrfeigten sie. Sie traten auch dann noch, als die

Deutschen unter Schlägen und Tritten zusammengebrochen waren. Der Gefangene laut Bericht der Wissenschaftlichen Kommission: »Dann Abnahme sämtlicher Gegenstände. Das begehrteste Objekt war die Uhr, vornehmlich Armbanduhren. Ich selbst habe Amerikaner gesehen, die acht und mehr Uhren an einem Arm hatten.«

Noch lange nach der Kapitulation waren deutsche Gefangene ungehemmtem Haß ausgesetzt. Ein Sergeant der US-Armee riß im Lager Garmisch einem beinamputierten SS-Mann die Prothese ab »und knüppelte damit den Unglücklichen zu Boden«, wie es in den Dokumenten der Wissenschaftlichen Kommission heißt.

Die Sieger trieben ihre Kapitulationsgefangenen auf Lastwagen. Sie fluchten: »Bloody Heinis« und brüllten die allen Gefangenen bekannte Formel: »Mak snell, let's go! Snell, snell!«

Die Lastwagen rollten Richtung Rhein.

Die deutschen Soldaten am Rhein, denen es zunächst als glückliche Fügung erschienen war, in die Hände der Amerikaner und nicht der Sowjets gefallen zu sein, erlitten in diesem Jahr 1945 ein Schicksal, das ihnen so schlimm erscheinen mußte wie russische Gefangenschaft, wenn nicht schlimmer.

Die ungeheure Menge von Menschen hinter den Stacheldrahtzäunen überforderte die Versorgungsmöglichkeiten der US-Armee. Im Bericht der Wissenschaftlichen Kommission der Bundesregierung heißt es: »Die Versorgung der eigenen Truppe hatte den Vorrang, auch die Zivilbevölkerung hungerte.«

»Nach der bedingungslosen Kapitulation befanden sich in den von den Westmächten besetzten Teilen Deutschlands mehr deutsche Truppen als amerikanische . . .«

Als die Zählung der Kriegsgefangenen im Juni 1945 beendet war, gab das alliierte Hauptquartier bekannt, 7 614 794 »Kriegsgefangene und entwaffnetes Militärpersonal« seien eingebracht worden, wovon sich »4 209 000 zur Zeit der Kapitulation bereits in Gefangenschaft befunden hätten . . .«

Monatelang vor, besonders aber nach dem Mai 1945 galt es zu improvisieren, um eine Katastrophe zu verhindern. Die Katastrophe ist, trotz allem Elend, das hinter dem Stacheldraht zu beobachten war, verhindert worden; das befürchtete Massensterben blieb aus. Insofern unterscheiden sich die Vorgänge in den westlichen Sammellagern von denen im Osten 1943/44. Aber auch das wesentlich größere Potential der Amerikaner an Vorräten und Transportmitteln konnte den Hunger nicht ausschließen.

Für die Gefangenen in den Lagern am Rhein aber bedeutete die Unfähigkeit der Amerikaner, sie zu versorgen, ein Elend, für das die gefangenen Soldaten selbst Bezeichnungen fanden wie »Feld des Jammers« oder »Hölle von Kreuznach«.

Im Bericht der Wissenschaftlichen Kommission heißt es:

»Massen wurden nicht nur mobilisiert, beherrschten nicht nur die Schlachtfelder, sondern litten auch hinter Stacheldraht...

Kriegsgefangenschaft war nie ein Paradies. Im und nach dem Zweiten Weltkrieg wurde sie zu einem Risiko, das oft nicht geringer war als die Teilnahme am Kampf.«

Die Lager am Rhein – das war einfach Land mit Stacheldraht rundherum. Später kamen ein paar Zelte dazu, ein paar Baracken – für die Lagerleitung und die Küche – und sonst nichts.

Einfach Land mit Stacheldraht. Eingezäunte Feldmark – wie für eine Rinderherde.

Die Gefangenen brachten ihre Tage und ihre Nächte unter freiem Himmel zu. Die meisten hatten weder Mantel noch Decke, noch Zeltplane. Innerhalb von 14 Tagen waren die meisten Bäume, viele Hecken und alte Hüttenruinen weg und zu wärmenden Feuerstellen oder provisorischen Unterschlupfen hergerichtet, vor allem zum Überdecken der Erdlöcher verwandt, in denen die Gefangenen sich verkrochen.

Glücklich, wer einen leeren Verpflegungskarton der Amis erwischte: Ein Loch für den Kopf reingerissen und übergestülpt – Schutz für den Oberkörper gegen Kälte und Regen.

Der Fahnenjunker Tins erinnert sich in seinem Buch »In den Pferchen« an das Lager Remagen bei Nacht: »Die Umrisse eines riesigen Stacheldrahtlagers tauchen aus dem Dunkel, dem Scheinwerfer helle Fetzen entreißend. Nichts entdecken wir als zahllose kleine Feuerchen, um die ins gespenstische vergrößerte Gestalten drängen.«

Den Gefangenen am Rhein werden auf den Wiesen Streifen zugewiesen. Hier sind sie nun zu Hause. Auf jeden Hektar sind 2000 bis 3000 Menschen untergebracht. Jeder Mann hat 3 bis 5 Quadratmeter Lebensraum. Die Gefangenen suchen in der Erde Schutz. Sie graben Löcher. Sie graben mit den Händen, mit Konservendosen, mit Löffelchen.

Lager Remagen, das allenfalls für höchstens 100 000 Mann Raum hatte, war mit 134 000 Mann vollgestopft worden; das Lager Bad Kreuznach, für das die Amerikaner anfänglich 45 000 Mann vorgesehen hatten, war mit 56 000 Menschen gefüllt. Auf den Wiesen und Äckern um Rheinberg waren mehr als 100 000 Männer zusammengetrieben.

Da lagen sie nun, an den Ufern des Rheins, auf deutscher Erde, ausgeplündert, mit nichts als dem Inhalt ihres Brotbeutels und viele auch das nicht mal und starrten in den Frühjahrshimmel.

In den ersten Nächten konnten sie noch die Sterne sehen, und am Tage wärmte ein wenig die Sonne. Ängstlich beobachteten die Männer den Himmel. Würde das Wetter halten? Der Wind aus Osten wehen?

Der Wind sprang um. Er schob Wolken heran. Erst fiel nasser Schnee. Dann Regen, dick und schwer.

Der Gefangene Marzell Oberneder in seinem Buch »Wir waren in Kreuznach«: »Der Boden ein klebriger Brei, darüber trübe, platzende Blasen. Alle Glieder starren in Eis, Zehen quatschen in formlosem Leder. Die Brotbeutel tropfen.«

Ein Gefangener berichtete der Wissenschaftlichen Kommission: »Oben Nässe, unten Schlamm. Man friert wie ein junger Hund und wundert sich, daß man überhaupt noch lebt.«

Wie wildlebende Tiere in der Steppe bei Schneesturm oder Staubwind, so versuchten sich die Gefangenen gegen den Regen zu schützen: Sie steckten die Köpfe zusammen, wie es ein Soldat im Lager Bad Kreuznach beschreibt: »Ich bildete mit zwei Kameraden gewissermaßen eine Pyramide. Wir standen so, die Köpfe dicht nebeneinander, wobei ich meinen Mantel über meinen Nachbarn schlug, um auch ihn vor der durchdringenden Nässe zu schützen, bis zum dämmernden Morgen.«

Ein anderer beschreibt, daß der Regen Soldaten den Tod brachte: »... stürzten oft nachts die Erdlöcher ein, und die Gefangenen wurden begraben und erstickten. Einmal kamen so sieben Gefangene auf einmal um.«

Der Regen hielt viele Tage an. Er verwandelte den Boden unter den Gefangenen in Schlamm. Ein Soldat erinnert sich: »Neben mir fiebert einer, ein alter Mann. Er liegt im Dreck. Aber am anderen Morgen ist er schon tot. Da er um sich schlug, sank er tiefer ein, und sein Gesicht ist verklebt. Wenn er nicht an Fieber umkam, dann ist er ertrunken.« Ertrunken im Schlamm.

Nässe und Kälte forderten in den Lagern am Rhein so viele Todesopfer, weil die Gefangenen durch Hunger geschwächt waren. Der Obergefreite Hans Friedrich von der Division »Großdeutschland« berichtet: »Zum Essen gab es lange Zeit nur Kekse. Und zwar vier Zeltplanen voll für jeweils 1000 Mann. Mancher bekam für den ganzen Tag nur eine Handvoll Krümel.«

Ein Teil der Kekse, die an die hungernden Gefangenen verteilt wurden, stammten aus verdorbenen Beständen; verdorben, weil bei dem Schiffstransport von USA nach Europa in die beschädigten Blechdosen Seewasser eingedrungen war.

Der Panzerjäger Jürgen C. Otto bekam lange Zeit täglich nur 500 Kalorien. Dabei waren kalorienreiche Rote Rüben in die Berechnung einbezogen. Der Heeresverpflegungsamtsleiter Oberneder aus Regensburg: »Der Sieger gab uns hochwertigste Kost, jedoch in völlig unzureichenden Portionen. Die älteren Gefangenen schrumpften beinahe zum Skelett zusammen.«

Ein Gefangener schildert der Wissenschaftlichen Kommission die

Tagesration im Lager Bad Kreuznach Anfang Mai 1945: »3 Eßlöffel Gemüse, 1 Löffel Fisch, 1–2 Backpflaumen, 1 Löffel Marmelade, 4–6 Kekse.«

Im Lager Rheinberg gehörte zum eingezäunten Bereich ein Kleeacker. Die Männer aßen den Acker kahl.

Leutnant Willers berichtet: »Wir zerrieben die Triebe und Blätter der Hecken und aßen sie, so daß nach 14 Tagen die Hecken wie Skelette aussahen. Die Amerikaner benutzten das Fett, mit dem sie in großen Pfannen ihre Steaks brieten, nur einmal, dann wurde es in ein Erdloch geschüttet. Die Gefangenen machten sich lange Stöcke, streckten sie durch den Zaun in das Fettloch und leckten dann den Stock ab. Die Amis amüsierten sich köstlich.«

In Kreuznach schälten sie die Rinde von Bäumen und Weinstöcken und kochten sie in Blechdosen über offenem Feuer zu Suppe. Sie aßen Futterrüben. Die Folge dieser katastrophalen Ernährung waren Hungerödeme, Dysenterie, Apathie.

Arme und Beine schwollen an. Die Zähne fielen aus. Die Männer konnten nicht mehr richtig sehen, nicht mehr richtig sprechen, sie taumelten über die schlammigen Wege der Lager. Viele waren zu schwach, allein zur Latrine zu gehen. »Das Lager Rheinberg«, schilderte ein Gefangener, »war nichts weiter als eine große Kloake, denn jeder schiß dorthin, wo er gerade stand. Der nächste, ruhebedürftig, setzte sich hinein.« Und aus dem Lager Kreuznach: »Ein Teil der Landser, am tiefergelegenen Ende meines Camps sich aufhaltend, lag buchstäblich in einem See von Urin.«

Die Wissenschaftliche Kommission der Bundesregierung stellt fest:

»Menschliche Unzulänglichkeiten vermehrten die Schwierigkeiten. Das Fraternisierungsverbot, der Siegestaumel, die Aufdeckung der KZ-Verbrechen, die angebliche Kollektivschuld des deutschen Volkes, die befohlene Suche nach Kriegsverbrechern unter den Eingesperrten, die Absonderung bestimmter Gruppen wie der Waffen-SS, dies und manch anderes erweckte in vielen Bewachern das Gefühl, genug für die Geschlagenen zu tun, auch wenn es ersichtlich ungenügend war...«

Schwerkranke hatten kaum Aussicht, mit dem Leben davonzukommen. Aus dem Lazarett des Lagers Bad Kreuznach berichtete ein Gefangener der Wissenschaftlichen Kommission: »Die Anzahl der Betten und Räume war völlig ungenügend. Der amerikanische Chefarzt hatte uns durch die deutschen Lagerärzte bekanntgegeben, daß in dieses Lazarett nur solche Kranke aufgenommen werden würden, von denen feststehe, daß sie binnen 24 Stunden nach der Einlieferung nicht mehr lebten. Einer von uns lag im Zelt mit hohem Fieber: doppelseitige Lungenentzündung. Er wurde auf einem Bauernwagen in das Schullazarett gebracht. Da er nach 24 Stunden noch lebte, fuhr man ihn wieder in unser Lager zurück. Nach sechs Stunden war er dann erlöst.«

Einer, der davonkam, schilderte der Kommission die Folgen von Hunger und Krankheit: »An einem Morgen lagen allein 14 Tote an einer Sammelstelle...«

Leutnant Willers berichtet, daß ein Sanitäter seines Offizierslagers im Rheinberger Camp C in seiner Todesstatistik 200 Tote in einer Nacht verzeichnete: 200 von schätzungsweise viereinhalbtausend.

Die Wissenschaftliche Kommission schreibt zu den Zahlen der Gefangenen, die in den Lagern am Rhein zugrundegingen:

»Aus der Tatsache, daß sie ihre toten Kameraden nicht zählen konnten, wird ersichtlich, wie verwirrend das Lagerleben gewesen ist. Auch bei 3000 Toten kann von einem Massensterben in Kreuznach-Bretzenheim nicht gesprochen werden. So ergibt sich, daß ›nur‹ etwas mehr als fünf Prozent (3000 von 56 000) der Lagerinsassen ums Leben gekommen sind. Im sowjetischen Gewahrsamsbereich lag die Sterbequote in manchen Sammellagern nach der Kapitulation zwischen 25 und 90 Prozent...

Von 557 000 Gefangenen (in den Lagern am Rhein) sind 3053 Gefangene (amerikanische Angaben) bzw. 4537 Gefangene (deutsche Angaben) verstorben. Das ergibt eine Todesquote von rund 0,6 Prozent (amerikanisch) bzw. rund 0,8 Prozent (deutsch). Läßt man die in Bad Kreuznach-Bretzenheim genannte Schätzung von 3000 Toten als wahrscheinlich zutreffend gelten, so erhöht sich die Todesquote nur geringfügig (auf ein Prozent). Starb im Osten jeder vierte bis fünfte Kapitulationsgefangene, so im Westen – nach den bisherigen Ergebnissen – nur jeder hundertste...« Jeder hundertste innerhalb von drei Monaten!

Ist es da nicht ein Streit um Worte, ob man bei einer Sterberate von 3000 auf 56 000 Gefangene – wohlgemerkt innerhalb von drei Monaten – von einem Massensterben sprechen darf oder nicht?

Von den rund neun Millionen deutschen Männern im Alter von 20 bis 40 Jahren in der Bundesrepublik sterben jedes Jahr rund 16 000 – das sind 15 Todesfälle auf jeweils 10 000 Lebende in zwölf Monaten.

Im Lager Rheinberg starben nach offiziellen Angaben innerhalb von drei Monaten jeweils drei von hundert Gefangenen; eine Angabe, in der die Dunkelziffer der nicht registrierten Toten außer Betracht gelassen ist. Die Todesrate war mithin auch bei Zugrundelegung der offiziellen Sterbeziffer zwangzigmal so groß wie unter normalen Bedingungen. Kein Massensterben?

Doch selbst dieser schlimme Tatbestand erfährt noch eine Steigerung, eine Verschärfung zu blankem Entsetzen: Nicht die Hungernden und Zerlumpten, nicht die Kranken waren die jammervollsten Gestalten in den Lagern am Rhein. Als die »Elendsten der Elenden«

bezeichnet die Wissenschaftliche Kommission die Amputierten, die von den Amerikanern in die Lager gebracht wurden.

Amputierte? Ja, auch Amputierte. Männer, die im Krieg eine Hand verloren hatten, einen Arm oder beide Arme, ein Bein oder beide Beine. Männer, denen ein Schuß oder Splitter ein Stück der Schädeldecke weggesprengt hatte, so daß man ihr Gehirn pulsieren sah. Ja, sogar Blinde wurden in die Käfige am Rhein geschleppt.

Ein amerikanischer Offizier begründete, weshalb deutsche Beinamputierte in Gefangenenlager auf deutschem Boden gebracht wurden: Angeblich hatten die US-Truppen auf dem Vormarsch Verwundete in Rollstühlen getroffen, die in den Händen noch Panzerfäuste hielten.

Ein Gefangener berichtete der Kommission aus dem Lager Bad Kreuznach: »Eine Kolonne von Amputierten wurde zu uns herübergebracht. Sie konnten dem amerikanischen Offizier nicht schnell genug durch den dicken Dreck am Tor hindurch. Es gab eine Stauung. Dem Offizier gingen die Nerven durch, und wütend stürzte er sich mit seiner Begleitmannschaft auf die Amputierten, die mit der blanken Waffe so geschlagen wurden, daß 16 Verwundete sich blutend am Boden wälzten.«

Der Verfasser des Berichts der Wissenschaftlichen Kommission über die Rheinwiesenlager, selbst Insasse amerikanischer Gefangenenlager in Deutschland und somit ein Augenzeuge, verbirgt seine Bewegung nicht, wenn er die Qual dieser Soldaten beschreibt:

»Stets waren sie auf die Hilfe ihrer Kameraden angewiesen. Doch die Kameraden waren bald selbst am Ende ihrer Kräfte. Da blieb manches Wort ungehört, manche Bitte unerfüllt, und die Gehunfähigen krochen wie Lurche durch den Schlamm oder bewegten sich auf kleinen Brettern fort, die sie sich um die Hände geschnürt hatten. Andere, mit einem Bein, hüpften, fielen hin, rappelten sich wieder hoch und erreichten völlig erschöpft das Ziel. Ihr Anblick war erbarmungswürdig... Endlich begann man, sie in einem Zelt zu sammeln, wo ihnen Ärzte und Sanitäter eine bescheidene, aber dennoch wirksame Hilfe zuteil werden ließen.«

Nach dem großen Regen und dem Schlamm im Lager Kreuznach kam die große Hitze. Doch es gab kein Wasser. Kein Wasser am Rhein. Dann kam Wasser. In einem Feuerwehrwagen. Ein Gefangener berichtete der Wissenschaftlichen Kommission, wie die Wasserausgabe zu einer Stunde des Schreckens und des Todes wurde: »Wir sollen uns in zwei Reihen aufstellen, aber das ist bei den riesigen, nach Wasser schreienden Menschenhaufen unmöglich, da jeder sich vordrängt. Der Wagen kommt nicht voran und schließlich weiß sich die Besatzung des Feuerwehrwagens nicht anders zu helfen: Sie spritzen das Wasser mit dem Schlauch in die Menge. Die Gefangenen laufen aber nicht weg, sondern auf den Wagen zu. Und wie nun endlich der Strahl in die Tonne zielt, jagen alle dürstenden Männer darauf zu.«

Und dann geschieht das Schreckliche: »Alles wird niedergetrampelt. Rücksichtslos. Ich sehe, wie die schweren Stiefel auf einen älteren Kameraden, der umgefallen ist, treten. Immer wieder andere, bis dieser Mann völlig zertreten ist. Ein Sanitäter ist in der Nähe, streckt bittend die Hände aus, aber niemand achtet darauf, immer neue Massen treten auf den Kameraden, niemand will oder kann ihm beistehen.«

Der schreckliche Durst der Gefangenen führt an diesem Morgen im Lager Kreuznach zu einer wahnwitzigen Schlußszene: »Vorne ist die Tonne umgefallen, und obwohl sie leer ist, stürmen die Landser hinauf und hinein. Sie sieht aus wie eine Blumenvase, aus der oben als Blüte die dreckigen Stiefel der Männer herausschauen, die, dicht an dicht gedrängt, mit den Köpfen unten drin sind und das Wasser von den Wänden der Tonne ablecken. Man hört ihr Grunzen und dumpfes Schreien in diesem Kampf des Elends und der Gier. Die anderen wanken davon.«

Josef Nowak schreibt in seinem in den fünfziger Jahren geschriebenen Buch »Mensch auf den Acker gesät« über den ersten Wasserempfang in Rheinberg: »Morgens um zehn Uhr begann sich die vielfach gewundene Schlange zu bilden. Wer seinen Platz verließ, der konnte sich hinten als der 30000. wieder anreihen. Wer sich auf den Boden setzte und einschlief, der wurde am Kragen gepackt und nach vorwärts geschleift, damit er sein Anrecht nicht einbüßte. Nach 16 Stunden war ich am Kran angelangt. Meine kleine Büchse wurde gefüllt. Ich goß den Inhalt in die Kehle, hielt noch einmal hin, wurde aber, gleich allen Frevlern dieser Art, mit einem Fußtritt weiterbefördert.«

Und vor den Augen der hungernden, dürstenden, fiebrigen Gefangenen das Land im lang ersehnten Frieden, im jungen Grün des frühen Sommers. Der Gefangene Marzell Oberneder sah durch den Stacheldraht von Kreuznach »... weißgekleidete Mädchen, die in rosmaringeschmückten Kutschen zur Fronleichnamsprozession fuhren«.

Und der Fahnenjunker Benno Tins erinnert sich an den 20. Mai 1945, Pfingstsonntag, im Lager Koblenz-Lützel, zwölf Tage nach der Kapitulation der Deutschen Wehrmacht: »Auf der Straße feiertäglich gekleidete Zivilisten, Frauen, Kinder, ein einziger Mann ist dabei.«

In Rheinberg sahen die Gefangenen auf ihren Äckern von Camp C gefangene Frauen: Rote-Kreuz-Schwestern, Nachrichten- und Stabshelferinnen – Tausende von ihnen waren in einem Areal hinter besonders hohem Stacheldraht untergebracht. Winzige Zelte standen da, Ein-Mann-Zelte, in denen drei und vier der Frauen einen Schlafplatz und Unterschlupf gefunden hatten. Für viele gab es kein Zelt, sie mußten umschichtig eine Nacht im Freien und eine Nacht im Zelt kampieren.

Viele Gefangene versuchten durch den Stacheldraht zu kommen. Die Flucht schien leicht. Sie waren ja schließlich in Deutschland. Doch die amerikanischen Wachmannschaften schossen scharf und zielten genau.

Ein Gefangener berichtete der Kommission aus dem Lager Büderich am Rhein: »Nacht für Nacht wurden wir durch die Gewehrschüsse der Wachtposten aufgeschreckt, die auf die Flüchtlinge abgegeben wurden. Am nächsten Tag fand man die Kameraden am Stacheldraht oder einige Meter davon entfernt tot auf, wo sie den ganzen Tag über als abschreckendes Beispiel liegen blieben.«

Ein Leutnant berichtet aus Rheinberg vom Fluchtversuch zweier gefangener Unteroffiziere. Sie hatten den Drahtzaun schon hinter sich. Dann wurden sie gestellt und von der Taschenlampe der Posten angestrahlt. Sie hoben beide Hände. Es half ihnen nichts. Die Lagerinsassen hörten die MPi rattern und sahen die Leuchtspurmunition in die dürren Körper fahren.

Die Toten blieben »zur Abschreckung« drei Tage liegen.

Manchen Gefangenen trieb der Wahnsinn am hellichten Tag in den Stacheldraht. In Kreuznach lief einer der deutschen Soldaten am Vormittag auf den Zaun zu und kletterte ihn hoch. Er schrie dabei unverständliche Worte. Der amerikanische Posten legte den Karabiner an und schoß. Einmal. Der Gefangene fiel herunter. Tot.

Die Toten am Zaun und die Toten, die am Hunger und seinen Folgen starben, bewiesen den Gefangenen immer aufs Neue ihre ganze Ohnmacht. Die Amerikaner erstickten Ansätze zum gemeinsamen Protest und gar zum Aufstand im Keim.

Der Gefangene Hans Otto Lippens berichtet aus Büderich: »Ein deutscher Offizier machte den US-Lagerkommandanten darauf aufmerksam, daß man angesichts der Zustände in dem Lager mit einer Meuterei rechnen müsse. Dem deutschen Offizier wurde anhand einer Karte klargemacht, wo der nächste Feldflugplatz für US-Jagdbomber war und daß man eine direkte Fernsprechverbindung dorthin hätte.«

Heeresverpflegungsamtsleiter Marzell Oberneder berichtete von amerikanischen Kampfflugzeugen, die drohend über den Gefangenen kreisten: »Sie haben wie Habichte über dem Hühnervolk ihre Macht gezeigt.«

Der Fahnenjunker Benno Tins erlebte am 4. Juni 1945 in Koblenz-Lützel die unmißverständliche Drohung der Amerikaner: »Die amerikanische Luftwaffe heute ganz groß. Seit drei Stunden wuchtet und dröhnt es über uns ohne Unterlaß. Geschwader an Geschwader in endloser Folge, rheinauf und rheinab.«

Anfangs, in den Tagen vor und nach der Kapitulation, zeigten sich die Amerikaner unbarmherzig. Ein amerikanischer Offizier gab auf die Klage über die Nässe und den Schlamm in den Lagern zur Antwort, ihn kümmere das nicht, auch wenn die Gefangenen »bis zum Hals im Wasser stehen«.

Ein amerikanischer Lagerarzt gab auf die Klage, die Gefangenen gingen einem sicheren Tod entgegen, zur Antwort: »Sie können uns keinen größeren Gefallen tun.«

Die Wissenschaftliche Kommission erklärt diese Haltung der Amerikaner:

»Der Sieg machte die Sieger übermütig oder gleichgültig gegenüber den Besiegten. Der Phase des Übermuts, der Willkür und der Gleichgültigkeit folgte jedoch die Phase der Rückbesinnung darauf, daß man ausgezogen war, um eine verbrecherische Ideologie zu vernichten, nicht aber die Menschen, die von ihr befallen waren ...«

Das Verhältnis zwischen den Siegern und den Besiegten besserte sich. Viele Gefangene in den Käfigen am Rhein begannen einen grotesken Schwarzhandel mit ihren amerikanischen Bewachern.

Die Währung: ein Trauring brachte drei Zigaretten, ein silbernes Zigarettenetui zehn Zigaretten, eine Armbanduhr – mancher Gefangene hatte sie bei der Ausplünderung verstecken können – war 150 Zigaretten wert. Die Zigarette selbst brachte im Weiterverkauf an Geldbesitzer, die irgendeine Kriegskasse im Rucksack mit ins Lager geschmuggelt hatten, 100 Reichsmark; ein Zug kostete 10 Reichsmark.

Der Handel mit den Bewachern war technisch kompliziert. Der Gefangene stand hinter dem Stacheldraht, der Amerikaner jenseits des Zauns. Dann wurde in holprigem Englisch oder Deutsch der Preis vereinbart.

Darauf warf zunächst der Amerikaner die Hälfte der Zigaretten über den Zaun – er war ja in der stärkeren Position. Dann schleuderte der Gefangene hinüber, was ihm geblieben war: den Trauring, das Zigarettenetui oder die Uhr. Dann warf der Amerikaner die Restmenge des vereinbarten Kaufpreises herüber – oder auch nicht, was oft passierte.

Im Lager Rheinberg sprachen die Gefangenen voller Respekt von einem ihrer Bewacher: Der farbige US-Soldat hatte das Etui eines Gefangenen, das ihm hinübergeworfen war, mit Zigaretten gefüllt und das gefüllte Etui zurückgeworfen. Die Geschichte wurde wie ein Wunder erzählt. Wenn sich der Schwarze am Zaun blicken ließ, salutierten die Gefangenen.

Den einträglichsten Tauschhandel aber trieben in den Hungerlagern am Rhein nicht die amerikanischen Sieger, sondern geborene Händler und Börsianer unter den deutschen Gefangenen. Und nicht zu vergessen die korrupten Funktionäre.

Die Börsianer waren die Männer mit den Kriegskassen im Rucksack. Sie konnten sich nicht nur alles kaufen, was es zu kaufen gab, sondern verliehen auf Schuldschein auch Beträge an Kameraden, die sie kannten und die rückzahlungssicher waren.

Josef Nowak: »Auch das Kreditwesen kam bald in Fluß. Es gab in Rheinberg manchen Kapitalisten, der im bürgerlichen Leben ein armes Schwein war. Manchen Wehrmachtkapitalisten kannte ich. Wir wußten, wer wir waren, wo wir wohnten und was wir voneinander zu halten hatten. Ich nahm also bei dem Bankier eine Anleihe auf und kaufte mir Brot dafür. Ich stellte ihm einen regelrechten Schuldschein aus, der meine Frau auch für den Fall meines Todes anwies, das Darlehen zurückzuzahlen. Das System funktionierte wie jedes andere Bankgeschäft. Die Schuldscheine wurden später präsentiert und eingelöst. Ihnen hatte ich es zu danken, wenn ich in dieser Zeit wieder auf die Beine kam.«

Und dann die Lager-Funktionäre!

Auf den sumpfigen Wiesen taten Deutsche als Lagerpolizisten, Köche und als Verteiler der kargen Lebensmittelrationen Dienst. Sie waren in besonders abgesicherten Drahtkäfigen innerhalb des Camps untergebracht. Und in den Lagern zwischen Remagen und Bad Kreuznach blühte die Korruption – wie immer, wenn Not und Elend regieren und der Kampf ums Überleben zum alles beherrschenden Anliegen wird.

Die Deutschen in der Lagerleitung waren auf weite Entfernung zu erkennen: Sie gingen strammen Schrittes, ihre Uniformen waren gepflegt, ihre Gesichter nicht vom Hungerwasser aufgetrieben, sondern von der guten Ernährung. Sie zweigten von den kargen Lieferungen der Amerikaner für die Gefangenen ab, was abzuzweigen war.

Fahnenjunker Tins berichtete über die Mahlzeiten der Lager-Aristokratie: »Die Zutaten betrugen rund das Fünffache dessen, was man für die gleiche Kopfzahl der Normalverbraucher rechnete.« Die Männer, die ihre Kameraden betrogen, handelten zudem mit den Nahrungsmitteln von eben diesen Kameraden Uhren und Eheringe ein; goldener Ring für eine Handvoll Kekse, Füllhalter für drei Kartoffeln. Hundert Mark für ein Brot.

Und mancher dieser Männer, die sich an der Not der Kameraden bereicherten, brachte es fertig, mit dem eingetauschten Ehering das Wertvollste einzuhandeln, was es damals in den Lagern am Rhein überhaupt gab: einen Entlassungsschein der Amerikaner.

Die Deutschen in der Lagerleitung, die riesige Mengen von Lebensmitteln für sich von den Hungerrationen absonderten, schützten sich gegen die Rache der Gefangenen mit ihrer Lagerpolizei, einer brutalen Prügelgarde. Ein Gefangener berichtet aus dem Lager Rheinberg: »Ich selbst habe noch drei Sätze in Erinnerung, die einem entgegengebrüllt wurden, wenn man den deutschen Lagerführer sprechen wollte: ›Was willst du? Wohin willst du? Hau ab!‹ Wenn einer dennoch Widerstand bot, wurde drauflosgeschlagen, bis man zusammenbrach. Ich erinnere mich eines Falles, wo man den Betreffenden nur tot wegschleppte. Der Amerikaner lachte nur.«

Der Gefangene bedauert, daß er die Namen der Kameradenschinder nicht behalten hat: »Heute leben sie unter uns. Sie sind untergetaucht.«

Viele Gefangene wurden von den Amerikanern den Franzosen zum Zwangsarbeitseinsatz übergeben: unter ihnen der Pionierleutnant Willi Willers, 22, der Obergefreite Hans Friedhelm, 21.

Der Oberwachtmeister Hans Otto Lippens, damals 29 Jahre alt, verbrachte noch fast zwei Jahre in französischen Kriegsgefangenenlagern.

Der Panzerjäger Jürgen C. Otto, damals 17 Jahre alt, wurde entlassen: sein Gesundheitszustand machte ihn für die Zwangsarbeit in Frankreich unbrauchbar.

Der Fahnenjunker Benno Tins, entlassen am 10. August aus dem Lager Koblenz-Lützel wegen seines Alters – über 40 Jahre –, erinnert sich an seinen letzten Abend im Lager: »Seltsam, nun, da es zum Greifen nahe gerückt ist, bin ich nicht mehr erregt. Eine freudige Ruhe erfüllt mich, und nun gehe ich durch meine Kompanie, um Abschied zu nehmen.«

Während deutsche Gefangene am Rhein im Schlamm starben, litten Landser einige hundert Kilometer westwärts in glühender Sonne: In den amerikanischen Lagern auf französischem und belgischem Boden. Dort hatte die amerikanische Armee 25 große Gefangenenkäfige eingerichtet, zum Teil schon während des Krieges. Diese Lager faßten insgesamt mehr als 800 000 Mann. In diesen Lagern schliefen die Gefangenen zwar zumeist in Zelten oder Baracken – aber Hunger und Elend blieben den Deutschen dort so wenig erspart wie ihren Kameraden am Rhein.

Eines der Lager war das Lager Septémes-les-Vallons bei Marseille. Es war unter der Nummer 404 registriert. 404 – diese Zahl ist in den Köpfen und Herzen zehntausender deutscher Kriegsgefangener unvergeßlich eingebrannt.

Der Soldat Richard Heß aus Ludwigshafen am Rhein, gefangen Ende November 1944, wurde in das Lager 404 gesperrt, als dort noch keine Zelte aufgebaut waren.

Richard Heß berichtet: »Wir lebten dort fünf Monate im Freien, ohne Zelt, ohne Decken, ich hatte noch nicht einmal einen Mantel. Wir schliefen immer auf dem Boden, Mann an Mann. Das Essen ein Minimum, unter anderem Sauerkrautsuppe. Fünf Monate auf der Erde schlafen, fünf Monate ohne die Wäsche wechseln zu können, die Strümpfe faulten in den Stiefeln. Nach fünf Monaten kam ich dann in das sogenannte Stammlager 306, dort wurde es langsam besser.«

ranzösische Partisanen ihren mißhandelte deutsche Soldaten ab (oben).

Deutsche Kriegsgefangene marschieren Ende Oktober 1944 durch Aachen.

Rheinwiesenlager (links): Unter freiem Himmel auf Äckern und Wiesen zusammengepfercht: Deutsche Gefangene in einem der berüchtigten Lager am Rhein, Anfang März 1945.

Für Monate auf dem blanken Boden, ohne den geringsten Schutz gegen Kälte, Regen und Wind (unten).

Nach der Besetzung Münsters am 3. April 1945 – Marsch in die Gefangenschaft (oben).

Hände über dem Kopf – so ziehen deutsche Soldaten durch ein Dorf im Westen Deutschlands ins Gefangenenlager (linke Seite).

Im norddeutschen Raum kapituliert Anfang Mai 1945 die 21. Armee unter General v. Tippelskirch, die Reste der Armee ziehen ins Lager.

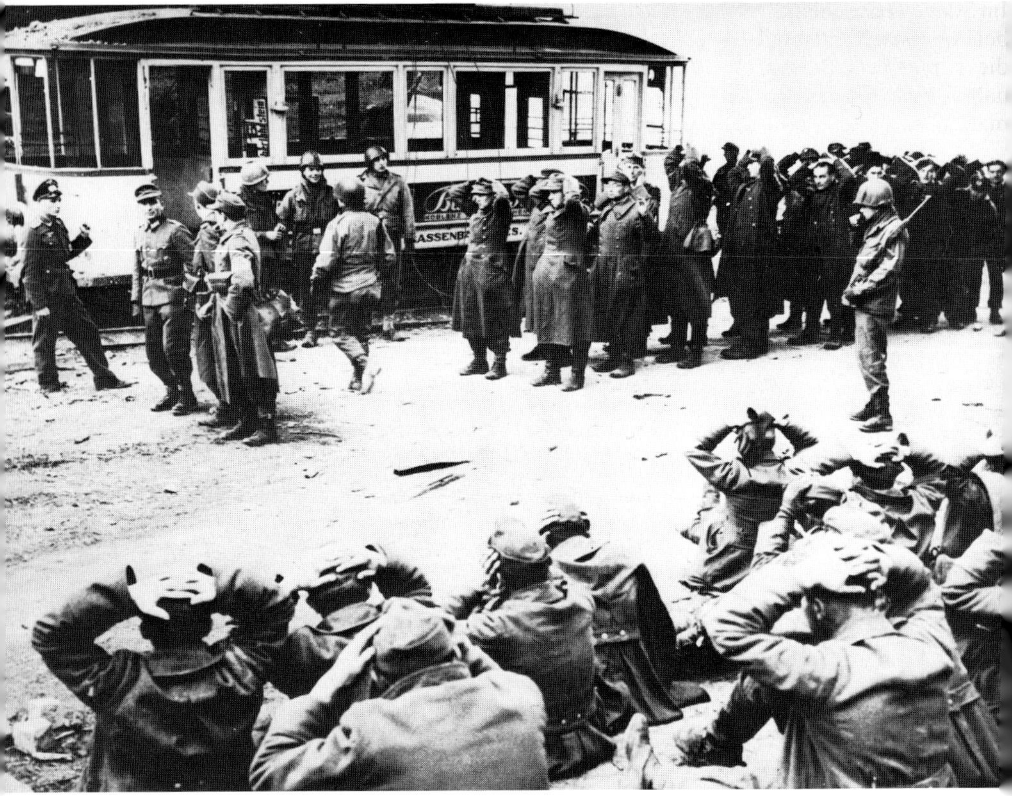

In Koblenz: Deutsche Soldaten haben sich ergeben und warten auf den Abtransport.

Das Kriegsgefangenenlager bei Andernach – eine ehemalige Viehweide. In Erdlöchern, die bei jedem Regen absoffen, bei Hungerrationen und ohne jede ärztliche Betreuung, starben sie wie die Fliegen.

Deutsche Kriegsgefangene in ihrer Nissenhütte im Lager Melun in Frankreich (rechte Seite).

Im Süden Deutschlands, bei Fürstenzell, entstand diese amerikanische Aufnahme eines Gefangenenmarsches.

Auch vor dem Kölner Dom ergaben sich deutsche Soldaten.

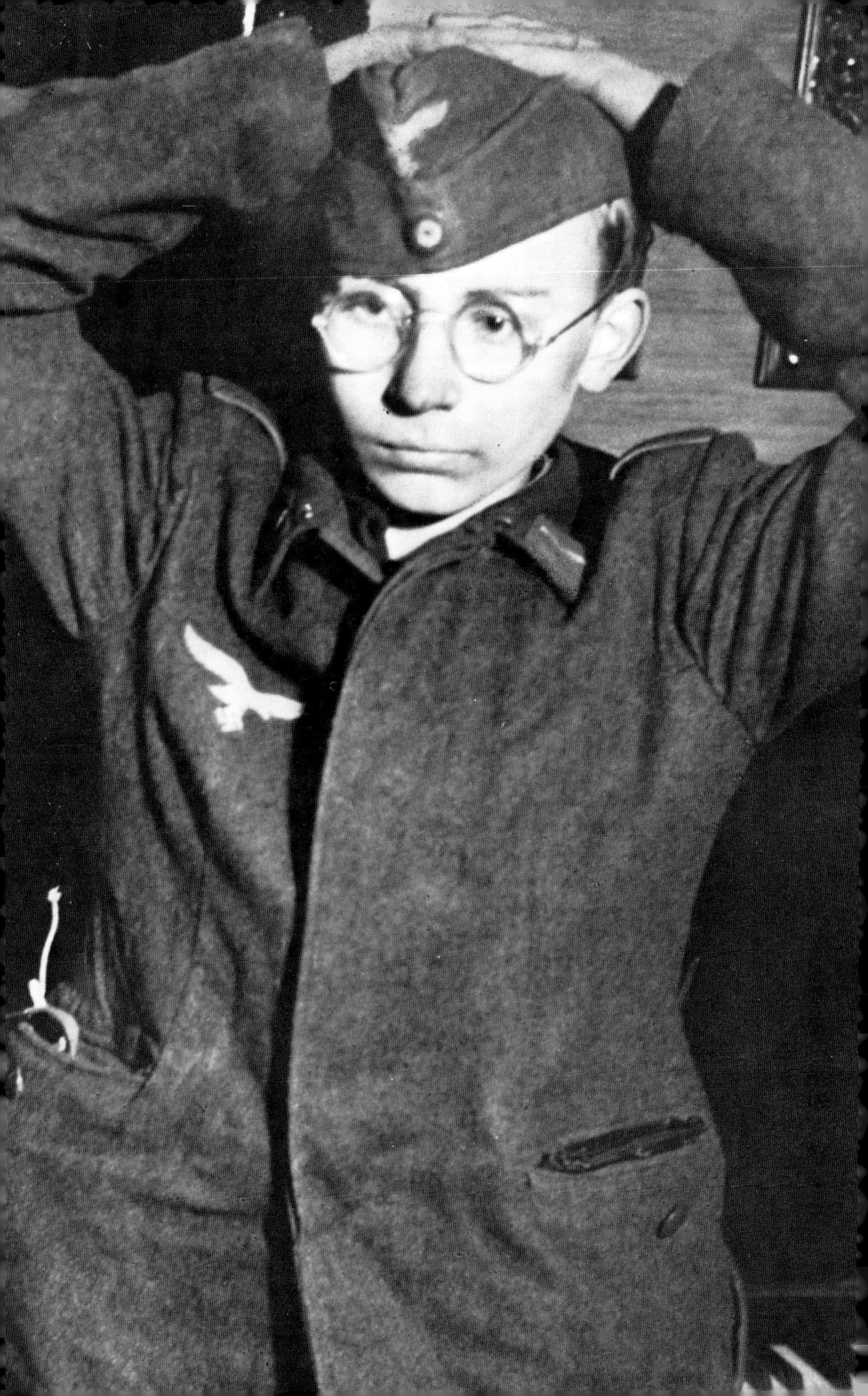

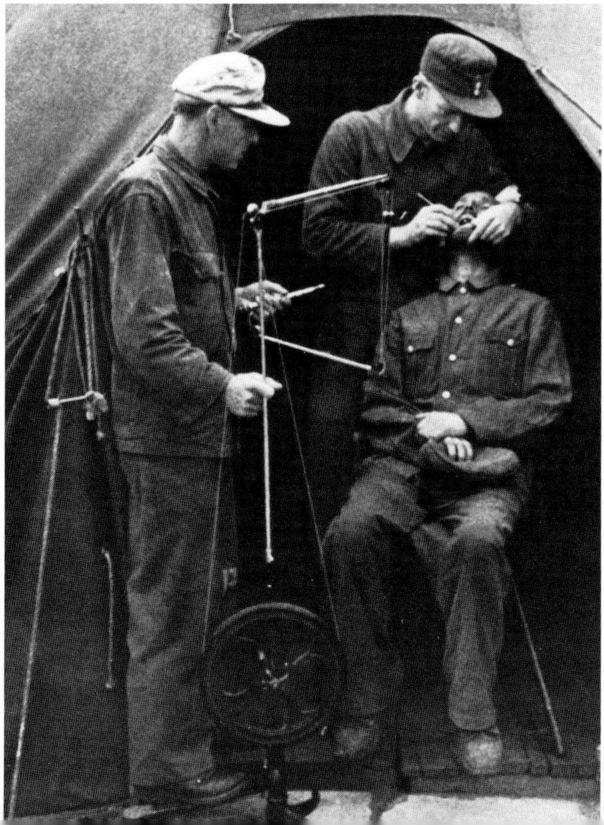

›iese Jungen waren Sol-
aten; nun sind sie Kriegs-
efangene.

eutsche Kriegsgefange-
 beim Zahnarzt in der
ähe von Mons.

Sühneleistung Straßenfegen. Deutsche Kriegsgefangene nach der Befreiung von Paris.

Todeskommando. Minenräumen in Frankreich – ein lebensgefährliches Geschäft.

Der ehemalige Soldat Reinhold Petrat war wegen eines Kopfschusses im Januar 1945 aus der Wehrmacht entlassen worden. Die Amerikaner nahmen den Zivilisten Anfang April in Heidelberg gefangen und transportierten auch diesen an einer Hirnverletzung Leidenden in das Lager 404.

Der Gefangene Arnold Rudolph aus Kiel verfaßte im Lager 404 im Juli 1945 ein Gedicht, ein Zeugnis des Leidens:

Vallee de la mort, Todestal.
Ewige Stätte endloser Qual.
Fliegender Staub und gelber Sand,
Glühende Hitze und Sonnenbrand,
Flirrende Luft, am Tage so heiß,
und in den Nächten kalt wie Eis.
Ringsumher kein blühender Strauch.
Nur Krüppelkiefern im Sonnenhauch.
Jagender Mistral vom Norden her,
Ohne Kühlung der Wind vom Meer,
Staubwolken wirbeln von Westen herzu
und umhüllen dich immerzu.
Vallee de la mort, Todestal.
Ewige Stätte endloser Qual.
Alle fluchen deinem Sand,
Alle kennen deinen Strand.
Alle sind sie ausgeglüht.
Aus den Augen Hunger sieht,
Zeriss'ner Lippen Durstesqual.
All das schenkst du, Todestal.
Und in meiner letzten Stund
Flucht dir noch mein bleicher Mund.

Die Verhältnisse in anderen Kriegsgefangenenlagern der Amerikaner auf französischem Boden waren in den ersten Monaten nach der Kapitulation nicht besser als im »Tal des Todes«, im Lager 404.

Der Gefangene Gerhard Jäger, Panzerpionier in der Panzerdivision »Frundsberg«, einer Einheit der Waffen-SS, schwer verwundet bei dem Kämpfen in Pommern, wurde aus dem Lazarett von Bad Pyrmont in amerikanische Gefangenschaft geführt und ins Lager Bolbec bei Le Havre transportiert. Er berichtet: »Die Zählappelle in der Sonnenglut dauerten oft Stunden, so daß viele Gefangene ohnmächtig umfielen. Gebildete Menschen schlugen sich um Suppe, die im Sand verschüttet wurde. Meine Kleidung: ein kurzes, kragenloses Unterhemd, eine Unterhose, ein paar Socken und ein paar lange Strümpfe, die ich mir nachts über die blanken Arme zog. Im Lager Cherbourg (in das Gerhard Jäger dann gebracht wurde) hatten wir noch nicht einmal eine

Sargbreite Leben. Wir konnten nur in Seitenlage zu je 40 Mann schlafen, jede Stunde drehten wir uns auf Kommando auf die andere Seite.«

Aus dem Lager Cherbourg berichtete ein Gefangener der Wissenschaftlichen Kommission der Bundesregierung über die Versorgung im Mai 1945: »Jetzt wissen wir, was Hunger ist, die Kost wird schlechter und schlechter. Das Mittagessen besteht aus einem Liter Wasser mit einigen Erbsen oder Nudeln. Fett gibt es nicht mehr. Die Leute kochen Gras und Brennessel gemischt.«

Die Zahl der deutschen Soldaten, die in diesen Lagern zugrunde gingen, ist nie bekannt geworden. Auch der Wissenschaftlichen Kommission der Bundesregierung ist es nicht gelungen, eine auch nur annähernd zuverlässige Sterblichkeitsziffer zu ermitteln. In ihrem Bericht heißt es: »Die Erwartung, die Mortalität unter den Gefangenen im Bereich einer westlichen Gewahrsamsmacht mit genauen Zahlen belegen zu können, bleibt unerfüllt. Zum Verständnis trägt jedoch bei, daß unter den Verhältnissen in den ersten Monaten nach Kriegsende auch im Westen manches dunkel blieb, dunkel bleiben mußte. Das Chaos verdarb so manche gute Absicht, die sich auf dem Papier fürsorglich, menschlich und übereinstimmend mit dem Genfer Recht ausnahm.«

Der gefangene Panzerpionier Gerhard Jäger betont in seinem Bericht über die Schrecken der Lager jedoch eine versöhnliche Beobachtung: »Alle jüdischen Soldaten der US-Armee, die mit uns zu tun hatten, behandelten uns mit einer Ausnahme korrekter als die meisten ihrer Kameraden.« Die Wut der Ohnmächtigen entlud sich gegen die Soldaten, die ihrem Kameraden ein Stückchen Brot, eine Zigarette, ein Stück Holz gestohlen hatten.

Panzerjäger Jürgen C. Otto berichtete: »Lebensmitteldiebstahl wurde durch Lynchjustiz bestraft. Am Ende war derjenige fast totgeschlagen, oder er wurde in den Jauchegruben ertränkt.«

Im Lager Bretzenheim wurde ein Pranger errichtet. Ein Gefangener schrieb über den Augenblick, der sich ihm und seinen Kameraden im Frühjahr 1945 bot: »Eine Bühne, auf der man Männer sehen kann, gebunden, mit einem Schild behaftet: Ich habe meine Kameraden bestohlen. So stehen sie in der prallen Sonne und sind am Verdursten, sinken vor Erschöpfung zusammen.«

Das Massenelend am Rhein währte 15 Wochen. Dann leerten sich die Lager. Die Amerikaner glaubten nicht mehr an die Gefahr, die Soldaten der Wehrmacht könnten sich zum Krieg der Werwölfe gegen die Sieger aufraffen.

Für Hunderttausende deutscher Soldaten, die dem Untergang in den Rheinwiesenlagern entronnen waren, aber bedeutete die Auflösung der Lager nur den Beginn einer neuen Gefangenschaft.

Kinderkäfige

Sommer 1944. Über der kleinen Ortschaft Obernkirchen östlich von Minden an der Weser liegt noch ein Hauch von Frieden. Die deutsche Ostfront zieht sich durch Rußland, im Westen ist die Atlantikküste noch in der Hand der Wehrmacht. An einem dieser warmen Sommertage greift der Krieg nach den jungen Männern von Obernkirchen. Die 15 und 16 Jahre alten Jungen der Ortschaft werden zur Musterung befohlen. Unter ihnen sind Helmut Rödenbeck, damals gerade 15 Jahre alt geworden, und Paul Bredemeier, damals 15 Jahre und sechs Monate alt. Beide sind knapp über 1,50 Meter groß und wiegen etwas mehr als 50 Kilogramm. Und wer 50 Kilogramm wiegt, gilt als kriegsverwendungsfähig. Die beiden Jungen erhalten einen Wehrpaß: Sie sind Soldaten. Und in diesem Augenblick, wo sie aus dem Musterungsgebäude auf die übersonnte Straße treten, stehen sie am Anfang eines langen Weges, der sie in die Schrecken des Krieges und das Elend der Gefangenschaft führen wird, Kinder von 15 Jahren.

Zuerst lernten Helmut Rödenbeck und Paul Bredemeier mit Hunderten von Altersgenossen, wie ein Karabiner 98 geladen, gehalten und abgefeuert wird. Ausbilder waren Unteroffiziere und Soldaten der Wehrmacht aus Genesungskompanien. Dann übten die Jungen den Schuß mit der Panzerfaust. Manchmal marschierten sie in Kolonnen durch die Stadt. Ihr Schritt war weithin zu hören, sie gingen in Schuhen mit Holzsohlen. Dann standen die Mütter hinter den Fenstern. Die Jungen, die noch vor wenigen Wochen lateinische Vokabeln gebüffelt oder den Umgang mit Feile und Schraubstock gelernt hatten, schliefen nun auch nicht mehr zu Hause in ihren Betten. Sie waren in einer Schule kaserniert. Nachts riß sie oft Alarm aus dem Schlaf, mal Luftalarm, mal Alarm zu einer Einsatzübung.

Der Herbst ging dahin und auch der Winter. Der Frühling kam. Die Russen hatten die Oder überschritten, Amerikaner und Engländer den Rhein. Die Jungen klopften weiter ihre Griffe, schossen mit dem Karabiner auf Zielscheiben, hatten sich an das fauchende Geräusch des Feuerstrahls gewöhnt, der aus dem Abschußrohr der Panzerfaust nach hinten flammte.

An einem Tag des März 1945 dröhnten wieder Alarmbefehle durch die Schule, in der die Jungen schliefen. Es war früher Morgen, die Nässe der Nacht hing in den Büschen. Die Jungen traten an, gekleidet in die Uniformen der Hitlerjugend, die Karabiner in den schmalen Fäusten. Doch diesmal war es kein Übungs-, kein Luftalarm. Der Krieg war da, nur wenige Kilometer weit. Amerikanische Panzerspitzen waren von Südwesten auf die Weser vorgestoßen. Auf dem Platz vor der Schule wurden die Marschbefehle ausgegeben. Die Jungen schwangen sich auf ihre Fahrräder und fuhren dem Feind entgegen, in die Stadt Rinteln. Dort führte eine Brücke über den Strom. Sie gruben sich auf dem westlichen Ufer der Weser ein, um den Panzersturm der Amerikaner aufzuhalten.

Sie verließen ihre Stellungen am nächsten Morgen. Irgend jemand mußte in der Nacht eingesehen haben, daß der Fluß die angreifenden Amerikaner länger aufhalten würde, als eine Handvoll Halbwüchsiger. Paul Bredemeier und Helmut Rödenbeck, der eine inzwischen 16, der andere noch nicht ganz 16 Jahre alt, zogen mit ihren Kameraden über die Weser-Brücke nach Osten. Dann sprengten deutsche Soldaten die Brücke in Rinteln. Das Häuflein der Hitlerjugend zog die Straße hinab, um einen neuen Punkt zu suchen, von dem aus sie den Vormarsch der US-Truppen stoppen konnten. Sie fanden ihn in der Kurve einer Landstraße.

Sie gruben sich Ein-Mann-Löcher, legten Karabiner und Panzerfäuste auf die kleinen Wälle und starrten nach Südwesten, in Erwartung des Feindes. Sie waren noch 20 Mann, von ehemals mehr als 100. Paul Bredemeier und sein Kamerad Rödenbeck wußten nicht, wohin die anderen verschwunden waren. In den Ein-Mann-Löchern an der Straße saßen die Jungen etwa eine Woche lang. Die Amerikaner jedoch kamen nicht. Sie saßen am westlichen Ufer der Weser und schossen mit Granatwerfern dahin, wo sie deutsche Stellungen vermuteten. Die Amerikaner ließen sich Zeit. An einem dieser Tage kam ein Melder in die Stellung der Hitler-Jungen. Er überbracht ihnen den Befehl, einzeln in die Ortschaft Rolfshagen zu fahren. Dort tauschten sie ihre HJ-Uniformen gegen Wehrmachtsuniformen aus. Dann fuhren sie zurück und duckten sich wieder in ihre Ein-Mann-Löcher.

In der Nacht auf den 10. April 1945 wurden die Jungen aufgeschreckt. Aus dem Nebel um sie herum drangen die Geräusche von Panzermotoren und das Gerassel von Ketten. Die Jungen in ihren Löchern sahen die Panzer nicht, aber sie waren so nahe, daß sie Kommandos in englischer Sprache hören konnten. Die US-Armee hatte die Weser überschritten und stieß nun nach Osten auf die Elbe vor. Der Feldwebel, der das Häuflein der Jungen kommandierte, zischte seinen letzten Befehl in die Schützenlöcher: »Los, Jungens, haut ab nach Haus!«

Nach Hause, das ist nicht weit, vielleicht zwei Stunden zu Fuß durch Wälder und über Hügel, in einer Landschaft, die den Jungen genau vertraut ist. Der Ort Obernkirchen liegt im Osten der Weser. Die Front ist noch nicht weiter vorgerückt. Paul Bredemeier und Helmut Rödenbeck müssen durch das Kampfgebiet marschieren. Sie huschen durch den Steinberger Wald. Der Lärm des Gefechts hüllt sie ein.

Deutsche Artillerie schießt auf die Amerikaner, Umrisse von Panzern auf den Höhen, helles Krachen der Granatwerfereinschläge, Maschinengewehrfeuer. Die Jungen laufen, suchen Deckung hinter Bäumen – ein paar Kilometer noch, dann sind sie in Obernkirchen, dann wird ihr Einsatz an der Westfront endgültig ein Ende haben.

Sie kommen nach Rolfshagen, in den Ort, in dem sie drei Tage zuvor ihre Wehrmachtsuniformen übergezogen haben. Das Dorf scheint ruhig, keine Soldaten, kein Lärm.

In diesem Moment aber machen Helmut Rödenbeck und Paul Bredemeier einen Fehler, den Fehler, der sie – die Sicherheit schon vor Augen – noch in den Strudel des Krieges reißt. Sie verlassen die Deckung des Waldes und gehen in den Ort Rolfshagen hinein. Sie treffen einen Zivilisten und fragen ihn: »Sind die Amis schon hier?« Der Zivilist schüttelt den Kopf: »Nein.«

Bredemeier und Rödenbeck marschieren weiter, schnellen Schritts. Plötzlich ein Anruf: »Stop! Hands up!« Zwei Soldaten der US-Armee zielen mit Maschinenpistolen auf die Bäuche der beiden Jungen. Die Jungen bleiben stehen, heben die Hände, die Amerikaner klopfen die Uniformen ab, finden in den Stiefeln der Deutschen Pistolen und Kompasse. Sie nehmen Paul Bredemeier und Helmut Rödenbeck gefangen, am 10. April 1945, im Ort Rolfshagen. Die Elternhäuser der beiden Jungen sind vier Kilometer entfernt.

Die Amerikaner treiben ihre Gefangenen zu einem Lastwagen. Drauf! Und ab geht's. – Nach Obernkirchen, in den Heimatort der Jungen. Er rollt durch die Straßen, Paul Bredemeier steht auf der Ladefläche und starrt auf die Häuser. Unwillkürlich streckt er die Hände aus – da, sein Elternhaus. Doch der Lastwagen hält nicht, er fährt zur Ortsmitte. Die gefangenen Kinder werden in den Ratskeller gesperrt: erste von vielen Stationen auf der langen Reise durch die Gefangenschaft.

Am gleichen Tag noch verluden die Amerikaner ihre Gefangenen wieder auf Lastwagen und transportierten sie nach Westen, über die Weser, nach Brackwede in der Nähe von Bielefeld. Auf einem Sportplatz hatten die Sieger eine Art Auffanglager eingerichtet. Helmut Rödenbeck und Paul Bredemeier suchten sich eine Mulde im Gras und warteten, vor allem auf was zu essen. Es gab nichts. Sie drängelten nach einem Schluck Wasser. Sie schöpften es aus einer Zeltplane, die in der Mitte des Platzes aufgehängt war. In der Nacht froren sie und warteten. Am Morgen rollten wieder Lastwagen der US-Armee heran. Die Jungens kletterten auf die Wagen. Die Wagen rollten nach Westen, zum Rhein.

Am Rhein ein Geviert auf einer Wiese, von Stacheldraht umzäunt. Es war das Lager Rheinberg in der Nähe von Duisburg. Eines der

Rheinwiesenlager, in die die Amerikaner nach ihrem Sieg nahezu eine Million deutsche Soldaten pferchten. Viele starben in Rheinberg – an Hunger, an Entkräftung, an Krankheiten.

Paul Bredemeier und Helmut Rödenbeck, die beiden Soldaten mit den Kindergesichtern, schlendern in schlotternden Uniformen durch das Lager und hoffen, daß irgendjemand kommt und sich ihrer erbarmt. Sie hoffen vergebens. Sie warten auf Lebensmittel. Die Verpflegung ist knapp. Für die Jungen, denen die Kraft fehlt, um das Wenige, das verteilt wird, zu kämpfen, bleibt fast nichts übrig.

Am dritten Tag wissen sie: Wenn sie hier im Lager bleiben, steht ihnen der Hungertod bevor. Dann sehen sie, wie Amerikaner einzelne Gefangene aussuchen und offenbar zu einem Transport zusammenstellen. Die beiden Jungen besprechen ihre Lage: Draußen kann es nicht weniger zu essen geben als drinnen. Sie pirschen sich an den Trupp heran, der in der Nähe des Lagertors wartet. Sie mischen sich unter die Gefangenen und marschieren mit ihnen zum Tor hinaus.

Die Soldaten und die Jungen werden in Güterwagen verladen. Der Zug fährt nach Südwesten. In Namur, in Belgien, werden sie ausgeladen. Verhöre durch die Amerikaner. Auch die Jungen werden vernommen. Sie wissen nichts. Sie haben Hunger. Einer der amerikanischen Soldaten verteilt Weißbrot: ein Stück für jeden. Er schaut Paul Bredemeier an, Mitleid regt sich in dem Mann; er wirft dem Jungen ein zweites Stück Brot zu. Doch dann werden die beiden Jungen weitergeschickt, weiter nach Westen, nicht nach Haus. Das Räderwerk von Krieg und Niederlage, Gefangennahme und Gefangenschaft gibt die 16jährigen Soldaten, die kaum eine Woche lang die Uniform der Wehrmacht getragen haben, nicht frei. Wieder Transport in Güterwagen, wieder Marsch auf staubiger Straße.

Paul Bredemeier ist am Ende. Er setzt müde und erschöpft einen Fuß vor den anderen. Er strauchelt, er fällt. Ein Lastwagen transportiert ihn an das Ziel der Reise, die in Obernkirchen östlich der Weser ihren Ausgang genommen hat: das Gefangenenlager Attichy nordöstlich von Paris.

Über dieses Lager berichtete ein Heimkehrer der Wissenschaftlichen Kommission der Bundesregierung für Kriegsgefangenengeschichte: »Das Hungern in Verbindung mit dem schweren Mokka, den die Gefangenen zu trinken bekamen, führte bald zu nervlichen Zusammenbrüchen, Herzattacken und Magenkrankheiten. Rapider Kräfteverfall bei älteren Stabsoffizieren, nach zwei Monaten Gefangenschaft schwere Kreislaufstörungen, Ohnmachtsanfälle, Umfallen bei den üblichen Appellen. Die ständig währende Unterernährung brachte dann einen körperlichen Verfall, der zu starker Abmagerung und geschwollenen Unterschenkeln führt. Ich wog bei meiner Entlassung bei einer Größe von 1,83 Meter nur noch 105 Pfund.«

Paul Bredemeier und Helmut Rödenbeck hockten sich in diesem Lager auf die Erde, Zelte oder Baracken gab es noch nicht. Sie schienen dazu verdammt, das Schicksal der erwachsenen Gefangenen zu teilen, am Hunger dahinzusiechen.

Doch: Mit dem Namen des Hungerlagers Attichy ist eine der großen Gesten von Versöhnlichkeit und Menschlichkeit nach diesem blutigsten aller Kriege verbunden. Amerikanische Offiziere erkannten in jenen Tagen: Die Kinder, die in der Uniform der Wehrmacht gegen die US-Armee Krieg führen sollten, würden in den großen Gefangenenlagern der Erwachsenen von der Unbarmherzigkeit der Verhältnisse endgültig zermalmt werden.

Die US-Offiziere Major William H. McGrath und Hauptmann A. C. Johnson setzten durch, daß die gefangenen Jungen – zwölf- und dreizehnjährige befanden sich unter ihnen, – hilflos, verdreckt, zerlumpt und hungrig – zwar nicht nach Hause entlassen, sondern in Sonderlagern zusammengefaßt wurden – in den Baby-Cages – den Kinderkäfigen: Eine groteske, eine makabre Einrichtung der Gefangenengeschichte des Zweiten Weltkrieges.

US-Soldaten musterten die Gefangenen in den Lagern und zeigten auf jeden, dessen Gesicht noch weich war. »Sammeln, antreten!« Paul Bredemeier und Helmut Rödenbeck zogen um – aus dem Gefangenenlager von Attichy in den Kinderkäfig von Attichy. Auch ihr neues Lager war von Stacheldraht umzäunt und von bewaffneten Soldaten bewacht. Es maß 500 Schritte im Quadrat. Aber Zelte standen darin, Giebelzelte der amerikanischen Armee. 30 bis 40 Jungen mußten sich eines der Zelte teilen. Es war eng, aber die Jungen hatten nun – seit Wochen zum ersten Mal – ein Dach über dem Kopf.

Die Jungen durften ihre zerfetzten, verdreckten und verlausten Uniformen ausziehen. Die US-Armee lieferte braune Uniformen. Mit Zahnpasta mußten die Kinder auf Rücken und Knie weiße Buchstaben malen: PW, Prisoner of War, Kriegsgefangener. Das Lager füllte sich: zehntausend deutsche Jungen teilten sich schließlich in das ein Viertel Quadratkilometer große Gelände zwischen den grünen Hügeln von Attichy.

Sie hatten immer Hunger, den großen Hunger, den Kinder im Alter von zwölf bis achtzehn Jahren haben. Aber wenigstens an Hunger sterben mußte keiner.

Paul Bredemeier erinnert sich, daß es Weißbrot und Bohnenkaffee, Schokolade und Kaugummi gab. Und Helmut Rödenbeck: »Auf mich machten die Brotberge einen überwältigenden Eindruck. Immer wenn die Verpflegung kam, wurden die Weißbrote als Berge aufgebaut. In meiner Erinnerung war der Brotberg zehn Meter hoch. Ich habe nachts davon geträumt.« Die Nächte waren lang – so weit weg von zu Haus. Manchmal schluchzte einer der Jungen, wenn er unter seinen Decken im Zelt lag und der Schlaf nicht kommen wollte.

Paul Bredemeier schrieb im Kinderkäfig von Attichy ein Gedicht. Er nannte es »Sonnet für Mutter«. Es heißt:

An Deinem Ehrentage,
Mein liebes Mütterlein
Kann ich nicht bei Dir sein.
Aus fremden Land, in Feindeshand,
Will meine Grüße ich Dir schenken
Und Deiner treuen Lieb gedenken.
Bang Dich nicht um Deinen Sohn
Der hinter Stacheldraht gebunden
In weiter Ferne winkt die Freiheit schon.
Bald sind alle Schmerzen überwunden
Dann werd ich wieder bei Dir sein
Und immer bei Dir bleiben.

Der 16 Jahre alte Gefangene Willi Hufer aus Mainz schrieb unter der Überschrift »Wenn ich ein Vöglein wär«: »Ich würde mich ganz leise in die Lüfte erheben und noch einmal rund um das Lager fliegen, um ihm Lebewohl zu sagen. Dann würde ich in Richtung Heimat nach Osten fliegen. Ich glaube, ich würde keinen Hunger verspüren und nicht müde werden. Zu Hause würde ich wieder Mensch und der erstaunten Mutter in die offenen Arme fallen.«

Die Amerikaner versuchten, eine Schranke gegen Heimweh und aufkeimende Verzweiflung zu errichten. Mit Hilfe deutscher Gefangener wurde eine Schule organisiert – wahrscheinlich die größte Schule, die es je an einem einzigen Fleck der Erde gegeben hat. In 70 Unterrichtszelten lehrten 150 Lehrer in 140 Klassen nahezu alle Fächer, die auf dem Ausbildungsplan deutscher Schulen stehen. In den Unterrichtsstunden wurde den Jungen auch erklärt, daß falsch war, woran sie gestern noch geglaubt hatten. Re-education war eines der wesentlichen Ziele im Kinderkäfig von Attichy.

Amerikanische Journalisten besuchten das Lager und schilderten ihren Lesern die Anstrengungen, im Bewußtsein der Jungen ein neues Weltbild zu schaffen. Die Illustrierte »Life«, damals die größte Zeitschrift der Welt, schrieb pathetisch: »Die Amerikaner versuchen... zwischen Krieg und Frieden die überspannte nazistische Bewunderung der Jungen für Nation, Wehrmacht und Rasse, ihren Glauben an die Gewalt und ihre Gefolgschaft unter der Tyrannei ins Wanken zu bringen. Dafür wurden sie an das Fenster der ganzen Welt eingeladen, wo alle in Freiheit leben, um die Wahrheit zu suchen.«

Schließlich versuchte die amerikanische Lagerkommandantur, das Unterrichtsprogramm zu einem politischen Experiment großen Stils zu nutzen: An diesen Jungen sollte festgestellt werden, wie schnell

Umerziehung funktionieren konnte. Ein amerikanischer Psychologe verteilte Fragebogen, auf denen die Jungen ihre Meinung enthüllen sollten. Da saßen die Jungen in den Unterrichtszelten des Lagers, kauten an ihren Bleistiftstummeln und dachten über die politische Moral nach – eine Moral, die es offenbar zuließ, daß Kinder in Lager gesperrt, ihrer Heimat und ihren Müttern ferngehalten wurden.

Das Ergebnis des Fragebogen-Tests: Die Re-education hatte nicht durchgeschlagen. Die Feststellung »Wenn Deutschland den Krieg gewonnen hätte, würden wir dem Führer jetzt zujubeln« hielten 3138 der Jungen im Kinderkäfig für richtig; nur 2414 hielten sie für falsch. Helmut Rödenbeck über seine Antworten:

»Die Frage, zum Beispiel, ob der Zweck die Mittel heiligt, habe ich damals voller Überzeugung mit Ja beantwortet.«

Die Begeisterung der Jungen im Kinderkäfig für die neuen Lehren wurde möglicherweise auch durch Beobachtungen gedämpft, die sie machen mußten. Sie sahen immer wieder die Trupps ihrer Kameraden auf das Lagertor zu marschieren, langsamen Schritts, mit Angst im Gesicht: Es waren die Jungen, die das Unglück hatten, im Kinderkäfig 18 Jahre alt zu werden. Sie mußten auf Anordnung der Amerikaner das Lager verlassen und wurden an die Franzosen überstellt. Die steckten sie in ihre Gefangenenlager und zwangen sie zur Fronarbeit, sie wanderten zu den Minenräumkommandos und in die Bergwerke zur Untertagearbeit.

Der Gefangene Willy Dittgen schreibt in seinem Bericht »Der Kinderkäfig von Attichy« über diese Achtzehnjährigen: »Die meisten bestanden in ihrer Not darauf, zwei Jahre jünger zu sein, als die Kartei aufwies. Sie sahen ängstlich darauf, daß die Bartstoppeln nicht zu sehr sprossen. Die Lehrer halfen ein wenig nach bei dieser Mogelei und freuten sich mit jedem, den sie auf diese Weise im Lager behalten konnten. Am schwierigsten war es, die kräftigen Bauernjungen zu halten, denen die Auslesekommission beim besten Willen die sechzehn Jahre nicht glauben wollte. Doch gelang es, durch kleine Korrekturen in der Kartei, durch Vernichtung der Soldbücher, durch vorübergehenden Aufenthalt im Lazarett viele der Achtzehnjährigen im Baby-Cage zu halten.«

Der Hochsommer kam über Attichy. Die Jungen lebten das Einerlei des Lagerlebens: Essen, Schule, dann und wann ein Spaziergang in das Gelände außerhalb des Lagers, Essen, Schlafen, Schule. Aber eben immer Stacheldraht. Das Heimweh wuchs und ebenso die Sorge, daß sie einen nassen Herbst und einen kalten Winter in den Giebelzelten verbringen müßten.

Dann jedoch plötzlich Gerüchte, Unruhe, Fragen, drängendes Fragen: Entlassung noch, bevor die ersten Nebel fallen. Und tatsächlich: Trompetensignale schallen durch das Lager, reißen die Jungen hoch, treiben sie aus den Zelten. Ein Sprecher ruft in die dichten Reihen der Wartenden: »Alle Jungen aus der britisch besetzten Zone Deutschlands dürfen heimfahren.«

Zu ihnen gehören Paul Bredemeier und Helmut Rödenbeck. Die beiden packen ihre Päckchen. In eine US-Uniform gekleidet, ausgestattet mit zwei Hemden, zwei Unterhemden, Socken und zwei Decken treten sie am Lagertor an, empfangen Marschverpflegung: ein Care-Paket für jeweils zwei Mann. Wieder besteigen sie einen Güterzug. Amerikaner begleiten die deutschen Jungen bis zur Grenze nach Aachen.

Dort stehen englische Soldaten bereit. Sie empfangen die Jungen mit aufgepflanzten Seitengewehren. In den Briten rumort noch die Angst vorm Werwolf. Die Jungen müssen antreten und abzählen, immer wieder. Der Zug mit den Jungen fährt nach Osten. In einer Kaserne in Osnabrück begegnet ihnen noch einmal der Schrecken, dem sie selbst entgangen sind. Paul Bredemeier berichtet: »Wir beobachteten einen Transport deutscher Kriegsgefangener, der nach Westen bestimmt war. Die Gefangenen sahen völlig ausgehungert und ausgemergelt aus.«

Auf den Puffern eines überfüllten Zuges fahren die beiden Jungen nach Hause, marschieren die Straße entlang, durch die sie als Gefangene auf dem Lastwagen der US-Armee fuhren. Es ist der 24. August 1945, fünf Monate, nachdem sie von Obernkirchen aus ins Gefecht gingen.

Paul Bredemeier steht in der Tür des Elternhauses, umarmt seinen Vater, küßt seine Mutter. Sie weint. Ihr Kind ist zurückgekehrt – einer von drei Söhnen der Familie, die in den Krieg gezogen sind. Ein Bruder von Paul Bredemeier kam 1948 aus französischer Gefangenschaft zurück, ein Bruder blieb in Rußland vermißt.

Todeskommandos: Minenräumer

Die Leidensgeschichte der deutschen Kriegsgefangenen als Arbeitssklaven nach der Kapitulation Deutschlands hat auch ein französisches Kapitel. Es ist wohl nur zu begreifen, wenn man vor Augen hat, daß dieses Land jahrelang in der Rolle des Besiegten war und von harter deutscher Besatzungshand regiert wurde.

Wir blenden zurück in den Sommer 1945, nach Frankreich, das jetzt zu den Siegern zählt:

Da trotten Männer auf den Rand eines Wäldchens zu. Dann bilden sie eine Kette, immer einen Meter Abstand zum Nebenmann. Hinter ihnen französische Soldaten, Karabiner auf dem Rücken. Einer der Bewaffneten ruft: »Allez! Allez!«

Die Männer gehen auf die Knie nieder. Jeder von ihnen trägt einen eisernen, spitz zulaufenden Stab in der Hand. Sie heben die Stäbe und stoßen die Spitzen vorsichtig in die Erde. Weit vor ihnen, dreitausend Meter entfernt, glitzert der Atlantische Ozean in der Morgensonne.

Die Kette der Männer gleitet rutschend Meter für Meter voran. Wieder und wieder heben und senken sich die Stäbe – deutsche Kriegsgefangene bei der gefährlichsten Arbeit, die ihnen von den Siegern abverlangt wurde: bei der Minensuche.

Da – ein Minensucheisen dringt nur wenige Zentimeter in den Boden ein. Metall! Vorsichtig scharrt der Gefangene die Erde zur Seite.

Suppentellergroß, rostig-braun, der tückische Tod – eine Panzermine. Sprengkraft genug, um den Gefangenen und die Kameraden in seiner Nähe in Stücke zu reißen.

Drei Kilometer tief ist das Minenfeld. Zentimeter für Zentimeter prüfen die Gefangenen den Boden. Dann passiert es: Einer der Gefangenen hat mit seinem Suchstock unglücklicherweise den Zünder einer Schützenmine getroffen.

Er hört, wie es im Erdboden leise »Klick« macht. Er wirft sich hin. In seine Bewegung schnellt die Mine, konservendosengroß, aus der Erde. Eineinhalb Meter hoch. Eine dumpfe Detonation. Die Mine zerspringt. Hunderte Stücke Stahl rasen zischend und pfeifend durch die Luft, bohren und beißen sich in die Leiber der Gefangenen. Zehn Verwundete. Zwei Tote.

In Frankreichs Erde steckten im Sommer des Jahres 1945 rund zehn Millionen Minen: Zehn Millionen mal Tod und Verderben. Ein böses Erbe des Krieges.

Im Zweiten Weltkrieg wurde der Land-Minenkrieg zu einem

Wettrennen der tödlichen Ideen. Es wurden Minenarten und Zünder mit immer raffinierteren Mechanismen entwickelt. Die Heimtücke lag in diesen Zündern – und in der Art der Verlegung.

Minen wurden »offen« oder »verdeckt«, das heißt auf dem Boden oder im Boden versteckt gelegt; einzeln verstreut oder in geschlossenen Minenfeldern systematisch plaziert. Solche Minenfelder konnten eine Länge von mehreren Kilometern und eine Tiefe von 1000 Metern und mehr haben.

Gegen Panzer wurden Teller-Minen gelegt. Die T-Mine 43 hatte einen Durchmesser von 32 Zentimetern, sie war 9 Zentimeter hoch und 9,9 Kilogramm schwer. Besonders tückisch waren die S-(Schützen- oder Spring-)Minen. Sie wurden durchweg verdeckt, oft aber auch – so im Wald und Gestrüpp – offen oder hängend verlegt. Stolperdrähte oder einfaches Drauftreten löste das Teufelsding aus. Die Minentüftler dachten sich immer neue Sicherungen gegen das Räumen durch feindliche Pionierkommandos aus. So wurden zwei oder drei Minen kombiniert so verlegt und mit Zug- oder Deckzündern versehen, daß die zweite oder dritte Mine explodierte, wenn die erste weggeräumt wurde. Die Teufeleien waren unerschöpflich, die Minenopfer im Zweiten Weltkrieg sehr hoch.

Minen konnten Schlachten entscheiden: Im November 1941 wurden am Südrand von Rostow drei russische Divisionen auf einer Frontbreite von acht Kilometern drei Tage lang von 300 deutschen Grenadieren aufgehalten:

Die Deutschen hatten auf dem zugefrorenen Don vor ihrer Abwehrstellung eine raffinierte Minensperre gelegt. Im Schnee vergraben und vom Neuschnee spurenlos bedeckt, waren die Minen unsichtbar und die Russen konnten auf der ungeschützten Fläche nicht räumen. Sie stürmten untergehakt und wurden reihenweise von detonierenden S-Minen zerrissen.

Ein anderes Beispiel: Kursker Schlacht an der Ostfront im Sommer 1943: Hitler wollte mit dem sogenannten »Unternehmen Zitadelle« den Krieg zu seinen Gunsten wenden. Die Masse der sowjetischen Streitkräfte im Kursker Bogen sollte eingekesselt und vernichtet werden. Ein entscheidender Teil des Schlachtplans ist der Einsatz der Panzerbrigade Lauchert; sie soll mit 200 Panzern des damals neuen Wundertyps »Panther« den entscheidenden Durchbruch durch die sowjetische Verteidigungslinie erzwingen. Doch die Raubtiere aus Stahl, 45 Tonnen schwer, 7,5 cm Langrohrkanone, 80/110 Millimeter Frontpanzerung, geraten in ein nicht entdecktes russisches Minenfeld: Die Brigade bleibt stecken. Die Offensive »Zitadelle« scheitert am entscheidenden Schwerpunkt: Minen!

Doch zurück nach Frankreich nach Kriegsende.

Die meisten Minen in Frankreichs Boden waren von den deutschen Truppen gelegt worden: zur Abwehr einer Invasion von Übersee durch englisch-amerikanische Streitkräfte.

Diese Felder des heimtückischen Todes reichten deshalb von Calais an der Kanalküste bis in den tiefen Süden Frankreichs.

Zehn Millionen Minen stellten eine Teufelssaat dar: Riesige Bereiche des Landes konnten nicht genutzt werden, nicht für den Verkehr, nicht für die Landwirtschaft. Jeder Spaziergang am Strand oder im Wald konnte tödlich enden.

Die deutschen Gefangenen, so beschloß der französische Generalstab, sollten die Minen ausbuddeln. Aber: Das Räumen von Minen ist ein Himmelfahrtskommando. Nur die hochkarätigen Spezialisten der Pioniereinheiten wagten sich im Kriege an das lebensgefährliche Geschäft. Die Franzosen aber befahlen Gefangene auf die Minenfelder, die keine Ahnung vom Umgang mit den tückischen Sprengkörpern hatten.

Was Spezialisten hundertfach schneller und sicherer hätten schaffen können, wurde unerfahrenen Männern aufgebürdet. Wie es hätte gemacht werden können, zeigt ein Exempel: Während der Kursker Schlacht, im Juni 1943, räumten zehn Mann der 2. Pionierkompanie der Panzergrenadierdivision »Großdeutschland« in einer stockfinsteren Regennacht 2700 sowjetische Minen. Pro Mann und Minute eine Mine. Und keine explodierte!

Dagegen sah die Zusammensetzung des Minensuchkommandos Grainval bei Fécamp im französischen Departement Seine nach einem Bericht eines Gefangenen an die Wissenschaftliche Kommission der Bundesregierung für Kriegsgefangenengeschichte so aus: »Es handelte sich zu 80 Prozent um Leute unter 25 Jahren. Es waren in der Hauptsache Schüler, Abiturienten, Studenten und Angehörige von Angestelltenberufen. Unter uns befand sich nur ein einziger ehemaliger Pionier.«

Jede falsche Bewegung aber bedeutete Tod oder Verstümmelung.

Der Minensucher aus Grainval berichtete weiter: »Während der Minensuche mußten sieben Kameraden ihr Leben lassen. Drei davon fielen vermutlich einer gegen Wiederaufnahme gesicherten Panzermine zum Opfer, denn einzelne Körperteile wurden über die Steilküste hinweg geschleudert (schätzungsweise eine Höhe von 70 bis 80 Meter). Bei den übrigen Toten handelt es sich um Opfer von Flaschenminen. Bei diesen Unglücksfällen trat der Tod erst nach mehreren Stunden, zum Teil erst nach 24 Stunden ein. Den Verunglückten wurde dabei das Fleisch und die Knochen von den Füßen bis zu den Oberschenkeln hinauf weggebrannt. Gleichzeitig traten Verletzungen an Kopf und Gesicht auf.«

Im Lager Maguelonne, südlich von Arles, verlor die Gruppe

deutscher Gefangener, die dort nach Minen suchte, schon am fünften Tag ihres Einsatzes einen Kameraden. Mit aller Vorsicht waren die Gefangenen über das Feld gekrochen, das sie nach Minen abtasten mußten. Doch einer der Deutschen war abseits geraten. Ein Zeuge berichtet, was an diesem 1. August 1945 geschah: »Der Kamerad blieb an einem Draht hängen und löste die Stockmine aus, die mit dem Draht verbunden war. Sein ganzer Körper war mit Splittern übersät. Ein großer Brocken hatte ihm eine Bauchwunde geschlagen.«

Es gab keinen Arzt in der Nähe. Der Mann wurde auf einen Lastwagen geladen und in das 35 Kilometer entfernte Arles transportiert. Er war tot, als der Wagen in der Stadt ankam.

Der Zeuge berichtet über weitere Minen-Unglücke in der Umgebung dieses Lagers: »Am 4. August 1945 – also nur drei Tage später – gab es in einer anderen Gruppe wieder einen Toten, am 31. August einen Toten und fünf Schwerverletzte, am 15. September abermals zwei Schwerverletzte und am 27. September gleich zwei Tote bei der Gruppe 7.«

Also: Innerhalb von knapp acht Wochen fünf Tote und sieben Schwerverletzte bei den Minensuchtrupps eines einzigen Lagers. Ein Zeuge aus dem Lager Maguelonne sagte über die Furcht der Gefangenen vor dem plötzlichen Tod auf Frankreichs friedlichen Feldern: »Morgens beim Wecken fragte man sich, wer wird heute an der Reihe sein?«

Der Gefangene Hans Nadler, im Zweiten Weltkrieg Obergefreiter und Maschinengewehrschütze im Regiment Liszt, heute Laborleiter in München, berichtet über das Räumkommando in der Nähe der Gironde-Mündung bei Mont Alevet: »Nach getaner Arbeit gingen wir in Reihen hintereinander von dem geräumten Gelände. Dabei trat der letzte Gefangene auf eine Schützenmine, die wir übersehen hatten. Sie riß ihm beide Beine ab, und er starb noch auf dem Transport in das Lager.«

Am nächsten Morgen zwangen die Franzosen Hans Nadler und seine Kameraden, das am Vortag geräumte Feld mit ganz kleinen Schritten abzutreten – Zentimeter für Zentimeter. Wenn noch eine Mine im Boden lag, sollte sie einen deutschen Gefangenen treffen, nicht irgendwann später einen französischen Bauern. Aber zum Glück für die Gefangenen erwies sich jetzt das Feld als minenfrei.

Manchmal lockten Früchte an Sträuchern oder Kaninchen, die zu Tausenden in den Minenfeldern lebten, die hungernden Gefangenen in den Tod. Hans Nadler berichtet, wie die Aussicht auf eine zusätzliche Mahlzeit einen seiner Kameraden das Leben kostete: Der Mann hatte sich von dem Räumkommando abgesetzt, um vor einem Kaninchenbau Schlingen zu legen. Kurz darauf eine Detonation. Nadler: »Mit dem Minensucheisen vor mir herstochernd, machte ich mich auf die Suche. Als ich den Mann gefunden hatte, kam ich zu spät. Er war tot. Die Mine hatte ihm die Schädeldecke abgerissen.«

An ein Erlebnis beim Minenräumen hat der Obergefreite Hans Nadler nicht weniger unangenehme Erinnerungen als an die Begegnung mit dem tückischen Tod: »Ich hatte eine Panzermine freigelegt, rundherum nach einem Zugzünder gesucht und fuhr nun routinemäßig mit der Hand über die Mine, um festzustellen, ob unter der ersten Mine eine zweite verlegt war. Blitzschnell zog ich meine Hand zurück. Ich hatte in ein Nest mit Giftschlangen gegriffen.«

Etwa 40 000 ihrer deutschen Gefangenen setzten die Franzosen zur lebensgefährlichen Minensuche ein. Die genaue Zahl der Deutschen, die dabei den Tod fanden, ist nicht bekannt. Sie wird auf mehrere Tausend geschätzt.

Im März 1946 berichtete ein Delegierter des Internationalen Roten Kreuzes vom Minenräumkommando Wimereux: »Von insgesamt 3500 Kriegsgefangenen wurden 150 getötet und 259 schwer verletzt.«

Vom Kommando Carbourg: »164 Tote.« Das ist eine »Verlustquote« von mehr als zehn Prozent.

Über das Kommando von Montoir-de-Bretagne sagen die Dokumente: »Von der gesamten Lagerbesatzung wurden 1500 Männer bei der Minenräumung eingesetzt. 150 haben ihr Leben gelassen.« Jeder zehnte!

Manches deutsche Räumkommando trug ohne jeden Zwang durch die französischen Bewacher dazu bei, das tödliche Risiko zu vergrößern. Der Obergefreite Hans Nadler berichtete: »Obwohl wir keinerlei Prämien für besondere Leistungen erhielten, wollte jede Gruppe mit ihrer Arbeit glänzen. Das verführte zum Leichtsinn.«

Hinter dem Fleiß und dem Todesmut der Minenkommandos stand Hoffnung. Die Franzosen hatten die Deutschen mit dem Versprechen auf rasche Heimkehr geködert; sie hatten dafür den Gefangenen eine Art Todesakkord auferlegt, eine schändliche Norm, nicht für Brot und Brei wie in den Lagern Rußlands, sondern für Heimkehr, für Freiheit. So schien den Männern hinter Stacheldraht die eifrige Arbeit in den Minenfeldern der schnellste Ausweg aus der Lagerhölle zu sein. Um diesen Mechanismus des Eifers zu fördern, waren die Verhältnisse in den Pferchen der Gefangenen in den Monaten nach Kriegsende so gestaltet, daß Not und Verzweiflung herrschten.

Geborgte Sklaven

Nach Kriegsende 1945 befanden sich 1 065 000 deutsche Soldaten in französischer Hand. Allerdings war nur ein kleiner Teil von ihnen, nämlich 237 000 Mann, von französischen Streitkräften gefangengenommen worden. Die Masse der Deutschen in französischen Lagern war in amerikanische Gefangenschaft geraten und dann den Franzosen übergeben worden. Frankreich hatte bei seinen Alliierten auf die Überlassung der Deutschen gedrungen. Sie sollten helfen, das zerstörte Land und seine Wirtschaft wieder aufzubauen. Die französische Regierung stellte fest: »Die Gefangenen sind für Frankreich eine lebenswichtige Notwendigkeit.«

Doch Frankreich war – ebensowenig wie die Sowjetunion – darauf vorbereitet, eine so gewaltige Masse von Kriegsgefangenen zu beherbergen und zu nähren. Ordnungsgemäß eingerichtete Lager existierten in den Monaten nach dem Krieg nur an wenigen Orten. So bezogen die gefangenen deutschen Soldaten ausgediente Kasernen, ehemalige Schulen, eilig eingerichtete Holz- und Wellblechbaracken; sie hausten in Kasematten und Festungen, in Fabrikhallen und sogar in Höhlen.

Ein Arzt berichtete über die Zustände im Lager Vitry-le-Francois: »Die Gefangenen lebten in den Pferdeställen und in der Reithalle ohne Stroh, ohne richtige Ernährung, ohne ärztliche Hilfe, ohne Möglichkeit der körperlichen Reinigung und ohne richtige Abort-Anlagen. Alle waren unvorstellbar verlaust. Der jüngste Kriegsgefangene war 15 Jahre, der älteste fast 70 Jahre.«

Die Tagebuchaufzeichnungen eines Geistlichen aus dem Lager Fort-de-Majotte-Gironde vom 8. September 1945: »Die Wanzenplage ist hier furchtbar. In der Stube 15 haben die Gefangenen etwa insgesamt bis jetzt an 8000 Wanzen gefangen.«

Im Oktober 1945 hatten die Gefangenen beim Arbeitskommando St. Eulien im Departement Marne in ihrer Baracke weder Tisch noch Stuhl noch Ofen. »Nichts als gähnende Leere erwartete uns«, wie ein Gefangener schilderte.

Im Lager Dünkirchen-Nord notierte ein deutscher Soldat im Winter 1945/46: »Als es kälter wurde, gab es keine Heizung, einige hatten sich Öfen aufgestellt, von denen nur die an der Wand einen Abzug hatten, der aber meist nicht zog, wogegen der in der Raummitte einfach offen brannte. Rauch schwelte unter der Decke. Ruß schwärzte und verschmierte alles. An den Öfen saßen nur die Gefangenen, die schon vor uns da waren. Für uns neue war es schwer, daranzukommen und sich zu wärmen.«

Im Herbst jenes schlimmen Jahres 1945 berichtet ein Gefangener über einen Kameraden, der bei Bauern in der Nähe von St. Lo untergebracht war: »Der Mann, über 40 Jahre alt, hat bei der strengen Kälte jeden Abend die Stallaterne auf den Schoß genommen, um die Kleider zu trocknen und sich ein wenig zu wärmen. In dem Schuppen, in dem er hauste, drang der Frost durch alle Fugen. Er durfte die nassen Kleider nicht am Kamin in der Bauernstube trocknen.«

Über die Ursachen der jammervollen Zustände in den Lagern hat das Internationale Komitee des Roten Kreuzes einen Bericht verfaßt. Darin heißt es: Der Mangel an Material aller Art und an Transportmitteln im kriegszerstörten Frankreich habe es den Franzosen nahezu unmöglich gemacht, für eine angemessene Unterbringung zu sorgen. Das IKRK: »Nur allzu oft haben die Gefangenen auf dem nackten Boden liegen müssen.« Ein Beispiel, das vom IKRK verzeichnet worden ist: Ein Lager erhielt nicht 200 Tonnen Stroh, die es gebraucht hätte, es erhielt nur 2 Tonnen. Das gleiche Lager brauchte 20 000 Bettpritschen. Es erhielt nur 500.

Ärger als Kälte und Ungeziefer aber quälte die gefangenen deutschen Soldaten in den ersten beiden Jahren nach dem Krieg der Hunger. Der Unteroffizier Erich Biehler, gefangengenommen nach der Invasion im September 1944 von amerikanischen Truppen, ausgeliefert an die Franzosen im Mai 1945, mußte – wie seine Kameraden – im Herbst 1945 von Kohlsuppe und Tee aus Brombeerblättern leben. Die Gefangenen sammelten auf den Feldern rings um das Lager Rennes Unkraut. Daraus kochten sie Mittagessen.

Im Lager Erguy bestand 1945 die Verpflegung nach dem Bericht des Deutschen Caritas-Verbandes aus verfaulten Kartoffeln und täglich etwa drei Scheiben Brot.

Ein deutscher Offizier erinnert sich mit Ekel an den Tag, an dem es Knäckebrot gab, das von weißen Maden wimmelte. Die Gefangenen aßen auch dieses Brot.

Lapidar notierte ein Gefangener im Lager Tegethem den Verpflegungssatz für den 12. Februar 1946: »Marmelade, Margarine, Zucker, 8 Kekse.«

Unterernährung über einen langen Zeitraum hat eine zwangsläufige Folge: den Hungertod. Aus dem Lager Guerlain schildert ein gefangener Wehrmachtsgeistlicher einen Tag im Oktober 1945: »Zwei französische Offiziere gingen mit uns ins Revier. Eben war ein Kamerad verhungert. Sie sahen sich das völlig ausgedorrte Skelett ohne Muskulatur an. Daneben lag ein Verhungernder, nur Haut über Knochen. Wortlos, wirklich erschüttert, gingen die Franzosen davon. Sie sagten zu mir: ›Das haben wir nicht gewußt, was können wir tun?‹ Sie zeigten also Menschlichkeit, guten Willen, und es ist einiges besser geworden.«

Fünf Jahre hatte Frankreich unter deutscher Besetzung gelitten. Große Teile des Landes waren zerstört. Der Krieg zwischen Besatzungsmacht und Widerstandsbewegung war erbarmungslos geführt worden. Geiseln waren erschossen, Juden waren aus Frankreich verschleppt und ermordet worden. Doch die Not der gefangenen Deutschen ist nicht treffend als Folge von Rachsucht, Haß und Vorurteil zu erklären. Man muß im Auge haben, daß die Franzosen in jenen Jahren nach dem Krieg selbst Mangel an Nahrungsmitteln litten. Auch in der Zivilbevölkerung des Landes gab es Unterernährung. Die Gefangenen aber standen im letzten Glied; für sie machte sich keiner stark. Ihr Leid erregte kaum jemanden.

Im Sommer 1945 reisten Delegierte des Internationalen Roten Kreuzes durch die Lager in Frankreich, in denen deutsche Kriegsgefangene festgehalten wurden. Die Abgesandten der Hilfsorganisation verfaßten in Genf unter dem Datum des 21. August 1945 eine Denkschrift mit bestürzendem Inhalt. Sie stellten fest, daß der Nahrungsmangel das Leben von 200 000 deutschen Kriegsgefangenen unmittelbar gefährde. 2000 Gefangene seien so krank, daß kaum Aussicht auf ihre Erholung bestehe. 2000 Gefangene seien so schwach, daß sie keine Nahrung mehr aufnehmen könnten und künstlich ernährt werden müßten. Und: Für 600 000 Gefangene in französischen Lagern gebe es nur ungenügende Unterkünfte – ein angesichts des bevorstehenden Winters möglicherweise lebensgefährlicher Zustand.

Die Amerikaner wurden alarmiert. Sie weigerten sich daraufhin strikt, weitere deutsche Kriegsgefangene an die Franzosen auszuliefern. Begründung: »Die Deutschen in französischer Hand sind ungenügend ernährt, untergebracht und bekleidet.«

Mehr noch: Das US-Hauptquartier in Frankfurt am Main forderte von der französischen Regierung, 200 000 Gefangene, die wegen ihres Gesundheitszustandes arbeitsunfähig waren, wieder an die Amerikaner zu überstellen. Tatsächlich übergaben die Franzosen im Herbst und Winter des Jahres 1945 an die Amerikaner rund 70 000 deutsche Soldaten, allesamt krank und arbeitsunfähig. Sie wurden in die Heimat entlassen.

Nahezu eine Million Mann jedoch blieben in den französischen Lagern, gezwungen zu jahrelanger Schwerarbeit im Lande des Siegers, im Steinbruch, Bergbau, Straßenbau, beim Bau von Talsperren und in der Landwirtschaft.

Spätsommer 1946. Erntezeit. Auf dem Gefangenenlager Camp du Richard liegen die ersten Strahlen der aufgehenden Sonne. Sie wärmt die gefangenen Deutschen, die in langer Reihe angetreten sind. Sie starren auf das Lagertor. Es öffnet sich. Lärmend und scherzend kommen Männer in Zivil mit offenem Hemd und Leinenjacke die

Lagerstraße herauf: Bauern, die sich hier Gefangene für die Arbeit in der Landwirtschaft aussuchen wollen.

Die Bauern treten vor die Reihe der Gefangenen. Kundige Hände greifen nach Oberarmen und Oberschenkeln. »Noch Muskeln genug? Gut.« »Mach das Maul auf!« sagt einer der Franzosen zu einem Deutschen. Der bleckt sein Gebiß. »Gut«, sagt der Franzose. »Du kommst mit.«

Ein Gefangener schrieb über diese morgendliche Lagerszene in seinem Bericht für den Deutschen Caritas-Verband: »Das war dann wie auf dem römischen Sklavenmarkt, nur daß die Gefangenen nicht gerade nackt dastanden.« (In der Sowjetunion waren die Gefangenen bei der Prüfung ihrer Arbeitsfähigkeit übrigens nackt.)

Im französischen Lager St. Paul-d'Eyjeaux wurden die Gefangenen morgens in ein Drahtverhau neben der Verwaltungsbaracke gesperrt, und die Bauern gingen dann um diesen Käfig herum, um sich ihren Mann zu suchen.

Doch so seltsam es klingt: Die meisten deutschen Gefangenen ließen dieses Auswahlverfahren voller Erwartung über sich ergehen. Nahezu jeder wünschte sich, daß die Wahl des Patrons auch auf ihn fiel. Denn Arbeit in der französischen Landwirtschaft bedeutete oftmals, daß der Gefangene sich regelmäßig sattessen – und manchmal sogar, daß er seine zerlumpte Kleidung ersetzen konnte.

Ein Gefangener berichtete dem Caritas-Verband nach seiner Heimkehr: »Ich kam zur Familie des Gutsbesitzers Alphonse M. Der hatte sieben Kinder und war nicht wenig erstaunt, als er mich zum ersten Mal sah. Nach einer gründlichen Reinigung (sämtliche Bekleidungsstücke aus dem Lager wurden verbrannt) wurde ich langsam innerhalb von vierzehn Tagen wieder an eine bürgerliche Küche gewöhnt.«

Dieser Gefangene aus dem Lager Druillant nahm in zwei Monaten zwanzig Pfund zu. Allerdings: Er mußte für gutes Essen auch schwer arbeiten. Bei der Ernte des Jahres 1946 brach er mit einem Herzkollaps zusammen.

Ein Gefangener vom Kommando Puyvert/Vaucluse notierte für den Bericht der Wissenschaftlichen Kommission der Bundesregierung für Kriegsgefangenengeschichte über die Tage seiner Zwangsarbeit, die heute wohl selbstverständlichste und normalste Sache als eine Art Wundererscheinung: »Ich aß mit einer Familie am gleichen Tisch und konnte essen und trinken, was ich wollte. Auch kaufte mir mein Patron eine Hose, Hemd und Schuhe, so daß ich wieder Mensch wurde. Ich mußte auf dem Feld und im Weinberg arbeiten. Behandelt wurde ich wie ein Sohn.«

Die Wissenschaftliche Kommission schreibt über die Auswirkungen der leidensvollen Arbeit deutscher Gefangener: »Mit dem bedeutsamen materiellen Nutzen hat die Kriegsgefangenenarbeit in Frankreich aber auch einen ebenso bedeutsamen psychologischen Wert erbracht: Der gemeinsame Arbeitsplatz. Und fast nur er bot Franzosen und Deutschen nach Besatzungszeit und Krieg die günstige Gelegenheit, einander als Menschen kennenzulernen und zu achten. Bis jedoch die Mauer aus Vorurteilen, Fehleinschätzungen und Haß durchbrochen war, mußten die Gefangenen bittere Stationen hinter sich bringen. Am Ende des Weges, der über strenge Zurückhaltung und vereinzelte Teilnahmslosigkeit führte, stand die stille oder offene Anerkennung durch die Zivilbevölkerung, nicht selten die dauernde Freundschaft. Wenn auch die fortschreitende Zeit dabei half, so war doch die gemeinsame Arbeit der entscheidende Katalysator, der diese Wandlung herbeiführte. Ohne die Arbeit wäre weder ein klärender Dialog zwischen Sieger und Besiegtem zustandegekommen, noch hätte der Dialog allein jene unterschwelligen Einsichten vermittelt, die für das gegenseitige Verständnis erforderlich sind. Erst der Einblick in die beiderseitige Arbeitsweise und der hieraus resultierende sichtbare Erfolg gemeinsamer Bemühungen weckte Genugtuung und Vertrauen...«

Das Leid der deutschen Kriegsgefangenen als Wiedergutmachungsleistung für Deutschland!

Die Wissenschaftliche Kommission fügt dieser Folgerung aber auch an: »Den positiven Fakten stehen natürlich negative gegenüber. Nicht darauf hinzuweisen, wäre Schönfärberei...«

In der Tat: Viele der in Frankreich gefangenen deutschen Soldaten erfuhren jeden Tag in französischem Gewahrsam aufs neue, was sie waren: Zwangsarbeiter, der Willkür und oft auch der Rachsucht ausgesetzt. Ein Waldarbeiterkommando im Departement Ain bekam trotz Schwerarbeit als Nahrung nichts als Wicken und Wickenmehl und sonntags etwas Fleisch. Wenig ruhmreich zeichnete sich ein Teil der Bevölkerung von Chablis aus: Die Gefangenen bei einem Arbeitskommando in Chablis mußten die Straßen der gesamten Stadt säubern. Und während sie Besen und Schaufel schwangen, kippten Einwohner Abortkübel in der Mitte der Straße aus.

Die deutschen Gefangenen mußten auch dann in die Bergwerke Frankreichs einfahren und Kohle brechen, wenn sie krank waren. Als arbeitsunfähig galt ein Gefangener erst dann, wenn er tatsächlich nicht mehr stehen konnte. Die schwere Arbeit vor Ort aber war für die unterernährten Gefangenen oft einfach nicht zu schaffen. Ein Gefangener aus dem Lager Thiens-la-Grange: »Noch niemals hatte ich ein Bergwerk gesehen. Für 95 Prozent der Kriegsgefangenen war diese Arbeit völlig ungewohnt. Es gab viele Unfälle und Todesfälle, weil wir die Gefahren nicht kannten... Wer mit seiner Arbeit nicht fertig wurde, mußte in der nächstfolgenden Schicht unter Tage bleiben.«

Nach einem Besuch französischer Bergwerke schrieb ein Delegierter des Internationalen Roten Kreuzes im April 1946 voller Betroffenheit: »Die Suche nach Werkzeugen ist häufig langwierig. Sie dient den Aufsehern als Vorwand, die Gefangenen des Spazierengehens zu beschuldigen und sie zu schlagen... Manchmal sind die Gefangenen für mehrere Tage arbeitsunfähig, gewöhnlich leiden die schwächeren Gefangenen am meisten... Häufig sind kranke Gefangene gezwungen, eine Doppelschicht zu machen, wenn sie das Pech haben, auf einen Aufseher zu stoßen, der ihre Krankheit als Ausdruck von Arbeitsunwillen auffaßt. Einige Gefangene wurden gezwungen, 19 Stunden ununterbrochen zu arbeiten, ohne Nahrungsaufnahme und ohne Ruhepausen.« Soweit das Internationale Rote Kreuz.

Im französischen Schacht-Lager Meurchin war im Jahre 1947 – zusammen mit 3000 anderen deutschen Gefangenen – auch der Panzergrenadier Herbert Liede untergebracht. Hier, in Meurchin, gipfelte der Leidensweg des Gefangenen Liede in einer verzweiflungsvollen Tat.

Herbert Liede, damals 21 Jahre alt, war nach der Invasion bei Cherbourg von US-Sturmtruppen gefangengenommen und schon wenige Tage später mit dem Schiff in die Vereinigten Staaten gebracht worden. Im Hauptlager Rupert im US-Staat Idaho arbeitete der deutsche Panzergrenadier auf Rübenfeldern: Rüben hacken und Rüben stechen. Die Arbeit war nicht leicht, aber sie war zu schaffen. Grenadier Liede und seine Kameraden fühlten sich von den Amerikanern zu keinem Zeitpunkt ausgenutzt oder gar ausgebeutet. Sie schliefen in geheizten Baracken unter wärmenden Decken, sie waren gut genährt. Die Tage waren auf Arbeit und Pausen vernünftig eingeteilt – Gefangenschaft, die sich ertragen ließ.

Und: Das Ende des Lebens hinter Stacheldraht war abzusehen. Im Winter 1945 traten Kameraden von Herbert Liede im Lager Rupert zum letzten Appell an. Dann gingen sie auf eine lange Reise. Offenbar nach Deutschland. »Wir beneideten sie glühend, aber auch für uns konnte es ja nicht mehr lange dauern«, erzählt Herbert Liede.

Im April 1946, nach einem nassen Winter in Amerika, kletterte auch der ehemalige Panzergrenadier Herbert Liede im Hafen von Tampa, Texas, die Gangway zu einem amerikanischen Truppentransporter hinauf. Er suchte sich einen Platz in dem mit deutschen Gefangenen überfüllten Schiff. Es war eng, aber vor den Augen der Deutschen glitzerte in der Sonne der Golf von Mexiko, und dort, wo die Sonne aufging, weit hinter dem Horizont, lag Deutschland. Dann, nach drei Wochen langer Reise, tauchte die französische Küste vor ihnen auf. Einen Tag noch oder anderthalb, dann würde das Schiff in Bremerhaven sein.

Doch dann verlangsamt der Dampfer seine Fahrt, geht auf Südostkurs. Im Dunst entdecken die Gefangenen die Umrisse einer Stadt, die vielen von ihnen wohlbekannt ist: eine Stadt, in der sie gekämpft und gelitten haben, Le Havre, Frankreichs größter Hafen an der Kanalküste.

Der Dampfer macht fest. Militärpolizei marschiert am Kai auf. Die Wachmannschaften an Bord des Schiffes befehlen den Deutschen: »Packen, antreten!« Herbert Liede und seine Kameraden greifen ihre Beutel und Päckchen; viel ist es nicht. Zögernd gehen sie die Gangway hinunter. Herbert Liede erzählt über diesen Augenblick: »In mir stieg Angst auf. Wenn der Dampfer hier nur Zwischenstation macht, warum müssen wir dann alle mit unseren Sachen das Schiff verlassen?« Wenig später wird klar, daß die Furcht der Deutschen begründet ist.

Sie gehörten zu den mehr als 100 000 Kriegsgefangenen aus Lagern in Amerika, die nicht nach Deutschland zurückkehren durften, sondern in Frankreich Zwangsarbeit leisten mußten. Die Amerikaner hatten die Männer über das Endziel der Reise getäuscht. Sie wollten unter allen Umständen Proteste und Unruhen verhindern. Vielen dieser Gefangenen wurde auch zugesagt, sie brauchten nur drei Monate in Frankreich zu bleiben und würden dann nach Deutschland entlassen.

Herbert Liede und seine Kameraden müssen sich in Cherbourg in langer Reihe aufstellen. Sie werden durch eine Baracke geschleust. Dort stehen amerikanische und französische Militärärzte. Sie fällen schnelle Entscheidungen mit kurzen Worten: »Arbeitsunfähig! Entlassen!« – »Arbeitsfähig! Lager!«

Herbert Liede gehört zu den Männern, die als arbeitsfähig eingestuft werden. Mit einigen hundert Kameraden wird er am Tag darauf zum Bahnhof eskortiert. Ein Güterzug bringt die Deutschen ins Schachtlager Meurchin.

Und hier, nördlich von Arras in Nordfrankreich, verketten sich die Umstände zu einer persönlichen Katastrophe für Herbert Liede. Nach wenigen Tagen spürt der jetzt 22jährige, 1,70 Meter große Panzergrenadier, daß die Arbeit im Kohlenflöz ihn zugrunde richten wird.

Die französischen Aufseher – meist finanziell an der Schichtleistung der Gefangenen beteiligt – treiben die Deutschen unausgesetzt und unbarmherzig an. Einige Franzosen sprechen gebrochen Deutsch, die meisten jedenfalls kennen zumindest die bösartigen Schimpfwörter.

Herbert Liede ist müde, wenn er in den Schacht einfährt, und er ist kaputt, wenn die neun Stunden vorbei sind. Die Nahrung reicht gerade aus, um einen Mann, der nichts tut, am Leben zu erhalten.

Ein Mann, der schwer arbeitet, aber muß bei dem Wenigen an Nahrung von seinen Reserven leben. Herbert Liede verfällt. Er wiegt nur noch 53 Kilo. Seine Arbeitsleistung läßt nach.

Einer der Aufseher, schnauzbärtig, groß und schwer, steht am Mittag des 16. Oktober 1946 plötzlich hinter Herbert Liede. Die Zähne des Franzosen blecken weiß im Licht der Grubenlampen. »Mach schnell, du faules Schwein, du bist nicht zum Schlafen hier.«

Erschöpft hebt Herbert Liede den Hammer, schlägt ihn in die Wand aus harter Kohle. Der Schnauzbärtige läßt ihn nicht mehr aus den Augen, die ganze Schicht lang nicht. »Und auch in den nächsten Tagen schnüffelte er hinter mir her und beobachtete er mich.«

Noch einmal ist dem Panzergrenadier Herbert Liede eine Atempause vergönnt: Er wird krank, so krank, daß der französische Arzt ihm erlaubt, im Lager zu bleiben – für drei Tage. Dann fährt Herbert Liede wieder ein, trifft auf den schnauzbärtigen Schinder und wird wieder beschimpft. Mit letzter Kraft bringt der Gefangene die Schicht hinter sich. Das Signal ertönt: Feierabend für alle.

Doch nicht für Herbert Liede. Der Schnauzbärtige tritt ihm in den Weg und sagt: »Du bleibst noch unten. Doppelschicht! Du hast ja drei Tage nichts getan!«

Der Franzose steht in diesem Augenblick dicht vor Herbert Liede. Der Gefangene macht eine Bewegung. »Ich wollte mir nur den Schweiß von der Stirn wischen.«

Der Franzose aber versteht die Bewegung als einen Ansatz zum Schlag oder will sie so verstehen.

Er holt aus. Seine Faust trifft Herbert Liede am Kopf. Er stürzt.

Der Aufseher tritt nach ihm: einmal, zweimal. Herbert Liede spürt heftige Schmerzen am Kopf und im Rücken. Er erhebt sich auf die Knie. Noch ein Tritt, der ihn beinahe wieder umwirft.

Dann steht er, den schweren Grubenhammer noch in den Fäusten: »Ich wollte ihn totschlagen. Aber mein zweiter Gedanke war: dann stellen sie dich einfach an die Wand.«

Herbert Liede geht wortlos wieder an die Arbeit. Er läßt den Hammer in die Kohle sausen. Staub wirbelt auf. Der Aufseher geht mit schweren Schritten zu einem Gefangenen in der Nähe. Er wendet Herbert Liede den Rücken zu.

Und in diesem Augenblick, noch vom Schmerz der Tritte gepeinigt, im Gefühl tiefster Demütigung, hebt Herbert Liede den Hammer und läßt ihn herunterfallen – auf seinen linken Fuß.

Das Eisen frißt sich durch das Schuhwerk. Knöchel knirschen, Blut fließt.

Herbert Liede schreit, schreit um Hilfe. Jetzt kommen sie alle, die Aufseher und die Kameraden. Herbert Liede wird ans Tageslicht gefahren, ins Lazarett. Der vordere Teil des Fußes muß amputiert werden. Es ist der 28. Oktober 1946.

Nach sechs Wochen, nach seiner Genesung, wird Herbert Liede nach Deutschland entlassen. Die Erinnerung an die Zeit im Bergwerk hängt im Flur seiner Wohnung: der Stock, an dem er seit mehr als dreißig Jahren geht.

Herbert Liede blieb nicht der einzige, der verstümmelt nach Hause kam. Ein Kriegsgefangener berichtete aus dem Schachtlager Marles-Les-Mines der Wissenschaftlichen Kommission der Bundesregierung für Kriegsgefangenengeschichte: »Junge und schwache Kameraden hatten sich aus Verzweiflung mit einem Beil von den Händen Fleischstücke oder sogar Finger abgeschlagen, um einen Unfall vorzutäuschen. Sie taten es aus Furcht vor der harten Arbeit.«

Und das Internationale Komitee des Roten Kreuzes notierte in seinem Bericht vom 14. Juni 1947 über die Zustände, denen die Deutschen in französischen Gruben ausgesetzt waren: »Man hat festgestellt, daß sich Gefangene selbst verstümmelt haben – ein Beweis dafür, daß die Arbeitsbedingungen aufgrund des brutalen Zwangs unerträglich für sie wurden. Es ist unzulässig, daß den Gefangenen außer ihrer eigenen Arbeit auch noch die ihrer fehlenden kranken oder verletzten Kameraden aufgebürdet wird.«

Mancher Gefangene beging zermürbt von Zwangsarbeit und Hunger sogar Selbstmord, wie jener Deutsche aus dem Lager Langres, der sich im Herbst 1946 vor einen Zug warf.

Andere ließen sich für Frankreichs Fremdenlegion anwerben. Für sie begann der Krieg aufs neue. Sie kämpften in Nordafrika und in Vietnam.

Deutsches Soldatenschicksal: Eingezogen 1940, Feldzug im Westen, Feldzug in Nordafrika gegen die Engländer, gefangen von Amerikanern, Transport nach Amerika, ausgeliefert an Frankreich, getrieben zur Zwangsarbeit, verpflichtet für die Legion, gekämpft in Algerien, gefallen in Dien-bien-Phu in Indochina 1954.

Die Masse der Gefangenen blieb und tat, was ihr aufgetragen wurde. Doch ihr Mut sank von Mal zu Mal. Denn ihre Hoffnung auf schnelle Entlassung erfüllte sich nicht. Selbst für die Minensucher nicht, die Tag für Tag ihr Leben eingesetzt hatten. Die Franzosen brachen die Versprechen, die sie den Männern der Minenräumkommandos gegeben hatten.

Im Juni 1947 gab der Delegierte des Internationalen Roten Kreuzes nach einem Besuch im Lager Arras zu Protokoll: »Die Zusage, die bei der Rekrutierung sogar schriftlich gegeben wurde, scheint nicht eingehalten worden zu sein. Mehrere Gefangene (die sich zur Minensuche freiwillig gemeldet hatten) wurden sogar später in die Kohlenbergwerke geschickt.«

Der gefangene Infanterist Hans Nadler: »Die Versprechungen erwiesen sich als trügerisch. Nix Ölsardinen, nix Rotwein, nix Bewegungsfreiheit und vor allem nix Entlassung. Noch 1947 mußte ich Minen im Hagenauer Forst im Elsaß suchen. Ein miserables Gefühl,

Gefangener zu sein – den deutschen Schwarzwald in Sichtweite.«

Abends schlürften die Gefangenen ihre dünne Suppe, aßen ihre kärgliche Ration Brot dazu, legten sich auf den Strohsack und starrten zur Decke. Im Kopf nur einen Gedanken: Flucht.

Und so machten sie sich nächtens auf. Robbten unter dem Stacheldraht durch, schlichen aus den Scheunen der Bauern, auf deren Feldern sie tagsüber arbeiteten. Versteckten sich nachts in den Wäldern, klammerten sich an Güterzüge, durchschwammen Flüsse.

Die Franzosen haben eine Statistik über den Hunger nach Freiheit geführt, der noch größer war als der Hunger nach Brot: 171 029 deutsche Gefangene brachen aus französischen Lagern aus, 81 507 Männer gelangten gegen den Willen der Sieger in die Heimat, 89 522 Gefangene wurden gefaßt.

Vielen von ihnen erging es schlimm. Während des Krieges noch sind in zwei Fällen deutsche geflüchtete Gefangene nach ihrer Festnahme erschossen worden. Nach dem Krieg, Mitte 1945, wurden in der Nähe von Bruay-en-Artois Gefangene, die einen Fluchttunnel gegraben hatten, an den Fingern aufgehängt und geprügelt.

Doch Haß und Rachsucht vergingen. Den Berichten der Kriegsgefangenen, die Hunger, Prügel oder gar Folter in Frankreich erdulden mußten, stehen Schilderungen spontaner Menschlichkeit gegenüber.

Die Wissenschaftliche Kommission der Bundesregierung für Kriegsgefangenengeschichte notierte: Ein Franzose entschuldigte sich später bei einem Deutschen, weil er ihn bei der Gefangennahme geschlagen hatte.

Ein Gefangener, der drei Jahre im Lager Valence verbrachte, gab zu Protokoll: »Gegessen haben wir im Hause des Chefs; die Behandlung war gut und wurde immer besser. Wir aßen mit am gleichen Tisch. Das Verhältnis wurde so gut, daß ich mit meiner Frau 1954 einen privaten Besuch machte und wir heute noch im Briefverkehr stehen. Als ich nach Hause entlassen wurde, ging die Chefin mit mir einkaufen: drei Paar Schuhe, Strümpfe, Nähgarn ... Es gab einen bewegten Abschied.«

Die Wissenschaftliche Kommission schreibt über die Wandlung der Beziehungen zwischen Deutschen und Franzosen:

»Es ging nicht darum, das ganze französische Volk an die Brust zu nehmen oder umgekehrt. Worauf es vielmehr ankam, war, wenigstens den einen zu verstehen, mit dem man es unmittelbar zu tun hatte. Das war die erste Stufe zum Verständnis des Ganzen, auf beiden Seiten ...

Als der blind machende Siegesrausch verflogen war, und die Forderung des Tages Sieger und Besiegte an einen Arbeitsplatz stellte, da zeigte sich hinter der trügerischen Maske der Propaganda doch wieder der Mensch ... Am Ende, nach viel Leid und Enttäuschung keimte aus Arbeit und Hilfsbereitschaft dennoch die Versöhnung auf.«

Ein gefangener deutscher Armeegeistlicher schloß hilfsbereite Franzosen in sein Gebet mit ein: »Gott segne jene Zirkusleute und jene Mädchen des Bordells, welche in der ersten Zeit, da die Kameraden fast umfielen vor Hunger, den Gefangenen Brot und Butter zusteckten.«

4

Gewalt vor Recht

Der Sündenfall Schwedens

7. Mai 1945. In Reims unterzeichnet Generaloberst Alfred Jodl, Chef des Wehrmachtsführungsstabes, die Urkunde über die bedingungslose Kapitulation des Deutschen Reiches.

Rund 2000 Kilometer nordöstlich rennt zur gleichen Stunde ein Trupp deutscher Soldaten durch die Nacht den Strand der Halbinsel Hela entlang, die in die Danziger Bucht ragt.

Die Soldaten auf Hela sind versprengte Panzergrenadiere. Jeder Ausweg scheint ihnen versperrt – im Rücken die Rote Armee, links die Ostsee, rechts das Wasser der Putzinger Nehrung. Jetzt droht den Deutschen russische Gefangenschaft. Aber die Soldaten wollen den Russen entkommen – um jeden Preis.

Die Deutschen laufen. Ihre Knobelbecher klappern über das Kopfsteinpflaster des kleinen Fischerstädtchens Hela am Ostzipfel der Halbinsel. Dort, am Kai, die Rettung: ein altes Fischerboot. Als der Morgen des 9. Mai über die Ostsee dämmert, glauben sich die Deutschen an Bord des Gefährts endgültig in Sicherheit. Der Krieg ist aus, ihr Boot schwimmt auf hoher See.

Doch die Fahrt über das Meer mündet für die Mehrzahl der Männer an Bord in das Schicksal, dem sie entrinnen wollten: Sie fallen schließlich doch noch in sowjetische Hand. Sie und Tausende andere deutsche Soldaten werden Opfer von Täuschung und Haß, Opfer eines einzigartigen Falles politischer Liebedienerei. Die Reise der deutschen Soldaten endete auf der schwedischen Insel Öland. Im Hafen wartete die schwedische Armee auf die Deutschen. Sie wurden entwaffnet und auf das Festland geschafft.

Den Männern von Hela folgten in den nächsten Tagen Tausende Soldaten der deutschen Heeresgruppe Kurland und Weichsel. Sie alle waren mit Schiff und Boot vor den Sowjets geflüchtet – oft in letzter Sekunde, wenn am Horizont schon die Silhouetten der T 34 auftauchten. Viele der Flüchtlinge überlebten die Seereise nicht. Denn sowjetische Flugzeuge machten Jagd auf Boote und Kutter, sie warfen Bomben, schossen mit Bordkanonen – lange nachdem die Kapitulationsurkunden unterzeichnet worden waren.

Die Deutschen liefen mit den schwerbeschädigten Schiffen Schweden an – das neutrale Land schien ihnen nur eine Zwischenstation auf dem Weg in die Heimat zu sein. Denn Schweden – so erwarteten sie – würde sich an die Genfer Konvention halten und die Deutschen nach Kriegsschluß in das eigene Land zurückschicken. Doch kaum je zuvor ist eine Hoffnung grausamer enttäuscht worden.

Da war die Sturmgeschützbrigade 190, die an den Weichselübergängen und bei der Verteidigung Danzigs aufopfernd gekämpft und dabei mehr als 140 sowjetische Panzer abgeschossen hatte. Am 6. März hatte die Brigade den tausendsten Panzerabschuß gemeldet.

Am 7. Mai springen die Männer von Hela aus auf alle verfügbaren schwimmenden Untersätze, um über die Ostsee, an der Südküste Schwedens entlang, Flensburg zu erreichen.

Auf der Fluß-Schute ›Emma‹ befanden sich 120 Mann, darunter der Oberleutnant Erich Mildenberger vom Stab der Brigade.

Bei aufkommendem schlechtem Wetter kappt der Schlepper wegen Maschinenschadens die Trosse. Schute ›Emma‹ treibt in der See. Die eigene kleine Maschine versagt. Zum Glück sieht ein schwedisches Torpedoboot die Notsignale und schleppt die Schute in den kleinen schwedischen Hafen Ystad, wo sich bereits andere Kleinstschiffe und Boote mit deutschen Soldaten befinden, die über die Ostsee geflüchtet sind.

Noch hoffen die Männer, mit einem in Reparatur befindlichen deutschen U-Bootjäger wieder auslaufen zu können; aber am 11. Mai teilt ihnen der schwedische Hafenkommandant mit, daß sie interniert sind.

Die Männer werden von schwedischen Armee-Einheiten übernommen und in das Truppenlager Backamo gebracht: interniert.

Für Erich Mildenberger und seine Kameraden, die glauben, der sowjetischen Gefangenschaft entkommen zu sein, ist dies die erste Station eines Leidensweges, der in die Sowjetunion und durch sowjetische Gefangenenlager führt und bis 1950 dauern soll.

Da war die gesamte Armeewaffenschule der 16. Armee, deren Fähren auf der Fahrt nach Flensburg von sowjetischen Fliegern angegriffen wurden, so daß die beschädigten Fahrzeuge die schwedische Küste anlaufen mußten.

Da waren auch die Angehörigen der 121., der 122. und 126. Infanteriedivision, die in Kurland gefochten hatten und unter dem Kommando von Oberleutnant Stiegert mit dem Schlepper ›Ziebens‹ über die Ostsee nach Deutschland wollten. Russische Aufklärungsflieger entdeckten sie. Hetzten ihnen sowjetische Schnellboote auf den Hals, wagten aber keinen Angriff, weil der Schlepper, von stürmischer See halb leckgeschlagen, inzwischen in schwedische Hoheitsgewässer gedriftet war und von schwedischen Wasserflugzeugen der Küstenwache beschattet wurde.

Das war ihr Glück; denn das Landungsboot ›Culbis‹ wurde von russischen Schnellbooten zusammengeschossen. 60 Tote. 30 Mann, fast alle verwundet, erreichten in abenteuerlicher Fahrt Gotland.

Die 150 Männer von der ›Ziebens‹ wurden von einem schwedischen Wachschiff übernommen und auf die Insel Gotland gebracht. Dort waren sie zuerst in dem Lager Lingen interniert – insgesamt 500 deutsche Soldaten, 57 Angehörige der lettischen Legion, die im Rahmen der Waffen-SS gekämpft hatten und acht estnische Flakhelfer-Jungs.

Walter Schielke hat in der Geschichte der 121. ostpreußischen Infanteriedivision einen sehr aufschlußreichen Bericht über die schwedische Internierung und was dann kam gegeben, der ein echtes Dokument der Zeitgeschichte ist.

In diesem Bericht spiegelt sich auch das Schicksal vieler Einzelflüchtlinge, die aus Kurland, von der Insel Hela, aus Ostpreußen und Pommern die Flucht über die Ostsee wagten, und in schwedischer Internierung landeten. Vor allem auch das Schicksal der Balten, die unter allen Umständen der sowjetischen Gefangenschaft entgehen wollten, weil sie wußten, daß ihnen, die von den Sowjets als Sowjetbürger reklamiert wurden, nichts anderes als der Tod bevorstand.

Und auch diese Geschichte gehört zu der Dokumentation der schwedischen Odyssee deutscher Soldaten. Der damalige Oberleutnant Willy Lückerath von der 126. Infanteriedivision berichtet:

»Am 8. Mai 1945 wurde die Kapitulation unterzeichnet. Ich war damals in Kurland. Dort sollten erst 48 Stunden später die Waffen schweigen. Ich hatte den Rang eines Oberleutnants und lag als Verwundeter mit anderen Verwundeten auf dem Flugplatz Libau-Süd.

Zu unserer größten Überraschung erschienen an diesem 8. Mai 1945 deutsche Flugzeuge aller Typen in erstaunlicher Zahl. Sie kamen aus Norwegen. Alle in Norwegen stationierten deutschen Maschinen seien zu diesem Unternehmen mit britischem Kraftstoff aufgetankt und nach Libau geschickt worden mit dem Auftrag, möglichst viele deutsche Soldaten, in erster Linie die Verwundeten, aus dem Kurland-Kessel zu holen, so sagten uns die Piloten.

Von Libau-Süd aus hatte man eine weite Sicht nach Westen in Richtung Gotland und Schweden. Wir sahen die deutschen Maschinen knapp über der Wasserfläche der Ostsee herankommen und den russischen Sperrfeuergürtel durchbrechen. Die Ju 52, in die ich mit anderen Kameraden, durchweg Schwerverwundeten, einstieg, war schwer überladen, die Reifen durch Granatsplitter beschädigt. Gegen 23.30 Uhr erreichten wir Kopenhagen. Der Kraftstoff war fast verbraucht, zumal er aus einer defekten, wahrscheinlich angeschossenen Leitung sickerte und versprühte. Ein Wunder, daß die Maschine nicht Feuer fing. Zwar hatten wir alle den Überweisungszettel zum Heimatlazarett Kiel im Knopfloch, aber der Pilot sah sich gezwungen, das nächste Landeziel anzusteuern – es war der Flugplatz von Malmö in Schweden.

In Malmö wurden wir sofort von Angehörigen des Schwedischen

Roten Kreuzes in Empfang genommen und in Sankas verladen. Wir wurden nach Bückeberg gefahren und auf einem alten Gutshof untergebracht. Nach und nach füllte sich der Gutshof; denn von Pillau, von Danzig und von Windau kamen deutsche Soldaten, die teilweise auf winzigen Wasserfahrzeugen geflüchtet waren.

Lagerführer des inzwischen mit 127 Offizieren, Unteroffizieren und Mannschaften besetzten Gutshofes war der schwedische Kapitän Nielsen, ein freundlicher Mann, der uns immer wieder versicherte, der Aufenthalt in Schweden werde für uns bald enden. Nach Erledigung einiger Formalitäten werde unserer Abreise nach Kiel nichts mehr im Wege stehen.«

Von besonderer Bedeutung für die spätere Entwicklung und die Auslieferung an die Russen ist Lückeraths Feststellung, daß er in den schwedischen Internierungslagern eine große Anzahl von Soldaten und Offizieren traf, die zum Teil durch wunderliche Umstände auf dem See- oder Luftweg in schwedische Internierung gerieten, aber nicht an der Ostfront gekämpft hatten. Er benennt zum Beispiel zwei Offiziere aus Norderney und einen Stabsoffizier aus Rommels Stab.

Zunächst erfüllte sich für die in vielen Schlachten geschundenen deutschen Soldaten der Traum vom Leben in einem neutralen Land. Die Schweden hatten für die rund 3000 Internierten fünf Lager eingerichtet: Lingen (auf Gotland), Backamo, Ranneslätt, Grunnebo und Rinkaby.

Die Organisation der Lager unterstand der schwedischen Armee, deren Offiziere und Mannschaften sich den Internierten gegenüber ritterlich und kameradschaftlich verhielten.

Der Sommer 1945 war in Schweden ungewöhnlich schön. Die deutschen Soldaten bauten Straßen und rodeten Wald. Sie legten Sportplätze an und halfen den schwedischen Bauern auf dem Feld. Sie spielten Fuß- und Handball. Sie veranstalteten Box- und Schachturniere. Organisierten Theaterabende und gründeten Tanzorchester.

In den Dokumenten der Wissenschaftlichen Kommission der Bundesregierung für Kriegsgefangenengeschichte heißt es: »Wie von schwedischer offizieller und inoffizieller Seite des öfteren bezeugt wurde, war die Moral der deutschen Internierten außerordentlich hoch, die Disziplin vollendet und die Organisation perfekt. Nicht zuletzt wurde der allgemeine und an sich ausgezeichnete Arbeitswille besonders geschätzt.«

Die Internierten wurden besser verpflegt als in den Jahren an der Front im Osten. Sie erhielten die gleiche Zigarettenzuteilung wie die Soldaten der schwedischen Armee. An Offiziere und Mannschaften wurde alle zehn Tage pünktlich Wehrsold gezahlt: Mannschaften zwölf Kronen; Unteroffiziere 16, Stabsfeldwebel und Leutnante 20 Kronen, Oberleutnante 24 Kronen etc. Pünktlich jeden Samstag wurde die Leibwäsche gewechselt, einschließlich zweier Handtücher, Taschentücher und Socken. Als Verpflegung erhielten die Internierten die schwedische Wehrmachtverpflegung. Wöchentlich einmal war Zählappell. Die militärische Bewachung war sehr human, der Lagerzaun bestand aus einem einfachen Zaun mit glattem Draht, ähnlich dem einer Weidekoppel. Mit der schwedischen Bevölkerung gab es sehr bald recht guten Kontakt. Mit der Außenwelt standen sie durch Presse und Rundfunk in Verbindung. Es gab schwedische, englische und schweizerische Zeitungen, jede Kompanie erhielt einen Radioapparat. Noch hielt sich die schwedische Regierung peinlich genau an die internationalen Vereinbarungen über die Behandlung von internierten Militärpersonen. So fiel es den Deutschen leicht, auf die Ordnung der Verhältnisse im besiegten Deutschland zu warten. Bald, so glaubten sie, würden sie in die Heimat zurückkehren können.

Aber über der Idylle schwebte schon die Katastrophe, die schließlich mehr als 2500 deutsche Soldaten mit sich riß.

In Stockholm war im Sommer 1945 eine Allparteien-Regierung – mit Ausnahme der Kommunisten – im Amt. An der Spitze stand der Sozialdemokrat Per Albin Hansson.

Am 2. Juni 1945 überreichte der sowjetische Gesandte Tschrenyschew, in Vertretung der Botschafterin Frau Kollontai, dem schwedischen Außenminister Günther eine Note. Darin ersuchten die Russen die Schweden, diejenigen in Schweden internierten deutschen und baltischen Soldaten der Deutschen Wehrmacht an Moskau auszuliefern, die zum Zeitpunkt der Kapitulation an der Ostfront gekämpft hatten und nach der Kapitulation nach Schweden geflohen waren.

Der Text der Note war nicht besonders dringlich. Er enthielt keine Warnungen oder gar Drohungen.

Das schwedische Außenministerium hatte dem Ministerpräsidenten Per Albin Hansson zwei Antworten auf die Note vorbereitet. Eine, in der dem Wunsch der Russen entsprochen wurde. Eine zweite, in der der Wunsch abgelehnt wurde.

Ministerpräsident Per Albin Hansson las die Note der Russen und die Entwürfe der Antworten. Er bat sich keine Bedenkzeit aus. Er setzte sich auch nicht mit den Westalliierten in Verbindung. Er entschied sich zwischen Frühstück und Mittag für die Auslieferung der Deutschen.

Und über die Bereitschaft hinaus, die völkerrechtlich strittige Forderung der Russen zu erfüllen, erklärte sich die schwedische Regierung bereit, auch solche Soldaten auszuliefern, die schon vor der Kapitulation in Schweden Zuflucht gesucht hatten und denen daher in ganz besonderer Weise nach dem Völkerrecht Asylrecht zustand. Dies widersprach nicht nur allen internationalen Konventionen über Kriegsgefangene, sondern auch dem geltenden Völker- und Asylrecht.

Am 11. Juni 1945 beriet der Auswärtige Ausschuß des schwedischen Reichstages unter Vorsitz des 87jährigen Königs Gustaf V., der als Tennisspieler bekannt geworden war, über das Begehren der Russen. Der Tag war heiß, die Sitzung dauerte lange, die Frage der Auslieferung der Deutschen stand am Ende der Tagesordnung.

Die Wissenschaftskommission berichtet über diesen entscheidenden Augenblick: »Wie Notizen, Memoiren und späteren Reichstagsreden der Teilnehmer zu entnehmen ist, war man vollkommen desinteressiert. Man nahm an, es handle sich um eine Auslieferung an eine interalliierte Kommission.« Der Außenausschuß stimmte zu, vier Tage später auch der Ministerrat.

Am 16. Juni 1945 besiegelte die schwedische Regierung das Schicksal der Gefangenen mit einer Note an Moskau: Ja zur Auslieferung, zur uneingeschränkten Auslieferung aller deutschen und baltischen Soldaten.

Warum dieser Rechtsbruch? Warum in Gottes Namen?

Aus dem Bericht der Wissenschaftlichen Kommission der Bundesregierung für Kriegsgefangenengeschichte:

»Sehr bald wurde erschreckend klar, daß der Auslieferungsbeschluß der Regierung in eklatantem Widerspruch zu den laut verkündeten Grundsätzen von Humanität und Neutralität stehe, ganz zu schweigen von der Tatsache, hierbei von völkerrechtlichen Normen abgewichen zu sein. Die am 31. Juli 1945 angetretene rein sozialdemokratische Regierung (von Schweden), die behauptete, betreffend der Auslieferung nur einen Beschluß der von ihr abgelösten Koalitionsregierung zu erfüllen, war angelegentlich darum bemüht, mit der Sowjetunion einen Handelsvertrag abzuschließen. Das ganz öffentlich ventilierte Gerücht, die Regierung hätte deswegen an der Auslieferung festgehalten, um Rußland in jeder Weise günstig zu stimmen, dürfte vieles für sich haben. Zwei Umstände sind da beachtenswert: daß erstens Schweden mehr Soldaten auslieferte, als Rußland für billig erachtete, und daß zweitens Rußland in keiner Weise übermäßig an der Übernahme der Soldaten interessiert war.«

Zu diesem Zeitpunkt saßen in den schwedischen Internierungslagern Backamo, Ranneslätt, Grunnebo und Rinkaby 2998 Mann, unter ihnen 167 Balten, die an der Seite deutscher Soldaten im Osten gekämpft hatten. Von den ursprünglich 500 Balten waren viele unter Hilfestellung der schwedischen Bevölkerung geflüchtet. In die Internierungslager drang vorerst kein Wort von dem Vorhaben der Schweden. Die Deutschen arbeiteten, spielten und warteten auf den Transport in die Heimat.

Anfang November 1945 machte im russischen Eismeerhafen Murmansk das Transportschiff ›Kuban‹ los. Sein Ziel: der Hafen Trelleborg am südlichen Zipfel des schwedischen Festlandes. Sein Auftrag: Transport der von den Schweden preisgegebenen Deutschen nach Rußland. Das Schiff hatte keinerlei Einrichtungen für die Unterbringung einer größeren Zahl von Menschen an Bord. Die Russen wollten die Deutschen in die Laderäume pferchen.

Am 15. November 1945 wurden die Absichten der schwedischen Regierung, die Deutschen einem unerbittlichen Sieger auszuliefern, allgemein bekannt. In den Lagern brach Verzweiflung aus. Die gefangenen Soldaten traten in den Hungerstreik. Das Schicksal, das den Deutschen und den gleichfalls internierten Balten zugedacht war, versetzte auch das Land in Erregung und Empörung.

Eine der größten Zeitungen des Königreiches schrieb: »Schwedens Ruhm und Ehre stehen auf dem Spiel.«

Vertreter der schwedischen Kirche ersuchten um eine Audienz beim sozialdemokratischen Außenminister Undén. Einer der Geistlichen berichtete später über die Reaktion des Ministers: »Exzellenz wiederholte seine Behauptung, die Sowjetunion sei ein Rechtsstaat.«

Drei Tage später versuchte auch der Stabschef der schwedischen Reichsverteidigung den Außenminister zu einer Überprüfung des verhängnisvollen Beschlusses zu bewegen. Er berichtete: »Undén wiederholte bloß stur seinen Ausspruch, die Sowjetunion sei ein Rechtsstaat.«

Der Sprecher der Internierten, Generalleutnant Angelo Müller, schrieb einen Brief an Schwedens König Gustav V. Er machte den Monarchen darauf aufmerksam, die schwedische Regierung sei dabei, das Völkerrecht zu brechen: Zwar habe der größte Teil der Soldaten tatsächlich an der Ostfront gekämpft. Die meisten von ihnen hatten jedoch noch vor der Kapitulation den Befehl erhalten, sich nach Westen abzusetzen. Sie waren also, so Müller, Gefangene der britischen und nicht der sowjetischen Armee.

Die Antwort der schwedischen Regierung auf Bitten und Proteste: Soldaten der Armee schlossen einen dichten Ring um die Lager. Die Soldaten des Königs blickten durch den Stacheldraht auf die Gefangenen, in deren Gesichtern noch die Schrecken des großen Krieges standen und die nun neuen Schrecken entgegensahen.

Da ereignete sich ein beispielloser Vorgang. Offiziere und Unteroffiziere von zwei Regimentern der schwedischen Armee schrieben einen Brief an ihren König: »Unsere Loyalität gegenüber König und Regierung ist unverbrüchlich. Aber unser Gewissen und unsere Ehre als Soldaten gebieten uns, auf das kräftigste unser Schamgefühl darüber zu betonen, daß wir bei der bevorstehenden Auslieferung mitwirken sollen.«

Die schwedischen Offiziere der Lagerbewachungen banden sich zum Zeichen ihrer Solidarität mit den Deutschen weiße Taschentücher an ihre Leibriemen. Der Hauptmann Carlsson telegrafierte folgendes an den König:

»Da ich als Lagerchef im Internierungslager Grunnebo am Bruch eines Versprechens mitgewirkt habe, das die nun vor sich gehenden Tragödien bewirkt, sehe ich mich nicht länger imstande, als Hauptmann in der Reserve des Königlichen Bohuslän-Regiments zu verbleiben und bitte untertänigst, mir den sofortigen Abschied zu bewilligen.«

Der Abschied wurde bewilligt.

Hunderte ähnlicher Telegramme und Briefe erreichten den König. Er versuchte, das Kabinett zu einer erneuten Überprüfung des Beschlusses zu veranlassen. Vergeblich.

An dem Tag, an dem die Soldaten protestierten, erschienen schwedische Männer und Frauen vor den Lagern und schenkten den Insassen zum Zeichen des Mitgefühls Blumen.

Die schwedische Regierung aber begann, die Einheiten der Armee durch Einheiten der Staatspolizei abzulösen. Sie setzte den 27. November 1945 als Tag der Auslieferung fest.

Doch noch einmal erhielten die Gefangenen Aufschub. Das russische Schiff ›Kuban‹ mußte erst hergerichtet werden. Im Bericht der Wissenschaftlichen Kommission heißt es dazu: »Der russische Marineattaché (in Stockholm) war äußerst darum bemüht, den Anschein eines Sklavenschiffes zu vermeiden, und bat um schwedische Mitwirkung bei der Einrichtung des Schiffes. Es wurden Vorkehrungen getroffen, am Kai von Trelleborg Pritschen und Papiermatratzen bereitzuhalten.«

Im Lager Backamo nahm ein deutscher Offizier am Morgen des 27. November einen Stein in die Hand, holte aus und ließ ihn auf sein Bein niedersausen. Die Knochen zersplitterten in viele Teile. Der Offizier, dem während des Krieges 16 Auszeichnungen für Tapferkeit vor dem Feind verliehen worden waren, hoffte, die Selbstverstümmelung würde ihn vor der Auslieferung an die Sowjets bewahren.

Dann kam die Nachricht von der Verzögerung der Abreise. Die Gefangenen glaubten, die schwedische Regierung habe damit den Auslieferungsbeschluß gänzlich aufgehoben.

Generalleutnant Angelo Müller berichtete aus dem Lager Backamo: »Ungeheurer Jubel brach aus. Die Internierten brachten ein Hoch auf den schwedischen König und das schwedische Volk aus, wonach der Choral ›Großer Gott, wir loben Dich‹ gesungen wurde.«

Die Hoffnung währte nur drei Tage.

Lager Backamo, 30. November 1945, Freitag. Die Internierten werden um 5.00 Uhr geweckt. Sie treten zum Appell auf dem Lagerplatz an. Ein Offizier teilt mit, daß um 12.00 Uhr die erste Gruppe mit Autobussen zum Bahnhof und dann auf das Schiff nach

Rußland transportiert werden soll, die zweite Gruppe um 18.50 Uhr. Die Soldaten gehen in die Baracken zurück.

Und dann geschieht es.

Um 6.25 Uhr schlägt ein deutscher Soldat mit einer Axt in seinen Fuß. Raserei bricht los. Ein zweiter Deutscher greift zu einem Messer und stößt es in die eigene Brust. Ein Offizier erhängt sich. Mehr als hundert Internierte schlitzen sich die Pulsadern auf.

Dann kommen schwedische Polizei und Soldaten. Sie schlagen mit Gummiknüppeln auf die Verletzten ein. Sie schleppen die Soldaten der ehemaligen deutschen Armee über den Lagerplatz zu den Autobussen.

Oberleutnant Willy Lückerath hechtete über den Zaun des Lagers und floh ins schwedische Krankenrevier. Der schwedische Lazarett-Sergeant Granberg versteckte ihn auf dem Speicher. Doch die Staatspolizei setzte zwei Spürhunde ein, sie machten Lückeraths Versteck aus, und die Polizisten holten ihn mit Gewalt vom Dachboden.

Im Lager Ranneslätt steigt um 8.35 Uhr eine rote Rakete in den Himmel – Angriffssignal für Polizisten und Soldaten. Sie stürzen in das Lager, um die Deutschen herauszuholen.

Die Internierten rennen aus den Baracken und klammern sich aneinander, Mann an Mann, 200 Deutsche, dicht an dicht. Sie knüpfen ihre Gürtel und Koppel und ihre Schnürriemen zusammen – ein Karree der Verzweiflung und Hoffnungslosigkeit.

Da stehen sie. Umringt von blau-schwarz uniformierten, behelmten Polizisten mit Schlagstöcken. Polizisten und Internierte starren sich an. Dann heben die Polizisten ihre Stöcke.

Der deutsche Lagerälteste stößt sich im gleichen Augenblick einen Dolch in die Brust. Andere Gefangene ziehen Rasierklingen durch ihr Fleisch. Sie schlucken scharfkantige Metallgegenstände. Die Polizei zerprügelt den Widerstand. Die Deutschen werden in den Zug getrieben und nach Trelleborg auf die ›Kuban‹ gebracht.

Der 30. November 1945 ging als »blutiger Freitag« in die schwedische Geschichte ein.

Im Lager Rinkaby mit seinen 800 Mann war es nicht anders. Ein Hungerstreik hatte die Männer schon an den Rand der Erschöpfung gebracht. Als der Befehl zum Abtransport kam, brach die Panik aus. Sechs Männer erhängten sich; zwölf hackten sich mit Äxten in die Füße, mehr als ein Dutzend öffnete sich die Pulsadern.

Die schwedische Regierung lieferte etwa 2500 Soldaten der ehemaligen Deutschen Wehrmacht an die Sowjetunion aus, rund 500 an die Engländer.

Am 15. Dezember, in der Vorweihnachtszeit, wurden auch die Internierten, die im Krankenhaus Malmö lagen, in einer Nacht- und Nebelaktion auf Kraftwagen verladen und nach Trelleborg gebracht.

So ereilte auch die letzten der 121. Infanteriedivision das Schicksal der Auslieferung. Walter Schielke berichtet:

»Im Morgengrauen hielten unsere Kraftwagen im Hafengelände von Trelleborg. An einer Sperre dicht am Kai erfolgte die ›feierliche‹ Übergabe an die Russen. Wir traten einzeln an einen Beamten des schwedischen Außenministeriums, der an Hand der Registrierungskarte des Internationalen Roten Kreuzes Name und Fotografie des Mannes verglich. Mit einem ›Nu, dawai‹, zeigte der Russe auf den Laufsteg zum Schiff, wo uns bereits russische Posten in Empfang nahmen. Durch die Ladeluken schlotterten wir in den Rumpf des Schiffes, wo wir uns auf das aus Holzwolle und Decken hergerichtete Lager fallen ließen. Den 16. Dezember und die Nacht zum 17. Dezember lagen wir noch im Hafen, wo noch laufend Kameraden aus den übrigen Krankenhäusern zugeladen wurden und in den Morgenstunden des 17. Dezember 1945 (es war ein Sonntag) verließen wir den Hafen von Trelleborg und somit schwedisches Territorium. Das war der Abschied von Schweden mit anschließender Seefahrt in ein unbekanntes Schicksal.«

Es dauerte für Walter Schielke bis zum Frühjahr 1949.

Am 24. Januar 1946 lag wieder ein russisches Schiff im Hafen von Trelleborg. Es sollte die letzten der Soldaten, die in Hitlers Wehrmacht gekämpft und in die Hände der Schweden geraten waren, dem sowjetischen Sieger überstellen.

Es handelte sich um diejenigen Internierten, die wegen ihrer Selbstverstümmelungen oder wegen anderer Gebrechen in Lazaretten und Krankenhäusern untergekommen waren. Vergeblich hatten sie gehofft, daß der Kelch der Auslieferung an ihnen vorübergehen würde.

Auch sie wurden abtransportiert. So greift das Schicksal auch nach Erich Mildenberger im Lazarett Uddevalla. Er wurde mit der ›Bjalostrow‹, einem ehemaligen finnischen Passagierdampfer verfrachtet. Als Mildenberger am 25. Januar 1946 an Bord gebracht wird, sagt man ihm, es sei nur für ein paar Monate. Die »paar Monate« dauerten vier Jahre!

Viele Schweden beobachteten an diesem Nachmittag des 25. Januar 1946 in Trelleborg wie die deutschen Gefangenen müden Schrittes die Gangway zu dem Russendampfer hinaufstiegen. Viele mußten sich auf Kameraden stützen, und viele wurden auf Bahren getragen.

Ein lettischer Offizier, der in der Deutschen Wehrmacht gekämpft hatte, schritt auf die Gangway zu. Unmittelbar vor ihr blieb er stehen, blickte auf das Schiff mit dem russischen Namen. Polizisten schrien: »Weiter, weiter.« Da zog der Lette einen Dolch und stieß ihn in seine Brust. Er starb an der Gangway – im neutralen Königreich Schweden.

»Schwedenfahrer« hießen die ausgelieferten Internierten im Lagerjargon. Und alle »Schwedenfahrer« wurden in Libau gesammelt, im berüchtigten Lager »Zuckerfabrik«. Hier warteten die vom ersten Transport auf die letzten.

Im Februar 1946 begannen dann die Registrierungen und die Einteilungen in die Berufs- und Arbeitsgruppen. Und dann wurden sie in alle Winde Rußlands verstreut. Eingereiht in das Heer der ärmsten der Armen.

Sühnemärsche in Jugoslawien

Am 17. Dezember 1943 ist der Himmel über Südosteuropa kalt und klar: Bomberwetter. Auf dem Feldflughafen von Skopje in Süd-Serbien warten die Piloten des deutschen Jagdgeschwaders 27 auf den Einsatzbefehl. Am späten Vormittag kommt die Meldung: Starke amerikanische Bomberverbände im Anflug auf Wien.

Die Piloten sprinten zu ihren Jagdmaschinen vom Typ Me 109. Das Pfeifen der Propeller durchschneidet die Winterluft. Die Maschinen rollen an und heben ab.

An der Spitze des breitgefächerten Jagdverbandes fliegt Hauptmann Joachim Kirschner, Kommandant der IV. Gruppe. Er ist einer der erfolgreichsten deutschen Kriegsflieger. Am 2. August 1943 war ihm das Eichenlaub zum Ritterkreuz verliehen worden. Bis zu diesem 17. Dezember 1943 hatte Kirschner 188 feindliche Flugzeuge abgeschossen.

Der Hauptmann blickt angestrengt nach vorn. Der Kurs seiner Gruppe ist Nordwest, die Sonne steht schräg hinter den Maschinen. Sie werfen kleine dahinjagende Schatten auf die Berge und Wälder Serbiens.

Und dann wird's ernst. Metall blinkt in der Sonne: »Achtung – feindliche Jäger voraus.« Amerikaner? Nein; englische Jäger vom Typ Spitfire. Und sie sind in der Überzahl.

MG-Garben durchziehen den Himmel. Eine Me 109 stürzt brennend ab. Mehrere Spitfire greifen Joachim Kirschners Maschine an. Sie schießen gut. Die Me wird durchlöchert; Kirschner ruft über Bordfunk: »Ich steige aus.«

Er öffnet die Kanzel seiner Maschine. Stemmt sich aus dem Sitz hoch. Raus. Die führerlose Me trudelt weg und zerschellt in einem Feuerball am Boden. An seinem weißen Fallschirm pendelt Kirschner der Erde zu.

Am Abend funkt der Kommandant vom Feldflughafen Skopje nach Berlin, daß Hauptmann Kirschner vom Feindflug nicht zurückgekehrt war. Reichsmarschall Hermann Göring, der den Lufthelden Joachim Kirschner geschätzt hatte, läßt die Stäbe der deutschen Armee-Einheiten im Abschußgebiet mobilisieren. In mehreren Funksprüchen forderte er sie auf, das Schicksal Kirschners zu klären und möglichst viele Informationen aus dem Absturzgebiet zu beschaffen.

Die erste Nachricht über Kirschners Schicksal kam von der Horchkompanie einer Nachrichtenabteilung; ein Funker hatte einen Funkspruch abgehört, der zwischen dem Hauptquartier des Partisanen-

Generals Josip Broz, genannt Tito, und einer seiner Partisanenbrigaden geführt worden war. Daraus ergab sich, daß Titos Partisanen den Luftkampf zwischen den Deutschen und den Briten beobachtet und verfolgt hatten, wie der Deutsche an seinem Fallschirm herunterpendelte. Und was war dann passiert?

Aus den Fragen, die Tito per Funk stellte, und den Antworten der Brigade ergab sich dieses Bild: Die Partisanen schossen auf Kirschner als der noch in der Luft war, doch sie trafen ihn nicht. Sie warteten auf ihn am Boden.

Kirschner wehrte sich nicht, als er gelandet war. Die Partisanen brachten ihn als Gefangenen in ihre Stellung zur Vernehmung. Die weitere Entwicklung war aus dem Funk-Hin-und-Her, zum Teil mit Befehlsfetzen und Code-Worten, nicht zu entnehmen. Doch die hektische Funkerei war nicht nur alarmierend, sondern auch informativ über den ungefähren Standort der Partisanenbrigade.

Einheiten der Wehrmacht und der Waffen-SS wurden in Marsch gesetzt. Drangen in das von den Tito-Partisanen beherrschte Gebiet ein. Und sie fanden den Hauptmann. Aber wie! Nicht nur tot, sondern massakriert.

Die Jugoslawen hatten dem Eichenlaubträger die Kehle durchgeschnitten und die Augen ausgestochen. Auf der Leiche drapiert lag das Ritterkreuz mit Eichenlaub, berichtete Fridolin Erwin Köbel, ein Kamerad Joachim Kirschners.

Der deutsche Luftheld war Opfer einer Kampfführung geworden, deren Grausamkeit auf keinem anderen Schlachtfeld des Zweiten Weltkrieges ihresgleichen fand.

Die Völker des Balkans und insbesondere Kroaten, Serben und Albaner kämpften in allen geschichtlichen Auseinandersetzungen – ob gegen die Türken, ob gegeneinander – mit unerhörter Unbarmherzigkeit und Brutalität. Nirgendwo in Europa ist im Laufe der Jahrhunderte pro tausend Einwohner mehr Blut vergossen worden als auf dem Balkan. Schon bevor die Deutschen kamen, gab es kaum eine Familie, die nicht ein Opfer von Gewalt zu beklagen gehabt hätte.

Der Nürnberger Historiker Dr. Georg Scheller stellte vor dem Amerikanischen Militärgerichtshof Nr. V, der gegen Generale der deutschen Südostarmee verhandelte, 1947 als Zeuge fest: »Die besondere Grausamkeit der Kriegführung auf dem Balkan ist keine Sondererscheinung des letzten Krieges gewesen und hat in keiner Weise ihre Ursache etwa in einem besonders scharfen Vorgehen der Deutschen Wehrmacht. Die Geschichte der Kriege und Kämpfe unter den Stämmen und Völkern des Balkans ist zugleich eine Geschichte fürchterlicher Grausamkeiten, Plünderungen, Brandschatzungen, Vergewaltigungen usw.

Im wesentlichen sind es Einflüsse der türkischen Herrschaft, die sich hier noch auswirken. Dem türkischen Kriegervolk stand die Vorstellung einer ›Heiligkeit‹ des Menschenlebens durchaus fern, der Islam predigte die Ausrottung der Ungläubigen.

So haben die Türken in ihren Eroberungskriegen Städte und Dörfer zerstört, alte Frauen und Männer ermordet, junge Frauen und Mädchen in die Sklaverei geführt, die feindlichen Soldaten erschlagen. Im Kampf gegen die Türken, die Unterdrücker, entwickelten die Völker des Balkan natürlich entsprechende Methoden: Kampf aus dem Hinterhalt, List und Tücke, jede Kampfmethode war erlaubt, Grausamkeiten, keine Schonung der Verwundeten, keine Gefangenen.

Nach der Vertreibung der Türken haben sich die Kampfmethoden nicht geändert. Vernichtung, Ausrottung, Vergewaltigung, Plünderung finden sich wieder in den Stammeskämpfen und in den späteren Kriegen der Balkanvölker untereinander.«

Der Feldzug der Deutschen Wehrmacht gegen Jugoslawien diente der militärischen und politischen Absicherung der Südostflanke beim Angriff auf Rußland. Ende März 1941 war die damals deutschfreundliche jugoslawische Regierung Zwetković des Prinzregenten Paul von Jugoslawien dem von Deutschland dominierten Dreimächtepakt beigetreten, also Bündnispartner des Deutschen Reiches geworden. Zwei Tage später putschten Fliegeroffiziere unter Führung des von der Sowjetunion favorisierten General Simović und stürzten die deutschfreundliche Regierung in Belgrad.

Am 6. April griffen daraufhin deutsche Bomber Belgrad an, deutsche Truppen marschierten ein.

Am 10. April schon bildete sich der Staat Kroatien. An seiner Spitze stand Dr. Ante Pavelic. Er stützte sich auf bewaffnete Einheiten mit dem Namen Ustascha. Am 17. April – nach 13 Tagen – kapitulierte die jugoslawische Armee. Der Krieg war formell zu Ende. In Wirklichkeit aber begann er erst.

Denn schon drei Monate nach der Kapitulation betrat ein bis dahin unbekannter Kommunist die Bühne der Geschichte und eröffnete seinen Krieg gegen die Deutschen aus den Wäldern Serbiens. Der Partisanenführer Josip Broz, genannt Tito. Sein Krieg war der Guerillakrieg, der Partisanenkampf reinsten Wassers. Seine beste Waffe die Überraschung, seine Front der Hinterhalt, seine Strategie Vernichtung des Gegners. Die alten Kampfmethoden der Türkenkriege feierten Auferstehung: Krieg ohne Gnade, ohne Pardon.

Die Deutschen standen dem Bandenkrieg nahezu ohnmächtig gegenüber. Die Partisanen, die oft in Zivilkleidung kämpften und ihre Waffen niemals sichtbar trugen, griffen stets aus Verstecken an. Sie kamen aus dem Busch, aus dem Wald, aus dem Gebirge. Sie marterten, verstümmelten und töteten erbarmungslos.

Im September 1941: Auf der Straße von Belgrad nach Kragujevac fahren fünf Lastwagen der Wehrmacht. Auf der Ladefläche Kranke und Verwundete. Soldaten sichern den Transport. In der Kurve von Kragujevac müssen die Fahrer die Geschwindigkeit drosseln. Schüsse peitschen aus dem Gebüsch, treffen in die Wagen, in die Reifen. Vier Fahrzeuge rasen mit hoher Fahrt davon. Die Soldaten der Begleitmannschaft verschanzen sich hinter dem liegengebliebenen Fahrzeug. Die Partisanen bleiben in Deckung und schießen weiter. Die Deutschen müssen sich ergeben. 21 Überlebende werden von den Partisanen gefangengenommen und in die Berge getrieben. Einige Tage hoffen sie, mit dem Leben davonzukommen.

Dann, an einem kühlen Herbstmorgen, befiehlt der Führer der Partisanen seinen Gefangenen: »Grabt euer Grab.« Die Gefangenen stechen Schaufel um Schaufel in den steinigen Boden. Die Partisanen rauchen und treiben zur Eile. Dann ist die Grube fertig. Die Sonne steht hoch. Die Deutschen müssen sich entkleiden und an den Rand der Grube treten.

Einer der deutschen Soldaten springt und läuft, läuft und springt. Springt ins Gebüsch, wird von Zweigen und Laubwerk verschluckt. Schüsse pfeifen, aber treffen ihn nicht. Er hört das Rattern der Schüsse, unter denen seine Kameraden sterben. Dieser Mann kommt davon und berichtet über den Tod von Partisanenhand.

2. Oktober 1941: Ein Kompaniechef, ein Leutnant und ein Hauptfeldwebel und 42 Mann besteigen in Belgrad drei Lastwagen und zwei Kübelwagen. Mit einem Sonderauftrag fährt das Kommando an diesem Morgen in die Berge: Die Soldaten sollen nach Kameraden suchen, die von Partisanen überfallen und verschleppt worden sind. Zu den Männern des Suchtrupps gehört Johann Kerbler vom Nachrichtenregiment 521. Johann Kerbler ist der einzige, der von diesem Einsatz zurückkehrt.

Die Wagen der Deutschen rollen über die staubige Straße, erreichen die Stadt Tojola und klettern über Serpentinen bergan. Die Fahrer müssen häufig schalten, die Motoren heulen beim Zwischengas auf. Zur linken Hand sehen die Soldaten die gelblich-grünen Stauden auf ausgedehnten Maisfeldern, zur rechten Hand Busch und Wald.

Die Soldaten spähen aus ihren Fahrzeugen in das Buschwerk und in die Maisfelder. Ein Schatten? Eine Bewegung? Ein Mensch? Ein Partisan? Mittag ist vorbei, die Sonne neigt sich. Die Fahrzeuge rattern weiter. Dann fällt ein Schuß ein einzelner Schuß. Über einem Maisfeld ist einen Augenblick lang ein Wölkchen Rauch zu sehen. Die Kolonne fährt weiter.

Dann aber ist das Gefecht da. Johann Kerbler erinnert sich, was geschah: »Schlagartig setzte von beiden Straßenseiten schweres MG- und Gewehrfeuer ein. Unser Fahrer verriß den Wagen und fuhr in den

Straßengraben. Neben mir brach ein Kamerad von Gewehrkugeln getroffen zusammen.«

Die deutschen Soldaten sprangen aus den Wagen, rissen ihre Karabiner und Maschinenpistolen hoch und schossen auf die versteckten Partisanen. Sie schossen bis zur letzten Patrone, wie Johann Kerbler berichtet. 14 Überlebende ergaben sich.

Sie ergaben sich dem Tod. Titos Männer führten sie an einen Bach. Die Gefangenen mußten sich an das Ufer setzen. Auf dem gegenüberliegenden Ufer brachten die Partisanen zwei Maschinengewehre in Stellung. Johann Kerbler: »Die Laufmündungen zeigten auf uns. Somit wußte jeder, was uns bevorstand.«

Der Kompaniechef, der den Überfall überlebt hatte, machte einen letzten, verzweifelten Versuch, das Leben seiner Kameraden zu retten. Er schlug den Partisanen vor, die gefangenen Deutschen gegen gefangene Partisanen freizulassen im Verhältnis 1 : 10. Ein deutscher Soldat gegen 10 Partisanen. Der Partisanen-Chef schüttelte den Kopf und winkte ab. Der Kompaniechef wurde zu seinen Leuten zurückgetrieben. Als er bei seinen Soldaten saß, hob er die Stimme und sagte: »Bleibt ruhig, es geht schnell vorbei.«

Johann Kerbler über die nächsten Sekunden: »In einer Entfernung von knapp einem Meter brachten sie die Maschinengewehre gegen uns in Anschlag und rissen den Abzug durch. Ich ließ mich nach rückwärts fallen. Zwischen Belfern und Hämmern der MG-Garben tönten die immer lauter werdenden Schreie der getroffenen Kameraden.«

Johann Kerbler überlebte mit drei Schußverletzungen im Rücken. Er stellte sich tot, als die Partisanen von einem ihrer Opfer zum anderen gingen, um den noch Lebenden mit der Pistole in den Kopf zu schießen. Dann ließen sie die Toten einfach liegen. Zum Glück für Johann Kerbler.

Diese Ereignisse sind Beispiele aus einer schier endlosen Kette grausamer Kampfführung auf dem Balkan während des Zweiten Weltkrieges.

Die deutsche Führung versuchte, Sabotageanschläge und Überfälle auf ihre Soldaten mit Repressalien zu unterbinden. Am 16. September 1941 erließ das Oberkommando der Wehrmacht einen Befehl, der als »Keitel-Befehl« bekanntgeworden ist. Er war auf die Partisanen in der Sowjetunion gemünzt, galt jedoch auch für den Bereich der Südostarmee. In dem Befehl heißt es: »Um die Umtriebe im Keime zu ersticken, sind beim ersten Anlaß unverzüglich die schärfsten Mittel anzuwenden... Als Sühne für ein deutsches Soldatenleben muß in diesen Fällen im allgemeinen die Todesstrafe für 50 bis 100 Kommunisten als angemessen gelten. Die Art der Vollstreckung muß die abschreckende Wirkung noch erhöhen.«

1947/48 machte der Amerikanische Militärgerichtshof Nr. V in Nürnberg Kommandeuren der deutschen Südostarmee den Prozeß. Das Gericht der Sieger befand:

»Es ist klar bewiesen, daß während der Besatzungszeit in Jugoslawien gegen die Besatzungsmacht ein Guerilla-Krieg geführt wurde. Ein Guerilla-Krieg besteht, wo nach der Kapitulation des Hauptteils der Streitkräfte, nach der Übergabe der Regierung und der Besetzung ihres Gebietes der Rest der geschlagenen Armee oder die Einwohner selbst die Feindseligkeiten fortsetzen, indem sie den Feind mit umorganisierten Kräften, die gewöhnlich nicht stark genug sind, um ihr in offener Feldschlacht gegenüberzutreten, belästigen. Sie sind mehr oder minder in der Lage eines Spions.

Nach Kriegsrecht ist es zulässig, Spione zu verwenden. Wenn ein Spion gefangen wird, darf er nichtsdestoweniger erschossen werden, weil der Kriegführende das Recht hat, sich durch wirksame, abschreckende Strafen gegen die ernsten Gefahren der feindlichen Spionage zu schützen. Das hier in Frage kommende Prinzip bezieht sich auf Guerillas, die nicht Kriegführende im Sinne des Gesetzes sind. Genauso wie der Spion legal für sein Land handeln und zur gleichen Zeit für den Feind ein Kriegsverbrecher sein kann, so können Guerillas ihrem Lande große Dienste leisten und, falls sie erfolgreich sind, selbst zu Helden werden und doch in den Augen des Feindes Kriegsverbrecher bleiben und als solche behandelt werden.

Auf keine andere Weise kann sich eine Armee vor den Hornissenüberfällen solch eines bewaffneten Widerstandes schützen und bewahren. Andererseits müssen die Mitglieder solcher Widerstandsgruppen das erhöhte Risiko, welches diese Kampfesart mit sich bringt, auf sich nehmen...

Wir sind der Ansicht, daß die Regel gilt, daß ein Zivilist, der einen Kampf unterstützt, ihn begünstigt und daran teilnimmt, nach den Kriegsgesetzen als Kriegsverbrecher bestraft werden kann...

Eine Prüfung des uns über diese Materie zur Verfügung stehenden Beweismaterials überzeugt uns, daß Geiseln genommen werden können, um das friedliche Verhalten der Bevölkerung der besetzten Gebiete sicherzustellen, und daß diese unter gewissen Umständen, und wenn die notwendigen vorbereitenden Schritte getan wurden, als letzter Ausweg erschossen werden können...«

Soweit die amerikanischen Richter über die Rechtmäßigkeit der Partisanenbekämpfung. Die Deutschen aber hatten, so urteilte der Militärgerichtshof, in Jugoslawien Rache im Übermaß genommen:

»Übermäßige Repressalien können selbst zum Verbrechen werden und beladen die Personen, die für ihre Begehung verantwortlich sind, mit Schuld...

Das Beweismaterial in diesem Falle führt ein Maß an Tod und

Zerstörung auf, wie es in der neueren Geschichte selten übertroffen wird. Tausende unschuldiger Einwohner verloren ihr Leben durch ein Erschießungskommando oder durch den Strang des Henkers – Menschen, denen derselbe Drang zum Leben innewohnte, wie diesen Angeklagten.«

So waren Anfang Oktober 1941 in der jugoslawischen Stadt Topola 22 Soldaten von Jugoslawen ermordet worden. Am 9. Oktober ließen die Deutschen 2200 Kommunisten und Juden erschießen – Rache im Verhältnis 100:1. Am 28. Oktober 1941 starben 2200 Serben als Sühne für zehn getötete und vierundzwanzig verwundete deutsche Soldaten.

Der erbarmungslose und hinterhältige Krieg auf dem Balkan steigerte auch die alte Feindschaft zwischen Serben, Kroaten und Albanern zur Raserei: So war die Ustascha des faschistischen Kroatenführers Pavelic, die als Waffengefährte an der Seite der Deutschen kämpfte, der politischen Führung in Berlin zwar willkommen, den Landsern der Südostarmee jedoch zuwider. Die Ustascha-Stunde der Vergeltung an den Serben war schrecklich.

Der deutsche Sanitätsoffizier Dr. Heinz Reuter gab vor dem Amerikanischen Militärgerichtshof Nr. V im September 1947 zu Protokoll: »Eine Ustascha-Truppe überfiel ein Dorf und ermordete alle Rivalen; Männer, Frauen und Kinder ... In einem Dornengestrüpp hing eine umgestülpte Kinderwiege, das dazugehörige Kind lag zwischen den Dornen. Hunde fraßen von den Leichen einer Frau und eines Kindes.«

Im Frühjahr des Jahres 1942, viele Wochen nach der Eisschmelze, schwammen Hunderte von Leichen Jugoslawiens Flüsse herunter. Männer, Frauen und Kinder, erschossen, erhängt oder erstochen, häufig gefesselt, oft paarweise zusammengebunden.

Dr. Josef Fessl, Kommandeur der Krankentransportabteilung 703 (mot.) der 2. Panzerarmee berichtet über die Greuel in den ersten Monaten des Kriegs: »Hochzeitsgesellschaften wurden überfallen, mit Draht zusammengebunden, eine Tafel, die die Aufschrift ›Glückliche Reise nach Belgrad‹ trug, einzelnen um den Hals gehängt, und alle zusammen in die Donau geworfen. Auch wurden einzelne ans Kreuz geschlagen und mit derselben Tafel versehen in den Fluß geworfen.«

Titos Partisanen standen an Brutalität ihren kroatischen Todfeinden nicht nach. Einer ihrer Führer sägte einem gefangenen Landsmann mit einer Handsäge bei lebendigem Leibe den Kopf ab. Sie schlugen Kroaten mit Gewehrkolben den Schädel ein. Sie quälten Gefangene oft über viele Stunden, bevor sie ihnen ein Messer in den Hals stießen.

Und bald wendete sich die Grausamkeit auch gegen deutsche Soldaten, die den Partisanen in die Hände fielen. Die Landser, die im Spätsommer 1941 in den Bergen bei Belgrad aus dem Hinterhalt erschossen wurden, starben schnell. Im Winter des gleichen Jahres schon hängten die Männer des späteren Marschalls Tito gefangene deutsche Soldaten auf oder schlachteten sie mit dem Messer ab.

Rittmeister Siegfried Heidenreich erklärte im Oktober 1947 unter Eid: »Etwa Mitte Mai 1943 wurde ein deutscher Soldat von Partisanen am Spieß über offenem Feuer zu Tode geröstet.«

Der Major Peter Sauerbruch, dritter Generalstabsoffizier im Oberkommando der 2. Panzerarmee, gab eidesstattlich zu Protokoll: »Abgeschnittene Nasen, Ohren und Geschlechtsteile bei toten oder schwerverwundeten Soldaten, Verstümmelungen am Boden liegender Verwundeter, durch Messerstiche in die Weichteile oder Augen, wurden fast regelmäßig von der Truppe gemeldet, sobald sie in einen Bandenhinterhalt geraten war.«

Adolf Schmitzhübsch, Oberleutnant und Kompanieführer im Jägerregiment 72, berichtete dem Amerikanischen Militärgericht V im September 1947 unter Eid: »Während meiner vorübergehenden Funktion als Begräbnisoffizier habe ich mindestens 30 Leichen deutscher Soldaten gesehen, die augenscheinlich vor ihrer Ermordung auf das greulichste verstümmelt worden waren (abgeschnittene Ohren, ausgestochene Augen, Tötung durch langsames Verbrennen, lebendiges Begraben, Einrammen von angespitzten Pfählen in Unterleib und After). Beraubt wurde jeder gefangene und gefallene deutsche Soldat.«

Und immer schneller drehte sich die Spirale von Mord und Gewalt. Deutsche Soldaten scheuten die heimtückische und grausame Kampfführung der Partisanen schließlich so sehr, daß Tausende sich freiwillig an die Ostfront meldeten – obwohl die Gefahr im Gefecht zu fallen, dort viel größer war als in Jugoslawien.

Drei lange Jahre hatte dieser Krieg auf dem Balkan bereits gedauert, da explodierten Rachsucht und Blutdurst in schauerlicher Weise. Im Herbst 1944 griffen starke Einheiten der 3. Ukrainischen Front der Roten Armee zusammen mit Tito-Partisanen die deutschen Stellungen um Belgrad an. Gleichzeitig riegelten russische Truppen und Partisanen den Rückzugsweg von Belgrad nach Norden ab.

Die Deutschen verteidigten sich mit aller Erbitterung – buchstäblich bis zur letzten Patrone. Hatten sie doch während der Schlacht schon feststellen müssen, daß die Partisanen die Grausamkeit des Guerilla-Krieges auch in das offene Gefecht hineintrugen: Die Panzerbrigade 92, Teile der 1. Gebirgsdivision der Waffen-SS-Division »Prinz Eugen« und der Division »Brandenburg« hatten sich aus ihren Stellungen südlich von Belgrad auf die Hauptstadt zurückgezogen. Unteroffizier Otto Litz von der Panzerbrigade 92 sah an der Straße zwanzig tote deutsche Soldaten liegen. Sie waren nackt. Aufgereiht. Keiner von den zwanzig war im Gefecht gefallen. Sie waren auch nicht erschossen worden. Otto Litz: »Die Männer hatten sich ergeben und waren erschlagen worden. Schädel und Gesichter waren zertrümmert.«

Sechs Tage lang verteidigten sich die deutschen Truppen in der jugoslawischen Hauptstadt gegen die Angriffswellen der Roten Armee und die Partisanen. Am 20. Oktober 1944 war die Schlacht vorbei. Das Abschlachten begann. 30 000 deutsche Soldaten gerieten in die Gewalt der Sieger. Die Gefangenen wurden in Gruppen zu vielen Hundert vor Panzergräben geführt und erschossen. Eilig ausgehobene Massengräber füllten sich in den Nächten dieses Oktobers mit den Leichen. Hunderte von Gefangenen, die mit erhobenen Händen aus Häusern und Kellern kamen, wurden auf den Straßen niedergemacht. Nachrichtenhelferinnen wurden auf Pfähle gespießt.

Etwa hundertfünfzig Gefangene wurden unter eine Lehmwand geführt, in der Sprengstoff gezündet wurde. Die herabstürzende Erde begrub sie lebendig unter sich.

Auf einem einzigen Platz in Belgrad starben 5000 Landser. Auf dem Hauptbahnhof von Belgrad stand ein Lazarettzug, vollbelegt mit deutschen Verwundeten. Sie alle starben, berichtet eine Rotkreuzschwester, unter den Messern und Dolchen der Partisanen, Mann für Mann.

Es waren russische Offiziere, die dem Massenmord schließlich ein Ende setzten – als schon rund 30 000 Deutsche gestorben waren. Die Russen fürchteten, daß die in Blutrausch geratenen Partisanen für weitere Kampfeinsätze nicht mehr unter Gefechtsdisziplin zu bringen seien.

Die Schilderung der Tage währenden Exekutionen nach der Einnahme von Belgrad stammen zumeist von jugoslawischen Bürgern der Hauptstadt. Deutsche Zeugen gibt es kaum. Die Wissenschaftliche Kommission der Bundesregierung für Kriegsgefangenengeschichte stellt voller Resignation fest: »Über dem Schicksal der Kriegsgefangenen von Belgrad liegt eine Ungewißheit, die sich nicht völlig beseitigen läßt, weil die Augenzeugen für die Erschießung meist selbst dieser Tragödie zum Opfer gefallen sind.«

Die Wissenschaftliche Kommission urteilt: »Wie groß auch immer die Zahl der in Belgrad (Beograd) im Oktober 1944 erschossenen deutschen Kriegsgefangenen gewesen sein mag, entscheidend ist im Zusammenhang mit diesen Untersuchungen, daß auch hier wiederum ein eklatanter Verstoß gegen die Haager Landkriegsordnung bzw. das Genfer Kriegsgefangenen-Abkommen vorliegt, wonach es vor allem verboten ist, Vergeltungsmaßnahmen an den Kriegsgefangenen auszuüben. Als Vergeltungsmaßnahme muß jedoch die willkürliche Liquidierung der Belgrader Gefangenen erscheinen, da kein Gerichtsverfahren angestrengt wurde, um potentielle Kriegsverbrecher zu überführen. Nach Artikel 2 der Genfer Konvention unterstehen die Kriegsgefangenen der Gewalt der feindlichen Macht, aber nicht der Gewalt der Personen oder Truppenteile, die sie gefangengenommen haben. Die Erschießung von Kriegsgefangenen an Ort und Stelle durch die Truppe, die sie gefangengenommen hatte, ist demnach eine nach geltendem Völkerrecht verbotswidrige Handlungsweise ...«

Nach der Eroberung von Belgrad trieben Sowjets und Partisanen ihre Angriffskeile in Richtung auf die dalmatinische Küste. Ende November 1944 standen die deutschen Truppen in Stärke von zwei Divisionen in schweren Abwehrkämpfen rund um die Stadt Kmin. Sie konnten die Stadt nicht halten und verloren nahezu 5000 Mann; rund 2000 davon wurden von den Partisanen in Lager getrieben.

Dort aber blühte dunkelrot die Mordlust der Sieger. Der jugoslawische Lagerkommandant ordnete an, daß alle Kranken und Verwundeten, die nicht innerhalb von drei Tagen gesund sein konnten, auszusondern seien. Sie sollten, so sagte er, mit einem Lastwagen ins Lazarett der Stadt Split gefahren werden.

Unter den Kranken, die verladen wurden, war auch der Unteroffizier Josef S. aus Dorstadt.

Langsam ruckelt der Lastwagen durch das Lagertor, verschwindet in der Nacht. Die Gefangenen schweigen. Die jugoslawischen Wachmannschaften lassen Gespräche nicht zu. Plötzlich, nach wenigen Kilometern Fahrt, biegt der Lastwagen von der Straße ab, holpert über einen Feldweg. Die Kranken und Verwundeten stöhnen unter den harten Stößen des holprigen Weges.

Furcht überkommt sie. Ist dieser schmale Weg die Straße zur Stadt Split? Eine Umleitung? Die Gefangenen starren in die Nacht, suchen nach einem Licht in der Ferne.

Der Lastwagen hält. Seine Scheinwerfer strahlen auf den steilen Hang einer Schlucht. Die jugoslawische Begleitmannschaft treibt die Gefangenen mit Kolbenstößen von der Ladefläche auf den Fuß des Hanges zu. Die Deutschen stolpern, humpeln und hinken. Kameraden stützen die Männer, die nicht allein gehen können. Dann stehen sie, dicht zusammengedrängt, im Licht der LKW-Scheinwerfer. Von irgendwoher bringen die Jugoslawen Maschinengewehre in Stellung. Sie schießen in das Häuflein der Gefangenen, immer wieder.

Unteroffizier Josef S. hat sich bei den ersten Schüssen fallen lassen. Auf ihn stürzen tote Kameraden. Er bleibt unverletzt. Josef S. hört den Lastwagen davonpoltern. Er wartet. Manchmal noch ein Stöhnen in nächster Nähe. Ein Kamerad, der stirbt. Josef S. braucht lange Zeit, um die schweren toten Körper über sich beiseite zu schieben. Dann läuft er davon – und kommt zurück ins Lager – »halb irrsinnig«, wie der deutsche Arzt bezeugt, der ihn untersucht.

Dieser Arzt erlebte auch die Hinrichtung deutscher Gefangener in einem jugoslawischen Lager mit. Er schilderte dies der Wissenschaftlichen Kommission der Bundesregierung für Kriegsgefangenengeschichte: »Der Name des Delinquenten wurde aufgerufen, dieser gab sein Kochgeschirr dem nächsten, trat vor. Er wurde gefragt, ob er lieber ›Heil Hitler‹ oder ›Heil Moskau‹ rufen wolle... und wurde durch Genickschuß erledigt.«

Der Zeuge weiter: »Als ein Italiener einen Spaten verkauft hatte, wurde er zur Erschießung geführt. Er riß sich unter furchtbarem Geschrei los und wurde auf der Dorfstraße niedergeknallt.« Der Zeuge berichtet, daß gerade die imponierend-tapfere Haltung der Deutschen die Partisanen reizte und zu immer weiteren Erschießungen anstachelte, während sie die Liquidierung der Italiener einstellten.

Die Deutschen, die noch während des Krieges auf dem Balkan fielen, blieben nicht die letzten Opfer jugoslawischer Vergeltung. Nein, das große Sterben begann vielmehr erst nach der Kapitulation des Großdeutschen Reiches.

Anfang Mai 1945 stand die Masse der deutschen Südostarmee nach schweren Rückzugsgefechten gegen Titos Partisanen und Einheiten der bulgarischen Armee im Raum Agram – nur noch 72 Marschstunden von der Reichsgrenze entfernt. Der Rückzug über die Alpen nach Österreich und damit in ein Gebiet, das von Engländern besetzt war, schien gesichert.

Dann aber trat die Heeresgruppe E, die deutsche Südostarmee, auf der Stelle – wenige, aber schicksalhafte Tage.

Generalmajor Schmidt-Richberg, Generalstabschef der Heeresgruppe E beschreibt, weshalb der Rückzug unter anderem verzögert wurde: »Mit der Annäherung an die Voralpen mündete die Gesamtbewegung in wenige recht empfindliche Gebirgsstraßen ein. Diese waren noch durch Räumungstransporte und Marschbewegungen im Zuge der Verlegung der gesamten Nachschubbasis nach Steiermark-Kärnten belegt. Der Abmarsch der kämpfenden Truppen selbst auf diesen Straßen bedurfte eingehender Einweisungen und Regelung, um Kreuzungen und Stauungen zu vermeiden, sowie planmäßiger Abschirmung nach allen Seiten gegen den nachdringenden Feind.«

Gleichwohl: Noch hätte sich die Heeresgruppe E – nahezu 200 000 Mann stark – retten können. Dann aber geriet sie durch die Gedankenlosigkeit im Oberkommando der Wehrmacht und durch die Hinterlist der Partisanen in eine tödliche Falle:

In die Rückzugsoperation aus dem Raum Agram nach Norden hinein fuhr überraschend der Befehl des Oberkommandos der Wehrmacht an alle deutschen Truppen, in der Nacht vom 8. auf den 9. Mai 1945 bedingungslos zu kapitulieren.

Generalmajor Schmidt-Richberg schreibt über die Folgen für die Soldaten der Heeresgruppe E: »Das Oberkommando der Heeresgruppe übersah sofort, daß es ihm kaum gelingen konnte, den kurzfristigen Kapitulationstermin überhaupt noch zu allen zurückkämpfenden Verbänden durchzubringen. In fieberhafter Eile wurden alle Möglichkeiten zur Rettung der Truppe durchdacht. Über die Grausamkeit einer jugoslawischen Gefangenschaft konnte kein Zweifel sein.

Selbstverständlich hätte die Heeresgruppe mit dem Gros ihrer Kräfte sich unschwer durchkämpfen können. Jeder Kampf über den 9. Mai hinaus mußte jedoch zur Auflösung auch der letzten Ordnung führen. Führung und Truppe wären zwangsläufig vogelfrei geworden. Für den Oberbefehlshaber und Chef der Heeresgruppe war diese Lage doppelt quälend und bitter. Das Oberkommando der Wehrmacht war bis zuletzt über den Operationsverlauf auf dem laufenden gehalten worden. Es hatte die Folgen eines derart gesetzten Kapitulationstermins für die Südoststreitkräfte klar übersehen können. Es blieb unverständlich, warum man für die Südost-Truppen nicht gesonderte Bedingungen oder eine andere Terminfestsetzung in den Verhandlungen mit den Westmächten herbeigeführt hatte.«

Die Jugoslawen führten mit den deutschen Truppen, die noch ihre Waffen besaßen, Kapitulationsverhandlungen – Scheinverhandlungen. Der deutsche General Gerhard Henke, Chef der 11. Luftwaffenfelddivision, die in Jugoslawien gekämpft hatte: »Den Jugoslawen kam es darauf an, mit diesen Verhandlungen die Zeit zu gewinnen, stärkere militärische Kräfte heranzuführen, mit ihnen die Grenzübergänge abzuriegeln und die deutschen Truppen in Gefangenschaft zu führen.«

Die Wissenschaftliche Kommission der Bundesregierung stellt lapidar fest: »Keiner der Kapitulationsverträge wurde von Jugoslawien eingehalten.«

Mindestens 175 000 deutsche Soldaten fielen Titos Partisanen in die Hände.

Die Sieger hielten Gericht.

Die Gefangenen wurden zu Tausenden auf Wiesen und Plätzen zusammengetrieben, und sie mußten sich entkleiden.

Ein Gefangener: »Viele, viele blieben ohne Schuhe, ohne Hemd, ohne Jacke, ja sogar ohne Hose. Ich kenne eine Rotkreuz-Schwester, die inmitten der Soldaten ihres Rockes beraubt marschierte. Was wir an Privat-Eigentum besaßen, wurde zum größten Teil abgenommen: Uhren, Füllfederhalter, Waschzeug, Rasierzeug, Kamm, Eßbesteck. Ja sogar Brillen wurden vom Gesicht gerissen. Mancher Gefangene, der sich dem widersetzte, mußte dafür mit dem Leben bezahlen.«

Ein anderer Gefangener erinnert sich: »Einige Generäle wurden bis auf die Unterhose ausgezogen.«

Die Wissenschaftliche Kommission der Bundesregierung für Kriegsgefangenengeschichte weist im Zusammenhang mit der Ausplünderung gefangener deutscher Soldaten auf die Haager Landkriegsordnung hin. In Artikel 4 heißt es: »Alles was ihnen (den Kriegsgefangenen) persönlich gehört, verbleibt ihr Eigentum, mit Ausnahme von Waffen, Pferden und Schriftstücken militärischen Inhalts.«

Und Artikel 6 der Genfer Konvention besagt: »Alle persönlichen Sachen und Gebrauchsgegenstände – außer Waffen, Pferden, militärischer Ausrüstung und Schriftstücken militärischen Inhalts – verbleiben ebenso wie die Stahlhelme und Gasmasken im Besitz der Kriegsgefangenen.«

Nach der Ausplünderung kam der Tod. In den ersten 14 Tagen nach der Kapitulation wurden allein 1600 Männer der Waffen-SS-Division »Prinz Eugen« erschossen. Die Täter gehörten zur 2. Brigade der 1. Partisanenarmee. Am 22. Mai 1945 starben 90 deutsche Gefangene an der Brücke über die Save in der Stadt Podsused. Ein Zeuge: »Hinter jeden Deutschen trat ein Partisan und erschoß ihn durch Genickschuß. Von den Offizieren vieler deutscher Einheiten überlebte nicht ein einziger. Sie wurden von der Mannschaft getrennt und erschossen.«

Für die Masse der Gefangenen aber hatte sich der Sieger Tito eine Sonderbehandlung ausgedacht: Er wollte seinem ganzen Volk den Triumph der Partisanen über den deutschen Feind demonstrieren. Schon wenige Tage nach der Kapitulation wälzten sich über die staubigen Straßen Jugoslawiens endlose Kolonnen des Elends: Die Deutschen waren zu sogenannten Sühnemärschen angetreten.

Ihrer Uniformen beraubt, die Offiziere meistens in Unterhosen, barfuß quälten sich die Gefangenen zu Zehntausenden durch das Land. Gesunde und Kranke, Unversehrte und Verwundete wurden durch Dörfer und Städte getrieben.

Die Wächter prügelten die Ermatteten und Erschöpften mit langen Stöcken vorwärts. Wer zurückblieb, wurde erschossen. Einige dieser Märsche führten über 200, manche über 800 Kilometer.

Die Wissenschaftskommission der Bundesregierung schrieb auf, was ein Überlebender berichtete: »Am Straßenrand lungerten Halbwüchsige und Partisanen. Ein oder zwei Bewaffnete packten sich diesen oder jenen Deutschen und beraubten ihn. Uhren, Ringe, Brillen, Schuhe, Waffenröcke und Tornister. Kadavergeruch begleitete die Kolonne. Gefallene Menschen und tote Pferde verwesten am Straßenrand.«

Die Wächter verweigerten den Gefangenen das Wasser. Deutsche

Soldaten, die aus der Kolonne ausbrachen und um Wasser bettelten, wurden erschossen. Ein Überlebender: »In den langen Stunden des Marsches war vielen Gefangenen die Beherrschung geschwunden. Ungeachtet der Todesgefahr, brachen immer einige zu einer Pfütze, einem Bach oder einer Viehtränke aus. Der Kommandant ließ sofort scharf schießen, und er selbst legte mit sicherer Hand diesen oder jenen Gefangenen um.«

Am Straßenrand hockten dauernd die Durchfallkranken. Sie durften nicht hinter dem Schluß der Kolonne zurückbleiben. Also mußten sie, solange der Darm Ruhe gab, aufholen, um wieder Zeit zum Hocken zu gewinnen.

Titos Partisanen hatten auch eine große Zahl Frauen gefangengenommen: Wehrmachtshelferinnen und Rotkreuzschwestern. Sie wurden wie die Männer über die Straßen gejagt.

Über die Ereignisse auf einem 200 Kilometer langen Marsch nach Fiume, zu dem auch viele Rotkreuzschwestern und Nachrichtenhelferinnen gezwungen wurden, berichtete ein Heimkehrer der Wissenschaftlichen Kommission der Bundesregierung: »Auf dem Wege bekamen die Gefangenen fast nichts zu essen. Wenn sich ein Soldat oder eine Nachrichtenhelferin aus einem Brunnen Wasser holen wollte, wurden sie von den Begleitmannschaften in den Brunnen hinabgeworfen. Die Frauen wurden bis auf das Hemd ausgezogen und während der Rastpause von den Bewachungsmannschaften vergewaltigt. In Belgrad wurden Mädchen und Soldaten zu fünft aneinandergebunden und dann über eine Brücke in die Donau geworfen.«

Ein Überlebender: »Auch viele Ärzte, Sanitäter und Kameraden, die den Zusammengebrochenen helfen wollten, erlagen einem Gnadenschuß.«

Und immer wieder Plünderer: »Sobald der Zug stehenblieb, waren erneut die Ausplünderer am Werk. Allerdings fanden sie nur noch Eheringe oder Goldplomben, die sie auf ganz brutale Weise requirierten«, berichtete ein Gefangener.

Tagelang ließen die Jugoslawen die Deutschen hungern: alle vier Tage für 40 Mann ein Brot. »Wer vor Entkräftung nicht mitkam – da zog der Kommissar die Pistole ab, und der Fall war erledigt.«

Einer der Sühnemärsche führte von Gurkfeld nach Nasice, über eine Entfernung von 900 Kilometern. Die Marschzeit: zwölf Tage. Die Tagesleistung der ausgeplünderten, ausgehungerten Gefangenen: mehr als 80 Kilometer, 14 Stunden Marsch am Tag, von Sonnenaufgang bis Sonnenuntergang. Viele schafften es nicht. Sie brachen zusammen. Ihre Kameraden hörten das Knallen der Schüsse am Ende der Kolonne.

Einer der deutschen Soldaten erinnert sich: »Auf diesem Hungermarsch wurden mindestens 1000 Kriegsgefangene erschossen; alles was liegenblieb, erhielt den Genickschuß. Die ersten drei Tage weder Essen noch Trinken. Als wir an einer Pumpe vorbeikamen, gingen zwölf darauf zu. Sie wurden von Posten erschossen.

Die Kolonne zog weiter; und mitten in einem der Elendszüge, diesem grausigen Karneval der Zerlumpten, der Bosheit und der Mordlust, eine ungewöhnliche Erscheinung: Ein hochgewachsener Mann in der schwarzen Mönchskutte der Benediktiner, schlohweißes Haar über einem edlen Gesicht, einen alten Soldaten-Brotbeutel über der Schulter: der Abt. »Der Abt«, so nannten sie ihn im Zug. Freilich, die Wärter schimpften ihn Pope und schlugen ihm höhnend den Kolben ins Kreuz. Er war auf dem Marsch ins Offiziers-Lager Werschetz, ins Lager 233.

Ein Leidensgenosse, Offizier einer Infanteriedivision, der etwas Serbisch sprechen konnte, berichtet:

»Nach einem mißglückten Fluchtversuch traf ich wieder auf die fast endlosen Marschkolonnen der menschlichen Wracks, die einmal deutsche Soldaten waren. Als wir zum Weitergehen aufgetrieben wurden, stand ich neben einem großen Menschen im Ordenskleid der Benediktiner. Ich betrachtete ihn fragend. Daß Frauen in unserem Zug des Elends mitgeschleppt wurden, das hatte ich gewußt. Aber ein Mönch? Wer war das? Wo kam er her?

Es war Abt Adalbert Graf von Neipperg. Seit dem Zusammenbruch 1945 in jugoslawischer Gefangenschaft. Die Partisanen hatten ihn, der nach dem Kriegsrecht als Zivilist zu gelten hatte, aus dem österreichischen Grenzgebiet verschleppt und ihn nun mit uns ehemaligen Soldaten der Wehrmacht auf den ›Hungermarsch‹ durch halb Jugoslawien getrieben.

Wir gingen schweigend nebeneinander. Durchhalten, das war der einzige Gedanke, der in den Gehirnen noch übriggeblieben war. Die Sonne brannte unbarmherzig. Manchmal blickte ich besorgt auf meinen Nebenmann. Er mußte in der schweren Kutte vor Hitze vergehen. Sein fast weißes Haar glänzte, sein Gang war mühelos und seine Haltung aufrecht. Als wir uns abends zu einer kurzen Rast auf die Straße warfen, bat er mich um ein Stück Schnur. Ich trug den Rest einer Decke unter dem Arm, flocht einige Wollfäden daraus zusammen und reichte es ihm. Er lachte. ›Das wird wohl nicht gehen.‹ Er zeigte seine Füße unter der Kutte. Wie wir alle, besaß er keine Schuhe mehr, denn man hatte sie ihm abgenommen. So hatte er sich aus einem Hemd einige Fetzen herausgerissen und mit Stricken um seine Füße gewikkelt. Nun waren auch diese ›Schuhe‹ nur noch einige Lappen, die keinen Schutz mehr boten. ›Nein, das hält nicht mehr. Dann muß ich eben auch barfuß gehen!‹ Barfuß über Schotter und Kies.

Und dann ging es wieder los mit den lebensgefährlichen ›Entlausungen‹, dem Filzen, Ausplündern. ›Adje, Pope, auf!‹ Abt Adalbert stand auf. Ein halbwüchsiger Bursche stand mit angeschlagener Pistole vor ihm. ›Adje, zibale!‹ ›Du siehst doch, ich habe keine Schuhe mehr, wie soll ich dir denn Schuhe geben.‹ ›Gold, Uhra, schnell, schnell, gib!‹ Wer hatte denn noch etwas von uns. Wir waren ausgeraubt bis auf das Hemd. Mehr Partisanen kamen. Sie fielen mit wüsten Flüchen über den ›Popen‹ her. Ich war neben ihm gelegen. Sie schlugen uns mit ihren Kolben hoch und stellten uns nebeneinander. Wie oft schon hatte man uns durchsucht, wie oft schon hatte man uns geschlagen, wie oft schon waren wir vor den Läufen der Pistolen und Karabiner gestanden. Es war alles so gleichgültig. Hinter uns schrie einer auf. Man ließ von uns ab, wir warfen uns zu Boden, preßten uns die Fäuste an die Ohren. ›Mein Gott‹, flüsterte ich, ›wann wird das zu Ende sein?‹ Endlich wurde es still. Die Partisanen verschwanden. Abt Adalbert kroch zu dem Mann, der geschrien hatte und drückte ihm die Augen zu. Als er wieder neben mir war, bewegten sich seine Lippen lautlos, er betete. Und er sagte: ›Und niemand weiß, wer er war, niemand wird seinen Angehörigen sagen, daß dieser Mann nie mehr heimkommen wird!‹« Dann ging es weiter. Unter ihnen in der Kolonne, fast alle überragend, der weiße Kopf über der schwarzen Kutte, Graf Adalbert Neipperg, der Abt von Neuburg, ein Priester. Wir werden ihm noch einmal begegnen.

Die Wissenschaftliche Kommission der Bundesregierung urteilt, daß sich Jugoslawien schwerer Vergehen gegen das Völkerrecht schuldig gemacht hat:

»Die Sühnemärsche forderten neue Opfer. Die Gewahrsamsmacht kann sich im Hinblick auf eine etwaige Motivierung dieser Märsche nicht auf Artikel 7 der Genfer Konvention berufen, wo es u. a. heißt: ›Die Kriegsgefangenen sind in möglichst kurzer Frist nach ihrer Gefangennahme nach Sammelstellen zu bringen, die vom Kampfgebiet genügend weit entfernt liegen, so daß sie sich außer Gefahr befinden.‹ Eine Gefahr bestand nicht mehr, da der Krieg beendet war. Auch widersprechen die geforderten täglichen Marschleistungen dem Artikel 7, der in dieser Beziehung fordert: ›Bei der Rückführung zu Fuß darf die tägliche Marschleistung in der Regel nicht mehr als 20 km betragen, sofern nicht die Notwendigkeit, Wasser- und Verpflegungsstellen zu erreichen, größere Marschleistungen erfordert.‹ Die Berichte ehemaliger Marschteilnehmer besagen eindeutig, daß man Wasser- und Verpflegungsstellen nicht nur nicht erreichen konnte, sondern im Gegenteil gar nicht erreichen wollte. Damit entfällt auch das Argument der Notwendigkeit, größere Marschleistungen zu fordern, als völkerrechtlich zulässig sind. Die Meinung eines Heimkehrers, die Kriegsgefangenen hätten ›zum Einsatz im Arbeitsprozeß‹ ins Landesinnere gebracht werden müssen, ist an sich durchaus richtig, erklärt jedoch nicht, ob das auf diese Weise geschehen mußte. Die Bezeichnung Sühnemärsche läßt vielmehr darauf schließen, daß die Gewahrsamsmacht hierbei in starkem Maße propagandistische Ziele verfolgte, wie sie auch von der Sowjetunion bei den bekannten Moskauer und Kiewer Märschen nach dem Zusammenbruch der Heeresgruppe Mitte im Sommer 1944 angestrebt wurden...

Die Zahl der auf den ›Sühnemärschen‹ ums Leben gekommenen Kriegsgefangenen wird auf Grund der vorliegenden Berichte auf etwa 10 000 Mann geschätzt. Eine in ihrer Stärke nicht auszumachende Gruppe von ihnen erreichte zwar noch das Ziel (Lager), die Männer verstarben jedoch unmittelbar darauf infolge der während des Marsches eingetretenen Entkräftung, so daß sie als Marschopfer zu gelten haben.«

Von den 175 000 Mann der Heeresgruppe E kamen in jugoslawischer Gefangenschaft 80 000 um – jeder zweite.

Doch selbst in der Gewalt dieses unbarmherzigen Siegers gaben die Gefangenen in jenen Tagen eine Hoffnung nicht auf: die auf rasche Heimkehr. Einer der Männer beim Sühnemarsch notierte sich am 11. Juni 1945: »Die einen sagen, in der Zeit vom 8. bis 21. Juni sollen wir entlassen werden. Andere dagegen sagen, daß wir vom 21. Juni bis 6. Juli entlassen werden. Wieder welche behaupten, daß wir bis zum 28. Juni an der Grenze sein werden. Parolen über Parolen! Wenn nur eine von diesen Wahrheit würde! Aber einmal kommt auch dieser Tag. Dann wird es um so schöner sein.«

Am 25. Juni 1945 schrieb der Gefangene voller Zuversicht: »Wer einmal hier in diesem Lager war, hat sozusagen seinen Entlassungsschein in der Tasche.«

Am 8. August 1945 hörte er vom Oberarzt im Lazarett, daß in zehn Tagen der erste Gefangenentransport nach Deutschland starten sollte.

Der Gefangene schrieb: »Gebe Gott, daß diese Parole endlich einmal stimmt. Denn gesund werden wir hier nicht mehr, während Mutter uns schon wieder hochpäppelt. Jetzt also nur noch den Gedanken darauf gerichtet, daß wir diesen Monat noch nach Deutschland kommen.«

Der Gefangene starb am 29. August 1945 hinter jugoslawischem Stacheldraht.

Tragödie Werschetz

»Eines Nachts hörte ich die ersten Schreie. Ich habe in meinem Leben viele Menschen vor Schmerzen schreien hören. Aber dieses Schreien in dunkler Nacht, das in Wimmern überging, um dann plötzlich wieder zu einem hohen langgezogenen Ton anzuschwellen, hatte ich bisher noch nicht gehört. Das war das systematische Quälen und Foltern von Menschen, wie es in den Folterkammern der Inquisition, vielleicht auch in Hitlers Konzentrationslagern geschah.«

Der Mann, den qualvolle Schreie aus dem Schlaf rissen, war General der Wehrmacht, Gerhard Henke, letzter Kommandeur der 11. Luftwaffenfelddivision. Er berichtet über Ereignisse aus dem Jahr 1949. Aus jugoslawischer Gefangenschaft. Aus dem Lager Werschetz, knapp 70 Kilometer östlich von der jugoslawischen Hauptstadt Belgrad: Vier Jahre nach dem Ende des Zweiten Weltkrieges, im Jahr der Gründung der Bundesrepublik, ist in Werschetz eines der schrecklichsten Kapitel deutscher Kriegsgefangenengeschichte geschrieben worden.

In Werschetz hatten die Jugoslawen lange nach Kriegsschluß begonnen, mehr als tausend kriegsgefangene deutsche Offiziere in stacheldrahtumzäunten Baracken zusammenzupferchen.

Die Züge standen schon unter Dampf, mit denen im Januar 1949 die letzten deutschen Gefangenen aus jugoslawischem Gewahrsam von Belgrad aus in die Heimat transportiert werden sollten.

Da, plötzlich, Namenslisten werden verlesen: »Raustreten!« Viele Offiziere, die ihr Bündel schon geschnürt hatten, werden zurückgehalten. Ein Leutnant aus einem Verband des 91. Armeekorps, dessen Kommandierender General von Erdmannsdorff von Tito-Partisanen bei der Gefangennahme liquidiert wurde: »Kurz vor Abgang des letzten Transportzuges wurden aus unserem Transport Offiziere aufgerufen, die von der Repatriierung ausgeschlossen und wieder in ein streng bewachtes Barackenlager verbracht wurden.«

Nach Werschetz, das schon seit 1945 berüchtigte Offiziersgefangenenlager 233. Die letzten Zwölfhundert und die Zehntausende vorher werden diesen Ort als den Vorhof zur Hölle, als das schlimmste Lager der Kriegsgefangenengeschichte nie vergessen.

Werschetz (Vršac) liegt an der rumänisch-ungarischen Grenze, am Rande der Vojvodina, einstmals deutsches Banat. Hier in der Batschka lebten vor dem Zweiten Weltkrieg rund 450 000 Donauschwaben, die im »großen Schwabenzug« im 18. Jahrhundert in das von den Türken verlassene und verwüstete Öd- und Sumpfland

Südungarns gezogen waren und es in ein landwirtschaftliches Paradies verwandelten. Die weite Ebene wird begrenzt von den Bergen der Karpatenausläufer. Auf dem Werschetzer Berg steht der alte Türkenturm; von ihm geht der Blick hinunter zum Eisernen Tor, dem eindrucksvollen Donaudurchbruch zwischen Südkarpaten und Ostserbischem Gebirge.

Die Gefangenen hatten den Türkenturm täglich vor Augen; er war das Wahrzeichen ihrer schrecklichen Leidensstation.

Äußerlich war das berüchtigte »233« ein Lager wie viele andere auch: Baracken aus Holz und Wellblech, Küche, Revier, Zentrum, Sportplatz. Doch unter den Dächern verbargen sich auch Stätten der Unmenschlichkeit, der Qual: kleine Einzelzellen für die Opfer ungezügelter Gewalt. Sie waren rings um einen Raum angeordnet, den die Gefangenen von Werschetz als »Eispalast« bezeichneten. Es war der Raum, in dem deutsche Soldaten unter der Folter vor Schmerz schrien; der Raum, in dem deutsche Soldaten vier Jahre nach dem Ende des Krieges unter der Folter starben.

In diesem Lager, wo sich im Januar 1949 schon mehr als 900 zurückgehaltene Offiziere befanden, wurden die Neuankömmlinge aus Belgrad zwei Männern vorgeführt, die für sie in den nächsten Monaten zum Inbegriff des Unheils werden sollten: der Lagerkommandant Ilija Crncevic und der Polit-Kommissar Franjo Steiner. Beide waren Mitte 40. Beide hatten zu Titos Partisanenarmee gehört.

In der Umgebung der Jugoslawen entdeckten die deutschen Offiziere andere Männer, Männer in Wehrmachtsuniform: deutsche Soldaten, sogar ehemalige deutsche Offiziere, die mit den Jugoslawen zusammenarbeiteten, das heißt, die Arbeit von Folterknechten ausführten.

Die Gefangenen von Werschetz lernten diese Männer hassen.

Die gefangenen deutschen Offiziere im Lager Werschetz hatten zunächst keine Vorstellung davon, was die Jugoslawen von ihnen wollten; warum sie hier wieder in ein Lager gesperrt wurden, während ihre Kameraden in Heimkehrerzügen nach Deutschland fuhren.

Kriegsverbrechen? Der Krieg auf dem Balkan war in der Tat unerhört grausam gewesen. Die jahrhundertelange Feindschaft zwischen Serben und Kroaten war mit Folter und Mord fortgesetzt worden.

Titos Partisanen hatten aus dem Hinterhalt gegen die Truppen der Wehrmacht gekämpft. Die Antwort der deutschen Führung auf Sabotage und Überfälle: Geiselnahme und Massenerschießungen.

Der Bruch des Kriegsrechtes durch die Deutschen aber schien den Offizieren im Lager Werschetz längst vielfach gesühnt: Zahlreiche hohe deutsche Offiziere waren von den Jugoslawen bereits vor Gericht gestellt und hingerichtet worden. Die Offiziere von Werschetz fühlten sich schuldlos an den Greueltaten, die in Jugoslawien geschehen waren.

Ahnungslos ließen sie sich noch von dem Gedanken leiten, nach vier Jahren Kriegsgefangenschaft auch noch die Zeit überstehen zu können, die vor ihnen lag. Aber für mehr als 50 von ihnen sollte das Lager Werschetz den Tod bedeuten, Tod unter fürchterlichen Umständen, und für nicht gezählte, Gebrechen auf Lebenszeit.

Die Wissenschaftliche Kommission der Bundesregierung für Kriegsgefangenengeschichte stellt über die Vorfälle im Lager Werschetz fest:

»Lassen sich die Übergriffe in der Zeit unmittelbar nach Kriegsende notfalls noch aus dem Siegestaumel erklären, wenn auch damit keineswegs entschuldigen, so kann das in keinem Falle für die methodische Handlungsweise jugoslawischer Organe in Werschetz 1949, insbesondere für die dort begangenen schweren Folterungen und die dadurch verursachten Todesfälle, gelten. Das kann um so weniger für die Werschetzer Vorgänge gelten, als es der jugoslawischen Gewahrsamsmacht vier Jahre nach Kriegsende hätte möglich sein müssen, bei allen für die Kriegsgefangenen zuständigen Stellen auf die Beachtung der Artikel 60 bis 67 des Genfer Kriegsgefangenen-Abkommens von 1929 hinzuwirken...

Schon die Umstände, unter denen bereits vor Beginn der Werschetzer Prozesse drei profilierte Persönlichkeiten unter den Gefangenen gewaltsam ums Leben kamen, deuten auf eine Verschärfung der Situation hin, deren Ursprünge nicht zuletzt in der Haltung der jugoslawischen Regierung zur Kriegsgefangenenfrage zu suchen sind...«

Zunächst wurden die meisten Offiziere in das benachbarte Gefangenenlager Potporanj gebracht. Dort trieben die Jugoslawen sie zum Kanalbau. Die Ernährung war schlecht, die Arbeit schwer. Einer der Offiziere aus Potporanj berichtet der Wissenschaftlichen Kommission der Bundesregierung für Kriegsgefangenengeschichte: »Es galt das Kanalbett auszuheben und den zähen Schlamm etwa 100 bis 150 Meter mit Schubkarren seitwärts zu fahren. Die Norm betrug pro Kopf drei Kubikmeter (am Tag)... Einer belud die Karren, zwei andere fuhren. 30 Schubkarren wurden als ein Kubikmeter gerechnet. 9 mal 30 gleich 270 Karren, geteilt durch zwei gleich 135 Karren pro Kopf. Rechnet man eine Strecke von nur 100 Metern, so macht das allein täglich 27 Kilometer aus.«

Der Tagesablauf im Zwangsarbeitslager Potporanj, wie ein Heimkehrer ihn der Wissenschaftlichen Kommission schilderte, sah so aus: »Um 4 Uhr Wecken. Um 5 Uhr Abmarsch aus dem Lager. Um 6 Uhr Arbeitsbeginn bis Sonnenuntergang ohne Essen, bei unerträglicher

Hitze, bei ständigem Antreiben durch die Posten.«

Die Arbeitsgeräte: »Verbogene Blechschaufeln, abgenutzte Spaten, einige Spitzhacken.«

Die Folgen der Sklavenarbeit: Die Hände voller Schwielen und Blasen, die Arm-, Rücken und Bauchmuskeln überanstrengt und schmerzend, die Beine zerschunden, die Füße wundgelaufen und geschwollen. Sengend brennt die Sonne herab, die Haut hängt in Fetzen. Hier und da bricht ein Kamerad zusammen. Schon ist der Aufseher da und treibt ihn erbarmungslos hoch: »Auf! Auf! Arbeiten! Arbeiten!«

Die Verpflegung: zweimal am Tag Suppe, vier Scheiben Brot. Einer, der es überlebt hat, berichtet: »Der Hunger trieb die Leute zur Verzweiflung. Über die grünen Maiskolben und Kürbisse auf den angrenzenden Äckern fielen sie her wie die Wölfe. Aber wehe, wenn sich einer erwischen ließ. Er wurde von den Posten grün und blau geschlagen, meist waren die Geprügelten dann mehrere Tage arbeitsunfähig.«

Die Kranken bekamen die halbe Verpflegung. Die Hälfte von zu wenig. Ein Überlebender: »Viele magerten zum Skelett ab. Lagen morgens tot auf der Pritsche, gestorben an allgemeiner Schwäche.«

Mancher versuchte zu flüchten. Der Offizier Elias wurde am hellichten Tag durch Kopfschuß getötet. Ein österreichischer Offizier in der Deutschen Wehrmacht mit Namen Valetisch entfernte sich zehn Meter von seiner Arbeitsstelle. Der Wachtposten schoß ihn ins Gesicht. Der Offizier starb.

Die Wissenschaftliche Kommission hat die Ereignisse in den Lagern Werschetz und Potporanj bis in den letzten Winkel ausgeleuchtet und ihnen einen eigenen Band in ihrer 22bändigen Darstellung der Geschichte der deutschen Kriegsgefangenen des Zweiten Weltkriegs gewidmet. Dort heißt es über den Zweck der Sklavenarbeit der zurückgehaltenen gefangenen Offiziere: »Ihre Widerstandskraft gegenüber der Vernehmung sollte vollends gebrochen werden. Sie sollten endlich ›gestehen‹, Kriegsverbrechen begangen zu haben.«

Genau dies war es, was die Jugoslawen von den deutschen Leutnanten, Hauptleuten, Obristen und Generalen erlangen wollten: Das Eingeständnis, in Jugoslawien gemordet, gebrandschatzt und vergewaltigt zu haben. Aus den mehr als tausend Offizieren im Lager Werschetz holten die Partisanen im Sommer 1949 dann auch tatsächlich Aussagen über schlimme Greueltaten heraus.

Da war ein Hauptmann der 41. Infanteriedivision des Generalmajors Wolfgang Hauser. Im Lager Werschetz brachte er seine Tage und Nächte auf dem nackten Boden eines Kohlenschuppens zu. Die Hände gefesselt. Eiternde Handgelenke. Eines Tages holten ihn Wachtposten aus dem Schuppen vor den jugoslawischen Vernehmungsoffizier, einen Oberleutnant der Partisanen.

Das Verhör begann mit zwei Faustschlägen ins Gesicht. Der Jugoslawe fragte den Deutschen, ob er gestehen wolle. Der antwortete, er habe keine Kriegsverbrechen begangen.

Der Hauptmann berichtet: »Man legte mir ein Seil um die Füße und warf mich zu Boden, zog das Ende durch die auf dem Rücken zusammengebundenen Hände und schlug mir die Knie mit Eichenstecken, Fußtritten und Gewehrkolben dick.«

In der Nacht gelang es dem Hauptmann, seine Fesseln zu zerschneiden. Er fand in einer Ecke des Raumes ein Stück Bindfaden. Er machte eine Schlinge, band ein Ende an einen Haken der Lichtleitung. Er legte die Schlinge um seinen Hals. Er stellte sich auf einen Wassereimer. Der Hauptmann und seine gefangenen Kameraden beteten: Vater unser, der Du bist im Himmel... Dann stieß der Gefolterte den Eimer unter sich weg.

Der Selbstmord mißlang, weil der Bindfaden riß. Doch die Folter nahm kein Ende. Der Offizier wurde wieder mit einem dicken Eichenprügel geschlagen. Der Vernehmer packte den Gefesselten an der Jacke und schlug seinen Kopf gegen die Wand. Dann zwang er den Gefangenen, den Putz, der von der Wand gefallen war, und das Blut, das aus seinen Wunden auf den Boden geflossen war, aufzuwischen.

Noch einmal versuchte der Gefolterte, der Qual zu entrinnen. In seiner Zelle nahm er einen Nagel und öffnete sich die Pulsader. Doch sein Herz schlug nur schwach. Langsam, zu langsam rann das Blut aus der Arterie. Wieder wurde der Versuch einer Flucht in den Tod entdeckt.

Schließlich unterschrieb der Hauptmann das Protokoll über seine Verbrechen: 22 Zivilisten erschossen und Bauernhöfe geplündert zu haben.

Ein Oberleutnant der Gendarmerie gestand die Erschießung von rund 32 Jugoslawen. Er gestand nach Schlägen und der Drohung des jugoslawischen Vernehmers: »Hier gibt es nur eines, entweder unterschreiben oder verrecken.«

Der Oberleutnant wurde halbnackt und gefesselt in eine Bunkerzelle gesperrt. Der Gefangene schreckte hoch: »Aus dem Nebenraum hörte ich tierisches Brüllen und Angstschreie.« Der gefangene Oberleutnant schob sich an die Bretterwand heran. Und dann sah er durch die Ritzen zwischen den Brettern einen seiner Kameraden.

Der Mitgefangene kroch auf Händen und Knien auf dem Boden hin und her. Und er schrie dabei in höchstem Entsetzen: »Ja, ja. Ich unterschreibe alles. Laßt mich zufrieden oder schlagt mich tot.«

Schrecklich waren die Minuten während der die Soldaten von Bunker zu Bunker gingen und die Opfer prügelten und quälten.

Ein Major der »Plava divizija«, einer deutsch-kroatischen Einheit, in der die Mannschaft zu 80 Prozent aus Kroaten bestand, gestand, 120 Frauen und Kinder ermordet und kleine Kinder lebend in die Flammen geworfen zu haben.

Zwei Soldaten waren in Werschetz mit Knüppeln auf ihn losgegangen. Die Handschellen wurden scharf angezogen. Wachtposten traten ihm in den Unterleib. Nachts flüsterte der Dolmetscher, ein Deutscher, ihm zu: »Gib zu, daß Du Frauen und Kinder umgebracht hast, sonst schlagen sie Dich auch tot, wie schon andere vor Dir.«

Den Jugoslawen genügte das Geständnis grausamer Morde nicht. Sie schlugen ihn weiter, auf die nackten Fußsohlen. Der Major schrie unter Schmerzen, daß er an Vergewaltigungen, Plünderungen und Brandschatzungen beteiligt gewesen war. Dann hörten die Jugoslawen auf zu schlagen. Sie nahmen ihm die Fesseln ab. Er durfte sich auf einen Stuhl setzen. »Da merkte ich, daß durch einen Fußtritt ins Gesicht die Schneidezähne aus dem Oberkiefer herausgeschlagen waren.«

Kein Punkt seines Geständnisses wurde nachgeprüft. Er nannte Namen von angeblich in Brand gesteckten Dörfern, die es gar nicht gab. Er nannte Namen von angeblich ermordeten Menschen, die seine persönlichen Freunde gewesen waren. Die Jugoslawen kümmerte es nicht. Sie hatten ein Geständnis und eine Unterschrift. Das genügte.

Ein Hauptmann der Reserve, der im Bericht der Wissenschaftlichen Kommission mit E. D. bezeichnet wird, stand am 13. Oktober 1949 in Werschetz, dem Deutschen Heinz N. gegenüber, der ihn vernahm. Der Hauptmann bestritt, irgendwann und irgendwo an Kriegsverbrechen teilgenommen zu haben.

Sein Vernehmer führte den gefesselten Offizier in den Eispalast. Dort sah der Hauptmann den mit ihm gefangenen Oberstleutnant George: »Georges Hände waren auf dem Rücken gefesselt und an einem Strick, der über den Balken geworfen war, wurden die gefesselten Arme so weit in die Höhe gezogen, daß Georges Körper weit nach vorn herüber geneigt war.«

Auf dem Boden des Raumes lag der deutsche Major Dall. An Händen und Füßen gefesselt. Ein jugoslawischer Offizier ließ aus einer Wasserflasche, die er in Brusthöhe hielt, Tropfen für Tropfen auf Augen und Ohren des Gefangenen fallen.

Der deutsche Major stöhnte und röchelte.

Der deutsche Folterknecht N. führte den Reservehauptmann E. D.

unter einen Balken, band einen Strick um die Handgelenke des Gefangenen, warf das Seil über den Balken und zog den Offizier in die Höhe, »so hoch, daß ich mit nach vorn gebeugtem Oberkörper gerade noch auf den Zehenspitzen stehen konnte.« N. zu seinem Opfer: »Sie haben eine halbe Stunde Zeit, sich an Ihre Kriegsverbrechen zu erinnern. Mindestens vier bis sechs Fälle.« Dann ging er.

Hauptmann E. D. berichtet: »Als N. nach ungefähr zwanzig Minuten wiederkam, log ich vier Verbrechen zurecht, bei denen ich insgesamt 17 Jugoslawen umgebracht habe.«

Reichte das? Es reichte nicht. Die Jugoslawen preßten dem Deutschen das Geständnis ab, er habe insgesamt dreiundsechzig Jugoslawen ermordet.

Die Vernehmung streifte bei all ihrer Grausamkeit zuweilen das Groteske. Hauptmann E. D. schildert, wie es zum Ende des Verhörs kam: »Der Dolmetscher mußte die Gesamtzahl der Opfer, die ich als durch mich getötet angegeben hatte, zusammenzählen. ›Noch einen Fall!‹ befahl der jugoslawische Vernehmer. Nachdem ich diesen endlich zusammenbrachte, war er mit seinem Vernehmungsergebnis zufrieden und packte seine Akten zusammen.«

Der Gefangene S. Sch. verweigerte bei der ersten Vernehmung ein Geständnis. Daraufhin wurden seine Hände mit Handschellen auf dem Rücken gefesselt. Er wurde in eine Zelle gebracht, in der er stehen mußte. Kein Stuhl, kein Bett und kein Eimer für die Notdurft. Wie sollte er essen? »Das Eßgefäß stand auf dem Boden, mitten in der Jauche. Ich kniete nieder und nahm das Gefäß mit den Zähnen auf und ließ mir die Flüssigkeit in den Mund laufen.«

Der Gefangene hörte Tag und Nacht die Schreie seiner Kameraden. Unter dem Druck der festangezogenen stählernen Handschellen staute sich das Blut. Die Hände schwollen zu Klumpen an. Aber er wollte immer noch nicht gestehen. Dann banden die Jugoslawen einen Strick um seine Handgelenke und rissen daran. Unter dem fürchterlichen Schmerz versank der Gefolterte in eine Ohnmacht. Dann gestand er die Ermordung von mehr als fünfzig jugoslawischen Männern, Frauen und Kindern. Als Belohnung für das Geständnis erhielt er sechs Zigaretten.

Der Oberleutnant der Schutzpolizei F. A. gestand in Werschetz, er habe 1200 Menschen, vor allem Frauen und Kinder, eigenhändig erschossen. Er gestand, nachdem sein Gesicht mit Zigaretten verbrannt worden war.

Oberleutnant F. A. hörte später im jugoslawischen Zuchthaus von Jugoslawen jene Begründung für die Folter, der deutsche Offiziere vier Jahre nach Kriegsschluß unterzogen wurden, die inzwischen als erwiesene Wahrheit anzusehen ist: »Man brauchte Verantwortliche für die Morde der jugoslawischen Partisanen, die sie während des

Krieges und nach dem Kriege begangen hatten, denn noch nach dem Krieg waren 100 000 sogenannte Kollaborateure und Menschen mit Rang und Namen in Jugoslawien umgebracht worden.«

Diese Taten sollten die verurteilten deutschen Kriegsgefangenen mit ihren Geständnisprotokollen camouflieren.
Die Wissenschaftliche Kommission der Bundesregierung für Kriegsgefangenengeschichte kommt in ihrem Bericht zu dem gleichen Schluß: »Belgrad wollte den Nachweis führen, daß an allem – was während des Krieges in Jugoslawien an Menschenleben vernichtet und an Sachwerten zerstört worden ist – die Deutsche Wehrmacht und sie ganz allein, schuld sei, so daß Deutschland dafür jetzt Genugtuung und Reparationen zu leisten hat. Mehr noch. Auch die blutigen Untaten, die der Volkstumskampf zwischen den einzelnen Völkern Jugoslawiens hervorgerufen hatte, mußten den Deutschen in die Schuhe geschoben werden, sollte der neuerrichtete Viel-Völker-Staat Jugoslawien nicht mit der Hypothek von Rache und Haß der Volksgruppen belastet werden.«

Und weiter heißt es im Bericht der Wissenschaftlichen Kommission über die Motive der jugoslawischen Regierung:

»Nach jugoslawischen Feststellungen sind zwischen 1941 und 1945 rund 1,7 Millionen jugoslawische Staatsbürger ums Leben gekommen. Mit ihrem Tod wurde das Konto der deutschen Okkupanten belastet, indem man in Werschetz die simple Formel gebrauchte, jeder deutsche Offizier habe während des Krieges Erschießungen durchgeführt und befohlen. Die Prozesse vor Werschetz hatten sich indessen insofern als unergiebig erwiesen, als mit den in ihrem Verlauf ergangenen Urteilen die Ursachen für den Tod so vieler Menschen noch nicht aufgedeckt schienen. Jetzt befanden sich die Jugoslawen in einem Dilemma. Sie hatten jahrelang mit den angeblichen oder tatsächlichen Greueltaten der Deutschen Propaganda getrieben. Das Ergebnis der bisherigen Kriegsgerichtsverfahren stand indessen in keinem vertretbaren Verhältnis zu dieser Propaganda. In Werschetz mußte es daher gelingen, die noch offenen Lücken zu schließen. Dafür erfand man die Erpressung von Geständnissen, die inhaltlich nach Dienstgraden und Funktionen der Beschuldigten gestaffelt waren ...«

Die jugoslawischen Folterknechte im Lager Werschetz hatten feste Normen zu erfüllen; und sie erfüllten ihr Plansoll unerbittlich. Je höher die Zahl der Ermordeten in den Geständnissen war, die sie den gefangenen deutschen Offizieren abpreßten, desto leichter mußte es fallen, die Greuel zu leugnen, die nach dem Ende des Krieges Jugoslawen einander angetan hatten. Und je höher die Zahl der angeblich von Deutschen Ermordeten stieg, desto gerechtfertigter mußten die Forderungen erscheinen, die Jugoslawien an die Bundesrepublik richtete.

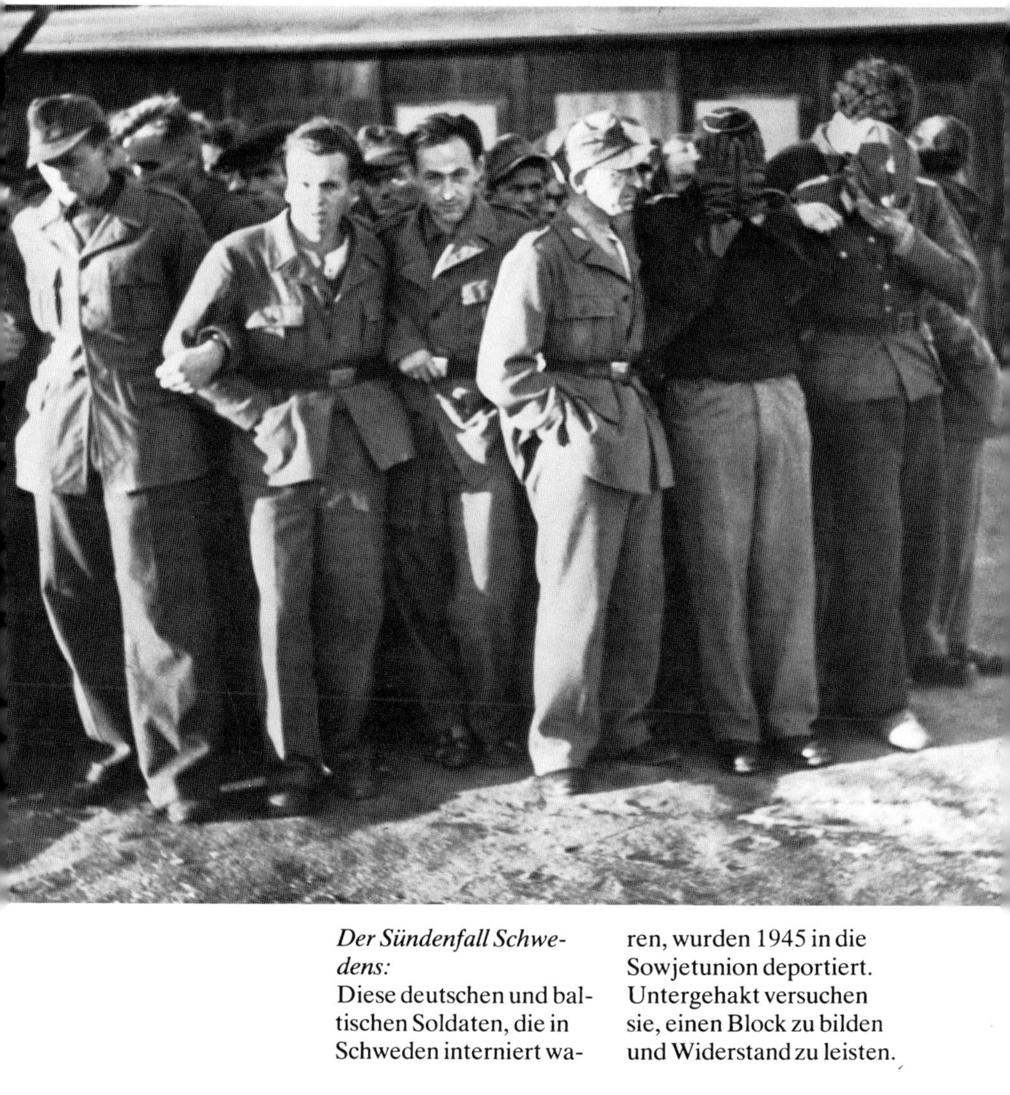

Der Sündenfall Schwedens:
Diese deutschen und baltischen Soldaten, die in Schweden interniert waren, wurden 1945 in die Sowjetunion deportiert. Untergehakt versuchen sie, einen Block zu bilden und Widerstand zu leisten.

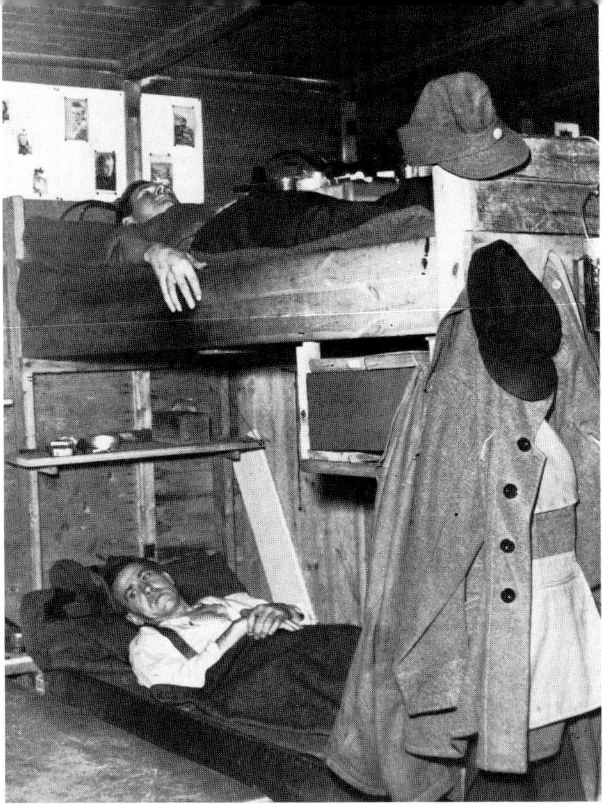

Um die völkerrechtswidrige Auslieferung an die Sowjets zu verhindern, treten die Internierten im Lager Ranneslätt in Hungerstreik.

Deutsche Soldaten fliehen in Selbstmord und Selbstverstümmelung, als schwedische Polizei sie auf die sowjetischen Schiffe bringen will.

chwedische Sanitäter tra-
en verwundete und kran-
e deutsche Internierte
uf den sowjetischen
)ampfer ›Kuban‹.

Schwedische Militärpolizisten treiben einen deutschen Landser auf das Deportationsschiff (unten).

Sühnemärsche in Jugoslawien.
Eine Kolonne des Leidens in Zagreb.

Graf Adalbert v. Neipperg, Abt von Stift Neuburg, der Märtyrer von Werschetz. Er gab ein leuchtendes Exempel christlicher Nächstenliebe und praktizierter Humanität unter schlimmsten Umständen. Er wurde ermordet.

:itterkreuzträger Hauptnann Joachim Kirschner, 88 Luftsiege, wurde im •ezember 1943 von Titos artisanen ermordet.

.btransport einer Gruppe on der Insel Korcula.

Der Totengräber von Werschetz bewahrte die Leiche vor dem Verscharrtwerden: Er versteckte den Sarg in einer Familiengruft. Das kleine schwarze Holzkreuz kennzeichnete die Ruhestätte des Märtyrers.

Sowjets in deutscher Hand. Eine deutsche Sammelstelle für sowjetische Kriegsgefangene an der Ostfront. Millionen starben an Hunger und Krankheit.

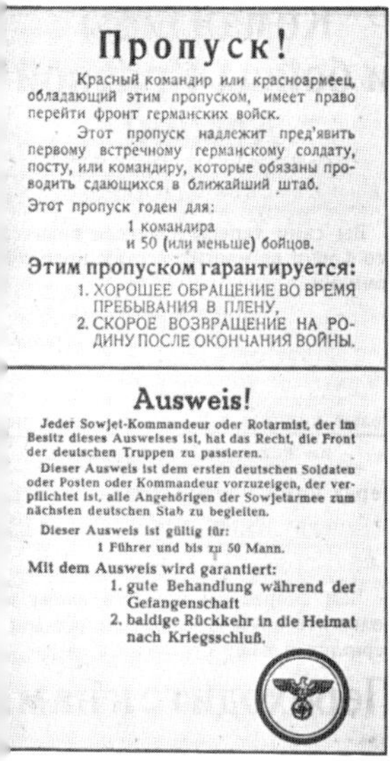

Пропуск!

Красный командир или красноармеец, обладающий этим пропуском, имеет право перейти фронт германских войск.

Этот пропуск надлежит пред'явить первому встречному германскому солдату, посту, или командиру, которые обязаны проводить сдающихся в ближайший штаб.

Этот пропуск годен для:

1 командира
и 50 (или меньше) бойцов.

Этим пропуском гарантируется:

1. ХОРОШЕЕ ОБРАЩЕНИЕ ВО ВРЕМЯ ПРЕБЫВАНИЯ В ПЛЕНУ,
2. СКОРОЕ ВОЗВРАЩЕНИЕ НА РОДИНУ ПОСЛЕ ОКОНЧАНИЯ ВОЙНЫ.

Ausweis!

Jeder Sowjet-Kommandeur oder Rotarmist, der im Besitz dieses Ausweises ist, hat das Recht, die Front der deutschen Truppen zu passieren.

Dieser Ausweis ist dem ersten deutschen Soldaten oder Posten oder Kommandeur vorzuzeigen, der verpflichtet ist, alle Angehörigen der Sowjetarmee zum nächsten deutschen Stab zu begleiten.

Dieser Ausweis ist gültig für:

1 Führer und bis zu 50 Mann.

Mit dem Ausweis wird garantiert:

1. gute Behandlung während der Gefangenschaft
2. baldige Rückkehr in die Heimat nach Kriegsschluß.

Die deutsche Propaganda forderte sowjetische Soldaten zum Überlaufen auf.

Ein Soldat des Kavalleriekorps v. Pannwitz, einer Kosakeneinheit im Dienste der Deutschen Wehrmacht, schützt eine Eisenbahnverbindung in Jugoslawien.

Ein Kosake, der als Freiwilliger der Deutschen Wehrmacht gegen die Rote Armee kämpfte. Die Kosaken wurden von den Westmächten an die Sowjets ausgeliefert.

Das Vorhaben, die deutsche Armee, die in Jugoslawien gekämpft hatte, für Massenmorde, Geiselerschießungen, Vergewaltigungen und andere Schandtaten haftbar zu machen, wurde auf eine ebenso einfache wie plausible Kalkulation gegründet: Wenig mehr als tausend deutsche Offiziere waren in den Baracken von Werschetz eingekerkert. Ihnen sollte die Schuld an millionenfachem Tod aufgeladen werden. Also: Je höher der Rang eines in Werschetz zurückgehaltenen deutschen Offiziers war, desto mehr Untaten mußte er gestehen.

Der ehemalige Kommandant des Fliegerhorstes von Agram erfuhr in Werschetz bei der ersten Vernehmung die Rechnung der Jugoslawen: »Ah, Du Major, Du 200 erschossen!« Der Major stritt jede Erschießung ab. Der Vernehmer nahm einen dicken Knüppel und schlug auf den Deutschen ein. Die Schläge hagelten. Der Vernehmer rief: »Du Major, wieviel erschossen, Du Major, Du 200!«

Der Offizier wurde mit Draht gefesselt und in eine Ecke des Raumes gestoßen. Später kam der Folterknecht zurück. Er nahm dem Deutschen die Fessel ab und trieb ihn mit Schlägen auf die Beine. Der Jugoslawe drückte ihm einen Ring auf die Nase. Der Major mußte Tanzschritte machen wie ein Tanzbär und dazu das Horst-Wessel-Lied singen. Der Major wurde mit einem schweren Stock auf die Fußsohlen geschlagen. Die Füße schwollen an. Dann mußte er wieder Tanzschritte machen. Die Jugoslawen ließen dem Gefesselten ein Stück Brot hinlegen. »Das Brot fraß ich wie ein Hund vom Boden weg.«

Am Nachmittag des dritten Foltertages war der Widerstand des Offiziers gebrochen. Der Vernehmer kam und fragte höhnisch: »Nun, Major, wieviel?« Der Major gestand zwar nicht die verlangten 200, aber 29 Morde; er, der Kommandant einer Einheit, die nie an Vergeltungsaktionen gegen Jugoslawen beteiligt gewesen war.

Aus dem Stabsfeldwebel R. J., Zugführer im Magenbataillon 1218, das heißt in einer Einheit von Magenkranken, prügelten die Jugoslawen das Geständnis heraus, sieben Zivilisten erschossen zu haben. Sieben – das entsprach etwa ihrer Rechnung für einen deutschen Soldaten seines Dienstgrades. Sie hängten den Feldwebel mit den Händen an einen Balken, sie schlugen ihm ins Gesicht, auf die Brust, in den Magen – wieder und wieder. Sie nahmen ihm ein kleines Bild seiner Frau weg, das er durch alle Filzungen gerettet hatte, und sie sagten dazu: »Die Hure sehen Sie doch nicht wieder.«

Ein Oberleutnant eines österreichischen Landesschützenbataillons verlor unter einem Fußtritt die Zähne und hörte, zu einem Bündel gefesselt, vom Kommandanten: »Du deutsches Schwein, Du verreckst. 1300 von euch haben wir zurückbehalten. Eine einfache Rechnung. Unsere Opfer auf euch 1300 verteilt. Du Hund warst Oberleutnant. Auf Dich fallen 95 Tote. Du hast sie auf dem Gewissen. Nur wenn Du sie bekennst, verläßt Du diese Stelle.«

Ein Leutnant erlebte in Werschetz dreimal die Schemelfolter: »Die Hände wurden auf dem Rücken zusammengebunden. Alsdann wurden die ebenfalls zusammengebundenen Füße auf dem Rücken mit den Händen verknüpft, nachdem im übrigen vorher Schuhe und Strümpfe ausgezogen werden mußten. In dieser Stellung wurde ich mit dem Gesicht nach unten auf die vier Beine eines umgedrehten Schemels gelegt. Dann wurde mit einem etwa vier bis fünf Zentimeter dicken Stock so lange auf die nackten Fußsohlen geschlagen, bis ich zugab, Verbrechen begangen zu haben.«

Der Leutnant gestand die Erschießung von 31 Jugoslawen, und er sagt dazu: »Es versteht sich von selbst, daß sämtliche gestandenen Verbrechen völlig aus der Luft gegriffen und lediglich konstruiert sind. Eine Gegenüberstellung mit Belastungs- oder Entlastungszeugen hat nie stattgefunden, wie man sich verständlicherweise auch nicht die Mühe gemacht hat, die Geständnisse auf ihren Wahrheitsgehalt zu überprüfen.«

Die Jugoslawen kümmerten sich nicht um den Wahrheitsgehalt, aber sie wollten Geständnisse, die sie in der nationalen Propaganda und bei internationalen Verhandlungen glaubwürdig präsentieren konnten. Ein Stabsintendant aus der 41. Infanteriedivision schrie unter der Folter in Werschetz: »Ich habe hundert Menschen erschossen!« Der Offizier lag rücklings auf einem Schemel, ein Jugoslawe trat ihm mit Stiefeln in den Bauch. Der Vernehmer erklärte, hundert sei eine zu runde Zahl. Er forderte den Deutschen auf, eine andere Zahl von ihm getöteter Menschen zu nennen. Der Stabsintendant berichtete der Wissenschaftlichen Kommission: »Ich einigte mich dann mit ihm auf die Zahl 12 oder 13.

Nunmehr mußte ich sofort eine Geschichte erfinden, wie und wo die Leute erschossen seien. Da ich vor dem Rückmarsch aus Jugoslawien in dem Dorf Mirkovci mehrere Wochen gelegen hatte und wußte, daß dort auch nicht das geringste vorgefallen war, gab ich an, ich hätte den Leuten des Divisionsverpflegungsamts befohlen, in diesem Dorf bei den Bauern zu requirieren und etwaigen Widerstand mit Waffengewalt zu brechen. Bei dieser Gelegenheit seien zehn Bauern erschossen worden, bei einer anderen Requisition weitere zwei oder drei. Natürlich war alles unwahr. Der vernehmende Offizier erklärte mir, nachdem ich das Protokoll unterschrieben hatte, daß er den Lagerkommandanten fragen würde, ob er mit diesen Angaben zufrieden sei, oder ob ich auch noch erklären müßte, eigenhändig Leute erschossen zu haben. Am nächsten Tag gab er mir bekannt, daß ich auch noch eigenhändig Leute erschossen haben müßte.«

Dieses Geständnis aber wollte der Stabsintendant nicht ablegen.

Der Vernehmungsoffizier trieb den Deutschen in den Eispalast. Dort hingen an den Balken gefolterte Offiziere. Der Vernehmungsoffizier drohte, der Stabsintendant werde zehn Minuten später auch dort hängen. Der deutsche Offizier unterschrieb ein Zusatzgeständnis: Er habe selbst zwei oder drei Jugoslawen erschossen. In diesem Augenblick, als der Stabsintendant seinen Namen unter das Protokoll setzte, »wurde aus einem Verschlag neben dem Vernehmungszimmer ein früherer deutscher Offizier vom Vernehmer herausgelassen, der offenbar inzwischen wahnsinnig geworden war und auf Befehl des Jugoslawen greuliche Tänze aufführen mußte.«

Die gefangenen Offiziere im Lager Werschetz lagen in Zellen ohne Licht. Ängstlich lauschten sie auf die Geräusche der Nacht. Von Zeit zu Zeit waren schwere Schritte zu hören. Die Prügelkommandos machten ihre Runde. Sie schlugen auf die Wehrlosen ein.

Mancher wurde in diesen Nächten zum Krüppel geschlagen, mancher schon durch die Schreie der gefolterten Kameraden mürbe gemacht. Ein Oberleutnant aus dem 21. Gebirgskorps des Generals von Ludwiger, der von den Jugoslawen liquidiert wurde, gestand 58 frei erfundene Erschießungen. Er hatte zuvor in der Halle des Lagers erlebt, wie einer seiner Kameraden auf besonders abscheuliche Weise gefoltert wurde.

Der Oberleutnant berichtete der Wissenschaftlichen Kommission der Bundesregierung für Kriegsgefangenengeschichte: »Wir mußten mitansehen, daß einem Kameraden, der sich entkleiden mußte, ein Eimer an den Hodensack mit einem Bindfaden gebunden wurde und der Vernehmer einen Stein nach dem anderen in den Eimer warf. Nach einigen Minuten war der Betreffende bereit, alle von ihm gewünschten Aussagen zu machen, und er wurde vom Eimer befreit.«

Der Oberleutnant nennt die Foltertage von Werschetz die furchtbarste Zeit seines Lebens: »Sie stellen alle schweren Erlebnisse im Krieg weit in den Schatten... Stundenlang hörten wir die Geräusche der Prügelei, oft höhnisches Gelächter der Vernehmenden, lautes, immer stärker werdendes Stöhnen, Röcheln und dann wieder lautes Schreien der unter fürchterlichen Schmerzen gequälten Kameraden.«

Die Jugoslawen und ihre deutschen Helfer folterten aus Offizieren, die erst unmittelbar – oft nur Tage – vor der Kapitulation nach Jugoslawien gekommen waren, Geständnisse von Massenerschießungen heraus, die Monate vor ihrem Eintreffen stattgefunden haben sollten.

Unter der Qual von Werschetz gestand Dekan Professor Walter, der oberste katholische Geistliche der in Jugoslawien eingesetzten Heeresgruppe E, er habe mehrere Frauen vergewaltigt und eine der von ihm vergewaltigten Frauen im Fluß ertränkt.

Durch das Feuer von Werschetz gingen die deutschen Offiziere ohne Unterschied in Rang und Namen. General Gerhard Henke hat über die Mißhandlungen, die ihm im Lager Werschetz widerfuhren, unter dem Titel »Das jugoslawische Abenteuer« einen umfangreichen Bericht verfaßt.

Er beschreibt darin die Mißhandlungen, denen er unterworfen war: »Ich wurde scharf nach rückwärts gefesselt und im barbarischen Ton aufgefordert, mich mit dem Bauch auf den Tisch zu legen. Einer der Vernehmer riß mich am Oberarm über den Tisch. Mein rechtes Knie schlug schwer gegen die Tischkante. Man band meine beiden Fußgelenke mit einem Strick zusammen, zog die Füße nach rückwärts hoch und knotete sie scharf an die auf dem Rücken gefesselten Hände.

Der Strick wurde dann weiter um den Hals geführt und auf dem Rücken wieder irgendwo zusammengebunden. Sie warfen mich nun wie ein lebendiges Paket vom Tisch auf die Erde hinunter. Ich schlug mit dem Brustkorb, den Knien und dem Kinn schwer auf.

Halb betäubt hörte ich, wie meine Peiniger auf Serbisch etwas besprachen. Ich erwartete die ersten Schläge. Aber sie hatten sich noch eine andere Gemeinheit ausgedacht. Sie stülpten einen Schemel um und legten mich mit Brust und Bauch auf die vier Schemelfüße. Mein Kopf hing vorn herunter. Dann schlugen zwei mit Knüppeln ununterbrochen mit voller Wucht auf Rücken und Füße. Ein schneidender Schmerz vom linken Fuß ausgehend zog durch den ganzen Körper. Auch bohrten sich die Schemelbeine mit jedem Schlag in die Lenden.

Ob ich gebrüllt oder gestöhnt habe, weiß ich nicht. Die weiteren Schläge fühlten sich immer dumpfer an. Dann verlor ich das Bewußtsein.«

Der deutsche Lagerarzt Dr. Rost untersuchte General Henke und stellte fest: Bruch des linken Fußes, Bruch oder Verstauchung des rechten Fußes, schwere Gehirnerschütterung, Bruch der linken unteren Rippe und Nierenquetschung..., unregelmäßige und schwache Herztöne.

Dr. Joachim Rost warnte den General: Eine weitere Folter würde er nicht überstehen. Zwei Tage später wurde General Henke wieder in das Verhörzimmer geschleppt. Der jugoslawische Vernehmungsoffizier nahm einen Besenstiel in die Hand. General Gerhard Henke gestand: »Und dann diktierte ich dem Dolmetscher an Hand einer Landkarte von Jugoslawien meine Kriegsverbrechen mit dem Ziel der Unglaubwürdigkeit. Ich ließ über 2000 Männer und Frauen erschießen, einige tausend Rinder, Schweine und Schafe requirieren, mehrere Ortschaften ganz oder teilweise in Schutt und Trümmer legen. Und zwar überall da, wo es ausgeschlossen war und sich jeder Staatsanwalt oder Polizist sofort vom Gegenteil überzeugen konnte.«

Die Jugoslawen waren von der Geständnisfreudigkeit des Generals so befriedigt, daß sie ihm Extrarationen zuteilten: Wurst, Käse, Butter und Brot.

General Henke und seine Kameraden in Werschetz hatten nur zwei

Möglichkeiten: entweder Verbrechen zu gestehen, die sie nicht begangen hatten, oder aber sich totschlagen zu lassen, wie es mit mehr als 50 deutschen Offizieren geschah.

In Werschetz wurde Anfang August 1949 der Hauptmann Otto Hinko aus Zittau in Sachsen zu Tode gefoltert. Hinko sagte einem seiner Mitgefangenen: »Eugen, ich bin verloren. Der Vernehmer Pfeiffer hat mir gesagt, so ein Nazihund wie Du darf die Heimat nicht mehr sehen ...« »Am nächsten Tag nahm Hinko weinend von mir Abschied und bat mich, seine Familie zu grüßen.« Am 10. oder 11. August 1949 starb Hauptmann Otto Hinko.

Wie er, so starben auch Oberst Petzold aus Dresden und der Oberleutnant Martin Speer aus Korntal in Württemberg. Ein Gefangener berichtete über den Tod von Dr. Speer: »Dieser hatte es aus seiner christlichen Einstellung heraus abgelehnt, immer weiter erfundene Greueltaten anzugeben. Dafür wurde er, wie Augen- und Ohrenzeugen erzählten, so lange geschlagen und an den Händen aufgehängt, bis er gestorben ist.« Der Deutsche N., der für die Jugoslawen arbeitende Scherge war dabei, als Martin Speer zu Tode gefoltert wurde.

Im August 1949 starb Hauptmann Dr. Hans Föhner, im Zivilberuf Diplom-Landwirt in Baden. Ein gefangener Offizier, der in der Nebenzelle saß, hörte und sah, wie Föhner mit Prügel und Fußtritten mißhandelt wurde: »Föhner betete und rief zu Gott, sein Anblick war furchtbar. Die rechte Gesichtshälfte war fast gänzlich verkrustet mit Blut. In seinem Blick saß Angst, Verzweiflung, Entsetzen.« Die Jugoslawen folterten Dr. Hans Föhner drei Nächte hintereinander. In der vierten Nacht kamen sie wieder.

Föhners Kamerad war Zeuge dessen, was sich nun zutrug: »Er rief in seiner Not wieder Gott an. Zwei der Jugoslawen packten Föhner, dessen Hände gefesselt waren und spannten ihn über das Bett. Die zusammengebundenen Arme legte man über die oberen Pfosten und die Füße band man mit Draht an den unteren Pfosten fest. Die vordere Körperseite war dem Erdboden zugewandt.

Einer nach dem anderen sprang ihm nun auf den Rücken.«

Der Polizeimajor Kurt Dall aus Ostpreußen starb, nachdem er einen ganzen Tag lang mit dem Kopf nach unten aufgehängt worden war.

Die Erschlagenen wurden an Stricken aus ihrer Zelle geschleift und an unbekanntem Ort begraben.

General Gerhard Kühne, Kommandeur der Hamburger 22. Infanteriedivision, wurde in seiner Zelle von einem Wächter durch das offene Fenster erschossen. Als General Henke, der deutsche Lagerälteste, beim jugoslawischen Lagerkommando wegen des Mordes

Protest einlegte, antwortete der Kommandant: »Sie müssen die Kriegsgefangenschaft als Fortsetzung des Krieges auffassen und auch den Tod Ihres Kameraden in diesem Sinne hinnehmen.«

Kühne wurde in einer Zeltbahn fortgeschafft. Niemand durfte an seiner Beerdigung teilnehmen.

In Werschetz starb auch der Mann, der den Gefolterten und Gequälten in ihren Schmerzen beigestanden hatte: der Lagerarzt Dr. Joachim Rost. Dr. Rost hatte nahezu alle Gefolterten von Werschetz untersucht und alle Toten des Lagers in Augenschein genommen. Die Jugoslawen hatten dem Lagerarzt im Herbst 1949 versprochen, er dürfe in den nächsten Tagen nach Deutschland zurückfahren.

Aber Oberfeldarzt Dr. Joachim Rost glaubte den Männern nicht, die seine Kameraden gequält und getötet hatten. Dr. Rost sagte einem Gefangenen: »Bertel, grüße die Heimat, ich werde sie nicht wiedersehen, denn ich habe zuviel gesehen und weiß für die Leutchen zuviel.«

Die jugoslawischen Behörden schickten seinem Vater im Dezember 1949, nach Abschluß der Vernehmungen von Werschetz, eine Mitteilung, in der es hieß, Dr. Rost sei an Ruhr gestorben. Dr. Rosts Schwester Dorothea hat den Autoren dieses Buches einen Brief geschrieben, in dem sie mitteilt: »Ich weiß, daß mein Bruder 1949 eines Nachts von den Serben durch Genickschuß umgebracht wurde.«

Auch der evangelische Landesbischof von Braunschweig, D. Helmut Johnsen, mußte sterben, weil die Jugoslawen die Heimkehr des Kirchenmannes nach Deutschland fürchteten; zu viel hatte dieser in jeder Hinsicht aufrechte und glaubwürdige Mann in Werschetz gesehen.

Bischof Johnsen war eine der markanten Erscheinungen in den jugoslawischen Lagern. Er war als Hauptmann der Reserve in Gefangenschaft geraten und betätigte sich in den Lagern als evangelischer Pfarrer. Seine Gottesdienste waren für viele Gefangene Ermutigung zum Durchhalten. Seine Vortragsreihe »Philosophische Charakterköpfe«, die er in einer improvisierten Lageruniversität hielt, waren immer überfüllt, bis ihm die Jugoslawen die Vortrags- und geistliche Tätigkeit verboten.

Die Antifa hatte ihn als Klerikal-Faschisten eingestuft. Johnsen wurde aus Werschetz wegtransportiert und in das Lager Zrenjanin gebracht. Und hier wurde er am 17. August 1947 liquidiert.

Im Bericht der Wissenschaftlichen Kommission der Bundesregierung für Kriegsgefangenengeschichte Band I/1 werden die Recherchen-Ergebnisse über seinen Tod zusammengefaßt:

»Bisher (bis zum 17. 8. 1947) war es üblich gewesen, daß ein festes Kommando von Kriegsgefangenen täglich die Latrine entleeren und die Jauche nachts wegfahren mußte. Plötzlich wurde der Befehl geändert und zwar dahingehend, daß der Reihe nach jeder Lagerinsasse einmal drankommen sollte. So kam auch die Reihe an Bischof Johnsen. Es wurden jeweils drei Mann abgeordnet, zwei mußten schöpfen und einer das Pferd anschirren und unter Begleitung von ein oder zwei Posten aufs Feld fahren. Da Johnsen nichts von Pferden verstand, machte er mit seinen Kameraden aus, daß er mit schöpfen wolle. Sie meldeten das dem Posten, aber in diesem Augenblick kam der Aufseher dazu und diesem gab der volksdeutsche Dolmetscher Metz ein Zeichen, auf Johnsen weisend, und sagte: ›Das ist er!‹ Daraufhin sagte der Aufseher zu Johnsen: ›Du fährst!‹ Johnsen erklärte noch einmal, daß er nichts von Pferden verstehe, doch es half ihm alles nichts; die beiden jugoslawischen Posten haben sogar selbst das Pferd angeschirrt. Die beiden Kameraden, die dann zum Schöpfen zurückblieben, namens Wallis und Schubert, haben Johnsen mit dem Wagen das Lager nicht mehr verlassen sehen und sind der Ansicht, daß er gleich im Pferdestall umgebracht worden ist. Nachts wurde dann sein Gepäck aus der Baracke herausgeholt, und es gab allerlei Bewegungen bei den jugoslawischen Mannschaften. Am nächsten Morgen wurde dann offiziell vom Lagerkommandanten ausgegeben, Johnsen sei bei einem Fluchtversuch erschossen worden.«

Bischof D. theol. Helmut Johnsen wurde im Pferdestall in einer Boxe niedergeschlagen und durch einen Gewehrschuß in den Kopf getötet.

Sterben mußte auch der alles und alle überstrahlende Mann der jugoslawischen Kriegsgefangenenlager: Karl Graf Adalbert von Neipperg, der Abt. Dieser katholische Priester in der Kutte des Benediktiner-Ordens gehörte zu den menschlich und geistig hervorragendsten Männern, die je in der modernen Lagerwelt der Gefangenen gelebt und gewirkt haben. Er gewährte in Werschetz und Zrenjanin den gequälten und rechtlosen Männern hinter Stacheldraht den geistlichen Beistand und gab ihnen jene aus Gottesglauben, Selbstzucht und Selbstlosigkeit entsprungene Hilfe, die viele der Verzweifelten am Leben hielt. Darüber hinaus war er im Lager Werschetz das leuchtende Exempel christlicher Nächstenliebe und praktizierter Humanität unter schlimmsten Umständen.

Das Regime von Werschetz ertrug diesen Mann nicht. Es ließ ihn ermorden. Der Bericht über sein Leben und sein Sterben ist das Protokoll eines Martyriums im 20. Jahrhundert.

»Karl Graf Adalbert von Neipperg: Geboren am 31. März 1890 zu Meran; ermordet in Werschetz am 23. Dezember 1948. Victima caritatis« ist auf der Gedenktafel in der Abteikirche von Neuburg eingemeißelt.

Wenn es ein Mann verdient hätte, als Vorbild für christliche Tugend und Glaubenskraft in finsterer Zeit gerühmt und verehrt zu werden, so er, der Tröster und Märtyrer, der Abt von Werschetz und Zrenjanin.

Dieser katholische Ordensmann, von 1929 bis 1934 Abt auf Stift Neuburg, dem ersten Benediktiner-Kloster auf badischem Gebiet in der Nähe von Heidelberg; dann als Mönch und Jugendseelsorger in Seckau in der Steiermark, schließlich nach dem Anschluß Österreichs ans Reich im jugoslawischen Windisch-Feistritz in der Südsteiermark tätig, wo sein Vetter Graf Ferdinand von Athens lebte.

Hier war er Beichtvater für die deutschsprachige Bevölkerung und sein Traum war, im Banat eine Niederlassung seines Ordens zu gründen und angesichts der völlig fehlenden Schulen für die Kinder deutschsprachiger Eltern, Unterrichtsmöglichkeiten zu schaffen. Seine Pläne gingen nicht in Erfüllung; sie scheiterten an den politischen Verhältnissen.

Die deutsche Besetzung Jugoslawiens stellte Abt Adalbert vor neue Probleme. Die slowenischen Geistlichen von Windisch-Feistritz wurden verhaftet oder des Landes verwiesen. Abt Adalbert war jetzt der einzige Priester in einem Gebiet, in dem es früher fünf Pfarreien gegeben hatte. Mit Eifer arbeitete er den ganzen Krieg über als Pfarrverweser und übernahm auch noch als Militärseelsorger und Stadtseelsorger die Betreuung der deutschen Soldaten. Er ging dabei immer in der schwarzen Kutte. Mit Standfestigkeit und Glaubenskraft setzte er sich gegen die oft unfreundlichen, ja feindseligen deutschen Besatzungsbehörden, die Polizei und die Vertreter der Partei durch.

Wie die Arbeit war, steht in einem Brief von Graf Neipperg vom November 1944: »Leider beteiligen sich nicht viele, meist gar keine Offiziere am Gottesdienst; aber sie legen den Leuten und mir keinerlei Schwierigkeiten in den Weg, was schon viel wert ist.« Und ahnungsvoll fügte er hinzu: »Wir sind in Gottes Vaterschaft; dieser Gedanke ist uns Trost und Kraft, mag kommen was will.«

Mag kommen was will!

Als die Bombenangriffe begannen, ließ er sich als Sanitäter ausbilden; und man sah ihn nun auch noch im Dienst der Bombenopfer in den Industrieorten seines Seelsorge-Bereichs.

Und als die deutsche Kapitulation hereinbrach und die Russen anrückten, schloß er sich dem großen Treck von Militär und Zivilisten an – nach Nordwesten, Richtung österreichische Grenze.

Kurz vor der Grenze wurde der Konvoi erst von Partisanen entwaffnet und dann von bulgarischen Einheiten gefangengenommen. Die Bulgaren waren nicht sehr erpicht auf ihre Gefangenen, ein großer Teil der deutschen Offiziere und Soldaten konnten entwischen; und als der bulgarische Oberst den Abt in der Kutte bei einem Verwundeten sah, fragte er: »Sie Pope!« »Ja«, sagte Neipperg. Da schrie der Bulgare:

»Ajdi – weg, fliehen.« Neipperg zögerte: »Und was wird mit den Soldaten, den Verwundeten und Kranken?«, fragte er. »Die werden nach Bosnien gejagt, zu Fuß«, antwortete der Bulgare. Darauf sagte Graf Neipperg: »Dann bleibe ich bei ihnen; denn sie haben keinen Arzt und keinen Priester mehr.« Der Bulgare zuckte mit der Schulter: »Dann sind Sie Kriegsgefangener, wie alle anderen.« Und nach einer kurzen Pause: »Und zwar Offizier!«

So wurde der Benediktiner-Mönch, der Abt von Neuburg Kriegsgefangener und Offizier der Deutschen Wehrmacht per Order eines bulgarischen Kommandeurs. Ein ungewöhnliches, ein einmaliges Schicksal des Zweiten Weltkriegs.

Die erste Station war das Lazarett von Thesen, die Hallen einer ehemaligen deutschen Flugzeugfabrik.

Graf Neipperg wurde Lazarettchef, Lagergeistlicher, Beichtvater in einer Person. Ärzte gab es zuerst nicht, nur ein paar Sanitäter für ein halbes Tausend verwundete und kranke Gefangene. Verpflegung: Ein Brot täglich für 16 Mann, und pro Kopf einen halben Liter Wassersuppe – pro Tag.

Dann wurde das Lazarett in einem acht Kilometer langen Fußmarsch nach Marburg an der Drau verlegt, ins berüchtigte Narodnidom. Die Leichtverwundeten und Leichtkranken trugen die Bahren der Schwerverwundeten. Im Zug sah man die hohe Gestalt des Grafen in der schwarzen Kutte; die Tragstange der Bahre auf der Schulter, schritt er schweigend in dem Elendszug.

Auch hier war der Abt der geistliche und der organisatorische Mittelpunkt. Er verschaffte sich eine Ausgehgenehmigung in die Stadt und erbettelte Nahrungsmittel bei der Bevölkerung für die hungernden Verwundeten. »Der Abt« – sagten die Soldaten wenn er kam; »der Abt« sagten auch die Marburger, wenn er mit seinem alten Brotbeutel voll erbetteltem Brot oder Kartoffeln durch die Straßen ging.

Es ist nicht bekannt, welche jugoslawische Kommandobehörde in Marburg an der großen Sympathie-Gestalt des Abtes Anstoß nahm – auf jeden Fall wurde er eines Tages in einen Transport gesteckt und ab gings in endlosem Fußmarsch, über eine moderne Golgatha-Straße – ins Offizierslager 233, Werschetz.

Man muß unterscheiden zwischen dem späteren Vernehmungslager Werschetz, das Ende 1948 sein trauriges Werk begann, und dem Offizierslager im gleichen Areal, das gleich 1945 eingerichtet worden war.

Während des Juli und August 1945 trafen hier über 3000 deutsche und österreichische Offiziere nach Hungermärschen ein, die zum Teil über 1000 Kilometer gegangen waren – durch Slowenien, Kroatien, Serbien bis hin ins serbische Banat nach Werschetz, dem einzigen

Offizierslager, in das alle von ihren Wehrmachteinheiten getrennten deutschen Offiziere gebracht wurden.

Der Bericht von Ehrhard Vogel aus St. Georgen gibt einen Überblick über die Geschichte des unheilvollen Lagers 233:

Vogels Transport kam nach einem Fußmarsch über 600 Kilometer und einer täglichen Marschleistung von 25 bis 35 Kilometern im Juli 1945 in Werschetz an und wurde in den alten Kraftfahrzeughallen untergebracht. Es gab weder Stroh noch Pritschen; weder Bank noch Tisch. Schlafstelle war der nackte Fußboden. Vogel berichtet:

»Die Sterbeziffer war nach kurzer Zeit so hoch, daß täglich viele Kameraden tot und nackt im selbstgezimmerten Leichenwagen zur Vergrabung weggefahren werden mußten, an einem Tage waren es 32 Tote. Der lange Hungermarsch hatte die Widerstandskraft bei vielen Kameraden erlahmt. Oft fanden wir frühmorgens Kameraden tot neben uns liegen. Die deutschen Ärzte waren wegen Mangel an Medikamenten im Jahre 1945 ziemlich hilflos. Begräbniszeremonien gab es nicht.

Die Notdurft wurde im Freien auf Balken über ausgehobene Gräben verrichtet.

Im Spätherbst wurden von Arbeitskommandos durch Abbruch einer großen Halle in den gegenüberliegenden Hallen Pritschenlager und zur Abtrennung der Gefangenenkompanien Lehmwände halb hochgezogen. Alle Dächer dieser beiden großen Hallen waren porös, überall hingen über den Pritschen Wasserabfänger aus Holz, Pappe oder Blech. Bei Regen entstanden auf dem Betonboden riesige Wasserlachen.

Trinkwasser wurde in großen Weinfässern auf Karren aus der Stadt Werschetz ins Lager gefahren; bis 1946 schließlich im Lager von Arbeitskommandos ein Wasserbrunnen ausgehoben wurde. Trotzdem wurde pro Tag und Person nur ein Liter Wasser verabreicht. Erst im Herbst 1946 gab es für die Pritschen Stroh als Unterlage. Als wir der Flöhe Herr geworden waren, überfielen uns nachts die Wanzen, so daß von Zeit zu Zeit die Pritschen auseinandergenommen, die Holzteile im Freien abgebrannt und dann wieder zusammengebaut werden mußten.

Von Juli 1945 bis Sommer 1946 war das Lager ein sogenanntes Schweigelager. Es gab keine Postverbindung. Zwischen den zwei großen Hallen wurde 1946 eine große Abortgrube ausgehoben, mit Holz überdacht und acht lange Sitzreihen angebracht. Bald waren dadurch in den Hallen Ratten heimisch geworden.

Bis Weihnachten 1946 hatte sich die Gefangenenzahl von 3000 auf 2000 reduziert allein durch Tod. Als Sterbeursache wurde allgemein registriert ›Dysenterie‹.

Trotz allen Ungemachs wurden 1946 eine Stacheldraht-Universität, ein Lagerchor und eine ›Bunte Bühne‹ gegründet, die bis Ende 1948 mit einfachsten Mitteln hervorragende Leistungen zuwege brachten.

Im Herbst 1948 begann die Repatriierung. Insgesamt zirka 1000 Kameraden wurden in die Heimat entlassen. Doch zu Neujahrsbeginn 1949 galt die Aktion dann als abgeschlossen. Ende Januar 1949 wurden alle noch verbliebenen Offiziere (ca. 1200) zu Untersuchungsgefangenen erklärt. Das Vernehmungslager Werschetz war geboren und wurde entsprechend für seine ›Aufgabe‹ umgebaut.

In ein- oder mehrwöchiger Vernehmungszeit in Einzelzellen (1×1,5 m) qualvoll gefesselt, vegetierten nun die ›Untersuchungshäftlinge‹ und wurden durch mittelalterliche Methoden zu ›Geständnissen‹ gepreßt, um verurteilt zu werden. Viele zum Tode. Die meisten zu Freiheitsentzug mit Zwangsarbeit bis zu 25 Jahren. Für mehr als 80 Kameraden endete die Vernehmung mit Foltermord, mit Selbstmord oder Tod durch Entkräftung.«

Auch Abt Adalbert von Neipperg blieb von den gesundheitlichen Folgen der Strapazen des Lagerlebens nicht verschont. Ein Lungenleiden, Dysenterie, schwere Herzerkrankung führten Ende 1946 zur Verlegung in ein Lazarett. Aus dieser Zeit stammt die Stelle in dem Brief an die über 80jährige Mutter: »... sehne mich von Herzen nach Vaterland, Kloster, Familie.«

Doch der behandelnde deutsche Arzt schrieb in einem Bericht: »Wir hatten versucht, ihn für die Repatriierung bei den Jugoslawen durchzudrücken. Als er davon erfuhr, verlangte er von mir, daß ich keine weiteren Schritte unternehmen solle. ›Meine Aufgabe ist, hier zu bleiben und zu helfen‹, sagte er fest.«

An seine Mutter schreibt er ein paar Wochen später, am 15. September 1946:

»Wie gern ich endlich heim käme, kannst Du Dir denken; aber ich weiß auch, daß Du meinen Standpunkt verstehst und billigst, daß ich hier nicht weg kann, solange kein anderer Geistlicher hier ist; wenn auch die Sterblichkeit Gott Dank gegen voriges Jahr ganz wesentlich abgenommen hat, so haben wir doch mit unseren ca. 800 Betten immer noch genug Schwerkranke, für die man da sein muß. Nach einer neuen Verordnung darf ich freilich die Kranken nur besuchen, wenn ich gerufen werde und außerdem alle dritten Sonntage, wo in der betreffenden Abteilung hl. Messe ist; ich darf nur mehr am Sonntag Gottesdienst halten und zwar jeweils in zwei Abteilungen.«

Anfang November wird Graf Neipperg wieder nach Werschetz ins Lager gebracht. Ein evangelischer Offizier schreibt in einem Brief:

»Der Benediktinerabt Graf Adalbert von Neipperg – der im Spätsommer des vergangenen Jahres Werschetz verließ und seitdem schwere Monate im Gefangenenlazarett Novi Vrbas verbrachte – ist wieder hier im Lager. Wie freuen wir uns, obwohl wir wissen, daß sein jetziger Werschetzer Aufenthalt nur von kurzer Dauer sein wird. Wir wissen, daß keine Woche vergehen wird, bis er sich in Richtung Zrenjanin in Marsch begeben muß, um dort im verschärften Lager neben den anderen Seelsorgern, Stabsoffizieren und sogenannten Kriegsverbrechern, in einer von Schikanen stöhnenden Verschlossenheit auszuharren. Wir wissen aber auch, daß unser großer Abt – der in den Hinterhöfen der östlichen Hemisphäre seine Hauptlebensaufgabe sieht – gerne, sehr gerne nach Zrenjanin geht.«

Und er kam nach Zrenjanin, das Nebenlager von Werschetz. Zum 90. Geburtstag seiner Mutter schreibt er in einem Brief, der zur Klassik der Leidenskraft gehört:

»Unsereiner, der nicht daheim Frau und Kind hat, der Dank seinem Glauben doch hinter allem einen Sinn – wenn nicht sieht, so doch glaubt, und der überall wo er ist, irgendwie als Priester wirken kann, und sich mit Christus verbunden weiß, trägt doch alles viel leichter als die meisten anderen; ich will damit freilich nicht sagen, daß auch ich nicht Stacheldraht und Posten, Gefangenschaft und Unsicherheit ›bis oben‹ satt habe und den Tag der Freiheit mit Sehnsucht erwarte – aber es ist doch alles ruhiger und friedvoller als für viele Mitgefangene. Und das Bewußtsein der Verbundenheit in Christus durch Brevier (das ich Gottlob ganz beten kann) und hl. Messe (die ich zwar nur ca. alle sechs Wochen selbst lesen kann, während ich die anderen Sonntage nur zur hl. Communion gehe) ist Gott Dank sehr lebendig in mir und hilft mir auch über Vieles weg. Beschäftigt bin ich genug durch Arbeitsgemeinschaften (ich selbst leite eine über katholische Eheauffassung und eine zweite, nur für Geistliche, über unsere Mitarbeit beim geistigen Neuaufbau unseres Volkes), Lektüre, Brevier etc. und der Tag geht sehr schnell herum ... Unsere ›Kapelle‹ ist der Dachboden, momentan eher kühl, aber wir sind doch froh darum!«

Der Weg Graf Neippergs führte noch ein paarmal zurück nach Werschetz, wieder ins Lazarett und wieder zurück. Man kannte seine große Gestalt in der schwarzen Kutte überall in den Elendsstätten des Banat, des »Partisanenkommissariats«: Das von der Krankheit etwas gerötete hagere Gesicht, die inzwischen schneeweiß gewordenen Haare, der feste Gang. Unter den Schimpfworten der Wärter und Wachsoldaten aus den Partisanenregimentern und der Schulungsfunktionäre der Antifa tauchten zwei neue Injurien auf, die ihm nachgerufen und über ihn in Umlauf gebracht wurden: »Klerikalfaschist« war das eine, weil sich inzwischen der Vatikan für ihn einsetzte, und »Spion« hieß das andere, weil er sich aus der Schweiz religiöse Schriftchen verschaffte und verlieh, verteilte, verschenkte; und weil ein Brief eines französischen Abtes das Lager erreicht hatte. »Verbindung mit dem kapitalistischen Ausland« hieß das; und das war gleichbedeutend mit Spionage.

Es wurde Ernst um Graf Neipperg. Wenn dieser Mann mit seinem Renomée in die freie westliche Welt gelangen würde, wenn er berichtete...

Am 11. Oktober 1948 schreibt er nach Neuburg:

»Bei aller angebrachten Skepsis in allzu große Erwartungen hoffe ich doch auf eine Repatriierung für mich im Dezember – sollte es früher sein (ich bin unter den 20 Ältesten und nicht arbeitsfähig, und die sollen berücksichtigt werden!), tant mieux – wird es später, werde ich darüber auch die Ruhe nicht verlieren! Aber je eher desto besser – schon meiner guten Mutter willen, für die jeder Tag Erdenleben ja eine besondere Gnade ist! Und dann muß ich sagen, daß meine Sehnsucht, endlich nach zehn Jahren wieder ins Kloster zu kommen, zu Chor und Zelle und brüderlicher Gemeinschaft, immer mehr wächst... Meine Dozvola (Ausgeherlaubnis) genieße ich sehr... Gestern war ich zum ersten Mal in der großen katholischen Kirche zum Hochamt – die hl. Messe in einer richtigen Kirche gefeiert zu sehen, ist nach über drei Jahren ›Notkirche‹ besonders schön.«

Dozvola – Ausgeherlaubnis, ja, urplötzlich hatte sie ihm der Lagerkommandant von Werschetz angeboten. Und der Abt konnte nun ohne Bewachung für gewisse Stunden in die Stadt Werschetz gehen. Ohne Bewachung – mancher Pessimist unter den Gefangenen sagte, das heiße auch ohne Schutz, heiße ohne Verantwortung für den Kommandanten. Denn es war kein Geheimnis mehr, daß der Abt auf »der schwarzen Liste« stand, seitdem ihn eine Vernehmungskommission drohend gewarnt hatte, er benütze seine christlichen Lesungen dazu, die kommunistische Lehre zu untergraben.

Seine Vorlesungen wurden verboten. Seine Aussprachekreise ebenfalls. Man nahm ihm den Kelch für die Messe ab und behauptete, er habe ihn gestohlen. Nur Gottesdienst durfte er noch halten; aber auch nicht mehr im Freien, sondern nur noch in den Baracken. Doch der Abt war nicht zu entmutigen.

Wir zitieren aus einem Bericht eines Offiziers:

»Um uns in allen Lagen des Gefangenenlebens nahe zu kommen, meldete sich Abt Adalbert als Arbeiter ins Stadion. Diese Anlage am Ostrand der Stadt war auf jugoslawischen Befehl von deutschen Kriegsgefangenen entworfen worden und wurde in mühevoller Handarbeit von unserem Lager gebaut. Das ›Jugoslawische Kulturzentrum Werschetz‹ erhielt dadurch eine billige Anlage, die für 40000 Zuschauer Platz bot. Graf von Neipperg zog mit uns jeden Morgen in Reih und Glied durch die Straßen der Stadt hinaus zum Bauplatz (und wurde) gar bald bei der jugoslawischen Bevölkerung eine ehrfürchtig beachtete Gestalt. Er belud mit uns die Rollwagen und hatte wie jeder andere seine Tagesnorm zu erfüllen. Abends ging er durch das Lager die wenigen Schritte bis zur ›Schönen Aussicht‹ und las seine Gebete. Wenn ich nach Einbruch der Dunkelheit noch zu ihm kam, dann konnte es sein, daß er übermüdet von der ungewohnten Arbeit mit geschlossenen Augen in straffer, gerader Haltung auf seiner Pritsche lag, einem Gesetz der Bereitschaft verpflichtet, das wir nur dunkel ahnen konnten. In seinen gefalteten Händen hielt er das Kreuz. Dann saß ich neben ihm, ohne ihn zu stören, blätterte ein wenig in den Büchern und Schriften, die in seiner Nähe lagen und spürte, wie von ihm eine Ruhe ausging, die alle meine verzweifelten Fragen und Gedanken still werden ließ.«

Und ein anderer Offizier:

»Wenn er durch die Straßen der alten Stadt ging, eilten die Kinder zu ihm und küßten ihm die Hände; die Menschen, die im Lande Titos die Treue zu ihrem Glauben bewahrt hatten, grüßten ihn und luden ihn in ihre Häuser. Er hatte die bezwingende Macht derer, die in Gott sind. Für uns, die wir aus dem Lager nicht herauskamen, war es immer ein Erlebnis, den Abt von seinen Streifzügen durch die Stadt erzählen zu hören. Nie kam er mit leeren Taschen. Er brachte für die Kranken Heilkräuter, er schleppte Kannen mit Milch ins Lager, er bat um Fett bei den Bauern, um es seinen Kameraden zukommen zu lassen. Er brachte es sogar fertig, einen Mitgefangenen aus dem Lager mit hinauszunehmen, der ihm ohne Zeugen seine seelische Not beichten wollte. Er war unser Vater – er war noch mehr als das. Wir alle spürten es, was einmal ein Sterbender sagte, als der Abt seine Hände hielt: ›Nun ist ER nah‹. Unsere Augen fragten ›Wer?‹ – aber unsere Herzen wußten die Antwort – Gott. In die Unmenschlichkeit unseres Daseins brachte er die Würde des Menschen, der nah bei uns war und nah an dem Herzen Gottes. Er war der Weg, den wir alle beschritten und sein Lächeln der Güte war die Stufe, auf der wir ihn fanden.«

Am 23. Dezember 1948, dem Tag vor Heilig Abend, wird Graf Neipperg zum jugoslawischen Stab bestellt, dessen Hauptquartier in der Stadt war.

Er wollte gerade in die Stadt gehen, um Einkäufe für die Weihnachtsfeier zu machen, die er plante. Auf der Straße wurde ihm der Befehl von einem Kommissar übermittelt. Es gab keinen Zeugen dafür, doch Graf Neipperg traf zufällig den deutschen Lagerältesten, und dem erzählte er, nicht ohne Sorge, von dem Befehl.

Wir zitieren aus dem Bericht von Abt Albert Ohlmeyer, der nach sorgfältig angestellten Recherchen verfaßt wurde:

»Am Morgen des 23. Dezember gab er seinen Kameraden bekannt, er werde in die Stadt gehen, um Weihnachtseinkäufe zu machen. Auch mehrere Kameraden gaben ihm Geld, um für sie etwas einzukaufen. Für die religiösen Feiern des Weihnachtsfestes, besonders für die

Christmette, hatte er bereits alles mit seinen Leidensgefährten im Lager geprobt und auf den Nachmittag auch noch eine Besprechung mit dem protestantischen Lagerpfarrer verabredet. Um 12 Uhr, so versicherte er, werde er wieder zurück sein. Als er aber zur angesagten Zeit nicht zurückkehrte, gerieten seine Kameraden in begründete ernste Sorge um ihn. Gegen 17 Uhr meldeten sie sein auffallendes, besorgniserregendes Ausbleiben der deutschen Lagerleitung. Der Lagerleiter erklärte darauf: ›Ich vermute, daß der Abt beim jugoslawischen Stab ist. Ich traf ihn heute Morgen in der Stadt, und er sagte mir, daß er auf der Straße dem Kommissar begegnet sei. Dieser habe ihm im Auftrag des Kommandanten mitgeteilt, er solle zum jugoslawischen Stab kommen. Schickt deshalb das Essen und die Decke des Abtes zum Stab.‹

Der Lagerleiter fürchtete, Graf Neipperg sei unter irgendeinem Vorwand im Karzer gelandet, um ihn an seinen Weihnachtspredigten zu hindern. Der Bote kam aber mit Essen und Decke zurück und berichtete, man habe ihm beim Stab erklärt, der Abt sei nicht dort. Man habe ihm erklärt, wenn er nicht aufzufinden sei, habe er vermutlich seine Ausgangsfreiheit benutzt, um heimlich zu entfliehen.«

Hektische Betriebsamkeit der Kommissare und des Wachpersonals setzte ein. Flucht hieß die Parole. Und man suchte Helfershelfer.

Während der Weihnachtstage wurden alle Gefangenen in Einzelhaft gesteckt, die mit »dem Flüchtling« besonders befreundet waren. Seine dürftige Habe wurde beschlagnahmt. Schließlich sickerte über die verschiedensten Kanäle, über die Posten, die Funktionäre und die Angehörigen der Lagerkommandantur die »Neuigkeit«: Der Abt ist von einer Grenzwache auf der Flucht erschossen worden.

Dann aber kam die Wahrheit ans Licht, eine finstere höllische Wahrheit.

Unter einem Maisschrothaufen hatte ein Schweinehirt die Leiche eines entkleideten Mannes entdeckt. Ob die Schweineherde den Toten hervorgescharrt hatte, wie es hieß, oder ob der Hirte auf andere Weise an den Fund kam, ist nicht geklärt. Auf jeden Fall geriet der Tote als ein unbekannter Leichnam ins Leichenschauhaus. Und dort erkannte ein Friedhofsarbeiter den Toten. Und wie ein Lauffeuer verbreitete sich die Nachricht in der Stadt, so daß viele Bürger, darunter ein Handwerker, der im Lager arbeitete, ins Leichenhaus eilten und auch ihrerseits den Toten identifizierten, ehe die Behörden die Leiche beschlagnahmten und erklärten, es handle sich um einen Ungarn, der nach einem Saufgelage bei einer Messerstecherei zu Tode gekommen sei.

Aber die Zeugen hatten ihn alle erkannt: Der Tote war Abt Graf Neipperg. Er lag nackt auf dem Holzrost mit durchschnittener Kehle.

Die Nägel der großen Zehen waren abgerissen. Der Körper mit schwarzen Flecken bedeckt, die von schweren Schlägen herrühren mußten – Opfer des Hasses. Victima Caritatis.

Der Totengräber des Friedhofs von Werschetz, der den Abt verehrt hatte, bewahrte die Leiche vor dem Verscharrtwerden: Er rückte die Särge einer Familiengruft auseinander und schob den Sarg mit dem Leichnam des Abtes dazwischen. Mit einem kleinen schwarzen Holzkreuz vor dem großen Familiengedenkstein der Familie Mark kennzeichnete er die Ruhestätte des Märtyrers von Werschetz.

Niemand kennt die genaue Zahl deutscher Offiziere, die in den vier Jahren nach dem Ende des Krieges unter entsetzlichen Qualen im Gefangenenlager 233 zugrundegegangen sind. Im Bericht der Wissenschaftlichen Kommission der Bundesregierung für Kriegsgefangenengeschichte heißt es:

»Wie viele Kriegsgefangene den Folterungen unmittelbar oder an deren Folgen später während der Strafverbüßung erlegen sind, läßt sich mit Sicherheit nicht sagen. Die von Heimkehrern am häufigsten genannten Zahlen bewegen sich zwischen fünfzig und sechzig Todesfällen. Diese Ungewißheit resultiert einmal aus der Tatsache, daß die Umstände, unter denen sich die Ereignisse abspielten, den Gefangenen keinen Einblick in das Gesamtgeschehen erlaubten; zum anderen daraus, daß der Werschetzer Lagerarzt, der frühere Oberfeldarzt und Neurologe Dr. Joachim Rost, der die mißhandelten Gefangenen versorgt hat und die einzelnen Todesfälle hätte registrieren können, nach seinen eigenen Angaben gegenüber Mitgefangenen gezwungen war, die wahre Todesursache im Einzelfall zu verschleiern ... In einer Reihe von Fällen ist es indessen durchaus möglich zu beweisen, daß der Tod von Kriegsgefangenen eine unmittelbare Folge der Mißhandlungen gewesen ist.«

Im Winter 1949 begannen vor einem Militärgericht in Werschetz die Prozesse gegen die deutschen Offiziere, die im Lager gefoltert und zu Geständnissen gepreßt worden waren. Es war das zwölfte Verfahren, das die Jugoslawen gegen gefangene Offiziere der Deutschen Wehrmacht veranstalteten.

Bereits 1946 hatte das Belgrader Militärgericht 21 angeklagte deutsche Kriegsgefangene zum Tod durch Erschießen und elf Gefangene zu lebenslanger Zwangsarbeit verurteilt. 1947 war der Oberbefehlshaber Südost, Generaloberst Alexander Löhr, nach einem Prozeß vor die Läufe eines Exekutionskommandos gestellt worden.

Sechs andere hohe Offiziere der Wehrmacht – zwei Generalmajore, drei Generalleutnante und ein Oberst – wurden gehängt.

Die Verfahren in Werschetz zeichneten sich durch besondere Kürze und summarische Bestrafung aus. Die Urteile, so berichteten Offiziere aus dem Lager von Werschetz, standen schon vorher fest.

Das Gericht war mit drei Soldaten besetzt: einem Hauptmann, einem Leutnant und einem Feldwebel.

Die Öffentlichkeit war nicht zugelassen.

Während der Verhandlungen vor dem Militärgericht von Werschetz entdeckten die gefangenen Offiziere Indizien dafür, daß im Hintergrund von Folter und Prozeß eine unheilvolle Macht wirkte: die »Antifaschistischen Ausschüsse«, kurz Antifa genannt.

Sie waren überall in den Gefangenenlagern des östlichen Kriegsschauplatzes entstanden. In Jugoslawien und der Sowjetunion arbeiteten Antifa-Mitglieder eng mit den Behörden der Siegerstaaten zusammen. An der Spitze der kommunistischen Gruppe der Antifa in jugoslawischen Kriegsgefangenen-Lagern stand der deutsche Major im Generalstab, Heinz Meinecke-Kleint.

Deutsche Antifa-Leute bespitzelten jahrelang die Offiziere, die mit ihnen zusammen hinter Stacheldraht saßen. Sie fertigten über jeden ein politisches Urteil an.

Einem der Helfershelfer der Jugoslawen in Werschetz, dem deutschen Soldaten Georg Wypukol, ist eine präzise Beschreibung der Antifa-Aktionen gegen gefangene deutsche Offiziere in Jugoslawien zu verdanken. Er sagte aus: »Wenn der Antifa-Leiter den jeweiligen Gefangenen als aktives Mitglied des Antifa-Ausschusses bezeichnete und seine Verhaltensweise im kommunistischen Sinne als gut beurteilte, so wurde auf dem Lebenslauf dieses Kriegsgefangenen das Kreuz in das erste Quadrat gemacht. Hatte sich der Gefangene im erweiterten Antifa-Ausschuß hervorgetan, kam das Kreuz in das zweite Quadrat. Wurde der Gefangene als undurchsichtig bezeichnet – also weder ein Gegner der Antifa noch profaschistisch – kam das Kreuz in das dritte Quadrat. Bei Kriegsgefangenen, die nicht an Antifa-Versammlungen und Schulungen teilnahmen, kam das Kreuz in das vierte Quadrat. Wurde ein Gefangener als Faschist bezeichnet, seine reaktionäre Gesinnung hervorgehoben, kam das Kreuz in das fünfte Quadrat.«

Diese zwei sich kreuzenden Striche im Viereck, von einem anonymen Antifa-Mitglied, von einem Deutschen gezogen, entschieden über Freilassung aus der Gefangenschaft oder Folter, über Leben und Tod.

In Werschetz wurden die Noten der Antifa zu einer wichtigen Grundlage für die Urteile gegen die deutschen Offiziere. Einem Offizier im Folterlager Werschetz hatte die Antifa einen Laufzettel mit auf den Weg gegeben, auf dem es hieß: »H. R. ist ein eingefleischter Junker und ein verkappter Nazist. Er ist der Typ eines Menschen, wie er in der Heimat unerwünscht ist.«

Ein ehemaliger Major der Reserve berichtete der Wissenschaftlichen Kommission: »Als der Prozeß stattfand, wo ich zum Tode durch Erschießen verurteilt wurde, stand ich so nahe vor dem Richtertisch, daß es mir ohne Mühe gelang, die Unterschrift auf dem politischen Beurteilungsbogen über mich zu lesen. Die politische Beurteilung war von dem Antifa-Präsidenten über mich abgegeben und unterschrieben worden. Sein Name lautete: Meinecke-Kleint. Die von dem Antifa-Präsidenten über mich abgegebene Beurteilung lautete dem Sinne nach: Unverbesserlicher Militarist und damit Anhänger des Hitlerregimes, darf wegen politischer Gemeingefährlichkeit nicht unter 20 Jahren unter die Menschheit gelassen werden.«

Die Richter von Werschetz, vor sich die Protokolle mit den erpreßten Geständnissen und die Noten der Antifa, machten sich nicht die Mühe eines Verhörs oder einer Beweisaufnahme. Die Verhandlungen dauerten im Einzelfall manchmal nur fünf Minuten. Dann wurde das Urteil gesprochen: 17 Jahre Zwangsarbeit, 20 Jahre Zwangsarbeit, oder aber die Todesstrafe.

General Gerhard Henke wurde vom Militärgericht in Werschetz Anfang Dezember 1949 in einer Verhandlung, die knapp 15 Minuten währte, zum Tode verurteilt. Die gleiche Strafe traf die deutschen Generale Hülfing und Bleyer.

Und selbst nachdem die Todesurteile gegen sie gefällt waren, wurden viele der deutschen Offiziere noch mißhandelt. Ein Major berichtet über die ersten Tage nach der Verurteilung: »Wir mußten in einem langen Keller Exerzierübungen machen, erlitten dabei Stockschläge und Fußtritte. Besonders schlimm erging es mir, als ich auf Befehl der Wachmannschaft einem Kameraden Schläge ins Gesicht geben und ihn anspucken sollte. Meine Weigerung wurde mit furchtbaren Schlägen der Wächter quittiert, und zwar für uns beide.«

Dann wurden die verurteilten Offiziere auf Viehwagen in ein Zuchthaus transportiert. Viele der Gefangenen waren mit Draht, Stacheldraht und Handschellen aneinandergefesselt. Wieder Mißhandlungen durch jugoslawische Wachen. Die Wächter nötigten die Gefangenen, das Lied vom »Guten Kameraden« zu singen. Der Gesang sollte die Schreie der Gefolterten übertönen. Die Offiziere wurden im Zuchthaus Sremska Mitrovica in nichtbeheizte Zellen gesperrt: Im Winter 1949/50 erfroren vielen Gefangenen die Hände und Füße. Ein Gefangener: »Als Kälteschutz gab es eine kurze gefütterte Jacke oder einen alten Mantel. Decken mußte man selbst haben. Tag und Nacht mußten sämtliche Fenster geöffnet bleiben.«

Die Ernährung: 200 Gramm Maisbrot. Morgens, mittags und abends jeweils einen halben Liter Wassersuppe mit Graupen oder Nudeln. Sonntags gab es nur einmal Suppe. Den Deutschen drohte der Hungertod. Ein Gefangener berichtete: »Kamerad Steidle, gleich uns allen sehr schwach, bat um Aufnahme in die Krankenstube; man erwiderte ihm, daß er eben bei dieser schlechten Kost eingehen würde – mehr zu essen könnte man ihm nicht geben.« Ferdinand Steidle starb im Februar 1951 im Zuchthaus.

Die gefangenen Offiziere wurden im Zuchthaus Schikanen und Willkür unterworfen: »Tagsüber durfte man sich mit den Decken nicht zudecken und sich außerdem nur auf die vordere Kante der Strohsäcke hinsetzen. Es durfte zunächst nicht einmal laut gesprochen werden. Wer irgendwie auffiel, mußte stundenlang das Parkett glänzend reiben oder ein paar Stunden stillstehen.« Oft wurden Gefangene aus nichtigen Gründen in den Keller des Zuchthauses gesperrt, »wo man in kleinen Zellen dichtgedrängt ohne Mantel auf dem Steinfußboden liegen mußte«.

Einer der verurteilten Offiziere erinnert sich: »Beim Kaffee- und Essenholen mußte man einen Pappdeckel unter das Eßgeschirr halten, damit ja kein Tropfen aufs Parkett fiel. Wehe, wenn dies einmal der Fall war. Sieben Tage Bunker gab es dafür.«

General Henke berichtet: »Wir lagen wie die Ölsardinen in ihrer Büchse. Mit dem Kopf immer neben den Füßen des Nachbarn. Der Zementboden war mit Strohsäcken bedeckt, die von Flöhen wimmelten. Die Kameraden sahen erschreckend grau und abgemagert aus. Einer der Kommandierer des Zuchthauses, ein stiernackiger roher Kerl, hielt es darüber hinaus für angebracht, uns jeden Abend, wenn er zum Abfragen von Zelle zu Zelle ging, zu schlagen oder zu treten. Es war die Zeit unserer allertiefsten Erniedrigung. Wir waren vogelfreie Menschen, für die es keine Rechte mehr gab, sondern als Erlösung voraussichtlich nur den Tod.«

Nach den Dezember-Urteilen von 1949 begannen die Jugoslawen die Todesurteile, die auf den Geständnissen von Werschetz beruhten, zu vollstrecken. Aus den Zellen des Zuchthauses wurden die österreichischen Offiziere, die in der Deutschen Wehrmacht gedient hatten, herausgeholt. Sie wurden in der Nähe der Schweineställe der Strafanstalt erschossen und gleich an der Exekutions-Stelle verscharrt.

Da trat etwas ein, womit die Jugoslawen nicht gerechnet hatten: Am 27. Januar 1950 erklärte Bundeskanzler Dr. Konrad Adenauer vom Rednerpult des Deutschen Bundestages aus: »Besonders erschütternd sind die neuesten Nachrichten über das Schicksal der Kriegsgefangenen, die in Jugoslawien unter dem Vorwand von Untersuchungen über Kriegsverbrechen zurückgehalten worden sind ... Lassen Sie mich«, rief der Kanzler, »ein Wort an die gesamte Weltöffentlichkeit richten: Hier handelt es sich um solche Vergehen und Verbrechen gegen die Menschlichkeit, daß die gesamte Öffentlichkeit auf der ganzen Welt sich dagegen empören muß.«

Und in dieser kurzen Rede ließ der Kanzler die Jugoslawen erkennen, daß die junge Bundesrepublik Deutschland sich nicht mit Worten begnügen würde. Er sagte zu den Abgeordneten des Bundestages: »Sie werden verstehen, meine Damen und Herren, daß diese Vorgänge uns nicht zum Abschluß eines Handelsvertrags mit Jugoslawien ermutigen.« Auf wirtschaftliche Vorteile durch diesen Handelsvertrag aber war der Tito-Staat bedacht. Jugoslawien wollte Menschen gegen Maschinen einhandeln, Reparationsverpflichtungen von Bonn erlangen. Von Österreich konnte sich die Regierung in Belgrad dagegen nichts versprechen.

Die Wissenschaftliche Kommission der Bundesregierung für Kriegsgefangenengeschichte über die Folgen, die diese Betrachtungsweise für die Gefangenen hatte: »Vielleicht erklärt sich hieraus, daß die Todesurteile an den Österreichern vollstreckt wurden, während man die deutschen Todeskandidaten zu Freiheitsstrafen begnadigte und schließlich repatriierte.«

Einer der verurteilten deutschen Offiziere berichtet über die Auswirkungen des Appells von Konrad Adenauer in den jugoslawischen Zuchthäusern: »Die Rede des Bundeskanzlers gab uns zum erstenmal wieder einen Hoffnungsschimmer ... Mitte Februar 1950 konnten in den Suppen plötzlich auch festere Bestandteile wahrgenommen werden. Es zeigte sich die Absicht, daß man uns einigermaßen korrekt behandeln wollte.«

Allmählich verbesserten sich die Zustände in den Zellen der verurteilten deutschen Offiziere. Und dann tauchte im Zuchthaus ein Jugoslawe auf, den die gefolterten Deutschen in schrecklicher Erinnerung hatten: Franjo Steiner, der Kommissar von Werschetz. Diesmal kam er, um Begnadigungen zu verkünden und die Rückkehr der Offiziere nach Deutschland zu organisieren. Freilich: Es dauerte mehr als drei Jahre, bis die letzten der Werschetzer Offiziere das Zuchthaus verlassen konnten. Auch die zum Tode verurteilten Deutschen durften zurückkehren.

Die Wissenschaftliche Kommission erkannte: »Jugoslawien wollte ein ›Weißbuch‹ zusammenstellen, um die Großmächte von seinem berechtigten Anspruch auf Reparationsleistungen Deutschlands zu überzeugen, nachdem sich bis dahin keine Anzeichen für eine solche Wiedergutmachung gezeigt hatten ...

Die Offiziere von Werschetz sind amnestiert worden, sobald die Bundesrepublik Deutschland mit Jugoslawien einen Handelsvertrag abgeschlossen hatte ... so daß der Foltertod der Werschetzer um so sinnloser gewesen ist.«

General Gerhard Henke schrieb über seine Heimfahrt nach Deutschland: »Es kam der große Augenblick, wo wir in dem acht

Kilometer langen Karawanken-Tunnel die jugoslawisch-österreichische Grenze passierten. Mein Freund Kaltenegger, der zwei Monate vor mir repatriiert worden war, hatte in einem Brief, der in einer Konservenbüchse versteckt war, geschrieben, daß diese Grenze mitten durch den Tunnel an seiner höchsten Stelle liefe. Solange die Räder beim Aufwärtsfahren den langsamen Rhythmus ›Jugoslawien‹ sängen, könne immer noch was passieren; wenn sie aber in das beschleunigte Tempo ›Österreich‹ übergingen, wäre die Grenze überschritten. Und so war es auch.«

Die Tragödie von Werschetz fand ihren Schluß in der Bundesrepublik. Titos Partisanen hatten nicht nur die Gefolterten, sondern auch die deutschen Folterknechte nach Deutschland entlassen. Den Kameradenschindern von Werschetz wurde der Prozeß gemacht.

Über die Motive der deutschen Vernehmer, die für die Jugoslawen arbeiteten, heißt es im Bericht der Wissenschaftlichen Kommission der Bundesregierung für Kriegsgefangenengeschichte:

»In diesem Dickicht aus Zwang, Intrige, Charakterschwäche, tragischem Konflikt und Machtrausch als Kompensation von Haßkomplexen spiegelt sich eine Situation wider, die auch in anderen östlichen Gewahrsamsstaaten zu beobachten war: die ›Normerfüllung‹ bei der ›Überführung‹ von ›Kriegsverbrechern‹. Es blieb indessen Werschetz vorbehalten, die Folterung von Deutschen durch Deutsche zu erleben. Am Ende läßt sich auch hier der Einfluß balkanischer Kampfmethoden, gepaart mit ideologischem Ehrgeiz nicht leugnen.«

Gegen Hans Dietrich Tallarek, Major und Bataillonsführer in der 104. Jägerdivision, Träger des Eisernen Kreuzes I. Klasse, des Infanterie-Sturmabzeichens, des silbernen Verwundetenabzeichens, sagte ein in Werschetz gefolterter Hauptmann aus: »Tallarek schlug mich mit den Händen zehn- bis zwanzigmal ins Gesicht. Tallarek schlug mit einem besenstieldicken Knüppel aus Akazienholz auf mich ein, traf mich am Kopf. Ich wurde von Tallarek mit einem Strick an den Händen an einem Balken hochgezogen.«

Ein in Werschetz gefolterter Zollbeamter: »Tallarek schlug mir mit einem Stock siebzig- bis achtzigmal auf den Rücken, wo er eben hintraf. Dann schlug er mich fünfzehn- bis zwanzigmal ins Gesicht, so daß ich hin- und hertaumelte.«

Zu seiner Entlastung erklärte Tallarek dem deutschen Gericht, daß die Jugoslawen ihn mit der Folter dazu brachten, für sie zu arbeiten: »Ich wurde an den Beinen mit dem Gesicht zur Wand aufgehängt. Dann schlugen sie mit Koppeln auf mich ein.« Die Folter dauerte mehrere Tage. Dann gab der Major Tallarek auf. Er erklärte sich bereit, mit den Jugoslawen gemeinsame Sache zu machen, aus Angst vor weiteren Mißhandlungen.

Die Große Strafkammer des Landgerichts Wuppertal billigte ihm mildernde Umstände zu. Es verurteilte den Major Hans-Dietrich Tallarek 1957 zu einem Jahr und sechs Monaten Gefängnis.

Gegen Paul Wilde, Oberleutnant in der 41. Infanteriedivision, Grenadierregiment 1232, sagte ein in Werschetz gefolterter SS-Rottenführer aus: »Mir wurde Kaffee gebracht. Ich konnte ihn nicht trinken, weil meine Hände gefesselt waren. Als Wilde kam, sagte ich ihm, ich hätte großen Durst. Er schüttete meinen Kaffee auf den Boden. Er schlug mir mit der Hand ins Gesicht. Mit der Faust schlug er mich, wohin er gerade traf.«

Ein in Werschetz gefolterter Polizeiwachtmeister: »Wilde fesselte mir Arme und Beine auf dem Rücken zusammen. In dieser Lage blieb ich vierzehn Stunden. Die Glieder schwollen über die Fesseln hinaus an. Wilde schlug mich mit einer Latte am ganzen Körper, vom Kopf bis zu den Füßen.«

Zu seiner Entlastung schilderte Oberleutnant Paul Wilde dem deutschen Gericht, mit welchen Mitteln die Jugoslawen ihn dazu brachten, seine ehemaligen Kameraden zu foltern: »Die Jugoslawen warfen mich gefesselt in einen Bunker. Zehn bis zwölf Tage bekam ich nichts zu trinken. Ich habe Eiskristalle von den Eisenwänden des Bunkers abgeleckt. In dieser Situation blieb mir nichts anderes übrig, als mich von den Jugoslawen langsam zu Tode quälen zu lassen, mich zu erhängen oder zu versuchen, mit den Jugoslawen klarzukommen.«

Dann marschierten erneut jugoslawische Soldaten in den Bunker. Sie schlugen und traten Paul Wilde. Der Oberleutnant über diesen Augenblick: »Ich war am Ende meiner Kraft!« Er verpflichtete sich, für die Jugoslawen zu arbeiten.

Die Große Strafkammer des Landgerichts Bielefeld verurteilte Paul Wilde im Jahre 1955 zu vier Jahren Gefängnis.

Gegen Heinrich Pfeiffer, während des Kriegs Feldwebel in der 373. Infanteriedivision, sagte ein in Werschetz gefolterter Leutnant aus: »Pfeiffer schlug mich mit einem Stock auf Arme und Oberschenkel. Er hängte mich an den Händen an den Balken und schlug mich mit einem Stock dreißig- bis vierzigmal.« Ein Hauptmann: »Pfeiffer schlug immer wieder mit einem Vierkantholz auf mich ein.«

Ein dritter Offizier: »Er schlug mich mit einem Knüppel aufs bloße Gesäß und immer wieder in die Nierengegend.«

Ein Polizeimeister: »Er schlug einen Stock auf meinem Körper entzwei, dann nahm er einen Lederriemen und schlug damit weiter. Als ich vor Schmerzen schrie, stopfte mir Pfeiffer einen schmutzigen Lappen in den Mund und sagte: »Wenn du den ausspuckst, schlage ich dich tot!«

Auch Heinrich Pfeiffer erklärte dem Gericht, die Jugoslawen hätten ihn mit Drohungen gezwungen, für sie als Vernehmer tätig zu werden. Der jugoslawische Offizier sagte, so erklärte Pfeiffer: »Du warst während des Kriegs ein großer Bluthund, für Deine Taten ist die Todesstrafe vorgesehen, die Du nur durch Deine Arbeit von Dir abwälzen kannst.«

Das Schwurgericht München verurteilte Heinrich Pfeiffer 1954 zu acht Jahren Zuchthaus.

Gegen Dr. Heinrich Dengler, Leutnant der Reserve und Abwehroffizier beim wehrwirtschaftlichen Bataillon Kroatien, sagte ein in Werschetz gefolterter Offizier aus: »Ich wurde von Dengler getreten und geschlagen. Dengler und Pfeiffer zogen die Fesseln aus Draht so stark an, daß dabei alles Blut gestaut wurde.«

Ein Unterbrandmeister: »Ich wurde von Dengler mehrere Male an einem Drahtseil, das von der Decke über eine Rolle hing, hochgezogen und mit einem Stock geschlagen.«

Ein Unteroffizier: »Dengler schlug mich wiederholt auf die Brust. Ich erlitt drei Rippenbrüche.«

Ein Polizei-Oberwachtmeister: »Ich wurde von Dengler ständig mit der Hand geschlagen oder aber mit Füßen getreten.«

Ein Offizier: »Dr. Dengler gab mir den Rat, daß ich mein Geständnis vor dem Militärgericht ja nicht widerrufen sollte, sonst würde ich zu neuerlichen Vernehmungen zu ihm gebracht. Dann würde es mir so ergehen wie so vielen meiner Vorgänger, die bereits tot draußen liegen.« Zu seiner Verteidigung stellte Dr. Dengler dem deutschen Gericht dar, weshalb er sich den Jugoslawen zur Folterung seiner Kameraden zur Verfügung gestellt hatte: »Der Lagerkommandant sagte, wenn ich es ablehnen würde, sei das ein Beweis dafür, daß ich immer noch ein Feind Jugoslawiens sei. Danach erklärte ich mich bereit.«

Die Große Strafkammer des Landgerichts Memmingen verurteilte Dr. Heinrich Dengler im Jahre 1955 zu acht Jahren Zuchthaus. Dengler hat sich in der Mittagspause vor seiner Urteilsverkündung in seiner Zelle an der Türklinke erhängt.

Gegen Georg Wypukol, Soldat in der Bewährungseinheit 5. Kompanie, Artillerieregiment 999, sagte ein in Werschetz gefolterter Offizier aus: »Wypukol schlug mit einem Stahlstock wahllos auf mich ein. Ich war völlig mit Blut beschmiert ... Wypukol schlug mich erneut mit einer Stahlrute bis zur Bewußtlosigkeit.«

Ein Oberleutnant zur See: »Wypukol mißhandelte mich mit Faustschlägen ins Gesicht.«

Ein Polizeibeamter: »Wypukol äußerte wörtlich: Sagst Du jetzt nicht aus, lasse ich Dich totschlagen, Du Schwein.«

Ein Offizier: »Wypukol trat mich in den Unterleib, riß mich hoch und schlug mir mit der Faust ins Gesicht.«

Zu seiner Entlastung sagte Georg Wypukol vor dem deutschen Gericht: »Ich sah zwei Kameraden nackt und verschmutzt im Kohlebunker stehen. Da sagte ich ohne weiteres zu, Vernehmungen zu machen, weil ich selbst Repressalien seitens der Jugoslawen fürchtete.«

Das Schwurgericht Paderborn verurteilte den Soldaten Georg Wypukol im Jahre 1954 zu zehn Jahren Zuchthaus.

Alliierte in deutscher Hand

Mehr als elf Millionen deutsche Soldaten gerieten im Zweiten Weltkrieg in die Hände der Alliierten – und weit mehr als fünf Millionen alliierte Soldaten waren während des Zweiten Weltkriegs Gefangene der Deutschen. Ihr Schicksal unterscheidet sich in vielfacher Weise von dem Geschick deutscher Gefangener, zugleich aber sind bemerkenswerte Übereinstimmungen festzustellen: So wie deutsche Kriegsgefangene im westlichen, das heißt amerikanischem und britischem Gewahrsam vor Kriegsende weit besser davonkamen als jene Soldaten, die in russische Lager gesperrt wurden, so haben die Deutschen gefangene Engländer und Amerikaner in aller Regel besser behandelt als die Soldaten der Roten Armee, die in millionenfacher Zahl gefangen wurden oder überliefen.

Gegenüber den Sowjetsoldaten herrschten Willkür, Verachtung und Gleichgültigkeit, gegenüber den Soldaten der Westalliierten hielt sich das Dritte Reich zumeist an die Genfer Konvention über die Behandlung von Kriegsgefangenen.

Jene Fälle jedoch, in denen die Konventionen und völkerrechtlich verbindliche Vereinbarungen über die Kriegführung von Deutschland nicht eingehalten wurden, waren um so schrecklicher. Von diesen Ereignissen und den Schicksalen der Soldaten, die davon betroffen wurden, soll hier berichtet werden. Nicht nur um zu zeigen, daß Kriegsgefangenschaft so gefährlich und so schrecklich und so brutal ist wie der Krieg selber; sondern auch, um im Hinblick auf die geschilderten Leiden der deutschen Kriegsgefangenen, die Leiden der in deutsche Gefangenschaft geratenen Gegner nicht aus dem Auge zu verlieren, obgleich ihre Geschichte nicht Gegenstand dieses Buches ist. Doch so manches wird erklärlich aus der erkennbaren schrecklichen Schraube von Gewalt und Gegengewalt, von Vergeltung und Wiedervergeltung. Und aus der Erkenntnis, daß da, wo das Recht seine Gültigkeit verliert, das Regime der Gewalt und der Gewalttäter beginnt.

Der 23. März 1944 war in Schlesien ein kalter Tag. Vor zwei Tagen hatte auf dem Kalenderblatt der Frühling begonnen. Aber auf den Feldern rings um die Stadt Sagan lagerte dick noch der Schnee. Sagan liegt etwa auf der Mitte der Strecke zwischen Berlin und Breslau. Hier hatte das Oberkommando der Luftwaffe ein Gefangenenlager errichten lassen, im offiziellen Sprachgebrauch Stalag Luft III genannt.

Rund 600 amerikanische, britische, australische und neuseeländische Offiziere waren in den hölzernen Baracken des Lagers untergebracht. Es waren allesamt Luftwaffenoffiziere, Piloten, Navigatoren, Bombenschützen. Viele saßen schon seit mehr als vier Jahren hinter Stacheldraht: Sie waren bei der Luftschlacht um England aus ihren Maschinen ausgestiegen, mit dem Fallschirm abgesprungen und in deutsche Hand geraten.

Das Lager hatte sich im Laufe der Kriegsjahre immer mehr gefüllt. Vielköpfige Bomberbesatzungen, abgeschossen beim Angriff auf deutsche Städte und Rüstungsbetriebe, waren hinzugekommen. Um das Lager zogen sich Warndrähte, geharkte Sandstreifen und ein von Wachttürmen gekrönter Stacheldrahtzaun. Das Lager hatte eine Krankenbaracke und einen Bunker zur Bestrafung von Gefangenen, von den Angelsachsen »cooler« genannt.

Die Deutschen ernährten ihre Gefangenen knapp, aber ausreichend: Morgens eine dünne Schnitte Brot, Margarine und Kunsthonig, mittags zwei Schnitten Brot, abends zwei Schnitten Brot. Dazu gab es Kartoffeln, Gemüse oder Sauerkraut und in größeren Abständen auch Pferdefleisch. Die Gefangenen füllten ihre Rationen mit dem Inhalt von Rotkreuz-Paketen auf, die sie aus Amerika und England erhielten.

Dieser 23. März 1944 war für die Gefangenen ein besonderer Tag: Es war der Vorabend für die Aktion X, der sie seit langem entgegenfieberten. Es war der Vorabend des Tages, der 200 gefangenen Offizieren die Freiheit bringen sollte. Die Insassen von Stalag Luft III planten den größten Ausbruch von alliierten Gefangenen während des Zweiten Weltkriegs.

Die Methode und die Umstände der Flucht gleichen erstaunlich den Fluchtoperationen deutscher Kriegsgefangener aus englischen und kanadischen Lagern.

Ein Jahr lang hatten die 600 Offiziere an einem Tunnel gearbeitet. Der Einstiegschacht war unter dem Ofen in einer Baracke verborgen. Die Maulwürfe hatten sich erst neun Meter tief senkrecht in die Erde gegraben, bevor sie den Tunnel in Richtung auf den Zaun vorwärtstrieben.

Die Mündung, so hatten die Gefangenen gemessen und ausgerechnet, würde in einem Wald liegen, der im Osten an die Längsseite des Lagers grenzte. Die Gefangenen hatten Loren gebaut, mit denen die Erde aus dem Tunnel wegbefördert wurde. Diese Wagen liefen auf Schienen, die mit Wolldecken abgedeckt wurden, um jedes verräterische Geräusch zu unterbinden. Zur Versorgung der Arbeiter mit frischer Luft hatten die Flieger einen Blasebalg gebastelt.

Ebenso sorgfältig waren sie bei der Ausstattung der Gefangenen für die Zeit nach dem gelungenen Ausbruch vorgegangen. Aus Blechdosen waren Schilder für Koppelschlösser angefertigt worden, auf denen »Gott mit uns« stand wie auf Koppelschlössern deutscher Soldaten.

Sie hatten Ausweise und Stempel gefälscht. Ihre Kleidung konnten sie mit wenig Handgriffen so verändern, daß sie den Uniformen deutscher Landser ähnlich sahen.

Jeder der Ausbrecher hatte eine Decke und einen Koffer aus Holz oder aus Pappe, der mit Schuhcreme gefärbt war.

200 Mann sollten in der Nacht zum Samstag, dem 24. März 1944, ausbrechen und sich in alle Winde zerstreuen. Manche wollten versuchen, mit einem neutralen Schiff aus einem deutschen Ostseehafen nach Schweden zu gelangen. Manche hatten sich vorgenommen, durch die Tschechoslowakei und Österreich in die Schweiz zu flüchten, manche wollten direkt nach Westen gelangen, über Paris in das unbesetzte Frankreich und dann nach Spanien.

Der Plan, der 200 Männern die Freiheit bringen sollte und in erstaunlichem Gleichklang mit deutschen Fluchtaktionen aus alliierten Lagern stand, mündete in eine der großen Tragödien des Zweiten Weltkriegs, in Völkerrechtsbruch und in vielfachen Tod.

Unmittelbar nach Ausbruch der Dunkelheit um 7.50 Uhr abends am 23. März kroch der erste der Ausbrecher in den Einstieg zum Tunnel. Die Offiziere hatten einen exakten Zeitplan ausgearbeitet: Er war auf die Abfahrtzeit der Züge im Bahnhof von Sagan abgestimmt. Die Ausbrecher stiegen in Gruppen von mehreren Mann in den Tunnel ein. Ihre Koffer wollten sie auf den Loren bis zum Ausstieg befördern.

Aber schon in diesen ersten Minuten wurde ihnen erschreckend klar, daß der Plan nicht funktionieren würde, jedenfalls nicht so, wie sie es sich vorgestellt hatten. Die Loren kippten von den Gleisen, die Männer mußten ihre Koffer hinter sich herschleppen. Was schlimmer war: Die auf den Rücken geschnallten Decken streiften die dünnen Hölzer, mit denen der Tunnel abgestützt war, Teile der Tunneldecke stürzten ein. Massen von Sand fielen herunter und verengten den Fluchtweg.

Die ärgste Überraschung aber erwartete die Briten und Amerikaner beim Ausstieg aus dem Tunnel. Sie hatten sich verrechnet – der Tunnel war nicht weit genug vorgetrieben. Ein kurzes Stück fehlte – aber dieser Fehler war von schlimmer Wirkung. Die Mündung des Tunnels lag nicht zwischen den schützenden Bäumen des Waldes, sie lag zwischen Zaun und Wald in einem Bereich, der von den Posten im Wachtturm eingesehen werden konnte. Zudem mußten sich die dunkel gekleideten Ausbrecher gegen den Schnee deutlich abzeichnen.

Trotzdem beschlossen die Soldaten, die Flucht zu wagen. Einer nach dem anderen klomm die Leiter im Ausstiegschacht empor, robbte durch den Schnee in den Wald. Der Wachtposten im Turm richtete seine Aufmerksamkeit auf das Lager, nicht auf das, was außerhalb des Lagers geschah.

Dennoch wurde die falsche Berechnung des Ausstieges den Flüchtenden noch in dieser Nacht zum Verhängnis. Um 5 Uhr morgens patrouillierte einer der deutschen Wachtposten an der Außenseite des Zaunes entlang – was keiner der Wächter des Lagers bisher getan hatte. Der Deutsche marschierte direkt auf das Ausstiegsloch zu. Er entdeckte die Spuren im Schnee; er feuerte einen Schuß ab. Im Lager wurde Alarm geschlagen, Sirenen heulten, Wachhunde bellten, das Unternehmen X hatte sein Ende gefunden.

Die Deutschen ließen ihre Gefangenen antreten und zählten ab:

66 Offizieren der alliierten Luftwaffe war der Ausbruch aus dem Lager gelungen.

Die deutsche Kriminalpolizei startete noch in der Dunkelheit des Morgens an diesem 24. März eine Großfahndung. Der Schwerpunkt war die Stadt Sagan. Von da aus wurde die Suchaktion ringförmig ausgebreitet nach Liegnitz und Breslau, Prag und Berlin, Danzig, Stettin und München.

Die Gefangenen konnten sich nicht lange verborgen halten. Der Schnee lag zu tief. Sie kamen in den Wäldern nicht vorwärts, und beim Marsch über die Straßen wurden sie gefaßt. Einige der Gefangenen wurden schon auf dem Bahnhof von Sagan verhaftet, andere in Dörfern der Umgebung, einer kam bis Berlin, einer bis München.

Vierzehn Tage nach dem Ausbruch waren nur noch drei der Flüchtlinge auf freiem Fuß. Zwei hatten die Flucht tatsächlich bis nach England geschafft, der dritte war auf dem Weg nach Spanien.

Über die Behandlung der 63 eingefangenen Männer hatte Adolf Hitler persönlich entschieden. Der amerikanische Schriftsteller und ehemalige Insasse von »Stalag Luft III«, Paul Brickhill, der über die Flucht der Offiziere ein Buch mit dem Titel »The Great Escape« verfaßt hat, gibt die Szene wieder, die sich 26 Stunden nach dem Ausbruch, am Sonntag, dem 25. März 1944, in Hitlers Haus in Berchtesgaden abgespielt hat.

Der Führer befahl Himmler, Göring und Keitel zu einer Blitzkonferenz. Himmler lastete Keitel die Schuld an dem Ausbruch an. Göring beschuldigte Keitel. Keitel seinerseits beschuldigte Himmler und Göring. Hitler beendete die Diskussion, indem er ankündigte, die wieder eingefangenen Gefangenen würden alle erschossen. Göring protestierte – nach Brickhill – vorsichtig aus Gründen der praktischen Politik. Er kannte das Völkerrecht und die Gefahr von Repressalien. Daraufhin befahl Hitler: Mehr als die Hälfte von ihnen müssen erschossen werden.

Die wieder eingefangenen Flüchtlinge wurden nicht – wie sie erwartet hatten – in das Lager Sagan zurückgebracht, sondern in Gefängnisse gesperrt. Beamte der Geheimen Staatspolizei verhörten sie, und dann wurden sie auf Lastwagen abtransportiert. Später wurde den alliierten Offizieren im Lager Stalag Luft III vom Lagerkommandanten mitgeteilt, daß 41 Ausbrecher »auf der Flucht erschossen worden seien«. Die Zahl der Getöteten stieg schließlich auf 50. Die Deutschen übergaben den Briten im Lager die Urnen mit der Asche der Flüchtlinge.

Im Sommer 1945, ein Jahr nach dem Tod der 50, hatten die Alliierten Deutschland besetzt. Nun machten sich britische Offiziere daran, herauszufinden, wie die 50 Männer umgebracht wurden und wer ihre Mörder waren.

In der britischen, in der amerikanischen und in der französischen Zone begann eine unerbittliche Jagd auf die Täter. Die britischen Verfolger fanden heraus, daß die Gestapo vorzugsweise folgende Methode gewählt hatte: Die gefangenen Fliegeroffiziere waren nach dem Verhör mit Handschellen gefesselt in Personenwagen gezwängt worden, ein Mann der Gestapo hatte sich neben sie gesetzt.

Angeblich führte die Fahrt zurück ins Lager Sagan. Unterwegs wurden die Briten aufgefordert, das Auto zu verlassen, um auszutreten. In diesem Augenblick wurden sie von Gestapo-Beamten von hinten erschossen.

Anfang Juli 1947 standen 18 ehemalige Beamte der Geheimen Staatspolizei im Hamburger Curio-Haus vor einem britischen Militärgericht. Der Prozeß dauerte fünfzig Tage – für jeden Getöteten ein Tag. Vierzehn der Angeklagten wurden zum Tode verurteilt und am 26. Februar 1948 im Gefängnis von Hameln aufgehängt.

Im Oktober 1948 standen wieder drei Polizisten, die der Beteiligung an der Ermordung der Fliegeroffiziere beschuldigt wurden, im Hamburger Curio-Haus vor einem britischen Militärgericht. Es wurden zwei Todesurteile gefällt, aber nicht vollstreckt.

Ein anderes Beispiel für das Schicksal alliierter Gefangener:

Am 4. August 1944 war der Himmel über Nordeutschland klar. Die Sonne schien von einem wolkenlosen Himmel. In den Verteidigungsanlagen der Flakstellungen auf der Nordseeinsel Borkum hörten die deutschen Soldaten die anschwellenden Geräusche schwerer Flugzeugmotoren. Dann kamen sie in Sicht: Amerikanische Bomber, viermotorig, schwer beladen, »fliegende Festungen«, im Anflug auf Deutschland. Doch ihr Ziel war nicht Borkum, ihr Ziel lag weit im Binnenland.

Der deutsche Oberleutnant Erich F. Wentzel sah die silbrig glitzernden Leiber der Bomber in großer Höhe vorüberziehen. Eine dieser Maschinen sollte für ihn und eine Reihe seiner Kameraden den Tod bedeuten – anderthalb Jahre später.

Nach einer guten Stunde näherten sich wieder Flugzeuggeräusche der Insel. Eine der »fliegenden Festungen« kam in Sicht. Sie flog in niedriger Höhe, konnte ihren Kurs nicht halten, offenbar war sie angeschossen.

Der Pilot suchte nach einem Platz für eine Notlandung auf Borkum. Dann stürzte die Maschine ab, vor den Dünen der Insel. Die deutschen Soldaten rannten auf die Absturzstelle zu. Die Maschine war nicht explodiert. Ihre sieben Besatzungsmitglieder waren offenbar nicht ernstlich verletzt. Sie standen neben ihrem Flugzeug, als die Deutschen kamen. Die Amerikaner wurden gefangengenommen.

In diesem Augenblick gelangte der deutsche Insel-Kommandant, Kapitän Dr. Goebell, an der Absturzstelle an. Er traf eine verhängnisvolle Entscheidung. Dr. Goebell legte die Route fest, auf der die Gefangenen zum Inseldorf und durch die Straßen Borkums geführt werden sollten. Er wählte den längsten überhaupt möglichen Weg. Er befahl zudem, daß die Gefangenen mit erhobenen Händen marschieren mußten und daß sie voneinander einen Abstand von jeweils drei bis fünf Meter einzuhalten hätten.

Und: Er rief den Wachmannschaften einen Erlaß des Reichspropagandaministers Dr. Goebbels ins Gedächtnis. Goebbels hatte angeordnet, daß die Wachmannschaften nicht eingreifen durften, wenn die Zivilbevölkerung gefangene anglo-amerikanische Flieger angriff.

Die Deutschen und die Amerikaner marschierten los, durch die Dünen über die sandigen Wege, in die Mitte von Borkum. Nach sechs Kilometer langem Marsch waren sie auf der Straße angelangt, die vom Bahnhof der Insel bis zum Strand führt.

Bis dahin war der Marsch ohne Zwischenfall verlaufen. In der Mitte von Borkum aber hatten sich Hunderte von Menschen versammelt. Die Nachricht vom Absturz der amerikanischen Maschine im Osten der Insel hatte sich in Windeseile über das ganze Eiland verbreitet. Plötzlich schlugen Männer und Frauen am Straßenrand auf die amerikanischen Flieger ein. Die US-Soldaten bluteten aus Wunden am Kopf.

Die Gefangenen und ihre Bewacher marschierten weiter.

Zu jener Stunde tat auf dem Sportplatz von Borkum ein deutscher Soldat Dienst, in dem unstillbarer Haß gegen die Amerikaner tobte: Der Gefreite Langer aus Hamburg. Seine Frau und seine drei Kinder waren bei einem Luftangriff auf Hamburg ums Leben gekommen. An der Ostfront hatte er eine schwere Kopfverletzung erlitten. Nun sah er die gefangenen US-Flieger über die Straßen von Borkum gehen. Er griff zu seiner Pistole und rannte hinter dem Transport her.

Am Rathaus der Insel stand er vor einem der Flieger, der wegen einer Schlagverletzung nicht mehr gehen konnte und jetzt auf einer Bahre befördert wurde.

Langer richtete seine Waffe auf den Mann und erschoß ihn. Der Todesschütze setzte seinen Weg fort. Wenig später stand er vor den sechs noch lebenden gefangenen Amerikanern. Er schoß einem nach dem anderen durch den Kopf. Alle sechs waren auf der Stelle tot.

Im Frühsommer des Jahres 1945, einen Monat nach der Kapitulation der Deutschen Wehrmacht, eröffneten die Alliierten die Jagd auf die Männer, die sie für den Mord von Borkum verantwortlich hielten.

Vier der Deutschen, nach denen sie suchten, fanden sie auf Borkum, unter ihnen der Bürgermeister der Insel, Jan Akkermann. Nach sechzehn weiteren wurde auf dem Festland gefahndet. Im Februar 1946 wurde den Verhafteten in Ludwigsburg in der amerikanischen Zone vor einem US-Militärgericht der Prozeß gemacht. Der Vorwurf: Sie allesamt hätten mitgewirkt durch »Aufforderung, Beihilfe, Unterstützung und Mithilfe« an der Ermordung von sieben kriegsgefangenen US-Fliegern.

Das Gericht verurteilte fünf der Deutschen, die an jenem Sommertag in Borkum dabei gewesen waren, zum Tod durch den Strang und neun Männer zu langjährigen Gefängnisstrafen.

Die zum Tode Verurteilten wurden ein Jahr später in Landsberg aufgehängt.

Der Mörder der sieben jedoch, der Gefreite Langer, wurde nie gefunden. Von ihm wird vermutet, daß er in den letzten Monaten des Krieges gefallen ist.

Die fünfzig Ausbrecher aus dem Lager Sagan mußten sterben, weil Hitler ein Exempel statuieren wollte.

Die sieben Erschossenen von Borkum waren das Opfer eines Mannes, der seiner Sinne nicht mehr mächtig war.

Gleich zu Anfang des Krieges an der Westfront jedoch fand in Frankreich ein Massaker statt, dessen tiefere Ursachen auch in einem langwierigen Prozeß nicht aufgehellt werden konnten.

Am Nachmittag des 26. Mai 1940 stießen starke deutsche Einheiten in Nordfrankreich vor, um den Ring um Dünkirchen und das englische Expeditionskorps zu schließen.

In den Orten Le Cornet-Malo und Le Paradis kämpfte das II. Bataillon des britischen Royal Norfolk Regiments einen verzweifelten Kampf gegen die deutschen Angreifer. Die Briten hatten sich in Häusern, Bauernhöfen und einer Kirche verschanzt. Aus dieser Stellung hielten sie den Vormarsch der deutschen Verbände lange auf. Das I. Bataillon des 2. SS-Totenkopfregiments erlitt in dem flachen Gelände vor Le Paradis besonders schwere Verluste. Die Deutschen führten schwere Waffen heran und zerschossen die letzten Nester des britischen Widerstands.

Schließlich waren von dem ganzen britischen Bataillon, das sich hier verschanzt hatte, noch 150 Mann kampffähig. Die Briten kapitulierten. Hundert britische Soldaten des II. Bataillons des Royal Norfolk Grenadierregiments wurden von Soldaten des 2. Regiments der SS-Totenkopfdivision in Gefangenschaft geführt.

Die Briten rechneten damit, hinter die deutschen Linien gebracht und in ein Lager gesperrt zu werden. Sie mußten sich auf der Landstraße aufstellen. Dann befahlen ihnen die Deutschen, durch ein Gatter auf eine Wiese zu marschieren. Am Rand dieser Wiese stand ein Bauernhof.

Unter den britischen Soldaten befanden sich die Grenadiere Albert Pooley und William O'Callaghan.

Albert Pooley berichtete später über das, was an diesem 26. Mai 1940 auf einer Koppel bei einem Bauernhof in der französischen Ortschaft Le Paradis unweit von Boulogne geschah: »Wohin sie uns wohl führen? hatte ich gedacht, als wir zu marschieren begonnen hatten. Bevor ich durch das Gatter schritt, hatte ich mit dem elendesten Gefühl, das ich je gekannt hatte, zwei schwere Maschinengewehre bemerkt, die auf der Wiese standen. Sie waren bemannt, und ihre Läufe waren auf die Spitze unseres Zuges gerichtet. Ich hatte das Gefühl, als ob eine eiskalte Hand nach meinem Herzen griff. Die Maschinengewehre begannen Feuer zu speien, und noch als ich die ersten Reihen fallen sah, schrie es wild in mir: Das kann nicht sein! Das können sie nicht mit uns tun!

Sekundenlang übertönten Schreie und Stöhnen der Getroffenen das Geknatter. Menschen fielen wie gemähtes Gras. Die unsichtbare Klinge kam näher und schnitt durch meinen Körper. Ich fühlte einen sengenden Schmerz im Bein und im Handgelenk, dann tauchte ich in eine rote Welt brennender Pein.

Mein Schmerzensschrei vereinte sich mit den Schreien meiner Kameraden, doch noch als ich umsank in ein Gewirr sterbender Menschen, schoß mir der Gedanke durch den Kopf: ›Wenn ich das überlebe, wird es dem Schurken, der das verschuldet hat, teuer zu stehen kommen‹.«

Albert Pooley wurde von vier Kugeln im Rücken und am Bein verwundet, der Soldat William O'Callaghan von einer Kugel in den Arm getroffen.

97 britische Kriegsgefangene starben im Maschinengewehrfeuer. William O'Callaghan und Albert Pooley stellten sich tot. Sie entgingen dem sogenannten Gnadenschuß und auch den Bajonettstichen, mit denen viele ihrer Kameraden, die unter den Kugeln nicht gleich gestorben waren, umgebracht wurden.

Später gerieten Pooley und Callaghan in deutsche Gefangenschaft. Der schwerverwundete Pooley wurde von deutschen Ärzten am Leben erhalten und 1943 über Schweden nach England zurückgeschickt. Der Soldat O'Callaghan blieb bis 1945 in einem deutschen

Gefangenenlager, bis die Amerikaner ihn und seine Kameraden befreiten.

Albert Pooley hatte bereits 1943 britischen Offizieren über das Massaker von Le Paradis berichtet; aber niemand glaubte ihm. Nach dem Ende des Krieges, als William O'Callaghan die Aussagen Pooleys bestätigte und zudem der Tatort inspiziert werden konnte, begann die Suche nach dem verantwortlichen deutschen Offizier.

Die Briten glaubten, ihn unter den deutschen Soldaten gefunden zu haben, die sie gefangengenommen hatten: SS-Hauptsturmführer Fritz Knöchlein, Chef der 3. Kompanie im I. Bataillon des 2. SS-Totenkopfregiments und stellvertretender Bataillonskommandeur.

Am 11. Oktober 1948 wurde Fritz Knöchlein im Hamburger Curio-Haus vor ein britisches Militärgericht gestellt.

Der englische Ankläger sagte in seiner Darstellung des Tathergangs unter anderem: »Diese deutsche Einheit (Knöchleins Bataillon) stand zum ersten Mal im Kampf und die Truppe war erbittert über ihre Verluste und das langsame Vorrücken. Die Kompanie des Angeklagten wurde am schwersten getroffen, und während der ganzen Zeit verschlechterte sich seine Stimmung.«

Der britische Ankläger sagte aber auch: »Ein anderes SS-Bataillon im gleichen Abschnitt machte eine Anzahl Gefangene. Diese Gefangenen wurden gut behandelt und hatten kaum Anlaß zu Beschwerden. Wäre das ganze Bataillon in diese Hand gefallen, dann wären die schrecklichen Ereignisse, die nun folgten, nicht geschehen.«

Im Verlauf des Prozesses wurden Dokumente verlesen, aus denen sich ergab, daß der Generalstab des deutschen 16. Armeekorps die Hintergründe des Massakers schon im Juni 1940 herauszufinden versuchte.

Der Gefechtsstab des 2. Infanterieregiments antwortete der Führung des Armeekorps: »Erstens: Die Engländer benutzten Dumdum-Geschosse, also Geschosse mit abgefeilten Spitzen, die besonders große Wunden reißen. Zweitens: Darüber hinaus wurde eine Hakenkreuzfahne gezeigt, um unsere Soldaten aus der Deckung hervorzulocken. Danach wurden sie durch Maschinengewehrfeuer aus dem Hinterhalt vernichtet.«

Der Generalstab des 16. Armeekorps hielt die Darstellung des 2. Infanterieregiments für wenig glaubwürdig, ließ den entsetzlichen Vorfall dann jedoch auf sich beruhen.

SS-Hauptsturmführer Fritz Knöchlein gab vor dem britischen Militärgericht zu, daß er in der Nähe war, als die britischen Soldaten erschossen wurden. Er gab nicht zu, daß er irgendeine Verantwortung an dem Massaker trug.

Am 12. Tag des Prozesses verkündete der Vorsitzende des Gerichts, Oberstleutnant E. C. van der Kiste, das Urteil gegen Fritz Knöchlein:

»Das Gericht verurteilt Sie zum Tode durch den Strang.«

Am 28. Januar 1949 wurde SS-Hauptsturmführer Fritz Knöchlein in Hamburg aufgehängt. Er nahm mit sich in den Tod, warum in Wahrheit die 97 Grenadiere des Royal Norfolk Regiments sterben mußten.

Die Morde an britischen und amerikanischen Kriegsgefangenen waren Ausnahmeerscheinungen. Die Mehrzahl der westlichen Soldaten, die während des Zweiten Weltkrieges in deutsche Hand fielen, überlebten Stacheldraht, Hunger und schwere Arbeit.

Die Mehrzahl der russischen Soldaten jedoch, die sich deutschen Truppen ergeben hatten, kam um, oft auf qualvolle Weise.

Schon am 6. Juni 1941, also zwei Wochen vor dem Ausbruch des Rußlandfeldzuges, erließ das Oberkommando der Wehrmacht auf Hitlers Geheiß den sogenannten Kommissarbefehl. Er forderte von der deutschen Truppe, daß die politischen Offiziere der Sowjetarmee unmittelbar nach ihrer Gefangennahme zu erschießen seien.

Erschossen wurden auch alle Juden und Gefangene, die für Juden gehalten wurden. Der amerikanische Wissenschaftler Alexander Dallin schreibt in seiner Untersuchung über »Deutsche Herrschaft in Rußland 1941–1945«: »Unterdessen begab sich die SS, scheinbar isoliert vorgehend, daran, das Rassenproblem zu ›lösen‹. Selbstverständlich mußten jüdische Gefangene ebenso wie ›Intellektuelle‹ und ›Kommissare‹ liquidiert werden. Etwa sechs Monate lang fielen auch nichtslawische, vor allem mohammedanische Gefangene dieser brutalen Politik zum Opfer – teils weil die Asiaten nach der Untermenschen-Konzeption auf der untersten Stufe der Rassen standen, teils aber auch irrtümlich. Es kam nicht selten vor, daß SS-Offiziere Gefangene nur deshalb zur Exekution bestimmten, weil sie beschnitten waren; natürlich gab es auch unter den Nichtjuden – besonders unter Mohammedanern – viele Beschnittene.«

Allerdings: Viele Offiziere der Deutschen Wehrmacht befolgten die Kommissar-Befehle nicht. Sie gaben ihn nicht weiter oder ließen ihre Untergebenen erkennen, daß die Erschießungen von Gefangenen gegen die Ehrbegriffe eines deutschen Offiziers verstoße.

Zehntausende der gefangenen Sowjetsoldaten wurden erschossen, Hunderttausende gingen schon in den ersten Monaten des Rußlandfeldzuges zugrunde. Denn: Die deutsche Armee war bei ihrem Vorstoß nach Osten nicht darauf vorbereitet, daß ihr innerhalb kurzer Zeit so viele Gegner in die Hände fallen würde. Im ersten halben Jahr des Krieges gegen die Sowjets wurden nahezu vier Millionen Soldaten der Roten Armee gefangengenommen.

Die Deutschen waren nicht in der Lage, das unübersehbare Heer der Entwaffneten zu versorgen – die deutschen Truppen hatten selbst

Nachschubschwierigkeiten. So wurden die Gefangenen in schnell errichteten Lagern zusammengepfercht. Dort verhungerten und erfroren sie.

Alexander Dallin schreibt: »Es gibt eine Fülle beredter Zeugnisse dafür, daß ganze Divisionen dem Verderben unter freiem Himmel preisgegeben wurden. Seuchen und Krankheiten räumten in den Lagern auf. Schläge und Übergriffe seitens der Wachmannschaften waren an der Tagesordnung. Millionen blieben wochenlang ohne Nahrung und Obdach. Wenn Gefangenentransporte an ihrem Bestimmungsort ankamen, gab es ganze Güterwagen voll von Toten. Angaben über die Höhe der Verluste schwanken beträchtlich, doch betrugen diese im Winter 1941/42 nirgendwo weniger als 30 Prozent; in manchen Fällen erreichten sie 95 Prozent.«

Es gibt zahlreiche Fotodokumente von russischen Gefangenen in deutscher Hand, mit denen die nationalsozialistische Propaganda ihre These vom östlichen Untermenschen zu untermauern suchte; Fotos, die in Wirklichkeit erschütternde Dokumente menschlichen Elends sind: Männer, die flehend ihre Hand durch den Stacheldraht strecken und die Fotografen um ein Stück Brot oder eine Kartoffel anbetteln, zusammengeschrumpfte Gestalten in Lumpen.

Hitlers Reichsmarschall Hermann Göring sagte in jenen Tagen zu Italiens Außenminister Ciano: »In den Gefangenenlagern haben die Russen angefangen, sich gegenseitig aufzufressen, nachdem sie alles mögliche, sogar ihre Schuhsohlen gegessen hatten. Ja, noch schlimmer, sie haben auch einen deutschen Wachtposten gefressen.«

Am 26. Januar 1942 besuchte der deutsche Oberst im Generalstab Heinz Danko Herre das von den Deutschen eingerichtete Gefangenenlager in Stalino. Er berichtete über seinen Besuch dem Schriftsteller Jürgen Thorwald: »Die Masse der Gefangenen stand Mann an Mann. Sie waren so zusammengepreßt, daß niemand sich ausstrecken und schlafen konnte. Gleich an der Tür lagen drei auf dem Boden, zusammengekrümmt, sterbend oder schon tot ... Die Leute brachen zusammen, weil sie nicht länger stehen konnten. Es gab für sie keine Lagerstatt, keinen Stuhl, keine Decken, nur den mit Kot beschmutzten Boden. Die Gesichter waren weiß, mit eingefallenen Augen, verschmutzten Bärten.«

Anfang 1942 erreichte der Schrecken in den Lagern für russische Kriegsgefangene eine Dimension, die selbst Hitlers Reichsminister für die besetzten Ostgebiete, den NS-Ideologen Alfred Rosenberg, erschütterte.

Er schrieb an den Generalfeldmarschall Keitel, Chef des Oberkommandos der Wehrmacht, am 28. Februar 1942 einen Brief, in dem es heißt: »Das Schicksal der sowjetischen Kriegsgefangenen in Deutschland ist eine Tragödie größten Ausmaßes. Von den 3,6 Millionen

Kriegsgefangenen sind heute nur noch einige hunderttausend voll arbeitsfähig. Ein großer Teil von ihnen ist verhungert oder durch die Unbilden der Witterung umgekommen. Tausende sind auch dem Fleckfieber erlegen. In der Mehrzahl der Fälle haben die Lagerkommandanten es der Zivilbevölkerung untersagt, den Kriegsgefangenen Lebensmittel zur Verfügung zu stellen, und sie lieber dem Hungertode ausgeliefert. In vielen Fällen, in denen Kriegsgefangene auf dem Marsch vor Hunger und Erschöpfung nicht mehr mitkommen konnten, wurden sie vor den Augen der entsetzten Zivilbevölkerung erschossen und ihre Leichen liegengelassen. In zahlreichen Lagern wurde für eine Unterkunft der Kriegsgefangenen überhaupt nicht gesorgt. Bei Regen und Schnee lagen sie unter freiem Himmel. Ja, es wurde ihnen nicht einmal das Gerät zur Verfügung gestellt, um sich Erdlöcher oder Höhlen zu graben. Zu erwähnen wären endlich noch die Erschießungen von Kriegsgefangenen. So wurden zum Beispiel in verschiedenen Lagern die ›Asiaten‹ erschossen ...«

Die Behandlung der russischen Gefangenen durch die Deutschen änderte sich nicht. Nur: Nachdem Millionen gestorben waren, gab es für die Überlebenden mehr Verpflegung und mehr Platz. Und: Die großen deutschen Siege mit den großen Scharen von Gefangenen wiederholten sich nicht.

Die Wissenschaftliche Kommission der Bundesregierung für Kriegsgefangenengeschichte stellte zur Zahl der sowjetischen Gefangenen, die in deutschen Lagern umkamen, fest: »Die amtlichen deutschen Akten ergeben, daß nach dem Stand vom 1. Mai 1944 von mehr als fünf Millionen sowjetischer Kriegsgefangener in deutschem Gewahrsam über zwei Millionen gestorben waren und mehr als eine weitere Million vermißt, von denen der größte Teil gestorben oder exekutiert, eine kleine Zahl geflohen war. Die Zahl der zu diesem Zeitpunkt noch lebenden sowjetischen Gefangenen in deutschem Gewahrsam betrug wenig mehr als eine Million Mann ...

Legt man die amtlichen deutschen Zahlen bis zum 1. Mai 1944 zugrunde, so starben während des Zweiten Weltkrieges bis zu diesem Datum etwa 60 Prozent der sowjetischen Kriegsgefangenen in deutschem Gewahrsam ...«

Das Internationale Rote Kreuz machte während des Krieges den Versuch, ein Abkommen zwischen Stalin und Hitler über die Behandlung von Gefangenen zu vermitteln. Hitler wies das Angebot zurück. Er fürchtete, ein Abkommen dieser Art werde die Kampfkraft der deutschen Truppe herabsetzen, weil die Soldaten dann weniger Angst hätten, in russische Gefangenschaft zu geraten.

Doch auch Stalin war an einem Abkommen nicht interessiert. Er erklärte: »Rußland kennt keine kriegsgefangenen Rotarmisten, sondern nur Gefallene oder Verräter.«

Arme Kosaken

Zu den bedauernswertesten Opfern des Zweiten Weltkriegs zählen die sowjetischen Kriegsgefangenen. Auch ihre Leiden fanden mit dem Ende des Krieges keineswegs ein Ende. Der Sieg ihres Vaterlandes über die Deutschen war für sie nicht mit Triumph, sondern mit Verfemung verbunden. Denn ihnen allen galt der kalte Zorn des Kremlherrn Josef Stalin.

Als sich der Krieg seinem Ende näherte, mehrte sich die Zahl der Sowjetbürger, die in die Hände der amerikanischen und britischen Truppen fielen: Zehntausende waren als Arbeitskräfte für die Deutschen eingesetzt, Zehntausende saßen noch in Gefangenenlagern und Tausende von Russen hatten die Wehrmachtsuniform angezogen und waren an der Seite der deutschen Truppen in die Schlacht gezogen – oft einfach deshalb, um dem sicheren Hungertod zu entgehen; oder aber, weil sie, wie etwa die Soldaten der Wlassow-Armee, den Sturz der kommunistischen Herrschaft über ihre Heimat erzwingen wollten.

Nun aber setzte Josef Stalin alles daran, Rache an jenen Männern und Frauen zu nehmen, die nach seiner Auffassung nicht mit letztem Einsatz gekämpft oder in seinen Augen zu Verrätern geworden waren.

Am 5. Februar 1945 trafen sich in Jalta auf der Krim US-Präsident Roosevelt, Großbritanniens Premier Winston Churchill und Josef Stalin, um zu beraten, was nach dem Ende des Weltkriegs mit Deutschland geschehen sollte.

Auf dieser Konferenz machte Stalin England und Amerika zu Helfershelfern bei seinem großangelegten Versuch, aller Sowjetbürger wieder habhaft zu werden, die während des Krieges der sowjetischen Herrschaft entkommen waren.

In das Abkommen von Jalta wurde eine Vereinbarung aufgenommen, die besagte, daß alle Sowjetbürger, die sich im Gewahrsam der Westalliierten befanden, an die Sowjetunion ausgeliefert werden mußten. Im Gegenzug verpflichtete sich die Sowjetunion, Staatsbürger der Westalliierten, also etwa amerikanische oder britische Kriegsgefangene in deutschen Kriegsgefangenenlagern, die von der Roten Armee besetzt worden waren, an die USA und Großbritannien zu überstellen.

Aber: Während gefangene Briten und Amerikaner heilfroh waren, in ihre Heimatländer zurückkehren zu können, wehrten sich die Sowjetbürger, die in den Westen gelangt waren, verzweifelt gegen ihre Repatriierung. Viele von ihnen fürchteten, zur Zwangsarbeit oder gar zum Tode verurteilt zu werden. Sie fürchteten es zu Recht.

Der harte Kern der Übereinkunft von Jalta bedeutete, daß sowjetische Staatsangehörige auch gegen ihren Willen und notfalls unter Zwang an Stalins Kommandos abgeliefert werden sollten.

Diese Vereinbarung auf der Schwarzmeerinsel beschwor eine blutige Tragödie herauf. Viele Sowjetbürger wollten lieber sterben, als sich in die Hände ihrer Landsleute zu begeben.

In Großbritannien wurde kurze Zeit nach dem Ende der Konferenz von Jalta eine Kommission gegründet, die aus britischen und sowjetischen Offizieren bestand. Ihre Aufgabe war es, aus den Gefangenen all jene herausfinden, die im Jahre 1938 auf dem Gebiet der Sowjetunion gelebt hatten, und sie zur Rückkehr zu bewegen – notfalls mit Gewalt. Balten, Polen oder Westukrainer galten in den Augen der Engländer nicht als Sowjetbürger.

Eine große Zahl der Russen in britischem Gewahrsam erklärte vor der britisch-sowjetischen Kommission, daß sie um keinen Preis nach Rußland zurückzukehren gedachten. Einer der britischen Offiziere der Untersuchungskommission schrieb auf, was ihm einer dieser Russen erzählte: »Er wolle nicht nach Rußland zurückkehren, denn er schäme sich, ein Bürger der Sowjetunion zu sein. Sein Vater war Priester der russisch-orthodoxen Kirche gewesen. Die Bolschewisten hatten ihm erst die Zunge herausgeschnitten, damit er nicht mehr predigen konnte und ihn später erschossen. Der Russe, der jetzt vor der Kommission stand, war selbst ins Gefängnis geworfen worden und konnte dann in die Wälder fliehen. Als die Deutschen kamen, lief er zu ihnen über und kämpfte mit der Waffe in der Hand.«

Ein anderer dieser Gefangenen schrie einen der sowjetischen Offiziere an: »Ihr habt meinen Vater umgebracht, Ihr habt meine Mutter umgebracht, Ihr habt meinen Bruder umgebracht, und ich bitte den englischen General, mich lieber hier und jetzt zu erschießen, als mich in die Sowjetunion zurückbringen zu lassen.«

Schon Ende März 1945, noch sechs Wochen vor dem Ende des Krieges, wurde im englischen Hafen Liverpool das erste Schiff mit Russen beladen, die in Frankreich in Wehrmachtsuniform gefangengenommen worden waren. Ziel des Schiffes war der russische Schwarzmeerhafen Odessa. Britische und amerikanische Soldaten trieben die Unglücklichen die Gangway hoch. Einer der Russen schnitt sich im Angesicht des Schiffes, das ihn in die Heimat bringen sollte, mit einem Rasiermesser am Kai die Kehle durch und starb.

In Odessa wurden die Gefangenen ausgeschifft, und noch während sie die Gangway hinunter hangelten, wurden zwei ihrer Kameraden bereits hinter einem Schuppen am Kai erschossen.

Mitte Mai 1945 lag wieder ein Dampfer am Kai von Liverpool, um Russen in ihr Vaterland zu transportieren. Der Name des britischen

Schiffes: »Empire Pride« – Stolz des Imperiums. Rund 3000 gefangene Sowjetbürger wurden an Bord geschafft. Einer der Russen schnitt sich am Kai von Liverpool mit einer Scherbe die Kehle durch. Ein englischer Arzt nähte die Wunde, der Mann wurde auf das Schiff gebracht. Einer der britischen Begleitoffiziere berichtete: »Er wurde nackt ausgezogen und mit Händen und Füßen an eine Koje gefesselt. Trotzdem gelang es ihm zweimal, sich die Wunde aufzureißen.«

Der Brite schrieb über die Ankunft des Schiffes in Odessa: »Die sowjetischen Stellen wollen keinen der Gehunfähigen als solchen anerkennen, und selbst die bereits im Sterben liegenden mußten das Schiff zu Fuß verlassen und auch ihr Gepäck selber schleppen. Nur zwei Leute wurden von Bord getragen: Ein Mann, dessen rechtes Bein amputiert und dessen linkes gebrochen war, und ein Bewußtloser. Mit dem Gefangenen, der versucht hatte, sich das Leben zu nehmen, wurde sehr unsanft verfahren. Erst riß man ihm die Wunde auf, so daß sie zu bluten anfing, dann wurde er hinter eine am Kai stehende große Transportkiste geführt. Wir hörten noch einen Schuß, und danach war nichts mehr zu sehen.«

31 der Gefangenen wurden im Hafen von Odessa in eine Lagerhalle getrieben, die nicht weit von der Anlegestelle der »Empire Pride« entfernt war. Dann hörten die Briten aus der Halle das Geräusch feuernder Maschinenpistolen.

Nie ist bekannt geworden, wie viele der Russen, die von den Westalliierten Stalins Rache überantwortet wurden, erschossen wurden. Fest steht nur, daß die meisten der mit Gewalt zurückgebrachten Männer und Frauen viele Jahre in Straflagern zubringen mußten.

Das schlimme Schicksal dieser Sowjetbürger aber wird noch überschattet von der Tragödie eines ganzen Volkes: nämlich der Kosaken.

Schon während der Oktober-Revolution im Jahre 1917 und im nachfolgenden Bürgerkrieg hatten die Kosaken gegen die Bolschewisten gekämpft. Nach dem Sieg der Roten Armee flohen viele tausend Kosaken und Kosakenoffiziere in den Westen.

Als die Deutschen in Sowjetrußland einfielen, glaubte das Volk aus dem Süden der Sowjetunion, endlich sei die Stunde gekommen, die Sowjets zu vertreiben. Vom Herbst 1943 an kämpfte auf der Seite der Wehrmacht eine Kosaken-Kavalleriedivision unter dem Kommando des deutschen Generalleutnants Helmuth von Pannwitz. Die Deutschen setzten ihre Waffenbrüder aus der Steppe vor allem im Kampf gegen Titos Partisanen ein.

Gegen Ende des Krieges war die Masse der Kosaken und ihrer Familien am Südrand der Alpen versammelt. Die Furcht vor der Rache der jugoslawischen Partisanen trieb sie dazu, über die Alpen nach Österreich zu ziehen.

Dort gab das Reitervolk sich britischen Streitkräften gefangen. Auf Panjewagen führten viele der Soldaten ihre Familien mit sich: Frauen, Kinder und Säuglinge.

Die Engländer ließen den Gefangenen sogar ihre Waffen.

Schließlich waren 50 000 kosakische Männer, Frauen und Kinder in Lagern versammelt. Zwischen ihnen und ihren britischen Bewachern entwickelte sich bald ein Verhältnis innigen Vertrauens und tiefer Sympathie: Die Kosaken waren der Ansicht, daß die Westalliierten in Kürze gegen die Sowjetunion losschlagen würden. Die britischen Soldaten wiederum wußten zu jener Zeit noch nichts von der Vereinbarung, die in Jalta getroffen worden war. Einer der britischen Offiziere schrieb: »Es waren großartige Menschen, warmherzig und tapfer. Sie vertrauten mir blind. Sie glaubten jedes Wort, das ich zu ihnen sagte.«

Im Hauptquartier des britischen 5. Korps, zu dem die Bewacher der Kosaken gehörten, aber war bereits verfügt worden, daß alle Kosaken einem schrecklichen Schicksal zugeführt werden sollten. Der Korps-Kommandeur, Generalleutnant Charles Keigthley, befahl am 24. Mai 1945: »Es ist von allergrößter Wichtigkeit, daß sämtliche Offiziere und in Sonderheit die höheren Dienstgrade aufgebracht werden und daß wir keinen von ihnen entkommen lassen. Die sowjetischen Streitkräfte legen darauf ganz besonderen Wert; wahrscheinlich betrachten sie die Auslieferung der Offiziere als einen Prüfstein des britischen Wohlverhaltens.«

Lord Nicholas Bethell, der als erster die offiziellen Akten der britischen Regierung über die Auslieferung der Kosaken an ihre Todfeinde ausgewertet hat, kommentiert in seinem Buch »Das letzte Geheimnis« diesen Befehl: »Keigthley ignorierte ein sehr wichtiges Faktum, nämlich, daß bis auf einen die führenden Kosakenoffiziere Altemigranten waren, die Rußland um 1920 verlassen hatten. Nach dem Jalta-Abkommen fielen sie nicht unter die Zwangsrepatriierung. Das war den Engländern unbequem, weil sie wußten, wie sehr die Sowjets gerade auf diese Leute aus waren, und sie wollten ihrem Verbündeten so gefällig sein wie nur möglich.«

Die britischen Offiziere der Bewachungsmannschaften begannen nun ein schäbiges Ränkespiel, um die Kosaken über ihr zukünftiges Schicksal zu täuschen. Sie deuteten den Kosakenführern an, das Reitervolk könne möglicherweise als eine Art Fremdenlegion in den Dienst der britischen Krone treten. Ein andermal hieß es, die Kosaken würden nach dem Pazifik verschifft, um mit den Engländern zusammen gegen die damals noch im Krieg stehenden Japaner zu kämpfen.

Selbst der Oberkommandierende der Kosakendivision, der deutsche Generalleutnant von Pannwitz, glaubte den Gerüchten. Einer seiner deutschen Offiziere berichtete: »Pannwitz hatte die Vorstellung, das Korps bleibe intakt. Es werde nach dem Iran geschickt, um dort den Kommunisten Widerstand entgegenzusetzen, die die Provinz Aserbeidschan in ihre Gewalt bringen wollten.« Pannwitz lehnte den Vorschlag eines seiner Offiziere ab, das Korps aufzulösen und eine Massenflucht in Gang zu setzen.

Zunächst mußten die Briten ihre Gefangenen veranlassen, ihre Waffen abzugeben. Auch da half ihnen eine Lüge. Einer der Kosakenoffiziere, der es überlebte, berichtete: »Englische Offiziere erklärten uns, sie hätten für alle unsere russischen, rumänischen und italienischen Waffen gar keine Munition. Wenn wir bei ihnen dienen wollten, müßten wir unsere Gewehre und Pistolen abgeben. Wir bekämen dafür neue, und zwar britische Standardmodelle. Wir glaubten ihnen und taten, was sie verlangten.«

Aber es gab keine neuen Waffen. Es gab auch keinen Transport in den Pazifik und keine Fahrt nach Aserbeidschan.

Am 28. Mai 1945 befahlen die Briten dem Generalleutnant Pannwitz und einigen seiner deutschen Offiziere, sich auf die Verlegung in ein anderes Lager vorzubereiten. Die Briten fuhren ihre Gefangenen nach Judenburg an dem Flüßchen Mur, rund 100 Kilometer nördlich von Klagenfurt. Auf der östlichen Seite einer Brücke an dieser Straße warteten die Russen. Im offiziellen englischen Bericht über diesen Augenblick heißt es: »General von Pannwitz war, als er aus dem Wagen stieg, der ihn über die Grenze der sowjetischen Besatzungszone in Österreich gebracht hatte, offensichtlich überrascht, die Russen zu sehen. Er warf die Arme hoch und rief: ›Mein Gott.‹«

Am gleichen Tag wurden die meisten Kosakenoffiziere von ihren Soldaten getrennt und in einem Sonderlager zusammengetrieben. Nun wußten sie, was ihnen bevorstand. Drei der Offiziere schnitten sich die Pulsadern auf. Eine Reihe anderer erhängte sich.

Am nächsten Morgen, bevor sie die Lastwagen bestiegen, die sie zu den Sowjets bringen sollten, hielten die Verdammten einen Gottesdienst ab. Ein Augenzeuge berichtete: »Kosakenoffiziere aller Ränge knieten am Boden, viele in Tränen aufgelöst, und schickten ein Gebet zu Gott empor, während die Läufe der englischen Gewehre auf sie gerichtet waren. Ein improvisierter Chor kniete dort und sang die alten Gebete. Hoch hob der Kosakenpope seine Hand und besprengte die Gläubigen mit Weihwasser.«

Dann prügelten britische Soldaten mit Gewehrkolben und Hackenstielen die Offiziere auf Lastwagen.

Auf der Brücke von Judenburg, auf deren östlicher Seite die Sowjets warteten, sprang einer der Offiziere über das Brückengeländer, 30 Meter tief. Er wurde heraufgeholt und zerschmettert und sterbend den sowjetischen Streitkräften übergeben.

Einer der Kosakenoffiziere schnitt sich unmittelbar nach der Übergabe an die Sowjets mit einer Rasierklinge die Kehle durch. Er starb auf der Stelle.

Drei Tage nach den schrecklichen Ereignissen auf der Brücke von Judenburg begannen die Briten mit der Räumung der Lager im Tal des Flusses Drau zwischen Lienz und Oberdrauburg. Die britischen Soldaten zwangen die Kosaken mit aufgepflanzten Bajonetten auf die Lastwagen. Viele Kosaken rissen ihre Hemden auf, boten den Soldaten die entblößte Brust dar und baten, sie zu erstechen. Einige versuchten, in die nahe gelegenen Wälder zu flüchten. Die Briten schossen scharf. Drei der Flüchtlinge starben, bevor sie den Rand des Waldes erreicht hatten. Schwangere Frauen wälzten sich am Boden und schrien. Sie wurden gleichwohl abtransportiert.

Aus einem Lager bei Lienz transportierten die Briten 4000 Frauen und 2500 Kinder ab. Die Kosaken, die noch im Lager verblieben waren, versuchten, ihre Frauen und Kinder vor dem Abtransport zu schützen. Sie bildeten einen dichten Ring um ihre Angehörigen. Die Briten gingen wieder mit aufgepflanzten Bajonetten und Kolbenschlägen gegen die Kosaken vor. Lord Bethell berichtet: »Sogar als die Soldaten mit Bajonetten in die Menge stießen, fuhren die Kosaken mit ihren Gebeten fort und rührten sich nicht von der Stelle. Wie eine Herde Tiere angesichts eines Angriffs durch Raubtiere schützten sie ihre Frauen und Kinder, die sie in ihrer Mitte hielten, indem am Rande junge Männer eine Schutzkette bildeten, um die anderen zu verteidigen.« In einem der Berichte der britischen Offiziere heißt es: »Als einzelne am Rande des Haufens weggerissen wurden, drängte der Rest zu noch festerer Masse zusammen, und als sie von Panik erfaßt wurden, kletterten sie in verzweifeltem Bemühen, von den Soldaten wegzukommen, übereinander hinweg. Das Ergebnis war eine Pyramide schreiender, hysterischer Menschen, unter denen eine Anzahl von Leuten in der Falle saßen. Die Soldaten bemühten sich in aller Hast, diese Masse zu zerteilen, um das Leben der darunter eingeklemmten Menschen zu retten, und mit Hackenstielen und Gewehrkolben schlug man auf Arme und Beine, um einzelne zu zwingen, ihren Halt zu lockern.«

Ein Kosake, der davonkam, berichtete: »Ein britischer Soldat kam zu Pater Pantelejmon. Er ergriff den Priester am Gewand und wollte ihn aus der Menge ziehen. Pantelejmon hielt ihm sein Holzkreuz entgegen, um ihn zu verscheuchen. Der Soldat wich zurück.«

In diesem Tumult zerbrach der Lagerzaun. Viele Kosaken waren für einen Augenblick frei. Sie rannten zu einer nahe gelegenen Brücke, die über die Drau führte. Die Verzweiflung überwältigte in diesem Augenblick kosakische Männer und Frauen. Mütter sprangen mit ihren Kindern von der Brücke. In einem Bericht über diesen Tag des

Schreckens findet sich eine Schilderung, die archaisch anmutet, eine Szene von düsterer Urgewalt: »Eine junge Frau mit zwei kleinen Kindern lief an das Ufer. Sie umarmte das erste Kind einen Augenblick lang, dann warf sie es plötzlich in den Abgrund. Das andere Kind klammerte sich an ihren Rocksaum und rief: ›Mama, nicht! Mama, ich hab' Angst!‹ – ›Hab' keine Angst, ich bin bei dir‹, antwortete die Mutter außer sich. Ein Stoß mit den Armen, und schon flog das zweite Kind in die brausenden Fluten der Drau. Dann hob sie den Arm zum Kreuzeszeichen: ›Herr, nimm meine sündige Seele‹, rief sie, und ehe ihre Hand ihre linke Schulter berührt hatte, war sie ihren Kindern hinterhergesprungen. Sie war im Nu von den wirbelnden Fluten des Stromes verschlungen.«

Einer der britischen Offiziere erinnert sich an einen Kosaken, der seine Frau und seine drei Kinder erschoß und dann Selbstmord verübte.

Die britischen Soldaten und ihre Vorgesetzten waren durch diese Ereignisse zutiefst aufgewühlt, aber sie befolgten ihre Befehle. Frauen und Kinder wurden in Züge gebracht und den Russen übergeben. Viele Kosaken brachten sich noch während der Transporte um. Sie erhängten sich mit Kleidungsstücken, sie zerrissen sich mit Stacheldraht die Halsschlagader.

Britische Offiziere begleiteten die Transporte stets eine kurze Strecke weit in die sowjetische Besatzungszone. Sie wurden Zeugen, wie die Rote Armee die Kosaken behandelte: »Sie wurden gestoßen und geschoben, leisteten aber keinen Widerstand. Sie kämpften nicht und versuchten auch nicht, zurückzugelangen oder zu fliehen. Sie waren alle vollständig folgsam, ihrem Schicksal ergeben.«

Solange britische Offiziere in der Nähe waren, hielten sich die Rotarmisten zurück. Vor den Augen westlicher Zeugen wollten Stalins Offiziere ihre Opfer nicht grob mißhandeln.

Doch die britischen Offiziere berichteten auch: »Ich fürchte, einige von ihnen gingen nicht allzu weit. Einige Minuten später hörten wir Schußsalven, und ich bin sicher, eine ganze Menge von ihnen wurde an Ort und Stelle erschossen – nicht gleich auf dem Bahnsteig selbst, aber um die Ecke hinter dem Wald. Zwar bin ich nicht absolut sicher, daß die von uns gehörten Salven den Gefangenen galten, aber ich kann mir nicht vorstellen, daß zu diesem Zeitpunkt aus irgendeinem anderen Grunde geschossen wurde.«

Ein anderer britischer Offizier, der die Kosaken bis nach Graz in der sowjetischen Zone Österreichs begleitete, äußerte: »Man brauchte nicht viel Phantasie, um zu wissen, was mit diesen Leuten geschehen sollte.« Lord Bethell schreibt: »Viele britische Soldaten, die dort waren, bezeugten, daß sie kurz nach der Abführung der Gefangenen in der Nähe das Rattern von Maschinengewehren hörten. Kein Soldat hat tatsächlich gesehen, wie ein Gefangener erschossen wurde. Man kann also nicht mit Sicherheit schließen, daß dies geschah; aber – wie einer der Fahrer, James Davidson, sagte: ›Wir meinten, die MG-Salven mußten ihr Ende sein. Wir dachten, sie wurden einfach nach hinten gebracht und abgeschlachtet. Das war unsere allgemeine Ansicht.‹«

Ein britischer Korporal erinnert sich: »Eines Tages mußte ich antreten, um die britische Seite der Brücke in Judenburg zu bewachen, während ein Konvoi mit Kosaken an die Russen auf der anderen Brückenseite ausgeliefert werden sollte. In der folgenden Nacht und am nächsten Tag begannen wir, die Gewehrsalven zu zählen, die, zusammen mit dem schönsten Männergesang, den ich je gehört habe, aus dem russischen Sektor zu uns herüberdrangen. Die Stimmen hallten in der ganzen Gegend wider. Dann hörte man, wie auf das Gewehrfeuer Beifall, Gejohle folgte.«

Ein Kosakenchor im Angesicht des Todes.

Die Masse der Kosaken wurde in sibirische Arbeitslager gepfercht. Eine große Zahl von ihnen kam dort um.

Der Kommandeur der Kosakeneinheit, Generalleutnant von Pannwitz, wurde von den Sowjets zusammen mit fünf seiner kosakischen Offiziere nach Moskau in das berüchtigte Lubjanka-Gefängnis gebracht. Dort wurde ihnen der Prozeß gemacht. Am 17. Januar 1947 meldete die sowjetische Zeitung Prawda, daß Generalleutnant Helmuth von Pannwitz und seine Kameraden aufgehängt wurden.

Lord Bethell schreibt: »Von diesen sechs Männern, deren Hinrichtung öffentlich verkündet wurde, war nur einer gemäß dem Jalta-Abkommen repatriierungspflichtig gewesen. Von Pannwitz war Deutscher, sprach Russisch im übrigen nur deshalb, weil er aus dem Baltikum stammte. Die anderen vier hatten seit Bestehen der Sowjetunion niemals dort gelebt. Nur eine hauchdünne gesetzliche Basis konnte ihre Auslieferung durch die Briten und ihre Hinrichtung durch die Sowjetunion stützen. Sie waren nicht wegen Kriegsverbrechen angeklagt, sondern wurden verurteilt, weil sie gegen die sowjetischen Truppen gekämpft hatten, womit automatisch verbunden wurde, daß dies ein Akt des Verrats gewesen sei.«

Lord Bethell weiter: »Die Kosaken waren vielleicht naiv. Aber man kann angesichts der Verbrechen des sowjetischen Staates, deren ganzes Ausmaß erst jetzt enthüllt worden ist, schwerlich behaupten, daß sie eine Bestrafung wie gewöhnliche Verräter verdienten.«

5

Wojennoplenny

Tabak und Brot für die Verräter

Die Januar-Nacht des Jahres 1943 war bitterkalt gewesen. An den Wänden des Kellers in Stalingrad, in dem zwölf deutsche Soldaten untergekrochen waren, glitzerte der Rauhreif. Der Morgen des 31. Januar dämmerte herauf.

Die Nacht hindurch hatten die zwölf ständig Detonationen gehört. Mal weiter weg, mal näher: den Einschlag von Granaten aus Panzerkanonen und von schwerer Artillerie. Dazwischen das Tackern von Maschinengewehren. Der Lärm der endlosen Schlacht. Sie hatten sich daran gewöhnt.

Jetzt aber schreckten die zwölf hoch. Einzelne Explosionen waren deutlich zu unterscheiden: Handgranaten! Das Krachen näherte sich ihrem Keller. Der Unteroffizier Erich Nowak von der Aufklärungsabteilung 162 blickte vorsichtig aus dem Kellerfenster.

Was er sah, ließ seinen Atem stocken. Ein paar hundert Meter entfernt stand ein Sowjetsoldat vor einem Haus, zog eine Handgranate nach der anderen ab und warf sie durch die Fensterhöhlen in einen Keller hinein: Die Rote Armee war dabei, die Reste der in Stalingrad geschlagenen 6. Armee der Deutschen Wehrmacht in ihren letzten Stellungen und Unterkünften zu vernichten. Erich Nowak berichtet, was er und seine Kameraden dann taten: »Schnellstens steckten wir unsere Gewehre mit dem Lauf nach unten in den aufgeworfenen Schneehaufen vor dem Eingang des Hauses und hingen über die Kolben einen weißen Leinenfetzen.«

Erich Nowak und seine Kameraden kapitulierten, gaben sich gefangen. Nowak: »Ein paar von den Russen stürzten sich auf uns, durchsuchten unsere Taschen und riefen dabei: ›Uri, uri.‹ Gierig nahmen sie die Reste von Trockenbrot aus dem Brotbeutel.«

Udo Giulini, Oberleutnant in einer Aufklärungsabteilung der 6. Armee, erlebte den Augenblick der Gefangennahme in Stalingrad so: »Plötzlich stehen zwei Panzer des Typs T 34 vor unserem Keller. Zwei fast nur in Lumpen gehüllte Rotarmisten springen ab und kommen schreiend die Kellertreppe herunter. Sie brüllten ›Uri, Uri‹, fallen über uns her und nehmen uns die Armbanduhren.«

Der Kommandeur des Grenadierregiments 134, Oberst Arthur Boje von der Wiener 44. Infanteriedivision, trat verwundet und fiebernd im Keller des ehemaligen Geheimpolizei-Gebäudes von Stalingrad vor seine letzten Männer und sagte: »Wir haben kein Brot mehr, kein Verbandszeug und keine Munition, wir müssen kapitulieren.«

Die Männer nickten. Und dann wankten sie – noch rund 100 Mann – aus dem Keller. Fünfzig Meter waren es bis zum Bahndamm. Dort standen die Reste der Division des Generals Edler von Daniels. Bereits ohne Waffen. Zur Kapitulation bereit. »Marsch!« Rotarmisten zu beiden Seiten der Straße mit Maschinenpistolen im Anschlag. Ein trauriger Zug. Sie wurden gefilmt, fotografiert und gefilzt, auf Lastwagen geladen. Und davongefahren. Die Steppe verschlang sie. Einige sahen sich einen Monat später in Krasnogorsk bei Moskau wieder.

Der Wissenschaftlichen Kommission der Bundesregierung für Kriegsgefangenengeschichte berichtet ein deutscher Soldat über seine Gefangennahme in Stalingrad: »Am frühen Morgen des 2. Februar standen wie hervorgezaubert russische Panzer vor unseren Kellerlöchern. Mit erhobenen Händen, die mir so schwer wie Blei vorkamen, stiegen wir die Stufen des Kellers hinauf und wurden schon in dem teilweise eingestürzten Eingang von russischen Soldaten empfangen.«

In der 6. Armee des Generalfeldmarschalls Paulus hatten am 18. Dezember 1942 gemäß Verpflegungslisten 230 000 Deutsche und Verbündete, Offiziere und Soldaten gekämpft. Außerdem waren 19 300 gefangene Russen im Kessel. Jetzt, nach der Einnahme Stalingrads durch die Rote Armee, lebten nach sowjetischen Angaben noch 91 000 Mann. Sie wurden von den Siegern in Gefangenschaft geführt.

Aber in was für eine Gefangenschaft: Ein Soldat der 6. Armee beschrieb der Wissenschaftlichen Kommission die nächsten Tage: »Wir wurden rausgetrieben und in Marsch gesetzt. Die ersten lagen links und rechts der Strecke. Sie konnten nicht mehr. Anfangs bekamen sie von den Posten einen soliden Genickschuß. Nachdem sich aber die Fälle mehrten, ließ man sie so liegen. Es dauerte höchstens zwei bis drei Stunden, bis sie erfroren waren.«

Ein anderer Gefangener: »Diese Marschsäulen waren ohne jede Versorgung, ohne sanitäre Versorgung und ohne Versorgung hinsichtlich Verpflegung.«

Oberleutnant Giulini schreibt in seinem Buch »Stalingrad und mein zweites Leben«: »Wir schleppten uns mühsam durch den Schnee ... Es war bitterkalt, und nachts rollten wir uns zu Kreisen zusammen, wobei die Kameraden, die in der Mitte lagen, am besten durch die Nacht kamen. Die, die am Außenrand lagerten, waren morgens erfroren und blieben wie ein stummer Ring zurück, während man uns weitertrieb.«

Manche dieser Marschsäulen wurden von den Russen einfach im Kreis getrieben, durch die Steppe, durch Schnee und Eis. Udo Giulini: »So kamen wir nach Stalingrad zurück. An den Straßenrändern standen Frauen mit großen Gummischürzen, neben ihnen Schlitten, die von zottigen, häßlichen Kamelen gezogen werden sollten. Erst glaubte ich, man lege Holz auf, da längs und quer auf den Schlitten wie Holzscheite aussehende Stücke verlegt wurden. Plötzlich merkte ich, daß diese Stücke Leichen waren. Hunderte, Tausende von Leichen in deutschen und russischen Uniformen, die kaum voneinander zu unterscheiden waren.«

Der Kradmelder Erich Nowak geriet auf dem Marsch durch die Steppe von der Straße ab. Auf seinem Irrmarsch stieß er auf eine Kampfeinheit der Roten Armee. Die feindlichen Soldaten gaben ihm zu essen. Sie ließen ihn an geschützter Stelle schlafen. Später folgte er dem Weg, auf dem fünf Tage vorher die Gefangenen von Stalingrad dahingekrochen waren. Erich Nowak: »Alle 20 bis 30 Meter saß oder lag einer oder auch mehrere, teils aneinandergeschmiegt, die Hand noch über des Kameraden Schulter gelegt, steifgefroren am Straßenrand. Einzelne lagen auch in einer Blutlache. Die Kameraden mußten von mehreren Marschkolonnen stammen, denn einige waren mehr und andere weniger von Schnee überweht.«

In gemächlichem Tempo fuhr der Zug durch die verschneite russische Steppe nach Osten. Die Lok zog zwölf geschlossene Güterwagen. Lang hing der Rauch aus dem Lokomotivschornstein in der klaren Winterluft. Der Zug hielt. Aus dem letzten Waggon sprangen Soldaten in russischen Uniformen. Sie schlugen die Riegel hoch, mit denen die anderen Waggons verschlossen waren. Männer stolperten, stürzten heraus, fielen, stemmten sich mühselig wieder hoch: deutsche Gefangene auf dem Transport von der Front in das Innere der Sowjetunion. Leblose Körper wurden aus den Waggons herausgetragen und in den Schnee gelegt.

Tausende von deutschen Soldaten sind schon auf dem Transport in die Lager zugrunde gegangen. Sie litten Hunger und Durst. Viele von ihnen waren todkrank.

Ein Gefangener berichtet: »Wasser bekamen wir sehr selten und unregelmäßig. Es entstand wilder Streit, wer die Nieten oder andere Eisenteile, die von Frost und Rauhreif überzogen waren, ablecken durfte. Daß dabei oft die Haut der Zunge in Fetzen hängenblieb, kam den meisten gar nicht mehr zum Bewußtsein.«

Die Wissenschaftliche Kommission der Bundesregierung für Kriegsgefangenengeschichte notierte: »Es wurden Wartelisten geführt, wer das Kondenswasser an den Eisenteilen im Waggon ablecken durfte.«

Läuse peinigten die dicht an dicht in die Waggons gepferchten Gefangenen. Unteroffizier Erich Nowak erinnert sich: »Mein Platznachbar, ein Mann der Organisation Todt, weit stärker als die anderen, hatte in den ersten zwei Wochen immer fleißig geholfen. Eines

Morgens stand auch er nicht mehr auf. Seine braune Uniform erschien grau. Bei näherem Zusehen erkannte man, daß sie über und über mit Läusen bedeckt war. Sein Gesicht war kreidebleich. Sicher hatte ihm das viele Tausende zählende Ungeziefer das letzte Blut ausgesaugt und dann seinen toten Körper verlassen.«
Oberleutnant Erich Hinz erlebte im Mai 1945 den Zusammenbruch der Kurland-Armee, die dort im Baltikum bis zuletzt gegen die Sowjets gekämpft hatte. Seine Einheit wurde aufgerieben, Hinz selbst versteckte sich mit einigen Kameraden nach der Kapitulation in einem Bauernhof. Von einem Fenster aus beobachteten sie, wie endlose Kolonnen deutscher Gefangener nach Osten marschierten. Als Erich Hinz erkannte, daß es keine Chance gab, sich nach Westen durchzuschlagen, setzten sie sich in ihre Kraftfahrzeuge und fuhren nach Osten den Russen entgegen. Die Sonne schien. Es war warm. Sie hatten Verpflegung. Sie mußten nicht hungern – bis sie auf die Rote Armee trafen. Die Russen nahmen ihnen die Fahrzeuge ab. Oberleutnant Erich Hinz und seine Soldaten reihten sich in die Marschsäule der Gefangenen ein, die dann in ein Lager bei Riga in Lettland marschierten.

Hans-Georg Kruse, Soldat in einer Nachrichten-Einheit, war bei der Kapitulation im Mai 1945 Stabsgefreiter in einem Batterietrupp auf der Halbinsel Hela. Auch ihn und seine Kameraden ereilte das Schicksal der Gefangenschaft. Die Soldaten in dem Dorf Heisternetz auf Hela machten ihre Waffen und Funkgeräte unbrauchbar und warteten auf die Sieger. Die Rotarmisten kamen in Panjewagen. Die Deutschen formierten sich und marschierten nach Osten.

Die Gefangenen aus der Eishölle von Stalingrad, aus den weiten Räumen Kurlands, die Gefangenen vom grünen Strand der Halbinsel Hela – und wo sie sonst herkamen –, sie alle standen vor der gleichen Aufgabe: zu überleben. Zu überleben in einer Welt, in der das Unterste zuoberst gekehrt war – wo alles völlig anders war als in Europa; in Verhältnissen, auf die sie nicht vorbereitet waren, weder körperlich noch geistig – im Lager der östlichen Hemisphäre, im Gulag der Sowjets.

Erschöpft, ausgehungert und oft sterbenskrank kamen die Überlebenden in den russischen Lagern an. In ihren Baracken und Erdbunkern versuchten die gefangenen Soldaten, sich an die neuen Umstände anzupassen. Dieser Anpassungsprozeß war eins der großen Abenteuer der Gefangenschaft. Er war unerbittlicher Lebenskampf und führte zu den merkwürdigsten, wunderlichsten, groteskesten Erscheinungen.

Die Sowjets hatten die mehr als drei Millionen deutschen Soldaten, die ihnen im Zweiten Weltkrieg in die Hände fielen, auf 3000 Lager in der Sowjetunion verteilt. Die Lagerkette reichte vom Polarkreis bis in den tiefen Süden der Sowjetunion, von der Ukraine bis nach Sibirien. Zwischen manchem Lager und der deutschen Grenze lagen 2000 Kilometer, andere waren mehr als 6000 Kilometer von Deutschland entfernt.

Lager – das bedeutete für die Gefangenen zuerst einmal, eingepfercht auf engstem Raum zu sein. Kradmelder Erich Nowak berichtete aus dem Lazarett von Wolsk an der Wolga: »Etwa 1500 Patienten lagen zu je zwei Mann in schmalen Drahtbettgestellen, deren Drähte man einzeln am Körper spürte. Aus Platzmangel mußten die Füße am Kopf des Kameraden liegen.«

Udo Giulini aus dem Gefangenenlazarett vor Arsk an dem Fluß Kama: »Jeweils zu vieren liegen wir mit zwei Decken auf einem Bett. Alle haben Fleckfieber.«

Erich Nowak schildert das Schicksal der Soldaten, die Erfrierungen erlitten hatten: »Manche waren, weil die Wunden nicht heilen wollten, stückweise – jeweils bis übers Knie – amputiert worden. Wegen mangelnden Verbandmaterials wurden die Wunden viel zu spät neu verbunden. Eines Tages fing mein Nachbar furchtbar zu schreien an. Er bettelte erst die Schwester, dann uns an, wir möchten ihm doch den Verband abnehmen. Da dies streng verboten war, hatten wir Angst, ihn zu entfernen. Da seine Hilferufe aber nicht nachließen, legten wir schließlich den Unterschenkelstumpf frei. Nun begriffen wir, warum er so entsetzliche Qualen litt. Dicke Fleischmaden kamen zum Vorschein.«

Die gesunden oder auch nur arbeitsfähigen Gefangenen mußten mit der gleichen drangvollen Enge fertig werden. In die Baracken wurden mehr als 200 Mann hineingepfercht. Dem einzelnen Gefangenen gehörte allenfalls ein Platz auf dem Pritschengestell, auf dem jeweils zwei Mann oben und zwei Mann unten liegen mußten. Die Schlafstellen hatten oft nicht einmal Stroh. Sie waren zusammengenagelt aus rohem Holz.

Viele Deutsche verbrachten ihre Tage und Nächte hinter Stacheldraht in Erdbunkern. Ein Gefangener schilderte der Kommission, wie ein Erdbunker entstand: »Die Erde wird ausgeschachtet, in der Mitte wird ein Gang ausgegraben. Rechts und links entstehen Erdbänke, die als Ruhelager dienen. Das Lager liegt nahezu auf der Erde auf, und das Gebälk ist mit Reisig oder Schilf bedeckt und mit Erde dicht beworfen. Das Holz zum Heizen muß auf illegalem Weg beschafft werden.«

In den Baracken lauerten die Flöhe, unter den Baracken die Ratten. Ein Gefangener berichtet: »Einige Kameraden, die besonders stark auf Flöhe reagierten, kamen fast gar nicht mehr zur Ruhe. Man sah sie nachts mit ihren Hemden unter der Lampe stehen, während ihre Körper zahlreiche rote Flecken aufwiesen.«

In den Lagern formte sich eine neue Ordnung, eine neue Hierarchie aus Machthabern und Helfershelfern. Es bildeten sich ganz neue Herrschaftsformen mit neuen Herrschaftsschichten oder Klassen. Die Basis für diese Entwicklung war die Rechtlosigkeit der Gefangenen und die uneingeschränkte Willkür der Wachorgane und ihrer deutschen Helfershelfer.

Die Wissenschaftliche Kommission der Bundesregierung für Kriegsgefangenengeschichte zitiert zur Kennzeichnung der Herrschafts- und Machtlage in den großen Gefangenenkäfigen zwischen Polarkreis und Schwarzmeer und zur Charakterisierung der neuen Herrschaftsklasse den jugoslawischen Systemkritiker Milovan Djilas: »Der einzige Unterschied zwischen dieser neuen Klasse und anderen war, daß sie die Kritik an ihren Illusionen und ihrer Herrschaft grobschlächtig abtat. Sie bewies dadurch, daß ihre Macht größer war als die irgendeiner früheren Klasse der Geschichte, und entsprechend größer waren ihr Klassendünkel und ihre Klassenvorurteile.«

In den Kriegsgefangenenlagern der Sowjetunion waren viele Funktionen in der Lagerverwaltung mit Deutschen besetzt. Die Russen nutzten die Lagerfunktionäre nicht selten als Büttel und Zuträger und korrumpierten sie planmäßig, indem sie zuließen, daß die Deutschen sich auf Kosten ihrer Kameraden Vorteile verschafften. Je brutaler sie waren, um so angenehmer gestaltete sich ihr eigenes Leben.

Ein Gefangener berichtete der Wissenschaftlichen Kommission aus dem Lager Rocovka, ein ehemaliger Angehöriger eines Bewährungsbataillons sei zum Lagerleiter aufgerückt und habe sich in dieser Position als brutaler Menschenschinder entpuppt, um sich bei dem sowjetischen Wachpersonal beliebt zu machen.

Ein anderer Soldat erzählt aus dem Lager bei Kirov: »Wenn einer nicht mehr konnte, wurde er von seinem eigenen deutschen Vorarbeiter geschlagen, mit Füßen getreten und bekam im Lager noch Strafarbeiten... Besonders hervor tat sich ein Kompanieführer. Dieses Schwein ließ seine sadistische Wut bei jeder Kleinigkeit an uns aus. Er schlug die Leute, bis sie umfielen.«

Die Wissenschaftliche Kommission der Bundesregierung für Kriegsgefangenengeschichte notierte:

»... stellt sich die schwierige Frage für jede Armee, wieweit sie ihre Soldaten auf die Möglichkeit einer Gefangenschaft vorbereiten soll und kann. Denn die Erfahrungen der deutschen Kriegsgefangenen in sowjetischem Gewahrsam zeigen, wie die plötzliche Konfrontierung mit dem Schicksal der Gefangenschaft es vielen unmöglich machte, nun zu prüfen, was von dem, was bisher als Recht galt, nun unrecht sei und umgekehrt. Vielmehr beobachten wir zunächst vielfach eine allgemeine Desorientierung und Unsicherheit, wie man sich zu verhalten habe. Durch diese Uneinigkeit der Kriegsgefangenen war es nicht nur den gewissenlosen Elementen besonders leichtgemacht, Pöstchen zu ergattern und mit Machtfülle auszustatten, sondern auch der Gewahrsamsmacht eher möglich, die kärglichen Rechte, die sie den Kriegsgefangenen zuzugestehen an sich bereit war, noch zu beschneiden...

Manch einer überwand nie ganz den Schock der Gefangennahme, die ihn übermächtig mit der tiefen Angst vor der Vernichtung konfrontierte und mit dem Gefühl der Ausweglosigkeit erfüllte...«

Die neue Klasse in der Lagerleitung nahm die Führungsstellungen ein, die einst die Offiziere bei der Truppe besetzt hatten: Die neuen Lagerherren im Dienste der Sowjetmacht waren unverwechselbar. Ein Gefangener erzählt aus dem Lager Saransk: »Eine Anzahl guternährter und nobel in Zivil gekleideter Gefangener, teils eleganter als die russischen Offiziere, sehen wir gewichtig durch das Lager stolzieren. Es ist die Lagerbourgeoisie, die sich zusammensetzt aus den Mitgliedern des antifaschistischen Aktivs und allen solchen Gefangenen, die das Vertrauen der Russen haben und deshalb einen Posten im Lager bekleiden.«

Mitglied der Lagerprominenz zu sein – das bedeutete leichte Arbeit zu haben, während die Kameraden schufteten; das bedeutete warm gekleidet zu sein, während die Kameraden in Lumpen liefen und froren; und das bedeutete vor allem mehr als ausreichendes Essen, während die Kameraden verhungerten.

In der Not des Lagerlebens und unter der geschickten Taktik der Russen, Folgsamkeit zu belohnen und Widersetzlichkeit hart und brutal zu bestrafen, zerfiel ein Fundament, auf dem die meisten deutschen Soldaten während des Krieges fest gestanden hatten: die Kameradschaft.

Unter den Gefangenen entstand aus nichtigem Anlaß Streit. Neid wucherte. Ehemals selbstverständliche Hilfsbereitschaft und Einsatz für den anderen waren bis auf herausragende Ausnahmen verschwunden. Jeder dachte zu allererst an sich selbst und nur an sich selbst.

Ein gefangener Soldat äußerte: »Unter den Deutschen selbst herrschte ein in anderen Völkern unbekannter Zwiespalt und Unfriede.«

Die Wissenschaftliche Kommission der Bundesregierung notierte: »Aus sehr vielen Berichten spricht die Klage über die schlechte Kameradschaft, über den fehlenden Zusammenhalt. Für die meisten Gefangenen war es gerade das erschütterndste Erlebnis, sich nicht mehr auf den früheren Kameraden verlassen zu können, sondern auf sich allein gestellt zu sein. Bis auf wenige Ausnahmen gewannen die Gefangenen die Überzeugung, daß man seine persönlichen Ziele gerade nicht mit den anderen gemeinsam, sondern nur für sich allein, allenfalls in kleinstem Kreis erreichen konnte...

Auch in ernsten Situationen fühlt sich der Soldat nur dann wirklich verlassen, wenn er sich von seinen Kameraden verlassen weiß...«

Zwei Gruppen vor allem unterschieden sich jedoch durch Zusammenhalt und Solidarität von der Masse hinter Stacheldraht: die Soldaten der Waffen-SS und die japanischen Gefangenen der Russen. Beide Gruppen waren Minderheiten, die von den Sowjets mitleidlos behandelt wurden. Sie hatten keine Chance, ihre Lage durch Wohlverhalten zu verbessern.

Ein gefangener deutscher Pfarrer berichtete der Wissenschaftlichen Kommission der Bundesregierung für Kriegsgefangenengeschichte über die Waffen-SS-Leute aus den Waffen-SS-Divisionen: »Das waren ernsthafte Kerle, die auch ernst zu nehmen waren.«

Aus dem Waldlager Minsk schilderte ein Gefangener der Wissenschaftlichen Kommission, was ihn an den Männern der Waffen-SS beeindruckt hatte: »Auffallend gutes kameradschaftliches Verhalten.«

Die Japaner, von den Küsten des Stillen Ozeans in das Innere Sibiriens transportiert, blieben auch ohne Waffen hinter Stacheldraht eine gemeinsam kämpfende Truppe.

Ein deutscher Gefangener vergleicht im Bericht der Wissenschaftlichen Kommission die kleinwüchsigen Soldaten aus dem Fernen Osten mit dem Bild, das seine Kameraden boten: »Ich konnte nicht genug ihren Nationalstolz und ihre Einigkeit bewundern, die uns Deutschen gänzlich fehlten. Wenn einer ihrer Offiziere in den Karzer gesperrt wurde, waren die Japaner weder mit Drohungen, Fußtritten oder Schlägen zu ihrer Arbeitsleistung zu bewegen.«

Oberleutnant Udo Giulini schildert seine Erfahrungen mit den ehemaligen Waffenbrüdern aus dem Fernen Osten. Einer der hungrigen japanischen Offiziere hatte einen Sack Erbsen gestohlen. Die russische Lagerleitung wollte den Dieb bestrafen. Sie forderte den zuständigen Oberst der Japaner auf, den Mann in die Kommandantur zu schicken.

Giulini: »Der japanische Oberst erklärte, das ginge nicht; denn ein japanischer Offizier, der die Verpflegung seiner Kameraden stehle, müsse Harakiri machen. Daraufhin Großalarm. Nach Stunden wurde der japanische Offizier tot in einer Baracke gefunden: Harakiri!«

Erschöpft trottete die Schar der Gefangenen durch das Lagertor. Zehn Stunden harter Zwangsarbeit lagen hinter ihnen. Ein Gedanke beherrschte die Männer: Hunger und Essen. Plötzlich ein Wutschrei in einer Baracke: »Mein Brot! Wer hat mein Brot geklaut?«

Die Männer in der Baracke starrten zwei ihrer Kameraden an. Nur diese beiden oder einer von ihnen konnten die Täter sein: Gefangene, die zur Arbeit zu schwach waren und deshalb den ganzen Tag allein in der Baracke zugebracht hatten.

Der Dieb gestand bei der ersten Frage. Was dann im russischen Gefangenenlager Beciza geschah, schildert einer der deutschen Soldaten, der es erlebte: »Die Kräftigsten der Stube stürzten sich auf den Dieb, rissen ihm die Hose herunter und bearbeiteten mit Lederriemen sein Hinterteil. Sollte man nicht Mitleid haben mit dem Opfer, das sich vor Schmerzen wand und schrie? Ließ man aber den Diebstahl durchgehen, dann konnte sich ja praktisch jeder am Brot des anderen vergreifen, und Brot bedeutete für uns soviel wie Leben!«

Die Strafe für Brotdiebe in den Lagern war von unerbittlicher Härte. Gestraft wurde ohne Ansehen von Alter und Rang.

Ein Oberst, Berufsoffizier, hatte sich nachts in die Baracken geschlichen und die Säckchen geplündert, in denen die Landser ihr Brot aufbewahrten, das sie sich vom Munde abgespart hatten.

Der Mann wurde entkleidet und durch fünf Baracken getrieben. Hageldicht fielen die Schläge auf seinen Rücken und sein Gesäß. Er mußte ins Lazarett eingeliefert werden. Der zweite Teil der Strafe: Der russische Lagerkommandant verurteilte den Dieb zu zehn Tagen schweren Karzer. Dann der dritte Teil. Der Oberst wurde an der Front der angetretenen Gefangenen vorbeigeführt.

Die Wissenschaftliche Kommission der Bundesregierung schreibt:

»Von Anfang an hat die Kriegsgefangenen die Frage sehr beschäftigt, warum wohl der eine so schnell seine Haltung verlor und der andere trotz gleicher oder größerer Belastung sie bewahrte...

Verschiedentlich finden wir auch die Meinung, daß allgemein Leute im Alter über fünfzig Jahre schlechtere Haltung bewiesen als die jüngeren. Dabei darf man natürlich nicht vergessen, daß in höherem Alter die Umstellung auf andere Lebensverhältnisse überhaupt schwerer ist und auf die extremen Lebensbedingungen in sowjetischer Gefangenschaft häufig nicht mehr möglich war...

Bei äußerster Lebensgefährdung werden die sozialen Triebkräfte zugunsten der Triebkräfte der Selbsterhaltung zurückgedrängt oder ausgeschaltet. Andererseits steht es außer Zweifel, daß starke, das heißt entsprechend eingeübte Motive, also auch soziale Motive, ungleich länger wirksam bleiben als nicht eingeübte. Meist spricht man daher von Willenskräften, die den einen im Gegensatz zu anderen auch schwerste Belastungen durchzustehen instand setzen...«

Aus einem russischen Lager berichtete ein Gefangener: »Da war ein 54jähriger Mann, sehr schwach, Vater von vier Kindern. Und wir standen nun da und sagten, also der muß jetzt verprügelt werden. Ja, es mußte eben gemacht werden. Aber Sie glauben nicht, wie schwer das ist, einen alten Mann lazarettreif zu hauen – zur Abschreckung. Ein halbes Jahr hatten wir keinen Diebstahl mehr.«

Die geschlossen in Sonderbaracken untergebrachten gefangenen Soldaten der Waffen-SS wählten subtilere Wege der Vergeltung für

Kameradendiebstahl oder andere Verstöße gegen den Gefangenen-Kodex: Ausschließung aus der Kameradschaft. Niemand mehr sprach mit dem Täter, niemand mehr nahm ihn zur Kenntnis. Er war Luft. Das erwies sich als harte, ja furchtbare Strafe. Denn wie sollte ein Mann unter den Belastungen in einem russischen Gefangenenlager mit Hunger und Heimweh, Brutalität und Rechtlosigkeit ohne die wärmende Gemeinschaft existieren?

Deutsche Gefangene, die in Straflager kamen, wo sowjetische Straftäter die Mehrzahl bildeten und das Lagerleben beherrschten, erlebten barbarische Methoden der Selbstjustiz. Ehrengerichte der Gefangenen verhängten die Strafen. Sie reichten bis zur Hinrichtung.

Oberst Arthur Boje, gefangen in Stalingrad, sah im Lager Samarka mit eigenen Augen eine Exekution: Zwei jugendliche, zu Henkern ernannte Strafgefangene sprangen den Verurteilten von hinten an, schlugen ihn mit einem stumpfen Gegenstand bewußtlos und stachen dann mit langen Messern auf ihn ein. Nachdem sie sich überzeugt hatten, daß das Opfer tot war, liefen die beiden Exekuteure zur Wache und lieferten ihre Messer ab. Die Wache eilte herbei, nahm keineswegs die Täter fest, sondern transportierte die Leiche ab.

Oberst Boje berichtet auch von einem ganz ähnlichen Fall im Lager Prudui; und es scheint, daß Lynchjustiz unter den organisierten Kriminellen eine von den Lagerverwaltungen geduldete Methode aller sowjetischen Straflager war. Es ist klar, daß die deutschen Kriegsgefangenen, die sich in solchen Lagern befanden, in panischer Furcht vor den organisierten Kriminellen lebten.

Die Schrecken der Lager, Hunger, Ungeziefer, Kälte, der Zusammenbruch alter Bindungen und die ungewisse Dauer der Gefangenschaft ließen in Tausenden den Gedanken an Flucht keimen – so aussichtslos das Vorhaben auch schien, durch Rußlands Weiten in die Heimat zu kommen. Die Russen bestraften jeden Fluchtversuch unbarmherzig.

Aus dem Lager Saransk berichtete ein Gefangener der Wissenschaftlichen Kommission: »Eines Abends müssen wir nach der Zählung noch stehen bleiben. Zwei deutsche Kriegsgefangene werden auf die Mitte des Platzes geführt. Sie haben einen Fluchtversuch unternommen und sind gefaßt worden. Drei Wochen strenger Arrest ist die Strafe. Ich freue mich, daß sie mit dem Leben davongekommen sind, habe ich es doch im Zentrallager erlebt, daß ein Ausreißer noch frisch blutend ins Lager geschafft wurde. ›Auf der Flucht erschossen‹, hieß es, und er war doch offensichtlich vor dem Tor niedergestreckt worden.«

Der Chirurg Dr. Kuno Wahl berichtet: »Zwei Kameraden haben die Flucht gewagt, man hat sie eingefangen und erschossen. Nun liegen sie zur Abschreckung auf Befehl des Lagerchefs vierundzwanzig Stunden mitten auf dem großen Platz. Einige unserer Männer stellten fest, daß die Leichen noch warm waren; also waren sie nicht irgendwo auf der Flucht erschossen worden, sondern man hat dies erst getan, nachdem sie hierhergebracht worden waren... Wir selbst beschäftigen uns mit Fluchtplänen, jedoch nur als Gedankenaufgabe. Von da, wo wir uns befinden, in den südlichen Ausläufern des Urals, nach Westen sich durchzuschlagen, erscheint unmöglich.«

Die Chancen für eine erfolgreiche Flucht aus der Sowjetunion waren aber auch deshalb so gering, weil nahezu jede Fluchtvorbereitung – etwa das Aufsparen von Nahrungsmitteln – nicht vor den Kameraden verborgen bleiben konnte.

Und manche dieser sogenannten Kameraden in den Baracken arbeiteten als Spitzel der Russen. Ein Pfarrer aus dem Lager Saransk schildert eine Nacht im Jahre 1946: »Um drei Uhr wird zur Zählung gepfiffen. Wir stehen bis sechs Uhr, ohne daß gezählt wird. Zwei Offiziere sind ausgekniffen. Bald erfahren wir, daß der eine, ein Sudetendeutscher, erschossen zwischen den Drähten liegt. Der andere, ein Oberstleutnant, ist einen Kilometer vom Lager entfernt niedergeknallt worden. Ihre Fluchtvorbereitungen sind verraten worden. Der Verräter wird kaltblütig sich an Brot und Tabak laben.«

Kameraden, die ihre Kameraden verrieten, gab es in den Gefangenenlagern der Sowjetunion zuhauf. Der Bericht der Wissenschaftlichen Kommission der Bundesregierung für Kriegsgefangenengeschichte stellt dazu fest: »Die Bespitzelung stellte neben Hunger und schwerer Arbeit wohl die stärkste seelische Belastung für viele dar. Denn die Tatsache, daß man seinem Nächsten nicht mehr trauen konnte, wog schwerer als manche Entbehrungen.«

Die Russen hatten die Lager, die Baracken und die Bunker dicht an dicht mit Spitzeln durchsetzt. Sie hielten sich so nicht allein über Fluchtvorbereitungen oder Aktionen, die ihnen möglicherweise hätten gefährlich werden können, auf dem laufenden, sie erforschten auch die Stimmung, die Gewohnheiten und die politischen Ansichten der Gefangenen. Mancher Gefangene gab sich freiwillig dazu her, seine Kameraden auszuforschen; mancher wurde von den Sowjets mit Drohungen zum Barackenspion gepreßt.

Aus dem Lager Borissow berichtete ein Gefangener: »Die Spitzel erhielten bessere Verpflegung und Bekleidung. Viele der Spitzel handelten aus politischen Gründen. Sie waren Mitglieder der Antifaschistischen Ausschüsse. Von diesen Spitzeln stammt ein Großteil des Materials, das sowjetischen Gerichten 1949 dazu diente, Gefangene wegen angeblicher Kriegsverbrechen zu 25 Jahren Zwangsarbeit zu verurteilen.«

Die Wissenschaftliche Kommission schreibt über den Spitzel-Einsatz:

»Jedes totalitäre System arbeitet mit Spitzeln, um seine Herrschaft aufrechtzuerhalten. Die Sowjets waren deshalb bemüht, auch unter den Kriegsgefangenen ein schlagkräftiges Spitzelsystem einzurichten.

Die deutschen Kriegsgefangenen waren auf das Spitzelunwesen nicht vorbereitet: Sie dachten gar nicht an die Möglichkeit des Einsatzes von Spitzeln; man rechnete weder damit, daß sich aus den eigenen Reihen Leute dafür hergeben würden, noch konnte man sich vorstellen, welchen Zweck die Gewahrsamsmacht damit verfolgen könnte... Überhaupt nicht rechnete man damit, daß planmäßig Material für Verurteilungen gesammelt wurde.

Was hat der deutsche Soldat schon von Spitzeln gewußt? So etwas kannte man vom Hörensagen, aus Spionagekolportagen, vielleicht noch aus Flüsterwitzen über die Gestapo, das war aber auch alles. Daß ein System daraus gemacht werden konnte, daß in jeder Stube, in jeder Arbeitsbrigade, in jedem offiziellen, ja jedem inoffiziellen Zirkel mindestens ein Mann war – oder jedenfalls sein sollte –, der die Sowjets über alles und jedes unterrichtete, das lernte man erst durch bittere Erfahrungen...

Die Tatsache, daß der deutsche Soldat nichts von Spitzeln wußte und der deutsche Offizier Spitzel verabscheute – er hätte sie nie in seiner Einheit geduldet –, schützte nicht etwa den deutschen Kriegsgefangenen vor Spitzeln, sondern machte ihn zunächst hilflos...

Nur ganz allmählich lernten die Kriegsgefangenen, sich vor Spitzeln zu schützen: passiv durch Vorsicht bei Gesprächen, aktiv – und das nur in wenigen Fällen – durch Selbstjustiz.«

Die Gefangenen in den Lagern waren ohnmächtig gegen Spitzeltum und Verrat. Sie mußten schwere Strafen der Russen fürchten, hätten sie Spitzel verprügelt oder gar erschlagen. Manchmal jedoch war die Gelegenheit zur Rache, zur tödlichen Rache, unerwartet da. Hermann K., Feldwebel in der 31. Infanteriedivision, gefangen in der Schlacht im Kursker Bogen im Sommer 1943, erlebte, wie ein Verräter von Kameraden hingerichtet wurde.

Sommer 1946. Ein Lager im nördlichen Kaukasus. Schwer liegt die Hitze des August-Nachmittags über den Baracken. Auf der Lagerstraße einzelne Gestalten. Vor Hunger und Krankheit geschwächte Gefangene gehen mit müden Schritten dahin. Auf den Wachttürmen lehnen russische Posten, Maschinenpistolen im Arm. Der Rauch ihrer Zigaretten weht träge davon. Vom Lagertor her tönt Lärm. Die Gefangenen im Lager schauen jedoch nicht auf. Sie wissen, die Kolonnen der arbeitenden Gefangenen kommen zurück, wie jeden Tag. Am Tor zählen russische Soldaten die Gefangenen. Monoton klingen die russischen Zahlen über die Lagerstraße. Dann eine laute Stimme. Sie wird wütend, zornig, überschlägt sich.

Die Gefangenen im Lager sehen, wie einer der Russen am Tor seine

Waffe hebt, ihren Lauf ergreift und einem der Gefangenen auf den Kopf schlägt. Der Posten auf den Wachttürmen nahe dem Tor schießt in die Luft. Dann ist wieder Ruhe.

Die Kolonne kommt die Lagerstraße herauf. Vier Mann tragen den geschlagenen, aus der Kopfwunde blutenden Kameraden. Der Abend kommt. Die Hitze bleibt. In den Baracken hocken die Gefangenen, hungrig, murrend. Sie reden über den Vorfall am Lagertor.

Nichts Besonderes ist dem Angriff des Russen auf den deutschen Gefangenen vorausgegangen. Willkür. Aber Unteroffizier Erich F., gefangen in Königsberg, will seine Kameraden nicht einfach ihrer Lethargie überlassen. Er redet über das miserable Essen, die schwere Arbeit, die Rechtlosigkeit, die Kranken, die Toten.

Und dann spricht er ein gefährliches Wort aus: Streik; passiver Widerstand, die einzige Waffe der Schwachen und Rechtlosen. Der Unteroffizier Erich F. weiß, welche Gefahr er auf sich nimmt. Ein Aufruf zum Streik, das ist in den Augen der Russen Aufruhr, Sabotage, Widerstand – und er ist der Rädelsführer.

Aber er weiß: Noch mehr Kameraden werden sterben, Kameraden ihre Gesundheit einbüßen, wenn die Zustände im Lager nicht geändert werden. Die Gefangenen nicken mit dem Kopf, stimmen ihm zu, reden darüber, wie sie einen Streik überstehen können, wenn die Russen ihnen das Essen sperren.

Aber es kommt nicht zum Streik. Am Abend darauf wird Unteroffizier Erich F. zur Lagerkommandantur befohlen. Seine Kameraden sehen ihn herauskommen, von zwei russischen Soldaten eskortiert. Er wird zum Lagerbunker gebracht – ein Raum unterhalb der Erdoberfläche, so groß, daß allenfalls zwei Männer sich ausstrecken können. Keine Pritsche, kein Stuhl, kein Geschirr, betoniert, ein Luftloch. Darin sitzt Erich F. 28 Tage bei gekürzter Ration – seine Hungerration noch gekürzt.

Die Gefangenen wissen jetzt: Erich F. ist verraten worden. Sie wissen nicht, von wem. Keiner mag dem anderen noch in die Augen schauen. Sie reden wenig, noch weniger als sonst. Nur Männer, die sich besonders gut kennen, die gemeinsam gekämpft haben, trauen noch einander. Wenige Tage später – Erich F. sitzt noch im Karzer – glauben die Gefangenen zu wissen, wer ihn verraten hat, wer der gefährliche Lagerspitzel ist. Der Zufall hat geholfen. Einer der Gefangenen, der zum Säubern der Kommandantur eingeteilt ist, hat seine Mütze vergessen. Er will sie holen.

Und in der Kommandantur sieht er, wie sich die Tür zum Zimmer des Hauptmanns der politischen Polizei öffnet. In der Tür erscheint der Gefangene Siegfried M. Hinter ihm, freundlich lächelnd, der NKWD-Offizier. Der Gefangene, der seine Mütze holen will, erblickt in der Ecke des Zimmers einen Tisch mit zwei leeren Tellern. Ein leichter Geruch von Bratkartoffeln mit Speck weht durch den Gang.

Für die Gefangenen ist der Fall klar: Wann immer einer von ihnen zum NKWD-Offizier befohlen worden war – es hatte Fragen gegeben, Verhöre, aber nie etwas zu essen. Der Offizier hatte geflucht, gedroht, aber nie gelächelt. Nie hatte er einen der vernommenen Gefangenen zur Tür gebracht.

Die Gefangenen beobachten von nun an Siegfried M. Ihr Verdacht wird dichter. Er versucht, sich in Gespräche zu drängen, sucht sich Vertrauen zu erschleichen, ist immer da, wenn Gefangene zusammensaßen.

Gewiß – es gibt noch mehr Spitzel im Lager, aber Siegfried M. ist besonders eifrig, besonders erpicht darauf, Kameraden ans Messer zu liefern.

Nie ist bekannt geworden, was ihn getrieben hat: nur der Hunger, die Aussicht auf eine Portion Bratkartoffeln mit Speck oder die Hoffnung auf frühere Heimkehr. Er war ein Verräter, aber er war unangreifbar, ein Schützling der Russen. Er wurde, obwohl gesund und gut ernährt, sehr bald nur zu leichten Lagerarbeiten befohlen. Seine Kleidung stach von den zerschlissenen Hosen und Jacken seiner Kameraden ab. Eines Tages trug er Stiefel, und sie glänzten von Fett. Ein Jahr lang spionierte er hinter den Gefangenen her, horchte, lauschte, überwachte ihre Abende, kontrollierte ihr Leben, berichtete den Russen, was vorging. Der Strafbunker im Lager hieß schließlich Siegfried-Burg. Haß stieg in den Gefangenen auf. Sie unterdrückten ihn.

Dann aber, im Sommer 1947, machte Siegfried M. einen Fehler – einen tödlichen Fehler. Im Lazarett des Lagers arbeitete eine russische Krankenschwester, jung und hübsch. Siegfried M., gesund und jung und mit viel überflüssiger Zeit, begann der Russin nachzustellen. Aber diese Russin gefiel auch einem der russischen Offiziere ausnehmend gut.

Seine Verdienste als Spitzel konnten Siegfried M. nicht vor der Eifersucht der Russen schützen. Er räumte den Rivalen auf einfache Art aus dem Weg: Der Russe setzte durch, daß Siegfried M. arbeiten mußte wie jeder andere arbeitsfähige Gefangene auch. Von nun an rückte Siegfried M. morgens mit einer Arbeitskolonne aus und kam abends zurück – müde, erschöpft. Seine Kleidung zerfiel, seine Stiefel glänzten nicht mehr. Die Männer, die er verraten hatte, sprachen nicht mit ihm. Er mußte ihren Haß fühlen. Er fürchtete ihre Rache.

Der Tag der Abrechnung kommt an einem September-Mittag des Jahres 1947. Die Gefangenen haben Bäume gefällt und die Stämme zu Stößen aufeinandergeschichtet. Einer dieser Stöße liegt an einem Hang, mit Pflöcken gegen Rutschen und Rollen gesichert. Die Gefangenen haben ihr Stückchen Brot zur kurzen Mittagspause gegessen.

Die russischen Posten sind dabei, sich im Wald zu verteilen.

Siegfried M. kommt den Hang herauf. Gegen den Spätsommerhimmel heben sich die grünen Wipfel der Bäume ab. Davor der dunkle Umriß der gefällten, zersägten, gestapelten Stämme. Siegfried M. muß noch gesehen haben, wie sich dieser Stoß von Holzkloben plötzlich in Bewegung setzt, polternd, stürzend, krachend den steilen Hang hinunterrast. Ausweichen kann er nicht mehr. Eine oder zwei Sekunden mag es gedauert haben, dann ist das viele Zentner schwere Holz über ihm, reißt ihn um. Stämme rollen über ihn hinweg. Er ist tot, als die Posten kommen.

Die Russen untersuchen die Leiche, klettern den Hang herauf, blicken sich um. Zwei Kriegsgefangene arbeiten hundert Meter entfernt am Baum. »Arbeitsunfall«, erkennen die Russen.

Auch im Lager Valga in der Nähe von Riga nahmen die Gefangenen Rache an einem Spitzel. Der Mann, der in Ungnade gefallen war, arbeitete unter anderen Deutschen beim Häuserbau. Er stand auf einem Gerüst. Zwei Landser stürzten den Verräter in die Tiefe. Er starb.

Und viele Gefangene, die während der Zeit ihrer Gefangenschaft nicht den Verrat vergelten konnten, bewahrten ihre Rache auf.

Oberleutnant Udo Giulini schreibt über die Behandlung japanischer Spitzel durch die japanischen Gefangenen: »Es gab nur ganz wenige Japaner, die politisch aus der Reihe tanzten und für die Russen arbeiteten. Jahre später berichteten heimgekehrte Japaner, was während der Heimfahrt mit diesen Spitzeln geschah: Man habe sie unterwegs auf dem Meer verloren.« Also: Im Angesicht der japanischen Inseln über Bord geworfen.

Der Chirurg Dr. Kuno Wahl erlebte bei der Fahrt nach Hause dies: »Auf dem ersten Halt des Zuges im Westen sehen wir einen blutüberströmten Heimkehrer davonrennen. Die Kameraden haben ihn zusammengeschlagen. ›Ein Spitzel, ein Kameradenschinder!‹ hört man schreien.«

Und der Wissenschaftlichen Kommission der Bundesregierung berichtete ein Gefangener, was zwei Spitzeln widerfuhr, die mit ihren Kameraden nach dem Ende der Gefangenschaft auf dem Weg nach Deutschland waren:

»Auf dem Heimtransport haben wir zwei rausgeschmissen, aus dem fahrenden Zug, Kopf zuerst raus, weg! Ich weiß noch, wie gräßlich das war. Es war furchtbar, gerade auf der Heimfahrt. Der Mann hat geweint und gewinselt.«

Der Marsch durch Moskau

Auf dem Flugplatz von Bobruisk spritzt der Sand hoch. Dichter Staub hängt in der Luft. Explosionen dröhnen und wummern. Ohne Unterlaß schlagen Granaten und Minen ein. Es ist der 27. Juni 1944, ein Dienstag. Russische Truppen der 1. Weißrussischen Front (Heeresgruppe) haben die von Hitler zum »festen Platz« erklärte Stadt Bobruisk an der Beresina eingeschlossen. Den Flugplatz halten die Soldaten einer Kraftfahrkompanie in verzweifeltem Abwehrkampf. Unter ihnen der Gefreite Fritz Finke, 46 Jahre alt.

Die Szene ist ein Ausschnitt aus der großen sowjetischen Sommeroffensive des Jahres 1944 gegen die deutsche Heeresgruppe Mitte, die mit den 400 000 Mann ihrer vier Armeen als tiefer Front-Balkon nach Osten ragt: 700 Kilometer Front.

Am 22. Juni, dem dritten Jahrestag des Kriegsbeginns, hat der sowjetische Generalangriff von vier Heeresgruppen mit 2,2 Millionen Mann begonnen. Unvorhergesehen –, denn Hitler und sein Oberkommando hatten die sowjetische Offensive im Süden der Ostfront erwartet. Hitlers Abwehrrezept für die überraschte Heeresgruppe Mitte stützt sich auf seine Strategie der festen Plätze. Den Besatzungen bestimmter Städte wird starres Festhalten bis zur letzten Patrone befohlen; der anbrandende Angriff soll auf diese Weise gebrochen werden. Zu den festen Plätzen zwischen Düna und Dnjepr gehörten unter anderem Witebsk, Orscha, Mogilew, Minsk und Bobruisk. Doch die sowjetische Offensive walzt mit ihrer sechsfachen Übermacht an Soldaten und zehnfacher Überlegenheit an Panzern und schweren Waffen alles nieder.

Am Morgen des 28. Juni ist die Lage der Deutschen in Bobruisk aussichtslos geworden. Truppenteile zerschlagener Divisionen strömen in die Stadt. Divisionskommandeure erschießen sich. Es herrscht Chaos. Das Führerhauptquartier gibt die Genehmigung zur Aufgabe der Stadt. Die Besatzung bricht aus. 5000 Verwundete bleiben zurück.

Fritz Finke und seine Kameraden von der Kraftfahrkompanie brechen mit Teilen der 20. Panzerdivision aus. Schlagen sich nach Nordwesten durch. Um sie herum sumpfiges Gelände, bewachsen mit Büschen und niedrigen Bäumen. Doch: Russische Panzer bleiben auf der Spur der Deutschen. Schließlich am 30. Juni: Panzer von vorn, von der Seite, von hinten. Die Überlebenden der Kraftfahrkompanie ergeben sich.

Fritz Finke berichtet, was unmittelbar nach der Gefangenschaft durch die Rotarmisten geschah: »Ich mußte mich mit drei Kameraden auf dem Panzer neben der Raupenkette niederhocken. In schneller Fahrt ging es durch dichtes Gehölz. Wir erkannten die Absichten der Panzerbesatzung: Die starken Baumäste sollten uns abstreifen und in die Raupenkette geraten lassen.«

Fritz Finke und seine Kameraden kamen durch. Am Morgen danach wurden die Gefangenen der Kraftfahrkompanie und ein paar hundert andere deutsche Soldaten mit ihnen zum Abmarsch befohlen. Richtung Osten – Richtung Moskau. Die Männer marschierten den ganzen Tag. Sie bekamen nichts zu essen und nichts zu trinken. Fritz Finke berichtet: »Vor Schwäche zusammenbrechende oder zurückbleibende Kameraden wurden von der Begleitmannschaft erschossen.«

Der Elendszug erreichte einen Bahndamm. Die Männer warfen sich nieder, wo sie gerade standen. Dann dumpfes Rollen in der Ferne. Eine Lokomotive keuchte heran. Sie zog ein paar Güterwagen. Die Posten trieben die Gefangenen in die Waggons, dicht an dicht. Die Türen wurden verschlossen, die Fensterluken waren mit Stacheldraht vernagelt. Dann ging's los. Ziel: Moskau.

Oberleutnant Hans Gummelt legte seinen Sturzkampfbomber auf die Seite. Die Ju 87 reagierte präzis. Der russische Sommerhimmel entschwand dem Blick, die Erde lag breit vor ihm.

Der Oberleutnant vom Sturzkampf-Lehrgeschwader, früher Hindenburg-Geschwader, befand sich auf Erkundungsflug entlang der Düna. Die 3. Weißrussische Front der Sowjets hatte einen anderen festen Platz der Heeresgruppe Mitte, die Stadt Witebsk an der Düna, eingeschlossen. Die ostpreußische 206. Infanteriedivision saß in der Falle. Ritterkreuzträger Gummelt war mit seinem Stuka gestartet, um nach einer Möglichkeit zu suchen, den Landtruppen aus der Luft bei dem Ausbruch zu helfen.

Plötzlich Wölkchen rings um die deutsche Maschine. Sie wird zur Seite gedrückt. Der Stuka ist im Visier sowjetischer Flugabwehrgeschütze. Gummelt kann ihnen nicht entrinnen. Seine Maschine wird getroffen. Stürzt. Gummelt steigt aus. Am Fallschirm pendelt er zur Erde. Unverwundet. Die Russen fangen ihn nicht. Der Stukapilot blickt auf seinen Kompaß und macht sich auf den Weg nach Westen – zur deutschen Front.

Am dritten Tag verläßt ihn das Glück. Gummelt hat sich in einem Waldstück verborgen. Er will schlafen. Über sich hat er Reisig gehäuft. Ein russischer Soldat tritt genau auf diesen Reisighaufen. Hände hoch! Ritterkreuz abgerissen. Uhr weggenommen. Achselstücke runter. Prügel. So geriet Hans Gummelt in Gefangenschaft. Er muß mit anderen deutschen Gefangenen nach Witebsk marschieren. Dort werden sie in Güterwagen getrieben. Der Zug verläßt die Stadt – in Richtung Moskau.

Hauptmann Gerhard Appel, Kommandeur der Nachrichtenabteilung bei der 6. Luftwaffenfelddivision, ist Ende Juni 1944 im Zuge der Rückzugskämpfe der zerschlagenen Heeresgruppe Mitte mit zwei Obergefreiten seiner Abteilung auf dem Rückweg vom Divisions-Gefechtsstand zu seinem provisorischen Gefechtsstand. Plötzlich stehen Sowjetsoldaten vor ihnen. Hände hoch. Gefangen! Die Russen machen Drohgebärden mit der Waffe. Die Deutschen sollen Löcher graben – ihr eigenes Grab. Aber dann lassen die Russen sie doch leben. Sie treiben sie vor sich her zu einer riesigen Kolonne von anderen Gefangenen. Abmarsch in das viele Kilometer entfernte Witebsk. Verpflegung: ein Brot für zehn Mann. In Witebsk jagen die Russen die Deutschen in einen Güterwagen. Ziel Moskau.

Der Gefreite Fritz Finke, der Oberleutnant Gummelt, der Hauptmann Gerhard Appel und alle ihre Kameraden in den Güterzügen, die auf Moskau zurollten, waren lebende Beute aus der größten Vernichtungsschlacht, die der Roten Armee im Zweiten Weltkrieg gelang: die Zerschlagung der deutschen Heeresgruppe Mitte im Sommer 1944.

Im Kessel von Witebsk allein starben 20 000 deutsche Soldaten, 10 000 gerieten in Gefangenschaft. An den anderen »festen Plätzen« war es nicht anders. In der von den Sowjets herausgegebenen »Geschichte des Großen Vaterländischen Krieges« triumphiert die Moskauer Geschichtsschreibung: »Während der Angriffshandlung wurden von unseren Truppen in Weißrußland an 80 Divisionen der deutsch-faschistischen Armee zerschlagen. Davon mehr als 30 eingekesselt und vollkommen liquidiert.« Es waren zwar nicht 80 Divisionen; denn die Heeresgruppe Mitte umfaßte insgesamt nur 40 Divisionen, die Ostfront des Balkans, gegen den die Offensive donnerte, nur 34 Divisionen.

Doch: 38 Divisionen waren während der Kämpfe eingesetzt. 28 wurden vollständig vernichtet. Eine Katastrophe bis dahin unbekannten Ausmaßes. 350 000 bis 400 000 deutsche Soldaten wurden weggefegt. Verwundet, gefallen, vermißt. 200 000 können als gefallen angesehen werden. 85 000 gingen in Gefangenschaft.

Diesen Sieg über den deutschen Feind wollten die Russen auskosten. Es genügte dem Kreml-Herrn Josef Stalin nicht, die Gefangenen in Lagern verschwinden zu lassen. Sie sollten dem sowjetischen Volk vorgeführt werden, in ihrem ganzen Elend. Lebendiger Beweis des Triumphes über die Deutschen.

Das Vorbild für das, was nun inszeniert wurde, hatte der Sieger Stalin den Gewohnheiten der antiken Imperialisten, den Römern, abgeguckt. Römische Feldherren zogen nach großen Siegen mit ihren Gefangenen durch Rom – auf einem genau festgelegten Weg: Der Zug begann auf dem Marsfeld und endete vor dem Jupiter-Tempel auf dem

Wojennoplenny:
Das Ende von Stalingrad. Im Nordkessel treten die hohlwangigen, ausgehungerten Männer aus den Gräben und Häusertrümmern, sammeln sich zu grauen Kolonnen und werden in die Steppe geführt.

Auch sie streben zur Sammelstelle. Die Strohschuhe, die sich mancher Soldat beschafft hatte, wurden von den Sowjets abgenommen und als Pferdefutter verwandt.

Die überlebenden deutschen Generale von Stalingrad ergeben sich: v. l. n. r.: General Lattmann, General Sanne, General Dr. Korfes, General v. Seydlitz-Kurzbach, General Magnus, General Rodenburg, General Leyser, General Pfeffer, General Vasoll, General v. Lenski, Generaloberst Strecker.

Völlig erschöpft ergeben sich diese deutschen Soldaten den Sowjets.

Gefangenenschicksal in Rußland: Marschieren, marschieren. Durch Schnee und Kälte.

Verwundete deutsche Soldaten der Sommerschlacht 1944 werden mit Pferdewagen in die Gefangenschaft abtransportiert.

Mit geschorenen Köpfen müssen diese Landser den Marsch in die sowjetischen Gefangenenlager antreten.

STALINGRAD: Verlustliste der 6. Armee

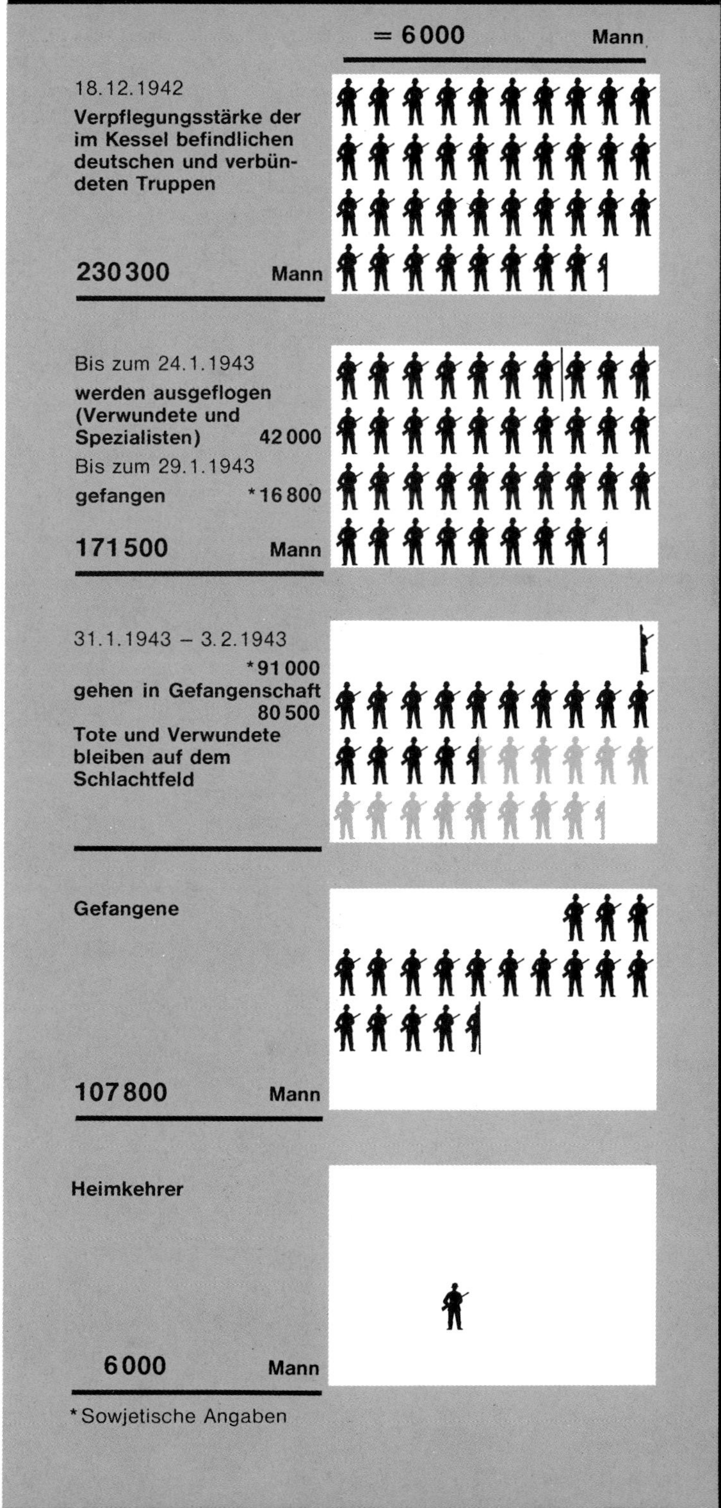

Schaubild der Tragödie von Stalingrad.

Der Hunger ging um in den sowjetischen Lagern. Die Bilddokumente können die Wirklichkeit nur sehr ungenau darstellen. Oben: »Deutsche Kriegsgefangene treten mit Eimern an, um die Suppe in Empfang zu nehmen, die von russischen Köchen ausgeteilt wird«, so lautet

ler offizielle russische
3ildtext. Links, die Ver-
eiltung von Brot durch
lie Sowjets an gefangene
Deutsche, ein russisches
Foto, das auch als Flug-
latt benutzt wurde.
Rechts dagegen ein Opfer
es Hungers und der Ent-
ehrung.

Besiegt, gefangen –
vor den Trümmern des
Reichstags in Berlin.

Hügel des Capitol. Die Straßen waren von Tausenden von Zuschauern gesäumt. Dieser Triumphzug wurde stets dann veranstaltet, wenn der Feldherr Feinde entscheidend geschlagen hatte: 5000 getötete Gegner waren die Mindestzahl. Bis zum Jahre 19 vor Christi Geburt feierte Rom 320 siegreiche Schlachten mit solchen Triumphzügen. Dem triumphierenden Feldherrn voran zogen Abordnungen seiner Soldaten. Sie führten die Beutestücke dem Publikum vor. Der Feldherr selbst war in ein goldbesticktes Purpurgewand gekleidet, sein Gesicht mit Mennige rot geschminkt, das Haupt mit einem Lorbeerkranz geschmückt. Er stand während des Zugs auf einem zweirädrigen, mit Gold, Elfenbein und Edelsteinen verzierten Wagen. Der bedeutendste Bestandteil des Triumphzugs aber waren stets die Gefangenen der siegreichen Schlacht. Oft waren sie mit Ketten aneinandergeschmiedet. Schimpf und Spott aus der Menge am Rande der Straße umjohlten die Besiegten. Die politischen und militärischen Führer der Gefangenen erlebten den Triumphzug stets als die letzte Stunde ihres Lebens. Sie wurden unmittelbar nach dem Ende des Marsches hingerichtet.

Genau dieses barbarische Spektakel der öffentlichen Demütigung einer besiegten und geschlagenen Armee hatte Stalin den Gefangenen aus der großen Vernichtungsschlacht im Sommer 1944 zugedacht. Der Sieg über die Heeresgruppe Mitte sollte mit einem Rache-Marsch römischen Stils gekrönt, der Feind als verachtenswerte Elendsmeute vorgeführt werden.

Insgesamt 55 000 gefangene deutsche Soldaten ließ Stalin in den ersten Wochen des Juli 1944 nach Moskau schaffen. Aus den Güterzügen taumelten Männer, die tagelang nichts zu essen bekommen hatten. Den Durst hatten sie nur mit den Regentropfen löschen können, die am Stacheldraht vor den Luken der Waggons hängengeblieben waren.

Die Gefangenen wurden gefilzt, ausgeplündert. Ihre Uhren nahm man ihnen weg, ihre Ringe. Mancher trug nur noch Hemd und Hose. Mit vorgehaltenen Kalaschnikows wurden sie gezwungen, ihre Stiefel auszuziehen. Als Ersatz für Stiefel hatten die Russen den Deutschen alte Autoreifen hingeworfen. Daraus schnitten sie sich Sohlen und befestigten sie mit Telefondraht an ihren Füßen.

Im weiten Rund von Moskaus Pferderennbahn wurde die Masse der Gefangenen zusammengetrieben. Die Feuerwehr fuhr Wasser an. Gerade genug gegen den Durst, nicht genug, sich zu waschen. Viele der Soldaten litten an Ruhr. Die Uniformstücke waren unsäglich verdreckt.

Von ihrem Lager auf der Aschenbahn des Hippodroms sahen die Gefangenen ein Prachtfeuerwerk in den Himmel steigen. Der Kreml lag in zuckendem Licht: Die Russen feierten die Eroberung der Städte Grodno und Wilna durch ihre Armeen.

Die Gefangenen hungerten. Am Abend des 16. Juli 1944 jedoch teilten die Russen besonders reichhaltige Verpflegung aus: Brei und Brot und Speck. Die Gefangenen sollten für den großen Marsch in Form gebracht werden.

Glühend rot erhob sich am Morgen des 17. Juli die Sonne über Moskau. Der Himmel war wolkenlos. Russische Soldaten rannten über die Pferderennbahn: »Dawai, dawai!« Schwerfällig erhoben sich die Gefangenen. Neue Befehle: »Antreten in Reihen zu 18 Mann!« Von weit her die Melodie eines russischen Marsches, gespielt von einer Kapelle der Roten Armee.

Die Gefangenen formieren sich zu Marschblöcken von je 600 Mann, sorgsam unterteilt nach Offizieren und Mannschaften. Der Zug der Leidenden setzt sich in Bewegung. Die Tore der Pferderennbahn öffnen sich. Vor den Augen der Gefangenen liegt die kilometerlange, fast 70 Meter breite Gorki-Straße. Die Straße ist gesäumt von Menschen. Sie stehen in dichten Reihen, vor allem Kinder und viele alte Frauen. Davor Gardesoldaten der Sowjetarmee in dreifacher Reihe, die Bajonette aufgepflanzt. Vor den Toren der Pferderennbahn warten Reiter, meist Mongolen und Tataren. In den Säbeln, die von ihren Handgelenken baumeln, glitzert das Sonnenlicht. Im Hintergrund warten Soldaten auf Beiwagen-Krädern. Die Beifahrer visieren über ihre Maschinengewehre die deutschen Soldaten an.

Kommandos. Die erste Kolonne der 55 000 setzt sich in Bewegung. Macht aber gleich wieder halt. Die Regie läuft wie im Theater. Aus einer Seitenstraße führen Rotarmisten die Attraktion des Tages an die Spitze des Zuges: Die deutschen Generale, die den Sowjets beim Zusammenbruch der Heeresgruppe Mitte in die Hände fielen. Sie sind nicht ausgeplündert worden. Sie tragen ihre Uniformen. Mit Orden und Ehrenzeichen: Verwundetenabzeichen, Eiserne Kreuze, Ritterkreuze, Deutsches Kreuz in Gold. Ein vollendetes, ausgeklügeltes Spektakel: Generale in Gala vor ihren zerlumpten, verdreckten Soldaten. Bei der Zerschlagung der Heeresgruppe Mitte waren von den 47 deutschen Generalen zehn tot auf dem Schlachtfeld geblieben; 21 wurden gefangengenommen; darunter zwei Korpskommandeure, ein Höherer Pionierführer, ein Kampfkommandant und 17 Divisionskommandeure.

Die gefangenen Generale schwenken an die Spitze ihrer Soldaten. Wieder Befehle in russischer Sprache: »Dawai, dawai!«

Die Gefangenen fassen Tritt. Marsch! Eine unübersehbare Kolonne quillt aus dem Hippodrom auf die Prachtstraße. Mehr als 90 Marschgruppen. Von Anfang bis zum letzten Mann mehr als drei Kilometer: Sinnbild einer schrecklich geschlagenen Armee. Die Männer trotten die Straße hinunter. Verdreckt, verlaust, zerlumpt. Viele haben sich seit Tagen nicht waschen können; sie sind unrasiert; auf ihren erschöpften Gesichtern klebt die Asche der Pferderennbahn.

Dr. Hans C. Siemer, heute wissenschaftlicher Direktor, erinnert sich in seinem Buch »Begegnung mit zwei Welten«: »Ich marschierte in Reithose, mit zerfetzten Stiefeln, an denen noch ein Sporen hing, mit blutigem, zerrissenem Hemd ... Die Menschen bestaunten die elenden Reste jener sagenhaften, unschlagbaren, immer siegreichen Deutschen Wehrmacht, die nun so zerlumpt und besiegt daherschritten.«

Adolf Huben, Oberfeldwebel beim Stab der 383. Infanteriedivision: »Einige Gefangene marschierten in Unterhosen, fast alle Gefangenen hatten drei Wochen alte Bärte im Gesicht.«

Der Obergefreite Peter M. vom Infanterieregiment 413 der 206. Infanteriedivision berichtet: »Gegen Mittag hatte die Temperatur 40 Grad erreicht und den Straßenasphalt aufgeweicht. Tausende von Gefangenen gingen barfuß oder nur mit Fußlappen oder in dünnen Segeltuchschuhen. Sie litten dabei Höllenqualen.«

Das Schlimmste aber war: »Die üppige Mahlzeit, die den Gefangenen am Abend vor dem Marsch verabreicht worden war, hatte bei vielen schweren Durchfall ausgelöst. Vorwärts getrieben von den russischen Wachen verrichteten sie im Gehen ihre Notdurft. Der Gefreite Fritz Finke: »Manche an Ruhr erkrankte Kameraden mußten sich während des Marsches in einer mitgeführten Konservendose entleeren.« Der Gefangene Emil Schurek: »In meinem Marschblock behalfen wir uns so, daß die Männer einander unterhakten.« Zwei Mann nahmen den dritten jeweils in die Mitte.

Die berittenen Begleiter schrien mit wilden Gesten und unter Hinzeigen auf die verdreckten, ruhrkranken Gefangenen mit ihren Konservendosen zur Notdurftverrichtung: »Germanski nix Kultura.«

Die Menschen hinter der Absperrung am Straßenrand johlen laut. Über dem Zug der Geschlagenen gellt der Lärm aus Tausenden von Kehlen: »Chitler kaputt.«

Da und dort fliegen Steine. Gefangene bluten aus Kopfwunden. Oberfeldwebel Adolf Huben berichtet von Kameraden, die von Russen am Straßenrand mit Brot geködert wurden. Es wurde ihnen hingehalten, und als die Hungernden danach griffen, wurden sie gepackt, aus der Kolonne gerissen und verprügelt.

Weiter wälzt sich der Zug über die Straßen der Stadt, die eben diese geschlagene Armee einst hatte erobern wollen. »Dawai, dawai«, rufen die Tataren. Die Straßen werden enger, die Menge rückt näher. Russen am Straßenrand spucken in die Kolonne, das durften sie; morden jedoch nicht.

Die Soldaten der Roten Armee hatten offenbar Befehl, Gewalttaten an den Deutschen zu verhindern. Stalin wollte den Triumphzug nicht mit Mord und Totschlag enden lassen.

Der Obergefreite Peter M.: »Ohne den Schutz der berittenen

Soldaten wäre es wohl zu Straßenschlachten mit der Bevölkerung gekommen. Ich war Zeuge, wie ein Reiter mit dem Säbel auf eine Frau einhieb, als sie die Gefangenen angriff.«

Viele der Deutschen, die an diesem glühenden Tag durch die Hauptstadt des Sowjetreiches marschierten, entdeckten allerdings in den Augen und Mienen vieler Zuschauer mehr Mitgefühl als Haß. Der Gefangene Dr. Hans Siemer: »Ich sah manche Frauen mit mitleidsvollen Gesichtern, ich sah Frauen mit Tränen in den Augen.«

Hauptmann Gerhard Appel: »Es trafen uns viele mitleidige Blikke.« Der Gefreite Fritz Finke: »Ich glaubte, aus manchen Gesichtern echtes Bedauern mit uns herauslesen zu können.«

Sechs Stunden lang währte das Schauspiel der Demütigung. Dann, in der Nähe des Kremls, lösten die Russen den Elendszug auf. Die Gefangenen marschierten zu Moskaus Bahnhöfen. Dort standen die Lokomotiven schon unter Dampf, die sie in Rußlands Weiten transportieren sollten. Die Wachen trieben die Deutschen in Güterwaggons und verriegelten die Türen.

Der Gefreite Fritz Finke, gefangen 1944 bei Bobruisk, kam mit einem Verwundetentransport Ende 1945 nach Hause. Der Hauptmann Gerhard Appel, gefangen 1944 bei Witebsk, wurde Weihnachten 1949 aus einem russischen Lager entlassen.

Der Stukapilot Hans Gummelt, abgeschossen am 27. 6. 1944 bei Witebsk, kehrte 1956, zwölf Jahre später, in die Heimat zurück.

Der große Hunger

Hunger ist so alt wie die Welt und stets eine der mächtigsten Triebfedern in der Geschichte gewesen. Hunger hat den Menschen von den Bäumen getrieben, hat ihn Jäger, Hirte oder Bauer werden lassen; und Hunger nimmt dem Menschen die Menschlichkeit.

Hunger verwandelt Väter in Diebe, Mütter in Prostituierte und Kinder in Bettler. Er ist stärker als Scham, Ekel und Ehre. Hunger machte in den russischen Gefangenenlagern Offiziere zu Spitzbuben, Soldaten zu Räubern.

Nicht Sklavenarbeit, nicht Stacheldraht, nicht Kälte – Hunger war die beherrschende Qual, unter der die Deutschen in Rußland litten. Es gab kein Fett, es gab kein Eiweiß. Die Gefangenen lebten von Kartoffeln und Getreide.

Kartoffeln? Die Wissenschaftliche Kommission der Bundesregierung notierte, was ein Gefangener aus dem Lager Segeza berichtete: »Gefrorene und wieder aufgetaute Kartoffeln, stinkend und halbverfault.«

Ein anderer: »Tag für Tag Kartoffelbrei aus völlig verfaulten Kartoffeln. Schon außerhalb des Lagers roch man den Gestank der fast schwarzen Kartoffeln.«

Ein Gefangener aus dem Lager Swerdlovsk: »Gegenwärtig wird unser Lager mit Kartoffeln beliefert, die ihrem Aussehen nach von Eierbriketts nicht zu unterscheiden sind. Total gefroren und kohlschwarz... und nicht mal davon können wir uns satt essen.«

Die Wissenschaftliche Kommission der Bundesregierung für Kriegsgefangenengeschichte schreibt: »Die Unbeweglichkeit der Güterverteilung, die bei einer totalen Verplanung der Wirtschaft durch den Staat unvermeidbar ist und die Bedarfsdeckung der sowjetischen Zivilbevölkerung besonders bei Güterknappheit erschwerte, wirkte sich auch auf die deutschen Kriegsgefangenen insofern aus, als ein Nahrungsmittel, das angeliefert worden war, Wochen hindurch verzehrt werden mußte, um dann vielleicht durch ein anderes ersetzt zu werden.«

Was immer deutsche Gefangene über die Ernährung in russischen Lagern berichten – es sind Schilderungen eines elenden Lebens: »Wenn der Kohl geerntet wurde, gab es viele Monate lang nur Wassersuppe mit Kohl. Wenn es keine Brennesselsuppe gab, dann wurden eben in Wasser gekochte grüne Tomaten serviert.«

In Reval schwimmen in der Sojamehlsuppe kleingehackte Kuhhäute, die mit ihrem stinkigen Geruch den ganzen Kochgeschirrinhalt verderben. »Das Fleisch, das uns geliefert wird, besteht fast immer aus den sogenannten Innereien (Lunge, Pansen, Gedärme, Euter). Infolge der Hitze und des Transports haben diese Innereien einen starken Geruch angenommen. Widerlich riechen auch die Suppen.«

Verständlich, daß die Gefangenen sich Nahrung suchten, wo sie zu finden war: Gräser, Kräuter, Blätter und – zum Beispiel – Schlangen. Dort geht der Schlangenfänger: Der Mann trägt Schuhe aus Holz und eine zerlumpte Uniform. Sein Kopf ist kahlgeschoren. In der Hand einen Knüppel. Er geht mit tastenden Schritten. Dann und wann scharrt er mit dem Fuß im gelblichen Gras der kasachischen Steppe.

Aus der Jackentasche fingert er etwas – kleine Steine; die wirft er nach vorn, nach rechts, nach links. Da – eine gleitende Bewegung im Gras. Drei Sprünge hin; den Knüppel hoch, und draufgeschlagen auf die zischende, züngelnde Schlange. Der Schlag ist tödlich. Ein Zucken im Körper des Reptils: eine sibirische Steppenotter, um 70 Zentimeter lang, den Rachen mit den beiden Giftzähnen in letzter Abwehr aufgesperrt.

Der Mann beugt sich nieder, schneidet mit einem selbstgebastelten Messer dem Reptil den Kopf ab, schiebt den Knüppel unter die Schlange und trägt das tote Tier davon. Auf den Schlangenjäger warten zwei Dutzend Kameraden in der Baracke ihres russischen Kriegsgefangenenlagers.

Dem Tier wird die Haut abgezogen, es wird ausgeweidet, auf dem kleinen Ofen geröstet. Und dann in kleine – natürlich gleich große – Stücke geschnitten. Gebratene Schlange! Aber Fleisch. Die Gefangenen rösten auch die Eingeweide und verzehren sie. Schlangenfleisch, um zu überleben! Schlangenfleisch, um dem Hunger zu trotzen. Denn hinter dem Hunger lauert der Tod. Er begleitet den ständigen Hunger lautlosen Schrittes.

In allen über die Sowjetunion verstreuten Lagern das gleiche Bild: Männer, aus stumpfen Augen blickend, keine 100 Pfund schwer, abgemagert bis auf die Knochen, so schwach, daß sie oft nicht einmal mehr gehen, sondern nur noch kriechen konnten.

Ein Bericht aus dem Lager Vasilevka: »Der Spalt zwischen Schienbein und Wadenbein war durch die Haut zu sehen.«

Der Abmagerung folgte eine jähe Gewichtszunahme, oft ein Zeichen des nahen Endes. Die Hungernden wurden wasserkrank. »Es gab Wasserkranke, deren völlig verschwollenes Gesicht am Morgen nach dem Wecken nicht mehr zu erkennen war. Und die keine Schuhe mehr anzuziehen vermochten.«

Der Rat des Arztes an die Hungernden: »Heben Sie nicht die Hand, wenn es nicht nötig ist.«

Die Gefangenen geizten mit jeder Bewegung. Sie gingen so langsam wie möglich und hoben die Füße kaum vom Boden ab. Jeder Zentimeter zuviel konnte die Kraft rauben, die zum Überleben nötig war. Das war der deprimierende, schlurfende Gang der hungernden Gefangenen.

Ein Gefangener berichtet aus dem Lager Borovici: »Die Kameraden sterben einer nach dem anderen. Neben mir lag ein Kapitänleutnant der Marine, Pastor von Beruf. Er erhob sich, um auszutreten. Kam ohne fremde Hilfe zurück, legte sich neben mich und starb wortlos.«

Aus dem Lager Dubowka: »Erschütternd war es für uns, wenn abends die Arbeitskommandos zurückkamen und auf selbstgebauten Tragbahren von Birkenstämmchen Kameraden mitbrachten, die nur noch schwachen Pulsschlag hatten – und keinen Willen mehr. Wir stellten sie in einen Vorraum, wo sie bis zum anderen Morgen sanft gestorben waren.«

Aus dem Lager Borovici: »Ein Mann starb plötzlich während des Essens und saß mit gesenktem Kopf so da, als ob er sich an dem Anblick des Essens erst noch erfreuen wollte.«

Aus dem Lager Stalingrad: »Die größte Zahl der Kameraden starb bei Sonnenaufgang.«

Und wieder aus Stalingrad: »Jeden Tag werden etwa 20 Mann auf einem Panjewagen zur Beerdigung gefahren. Es kommen immer neue Kameraden zum Sterben her.«

Aus dem Gefangenenhospital Jirkovka bei Saporoshje: »Für die Patienten bleibt täglich ein Liter Wassersuppe und 350 Gramm nasses Brot übrig. Sterblichkeit eintausendundvierzig Prozent im Jahr! Das Hospital war in fünf Wochen jeweils ausgestorben.«

Die Sonne glänzte noch über dem östlichen Rand des Horizonts, wenn die Gefangenen in den Lagern die Toten der Nacht bestatteten. Vier Mann hoben die Gestorbenen von ihren Pritschen und trugen sie zu einem Karren. Der Zug bewegte sich von Baracke zu Baracke. Dann spannten sich acht, manchmal zwölf Gefangene vor den Wagen und zogen das Gefährt zum Lagerfriedhof. Ein Gebet noch, dann trottete der traurige Trupp zurück ins Lager.

Der letzte Kommandeur des Grenadierregiments 134 von der Wiener 44. Infanteriedivision – Träger der Tradtition des Hoch- und Deutschmeister-Regiments – Oberst Arthur Boje berichtet aus dem Winterlager Krasnoarmejsk: »Die Verteilung der stinkenden Suppe, die Zählung und die Ausgabe der kärglichen Brotration waren die drei Stationen, um die sich das Leben drehte. Der Rest war Hunger; das hieß für viele stumpfes Dahinbrüten. Warten auf den Tod.«

Der deutsche Arzt Dr. Kuno Wahl, heute Chirurg in Konstanz, gefangengenommen beim Zusammenbruch der Heeresgruppe Mitte im Sommer 1944, hat auf Befehl eines russischen Armeearztes einen deutschen Gefangenen seziert, der im Lager an Unterernährung gestorben war.

Dr. Wahl schreibt in seinem Bericht »Das verbrannte Tagebuch« über den Anblick, den der Verhungerte bot: »Das Gesicht ist eine Gummihaut, über den knöchernen Schädel gezogen. Am Hals tritt jeder Muskel in harter Andeutung hervor. Die übrigen Muskeln sind fast geschwunden und sozusagen nur noch dünne Stränge. Kehlkopf und Luftröhre sind unter der Haut sichtbar, die Zwischenrippenräume eingefallen, der Bauchraum eingesunken, die Haut berührt die Wirbelsäule, die als länglicher Wall von der Mitte nach unten läuft. Die Beckenschaufeln treten scharf hervor wie in die Luft ragende Kegel. Die Haut ist darüber so gespannt, daß sie glänzt ... Es ist, als habe man irgendwo eine Vakuumpumpe unter die Haut gelegt und den Körper ausgesogen.«

Und der letzte Weg der toten Kameraden war so trostlos wie der Tod. Oberst Boje über Krasnoarmejsk: »Jeden Morgen wurden die Leichen der nachts gestorbenen Kameraden aus den Baracken geholt. Im Winter zog man sie aus, weil die Kleidungsstücke den anderen noch helfen konnten. Mit einem um die Füße gewickelten Draht wurden die nackten Leichen in eine Lagerecke geschleift und übereinandergeschichtet. Denn ein Begräbnis war bei dem tiefgefrorenen Boden nicht möglich. Der Leichenberg wurde immer höher.«

Aus dem Lager Gorlovka berichtet ein deutscher Gefangener über den letzten Weg: »Auf einer Trage sind die Toten aufgestapelt. Es sind nur noch Gerippe, so leicht, daß auch wir ausgemergelten Männer zu zweit bequem einen Leichnam hochheben können. Wir stapfen durch Schneewächten, der Wind treibt uns Wölkchen feinen, zerstäubenden Schnees ins Gesicht. Ein leises Singen ist in der Luft, die Schneekristalle rascheln in den niedrigen Bäumen, die Äste knarren, es beginnt zu dämmern. Wir beeilen uns, es ist kalt. Wir stellen die Tragen ab, beginnen den Schnee zur Seite zu kratzen, mühsam ein flaches Loch, eine Mulde eher, aus dem hart gefrorenen Boden herauszuhauen. Die Bahren werden an den Rand gerückt, einer zieht die Planen weg, andere kanten die Bahren hoch, lassen die steifgefrorenen, nackten Leichname herunterkollern. Schon klappern gefrorene Erdschollen auf die Toten, Schnee folgt nach, den Rest besorgt der Wind, der morgen die unebenen Kanten des flachen Hügels mit einem weißen, kalten Leichentuch abgerundet und zugedeckt haben wird. Herrgott, welch ein Elend.«

Dreieinhalb Millionen deutsche Soldaten gerieten im Zweiten Weltkrieg in sowjetische Gefangenschaft. Mehr als eine Million von ihnen starb in Rußland. Die meisten an den Folgen des Hungers. Die Wissenschaftliche Kommission der Bundesregierung für Kriegsgefangenengeschichte betont jedoch in ihren Feststellungen über die Zahl der Deutschen, die in sowjetischen Lagern zugrunde gingen: »Es waren beträchtlich weniger als die Zahl der Kriegsgefangenen, die während des Zweiten Weltkrieges in deutschem Gewahrsam starben...«

Der Gefangenen-Arzt Dr. Kuno Wahl erinnert sich, daß in einem Massengrab in der Nähe der Stadt Roslawl rund 20 000 sowjetische Soldaten verscharrt sind, die in deutscher Gefangenschaft des Hungers starben. Dr. Wahl selbst verdankt sein Überleben den Sowjets. Er war im Gefangenenlager schwer erkrankt. Doch, so berichtet er: »Die Russen taten alles, mich zu retten. Ich erhielt Sonderverpflegung.«

Und die Ursache für den großen Hunger und den Hungertod in den sowjetischen Kriegsgefangenenlagern? Rachsucht? Vernichtungsabsicht der sowjetischen Sieger?

Nach Auffassung sachkundiger Beurteiler deckt dies die Wahrheit und die Wirklichkeit nicht ab. Nach ihnen war es im wesentlichen die Tatsache, daß die vom Krieg verbrannte und geschlagene Sowjetunion nicht in der Lage war, ihr eigenes Volk ausreichend zu ernähren, geschweige denn die Gefangenen. Nach dem Krieg hungerten in Rußland Bauern, Arbeiter, Handwerker, sogar Rotarmisten.

Die Wissenschaftliche Kommission der Bundesregierung stellt fest: »Die Sowjetunion hat, soweit sich erkennen läßt, für die deutschen Kriegsgefangenen etwa die gleichen Verpflegungsnormen vorgesehen wie für das eigene Volk...

Natürlich hatten auch Schlamperei, Gleichgültigkeit, unzureichende Verkehrsleistung und die Mängel an der planwirtschaftlichen Verteilungswirtschaft ein gerüttelt Maß Schuld an den katastrophalen Verhältnissen, wohl auch der Strafwille am Aggressor. Doch die Hauptursache war die allgemeine katastrophale Ernährungslage der Sowjetunion nach dem zerstörerischen Krieg.

Dazu kam, daß das Jahr 1946 infolge der außerordentlichen Dürre – der schlimmsten in den letzten 50 Jahren –, die in den wichtigsten Getreideanbaugebieten, besonders der Ukraine, aber auch der Weißrussischen und der Moldauischen Republik herrschte, eine ungewöhnliche Mißernte brachte. Daher lagen die Ernteerträge unter denen des Jahres 1945; sie können wahrscheinlich nicht mehr als die Hälfte der Vorkriegsmenge betragen haben...

Die Hungerperiode der deutschen Kriegsgefangenen in der Sowjetunion reichte bis in das Jahr 1949 hinein...

Wie ihr Schicksal politisch von dem innenpolitischen System Stalins bestimmt war, so teilten sie wirtschaftlich die Versorgungslage der sowjetischen Bevölkerung. Sie hungerten mit dieser, und sie erfuhren wie diese die Besserung der Verpflegung, seit die ersten Erfolge des vierten Fünfjahresplanes im Laufe des Jahres 1947 und weiterhin wirksam wurden.«

Die gemeinsame Not brachte Russen und Deutsche einander näher. Ein Gefangener: »Russische Frauen kamen zu uns auf die Baustelle. Sie brachten meistens Tabak mit, um ein Stück Brot für ihre hungernden Kinder zu tauschen. So mancher Kriegsgefangene gab aus Mitleid sein letztes Stück Brot weg.«

Ein Heimkehrer, der im Lager Vologda gefangen war, erzählte, wie groß die Not der russischen Zivilbevölkerung im Winter 1946/47 war, dem Winter, der auf einen Sommer der Dürre und Mißernte folgte: »Auf dem Lande gab es bis zu sechs Monaten kein Brot mehr zu essen, die Leute wurden mit wenig Kartoffeln und Kraut ernährt. Menschen sind auf der Straße vor Hunger zusammengebrochen. Und eine russische Ärztin erzählte, daß die Kindersterblichkeit und die der älteren Leute überhandnahmen.«

Doch es gab in den Hungerjahren nach dem Krieg einen manchmal über Tod und Leben entscheidenden Unterschied zwischen der Masse der russischen Bevölkerung und der Masse der Gefangenen.

Die Kommission schreibt: »Was ihre Lage unbeschreiblich schwerer machte, war die Tatsache, daß der Stacheldraht sie mit verschwindenden Ausnahmen hinderte, sich zusätzlich Lebensmittel zu beschaffen, wie es die Zivilbevölkerung vermochte.«

So hatten die Deutschen in Rußlands Lagern stets den Tod durch Hunger vor Augen, und so wurde die kärglichste Mahlzeit, der Essenvorgang, zu einem Ritual; die Nahrung selbst verklärt.

Das Brot der Gefangenen war schwer genießbar, aber es sättigte. Die Russen gestanden den Deutschen etwa 600 Gramm Schwarzbrot am Tag zu. Es war »weich, sauer und schmierig«. Es enthielt sehr viel mehr Wasser als deutsches Brot.

Die Gefangenen konnten die Portion zu kleinen Klumpen zusammendrücken, aber dieses Brot brachte fertig, was Kohlsuppe und Kartoffeln nicht schafften: es sättigte. »Es war«, so ein Gefangener im Lager Rustavi, »die einzige feste Nahrung«.

Ein Deutscher im Lager Bezica: »Wenn wir schon den Duft des Brotes in die Nase sogen, lief uns das Wasser im Munde zusammen.«

Im Lager Nowgorod hatte einer gedichtet: »Die nie den Hunger *Du* genannt – was wissen die vom Brot.«

»Unser täglich Brot gib uns heute« – hier in russischer Gefangenschaft spürte auch der abgebrühteste Mann die Inbrunst dieses Gebets. Für die Hungernden war die Gerechtigkeit bei der Zuteilung der Rationen eine Frage von Leben und Tod. Die Männer, die das Brot zerteilten und die Suppe ausschenkten, genossen das besondere Vertrauen ihrer Kameraden, gleichzeitig wurde jede ihrer Handbewegungen überwacht.

Ein Gefangener berichtet: »Ich erlebte die Austeilung einer Suppe, die Bohnen und Spinat enthielt. Von einem Hauptverteiler wurde die Suppenflüssigkeit abgegossen, eine besonders für diesen Zweck gewählte Sachverständigenkommission beobachtete die Zählung der Bohnen, die einzeln ausgeteilt wurden. Die einzelnen Spinatblätter wurden auf einem Brett aufgereiht, erst nach Länge und Breite der Blätter und Dicke der Stiele beurteilt und schließlich nach genauer Einteilung und nochmaliger Abzählung dem einzelnen zugewiesen.«

Ein Gefangener aus dem Lager Lesmasin: »Außer dem Brot gab es nur die unverändert dünne Suppe. Es war viel, wenn man am Grund des Geschirrs drei oder vier Graupen fand... Es war ein ernstzunehmender Wunsch, wenn einer sich so viele Graupen in den Topf wünschte, wie er Läuse im Hemd hatte.«

Oft blieb in den Suppenkesseln ein Rest zurück, wenn die Eßgeschirre der Gefangenen einmal gefüllt worden waren. Er reichte nicht zu einer zweiten Portion für alle Lagerinsassen, wohl aber zu einem Nachschlag für einige der Gefangenen. Der Nachschlag, dieses Wenige an zusätzlicher Nahrung konnte den Hungertod fernhalten, die Kraft geben, die der Gefangene brauchte, um zu überleben.

Die Deutschen tüftelten akribisch Nachschlag-Systeme aus. Die Zusatzportion, von der die Gefangenen sich Rettung erhofften, nahm den Rang eines Volltreffers im Glücksspiel ein. Ein Gefangener berichtet: »Der Tag, an dem man ›am Nachschlag dran‹ zu sein glaubte, wurde lange vorher berechnet und als Festtag sehnsüchtig erwartet.«

Ein anderer: »Wann kam man dran? Wie würde die Suppe dann beschaffen sein, dick oder dünn?«

Doch Wassersuppe, eine Handvoll Brot und der gelegentliche Nachschlag reichten nie aus, den quälenden Hunger zu betäuben. Im Hunger verzweifelten viele. Sie suchten in Latrinen nach Nahrungsresten. Wühlten in Abfallgruben.

Aus dem Lager Penza: »Aus der Müllgrube lesen die Landser vor Hunger Knochen, Kartoffelschalen und vereiste Krautblätter.«

Aus dem Lager Vagonzavod: »Bei Aufräumungsarbeiten vor russischen Wohnungen, wo aller Unrat auf einen Haufen vor die Tür geworfen wurde, sah man die Gefangenen im Kot und Dreck der Russen herumwühlen, um etwas Eßbares herauszufischen. Fanden sie Kartoffelschalen oder sonstige Küchenabfälle, wurden diese an Ort und Stelle gierig verschlungen. Schlimme Krankheiten folgten.«

Von einem deutschen Gefangenen ist berichtet, daß er rohes Gras aß. Ein anderer aus dem Lager Saransk: »Ich habe immer die Fischaugen eingesammelt. Wir bekamen größere Fische. Ich habe die Fischaugen im Ofen geröstet und dann verzehrt.«

Die Männer aus dem Lager Vagonzavod berichteten von einer erfolgreichen Hundejagd: »Gut geröstet war es für einige Tage ein guter Mundvorrat für uns.«

Ein anderer über das Halten von Katzen: »Katzen, falls überhaupt noch welche da waren, waren sehr gefragt, um sie an Festtagen, wie dem Revolutionstag, als Zusatzverpflegung zu schlachten und zu essen.«

Die Deutschen aßen Frösche, Igel und schließlich Eidechsen. Ein Bericht über das Eidechsenmahl: »Es war ein sattes Gefühl. Ich probierte meine Stimme. Es war nicht mehr die hohe, merkwürdig dünne, fistelnde Stimme des Verhungernden.«

Mäuse und Engerlinge wurden verzehrt.

Von einem Deutschen wird berichtet, daß er die Technik des Wiederkäuens entwickelt hatte. Er brachte es fertig, die gerade gegessene Nahrung aus dem Magen zurück in den Mund zu pressen, um so das Hungergefühl zu betäuben.

In manchen Lagern zerstörte die Qual des Hungers selbst das letzte Tabu. Die Wissenschaftliche Kommission der Bundesregierung hat eine Reihe von Berichten über Kannibalismus, über Menschenfresserei, notiert.

Aus einem Lager am Baikalsee: »Hier spielt sich das Leben ab, wie es sich noch nie ein Mensch vorgestellt hat. Die Leichen der Kameraden, welche in den Wäldern starben, wurden gegessen, denn der Hunger tut weh.«

Unter dem Druck des Hungers zerbrach in vielen sowjetischen Lagern die Kameradschaft, die Solidarität, die – außer der Hoffnung auf Heimkehr – die Gefangenen befähigte, zu überleben.

»Der letzte Kamerad ist bei Stalingrad gefallen«, hieß es in den Lagern. Ein Deutscher aus einem Lager bei Riga: »Die erste wichtige Erfahrung: Jeder ist sich selbst der Nächste geworden. Eine Welt bricht zusammen, als ich sehe, was aus der Deutschen Wehrmacht geworden ist.«

Aus dem Lager Borovici: »Ein Mann starb plötzlich während des Essens. Als dann sein Tod festgestellt wurde, entstand ein lebhafter Streit, wie das von dem Toten übriggelassene Essen verteilt werden sollte.«

Aus dem Lager Orsk: »Kameradschaft fast völlig zerstört durch Futterneid.«

Aus dem Lager Boksitogorsk: »Jeder lebt und denkt stur von Mahlzeit zu Mahlzeit, der Nächste kümmert ihn nicht, gleichgültig, rücksichtslos, immer nur auf seinen eigenen Vorteil bedacht.«

Der Hunger trieb manchen Deutschen zu Taten, die in jeder Armee der Welt als besonders verabscheuungswürdig gelten: zur Denunziation und zum Kameradendiebstahl. Der Hunger – hier erweist es sich –

zerstört die Schale der Zivilisation, tötet den Gemeinsinn, verwandelt Soldaten, die höchste Tapferkeitsauszeichnungen in ihren Soldbüchern verzeichnet hatten, in Sklaven oder in Wölfe.

Die ganze Bitterkeit des verratenen Soldaten ist in diesen kurzen Berichten deutscher Gefangener enthalten: »Um ein Stückchen Brot verraten die Deutschen einander, machen sogar falsche Angaben über ihren Nächsten.«

Oder: »Ein Nachschlag zum Mittagessen galt ihnen mehr als das Leben des Kameraden.«

Vor dem Hunger vergingen Würde und lange geübte Moral. Hohe Offiziere drängten sich mit Geschrei um die Suppentonnen, und mancher Gefangene sah Pfarrer stehlen.

Ein Heimkehrer aus Borovici: »Eines Tages hoffe ich den Namen eines deutschen Majors zu vergessen, der einem armen Landser das letzte Stück Brot stahl.«

Die Enttäuschung, die deutsche Gefangene durch ihre Kameraden in den Lagern erfuhren, wurde gemildert durch die Gutherzigkeit von russischen Menschen, deren Mitgefühl die Gefangenen nicht verdient zu haben glaubten: von Bewachern und Zivilisten. Der Gefangene Alfred Gerbershagen aus Siegen erinnert sich voller Dankbarkeit: »Eine russische Frau versorgte mich blutjungen Gefangenen während eines einige Monate dauernden Arbeitskommandos mit Nahrung, so daß ich noch einen Teil meiner sehr schlechten Lagerverpflegung an Kameraden abgeben konnte. Nachdem das Arbeitskommando beendet war, schickte mir diese Frau immer noch etwas zu essen durch ihren Sohn. Es ist schade, daß es keine Möglichkeit gibt, diesen Menschen zu danken. Dort habe ich empfinden können, was Menschlichkeit heißt.«

Ein Gefangener schrieb auf: »Der Russe hat selber nichts. Aber er ist gutmütig. Wenn er hat, dann gibt er.«

Ein Gefangener im Lager Astrachan: »Die Bevölkerung ist im großen und ganzen freundlicher Gesinnung.«

Dr. Kuno Wahl erfuhr die Gutherzigkeit der russischen Menschen kurz nach seiner Gefangennahme. Er berichtet:

»Am Straßenrand lagert eine russische Bauernfamilie. In einer Glaskaraffe sehe ich Milch. Die Bäuerin ist gerade dabei, einen Brotfladen in Stücke zu brechen. Ich kann mich nicht beherrschen, trete näher und bitte um ein Stück Brot. ›Njet‹, sagt der Mann bestimmt, doch nicht böse. ›Wir haben selbst nicht viel und die Kinder brauchen die Milch.‹ Die Bäuerin darauf: ›Siehst du nicht, wie er Hunger hat, man muß ihm etwas geben.‹ Sie schenkt ein Glas halb voll mit Milch, bricht ein kleines Stück Brot ab, reicht es mir.«

Der gefangene Arzt hat die tief verwurzelte Menschlichkeit russischer Frauen wiederholt erlebt. Er urteilt: »Die Güte der russischen Frauenseele ist einzigartig. Die russischen Frauen sind die wahren

Heldinnen des Landes. Aus ihren Augen strömt echte Herzensgüte. Das Gesicht ist verhärmt, die Hände verarbeitet, der Leib schwanger.«

Berichte anderer deutscher Gefangener schildern die gleiche spontane Hilfsbereitschaft, das Erbarmen russischer Menschen mit dem Feind von gestern.

Auf dem Marsch gefangener Soldaten durch Simferopol stürzte eine Frau aus einem Haus mit Geschrei auf die Kolonne zu, tat vor den Wachen als ob sie wütend sei, fuchtelte einem Gefangenen mit der Faust vor den Augen herum und schob ihm dabei unauffällig ein Päckchen mit Nahrungsmitteln zu. Im nächsten Augenblick war sie wieder verschwunden.

Und aus dem Lager Kaunas berichtete ein Gefangener: »Zivilbevölkerung sehr freundlich, ihrer geheimen Unterstützung mit Nahrungsmitteln verdanken viele Kameraden das Leben.«

Viele Gefangene schreiben ihr Überleben in russischen Hungerlagern auch der Herzensgüte russischer Juden zu.

Ein Gefangener berichtet: »Ein russisch-jüdischer Major warf immer ein Stück Brot mehr zur Verpflegung: ›Ihr sollt nicht glauben, wir Juden sind rachsüchtig‹, sagte er.«

Und schließlich ein Gefangener, der von einer Jüdin Brot und Speckstücke geschenkt bekam: »Diese zusätzliche Mahlzeit werde ich nicht vergessen. Die Freundlichkeit der Jüdin tat mir wohl .«

Einer der streitbarsten Gefangenen, der in vielen sowjetischen Lagern gewirkt hat, war der Leutnant Günther Wagenlehner.

Am 15. August 1945 bei einem Besuch in der Ostzone Deutschlands wurde er von den Sowjets eingefangen und trotz einer ordentlichen Entlassung aus britischer Kriegsgefangenschaft zum sowjetischen Kriegsgefangenen erklärt. Zehn Jahre, bis zum 28. September 1955, schuftete und hungerte sich der Leutnant Wagenlehner, Jahrgang 1923, durch berüchtigte sowjetische Arbeitslager, Straflager und Vernichtungslager.

Er war im Steinbruchlager Schachty, im Zentrallager und im Bunkerlager Nowoscherkask. Er wurde bei einem Fluchtversuch von einem Eisenbahnwaggon heruntergeschossen. Ihm wurden die Zähne ausgeschlagen. Vom sowjetischen Chefarzt wegen seiner Verwundung zum Heimtransport eingeteilt, aber wieder in das Gefangenen-Karussell eingereiht. Er saß in den Rostower Lagern 4, 6 und 10. Schuftete im Kohlenschacht des Lagers 2 von Nowoschachtinsk. Saß im Bunker vom Straflager 14; wurde 1949 wegen Aufwiegelung der Gefangenen als Rädelsführer und Fluchthelfer in einem Fünfminutenprozeß zu 25 Jahren Zwangsarbeit verurteilt. Vegetierte im Gefängnis Nowotscherkask. Wurde erneut wegen »Aufwiegelung und Unterstützung der internationalen Bourgeoisie« zu zweimal 25 Jahren Zwangsarbeit verurteilt. Er arbeitete im Lager Asbest, in Degtiorka und in den verschiedenen Lagern von Swerdlowsk: eine zehnjährige Reise durch die Elendsquartiere der Gefangenschaft, an die Zehntausende ehemaliger deutscher Kriegsgefangener in der Sowjetunion mit Grausen zurückdenken.

Günther Wagenlehner, bei Gefangennahme 22, bei Entlassung 33, war Spezialist für Widerstand gegen Willkür, Bosheit und Schikane der sowjetischen Lager- und Gefängnisfunktionäre. Seine Methode: sich immer auf die formalen Gesetze und Verordnungen der Sowjetunion berufen. Nie etwas Undurchführbares fordern, immer das System am Nerv treffen. Sein Hauptmittel: golodowka – Hungerstreik – der individuelle Hungerstreik oder der Hungerstreik ganzer Baracken, ganzer Lager.

Dr. Wagenlehner: »Hunger war der ständige Begleiter der deutschen Kriegsgefangenen in der Sowjetunion und das beherrschende Thema von Anfang an. Aus Hunger erstrebten viele einen Posten, der ihnen wenigstens die Möglichkeit zum Sattessen bot. Aus Hunger wurden manche zu Dieben, andere zu Verrätern an ihren Kameraden. Es scheint deshalb paradox, daß Kriegsgefangene den Hunger bewußt als Waffe zur Erreichung bestimmter Ziele einsetzten; aber es war gar nicht paradox. Im Gegenteil, es traf das sowjetische Gewaltsystem an einem Nerv – vorausgesetzt, daß die Sache mit Courage, Standhaftigkeit und Klugheit durchgeführt wurde.

Zunächst handelte es sich um das gezielte Hungern, um arbeitsunfähig oder sogar nach Hause entlassen zu werden. In sämtlichen Kriegsgefangenenlagern gab es solche Fälle. Einige erreichten ihr Ziel, andere wurden wegen ›Selbstverstümmelung‹ vor ein sowjetisches Gericht gestellt und verurteilt.

Der Bericht der Wissenschaftlichen Kommission der Bundesregierung über die Geschichte der deutschen Kriegsgefangenen des Zweiten Weltkriegs gibt zahlreiche Beispiele für Bestrafungen wegen des Tauschs von Brot gegen Tabak, Essen von Salz, bewußter Nahrungsverweigerung.

Das Merkmal dieser Fälle war, daß ein Kriegsgefangener hungerte, ohne Aufsehen erregen zu wollen. Niemand sollte wissen, daß er bewußt den Hunger zur Erreichung seines Zieles einsetzte.

Genau umgekehrt war es beim Hungerstreik. Hier ging es um Aufsehen, um das Ziel, die Öffentlichkeit zu erreichen. Das ist in sowjetischer Kriegsgefangenschaft sowohl individuell und gelegentlich auch in der Solidarität einer Baracken- oder einer Lager-Gemeinschaft vorgekommen; jedoch nur wenige dieser Vorkommnisse sind überliefert.

Die ersten Hungerstreiks in sowjetischer Kriegsgefangenschaft ereigneten sich 1944/45 im Lager Elabuga bei Kassan. Hier hatten die

Lagerbehörden alle unbotmäßigen deutschen Kriegsgefangenen in einem Block, dem berüchtigten Block 6, zusammengefaßt. Sprecher und Motor dieser Gemeinschaft war Oberst W. Wolff, ein couragierter Mann, der bis zum Oktober 1955 seine Rolle als Initiator des Widerstandes gegen Willkür und Menschenfeindlichkeit gespielt hat. Oberst Wolff war eine der herausragenden Figuren der sowjetischen Kriegsgefangenenlandschaft.

Die Insassen im Block 6, die geschlossen die Arbeit verweigerten, erhielten schlechtere Verpflegung als das übrige Lager. Gegen solche Schikanen und sonstige Willkürakte trat der Block mehrfach in den Hungerstreik und setzte sich auch durch. Fehlende Zuckerrationen wurden nachgeliefert, verschimmeltes Brot oder auch verdorbenes Essen durch qualitativ bessere Nahrungsmittel ersetzt.

Der Erfolg und das geschlossene Auftreten der Kriegsgefangenen im Block 6 waren nur denkbar durch die Autorität des Blockältesten Wolff. So hatte sich ein Verfahren eingebürgert, das bis zum Ende dieses Lagers beibehalten wurde: Wenn das Essen in die Baracke gebracht wurde, aß niemand, bevor Oberst Wolff davon gekostet hatte. Fand er es ungenießbar, verweigerten auch die anderen Kriegsgefangenen die Nahrungsaufnahme.

Die sowjetischen Lagerbehörden versuchten den Widerstand im Block 6 durch Schikanen aller Art gegen Wolff zu brechen. Mehrfach wurde er mißhandelt, einmal zerschlug man ihm das Nasenbein, oder er wurde im Karzer isoliert.

Aber der von den Sowjets ›Faschistenblock‹ genannte Block 6 hielt zusammen. Erst nach Auflösung des Lagers und Verteilung der Insassen auf andere Lager hörte der Widerstand auf.

Ein Wendepunkt in der geistigen Haltung der Gefangenen war der Schock über die totale deutsche Niederlage mit all den Informationen über das Dritte Reich. Dazu kam, daß sich die Lage in den sowjetischen Gefangenenlagern 1945/46 katastrophal entwickelte. Allein bis März 1947 starben nach zuverlässigen Berechnungen in den sowjetischen Lagern über eine Million deutsche Kriegsgefangene.

Angesichts der allgemeinen Not und des geringen Wertes, den das Leben eines Kriegsgefangenen in den ersten Jahren nach dem Kriege in der Sowjetunion hatte, war Widerstand sinnlos. Von Hungerstreiks in diesen Jahren ist nichts bekannt. Wahrscheinlich hätte ein solcher Streik auch keinen Sinn gehabt. Die Lagerbehörden hätten den Betreffenden sterben lassen.

Erst 1949 änderte sich die Lage. Es gab nunmehr kurze Hungerstreiks in den Lagern Gorki und Kiew. Der Anlaß waren in beiden Fällen die unerträglichen Bedingungen beim Transport in Straflager. Es hatte sich herumgesprochen, daß sowjetische Gerichte willkürlich Urteile von 25 Jahren Zwangsarbeit wegen sogenannter Kriegsverbrechen verhängten. Und es war ganz offensichtlich, daß jedes Gericht ein Soll an Verurteilungen zu erfüllen hatte. Tatsächlich wurden bis Ende 1949 etwa zehntausend solcher Urteile jeweils in wenigen Minuten Verhandlung gefällt.

Vor diesem Hintergrund der willkürlichen und sachlich nicht begründeten Gerichtsverfahren und Urteile, die den einen trafen und den anderen nicht, muß die Situation der deutschen Kriegsgefangenen Ende 1949 gesehen werden. Es wurden Listen verlesen, von denen zunächst niemand sagen konnte, ob es sich um einen Heimtransport oder um den Transport ins Gefängnis zur Verurteilung handelte. Die Verurteilten hatten nichts mehr zu verlieren. Dazu kam, daß die Kriegsgefangenen nach Jahren des Durchhaltens Selbstvertrauen gewonnen hatten. Die Bereitschaft zum Widerstand und damit auch zum Hungerstreik wuchs.

Bekannt wurde ein Hungerstreik im Frühjahr 1950 in einem Nebenlager der Lagerverwaltung Schachty. Er begann damit, daß einige Offiziere, unter ihnen Oberst Wolff und Major Erich Hartmann, der erfolgreichste Jagdflieger des Zweiten Weltkrieges mit 348 Luftsiegen im Osten, zur Arbeit gezwungen werden sollten. Sie weigerten sich und wurden im Karzer isoliert. Daraufhin traten sie in den Hungerstreik. Das Lager erklärte sich solidarisch und folgte diesem Beispiel. Nach zwei Tagen holte man die Offiziere aus dem Karzer und entfernte sie aus dem Lager. Zwar äußerten die zurückgebliebenen Lagerinsassen in Zurufen an die ›Aufrührer‹ ihre Solidarität; aber den Hungerstreik gaben sie bald auf.

Hier zeigt sich eine Regel für die Hungerstreiks ganzer Lagergemeinschaften. Sie funktionieren nur, wenn drei Faktoren zusammentreffen:
- ein unübersehbarer Mißstand, der alle bewegt;
- eine straffe, überzeugende Leitung und
- ein vernünftiges, einsehbares Ziel.

So hat es, wie die Kriegsgefangenendokumentation ausweist, zwar etliche individuelle Hungerstreiks gegeben, aber nur selten einen erfolgreichen Hungerstreik des ganzen Lagers.

Als Oberst Wolff mit Major Hartmann im Mai 1950 im Lager 6 (Schachty) eintraf, kamen sie selbstverständlich in meine Stube, weil hier die Keimzelle für den Widerstand gegen Lager-Willkür war. Die Sowjetbehörden versuchten immer wieder, das Lager durch Schikanen (verschärfte Arbeitsbedingungen, schlechteres Essen, verspätete Geldauszahlung für Arbeitsleistung usw.) zu zügeln, vielleicht auch dadurch oppositionelle Elemente zu provozieren und auszusondern. Zu diesen Maßnahmen der Lagerbehörden gehörte auch der Versuch, Major Hartmann zur Arbeit zu zwingen. Er trat jedesmal in den Hungerstreik. Ich unterstützte ihn durch Flugblattaktionen im Lager,

d. h. über Nacht wurden an verschiedenen Stellen Flugblätter angebracht mit einem Text, der die Sympathie des Lagers für Hartmann bekundete und dadurch den Eindruck hervorrief, daß das ganze Lager hinter Hartmann steht. Tatsächlich ist er jedesmal nach einigen Tagen aus dem Karzer entlassen worden.

Im September 1950 spitzte sich die Lage zu. Hartmann war wieder einmal im Hungerstreik; aber diesmal gab man ihm auch nichts zu trinken. Mehrere Tage versorgte ich ihn heimlich mit Wasser mittels einer Feldflasche und einem langen Schlauch. Nach acht Tagen erhielt Hartmann erneut zehn Tage verschärften Karzer. Zugleich wurde er im Karzer von sowjetischen Posten und einem Karpato-Ukrainer, der am gleichen Tage entlassen wurde, mißhandelt. Dies sprach sich im Lager herum und verursachte starke Empörung.

Als ich am gleichen Tage, dem 25. September 1950, von der Arbeitsstelle ins Lager kam, war das ganze Lager in Aufruhr. Dic Gefangenen versammelten sich spontan vor dem Tor. Einer rief mir zu, ich sollte mit den Lagerbehörden verhandeln, denn ich sei ja mit Hartmann befreundet. Dies habe ich getan und nach drei Stunden Verhandlung mit dem sowjetischen Lagerkommandanten hatten wir uns durchgesetzt. Hartmann wurde aus dem Karzer ins Lager entlassen. Währenddessen stand das ganze Lager auf dem Platz vor der Kommandantur-Baracke. Dank dieser Unterstützung konnten wir uns durchsetzen. Zwei Wochen später kam ich – zusammen mit Oberst Wolff, Major Hartmann und zwei anderen Kriegsgefangenen ins Gefängnis Nowoscherkask. Es begann ein neues Kapitel.

Schlüsselgeklirr. Die Zellentür fliegt auf. Ein Wachoffizier und drei Soldaten bauen sich vor mir auf. Dahinter erscheint eine Ärztin in weißem Kittel mit dem Instrumentenkasten.

Mit einer Wolke billigen Parfüms und wehendem Mantel tritt der Gefängniskommandant auf, ein untersetzter nicht unsympathischer Mann. Ich bin inzwischen von meiner Pritsche aufgestanden. Die Zelle ist beängstigend voll mit Menschen und Gerät.

›Name, Vorname, Vaters Vorname, Jahrgang‹, fragt der Wachoffizier. Dasselbe hat er mich an jedem Tag der vergangenen Woche gefragt. Ich antworte. Er vergleicht mit seinen Akten. Der Bürokratie ist Genüge getan.

Der Kommandant erhebt seine Stimme: ›Ich frage Sie, ob Sie Ihren Hungerstreik einstellen?‹

Ich radebreche: ›Nein, ich höre erst auf, wenn die Untersuchung beginnt. Das habe ich Ihnen vor einer Woche erklärt und dabei bleibe ich.‹

›Gut‹, tönt mein Gefängnisdirektor: ›Und ich wiederhole ebenfalls meine Erklärung: Hier sterben Sie nicht. Wir werden dafür sorgen, daß Sie am Leben bleiben.‹

Die weißbekittelte Ärztin schiebt sich nach vorn: ›Essen Sie. Sie müssen essen. Hier haben wir Ihnen einiges mitgebracht‹, und damit deutet sie auf den Hintergrund.

Ich bin wütend. So kann man mit mir nicht reden. Es ist nicht die Angst, dem Hungergefühl nachzugeben. Denn Hunger habe ich gar nicht mehr. Die kritische Zeit liegt vor dem vierten Tag des Hungerstreiks. Danach ist das Hungergefühl überwunden. Heute am achten Tag reizt mich die Naivität der Ärztin, den Hungerstreik erfolglos abbrechen zu sollen, nur weil sie was Schönes zum Essen mitgebracht hat. Also fauche ich sie an. Zwei Soldaten nehmen mich von links und rechts in einen festen Griff.

›Essen Sie freiwillig?‹ fragt der Wachoffizier.

›Nein.‹

Unversehens sind meine Hände auf dem Rücken. Ich finde mich in einer Zwangsjacke wieder. Ein Soldat dreht an dem Verschluß auf dem Rücken. Das zieht die Handgelenke zusammen und tut weh. Und das soll es auch.

Die Ärztin präsentiert mir eine Schale mit etwa einem halben Liter gelber Brühe. Sie erklärt halb deutsch, halb russisch: Keine Kohlehydrate, dafür Eigelb, Fett und andere Konzentrate.

Nochmalige Frage: ›Essen Sie freiwillig?‹

›Nein‹ – der Soldat zieht die Schraube an meinem Handgelenk an. Ich werde immer größer, um den Schmerz zu mildern.

›Mund auf!‹

Ich presse die Lippen vor Schmerzen zusammen und warte bis es nicht mehr geht. Der eine Soldat dreht fester; der andere öffnet mir den Mund mit Gewalt ohne Rücksicht auf Zähne und Gaumen Die Ärztin schiebt mir einen Schlauch in den Mund. Ich schlucke, stöhne, schlucke, weine vor Wut und Schmerzen, aber schlucke weiter. Endlich hat der Schlauch sein Ziel erreicht. Durch den Trichter ergießt sich die gelbe Brühe Schluck für Schluck in meinen Magen. Sie schmeckt abscheulich. Bis heute unvergessen. Nie würde ich eine so widerliche Eierpampe freiwillig zu mir nehmen.

Vielleicht hat diese Brühe mir damals das Leben gerettet; aber zugeben würde ich das nicht. Jedenfalls habe ich die Schluckprozedur in jenem Oktober 1950 noch an fünf weiteren Tagen ertragen. Nicht als Held mit Widerstandsgelüsten, sondern aus der Erfahrung des versierten Hungerstreikers, also ohne Zwangsjacke mit freiwilligem Schlauchschlucken. Inzwischen hatte ich erfahren, daß der Schlauch dicker oder dünner ist, trocken oder angefeuchtet – je nach dem Widerstandsgrad des Hungerstreikers.

Im übrigen gibt es ein inneres Einvernehmen zwischen sowjetischen Gefängniswächtern unterer Chargen mit politischen Gefangenen, daß man sich so wenig wie möglich Ärger macht. Mit oberen Dienstgraden, sowjetischen Lagerkommandanten und Vernehmungsoffizieren, hatte ich meist Krach. So war ich auch vor wenigen Tagen vom Lager Schachty zusammen mit vier anderen deutschen Kriegsgefangenen als oppositionelle Elemente ins Gefängnis abgeschoben worden.

Begründung: Unser Aufstand im Lager Schachty, als am 25. September 1950 750 Kriegsgefangene gegen die brutale Behandlung seitens der Lagerbehörden demonstrierten. Ich hatte drei Stunden mit dem sowjetischen Lagerkommandanten um die Freilassung von zwei Kameraden aus dem Karzer verhandelt. Währenddessen stand die Lagerbelegschaft geschlossen vor der Kommandantur.

Am Ende kamen die beiden aus dem Karzer frei. Wir hatten gesiegt und feierten die ganze Nacht. In den nächsten Tagen war das Lager in Hochstimmung. Aber am 9. Oktober 1950 kam die Quittung.

Der Tag begann ungewöhnlich. Der sowjetische Lagerkommandant, ein Oberstleutnant, besuchte mich an meiner Arbeitsstelle. Seine Erklärung: Er müsse mich zu einem längeren Gespräch über den Aufstand im Lager holen. Damit das schneller geht, komme er selbst. Das Lager habe ich von innen nicht mehr gesehen. Halt am Stabsgebäude vor dem Lager. Der sowjetische Oberstleutnant läßt mich als erster die Treppe hinaufsteigen. Ich öffne die Tür – und stehe vor einem Spezialkommando in schwarzen Uniformen mit Maschinengewehr, aufgebaut auf einem Tisch.

›Hände hoch!‹

Durchsuchung. Ab ins Nebenzimmer. Hier warten schon zwei. Noch zwei Kriegsgefangene werden auf die gleiche Weise empfangen. Aus Furcht vor einem neuen Aufstand hatte man uns von der Lagerbelegschaft isoliert. Auf Lastwagen verfrachtet, fahren wir die 50 km von Schachty nach Nowoscherkask. Das Begleitkommando bis an die Zähne bewaffnet. Strengstes Redeverbot. Es reicht gerade noch zur Verabredung zum Hungerstreik.

Einen Teil meiner Sachen verliere ich bei der Durchsuchung im Gefängnis. Den wichtigsten Teil meines Besitzes hatte ich ohnehin im Lager zurücklassen müssen. Meine erste Gefängniszelle trägt die Nummer 88.

Einzelhaft und totale Isolierung. Man hat uns im fünften Stock des Sondergefängnisses auf 18 Zellen so verteilt, daß stets eine Leerzelle dazwischen liegt.

Ich betrete Zelle 88 mit dem festen Vorsatz, bis zum Vernehmungsbeginn den Hungerstreik durchzuhalten. Wir wollten damit höheren Orts auf uns aufmerksam machen; denn es gab Kriegsgefangene, die im Gefängnis ohne Prozeß verschollen waren.

Erster Morgen im Gefängnis. Der Kalfaktor legt die Tagesration auf die Klappe. Ich werfe das Brot in den Flur und schreie: ›golodowka‹ – in der Hoffnung, daß durch das russische Wort und die Gesten mein

Hungerstreik offiziell entgegengenommen wird. Das wiederholt sich bei der Ausgabe des winzigen Blechnapfes mit Graupenbrei, Kascha genannt.

Drei Tage lang beschäftigte ich meinen wachsenden Hunger mit Zorn gegen jeden, der an der Zellentür erscheint. Essen aller Art werfe ich durch die Klappe in den Flur. Auch bessere Angebote, als die kärgliche Gefängniskost, die ich nach der Rückkehr vom Spaziergang in der Zelle vorfinde, werden buchstäblich am Boden zerstört.

Aggression erscheint mir als die beste Möglichkeit zum Schutz gegen den Hunger. So verwandelt sich der Hunger in Wut gegen jedermann. Auch harmlose Buchverleiherinnen, Wäscheausgeber oder Kantinenverkäufer beschimpfe ich, sobald sie die Klappe an der Tür öffnen. Mein sprödes Verhalten schreckt ab, schafft Bewunderung. Das Zauberwort ›Hungerstreik‹ bringt Anerkennung beim Gefängnispersonal, meist altgediente Unteroffiziere aus dem Kriege. Man drückt ein Auge zu, wenn ich am Tage auf der Pritsche liege. Von oben verordnete Durchsuchungen werden von den Sergeanten oft zu Gesprächen genutzt.

Kurzum: Zwölf Tage Hungerstreik am Anfang meiner Gefängnishaft sicherten mir Ansehen, Aufmerksamkeit und sogar Wohlwollen des Personals bis zum Kommandanten.

Wird in der Sowjetunion offiziell Hungerstreik erklärt, dann gelten klare Regeln. Damals, 1950 in Nowoscherkask, wurde genau aufgepaßt. Es gibt bestimmte Rechte, aber Mogeln gilt nicht. Nach meiner ersten Erklärung erschienen nacheinander der wachhabende Unteroffizier, der diensthabende Offizier und schließlich der Gefängniskommandant. Ihre wichtigste Frage: Warum machen Sie Hungerstreik? Und die wichtigste Feststellung dazu: In unserem Gefängnis stirbt niemand am Hungerstreik.

Dies war in den ersten Jahren der Kriegsgefangenschaft völlig anders. Inzwischen waren unsere Namen aber zu Hause bekannt. Offensichtlich wollte man Ärger vermeiden.

Alle sowjetischen Gefängnisbeamten waren zufrieden, daß ich keine Beschwerden über das Gefängnis vorbrachte. Infolgedessen hatte ich ihre Sympathien und sie versprachen, meine Forderung weiterzugeben. Dieses Versprechen haben sie eingehalten. Von Tag zu Tag erschien ein Dienstranghöherer nach dem anderen: Staatsanwalt, Richter und schließlich am fünften Tag ein Vertreter von einer Moskauer Behörde.

Stets sind die wachhabenden Offiziere und der Gefängniskommandant dabei. Aufmerksam verfolgen sie die Diskussionen mit den auswärtigen Besuchern. Der Stolz ist unverkennbar, wenn sich der prominente Gefangene gut schlägt. Hungerstreik in Nowoscherkask, weil eine Behörde in Rostow die Untersuchung verzögert, bringt im Gefängnis Nowoscherkask Sympathien.

Das Ziel des Hungerstreiks muß allerdings für alle Beteiligten einsehbar sein. Hungerstreik für die sofortige Rückkehr nach Hause lohnte sich nicht und beeindruckte niemanden. Ebensowenig empfahl sich ein Hungerstreik für besseres Essen oder saubere Wäsche. Ich habe nur einmal im März 1951 einen Hungerstreik unternommen, der die Gefängnisverwaltung betraf: Ich fand nach der Verlegung in eine andere Zelle eine Vorschrift, in der ausdrücklich der Empfang von Paketen von Angehörigen der Gefangenen erlaubt war. Nach drei Tagen Hungerstreik erhielt ich ein Paket aus Deutschland ausgehändigt. Die Gefängnisverwaltung hatte sich für mich eingesetzt.

Hauptproblem für den Hungerstreikenden in Sowjethaft war die Langeweile. Kein Buch, Rundfunk oder etwa Fernsehen, keine Möglichkeit zum Schreiben, keine Ablenkung. Auf den Essensempfang als einziger Ablenkung im Gefängnis, hat der Streiker verzichtet.

Wut nach außen. Konzentration auf die eigenen Gedanken. Ich habe mich nach jeder Richtung als Gedankenakrobat betätigt. Aufzählung von Geschichtsdaten, weiblichen und männlichen Vornamen, Gedankenspiele aller Art, Schach und Übersetzungsaufgaben zur Ablenkung. Dies alles mit dem festen Willen, das gesteckte Ziel zu erreichen.

Mein Ziel damals in Nowoscherkask war bescheiden: Beginn der Vernehmungen, wie es das sowjetische Gesetz vorsieht.

Die Untersuchung begann am zwölften Tag. Ich brach den Hungerstreik ab und fühlte mich als Sieger. Tatsächlich gab es überhaupt keinen Verlierer.

Am Ende hatten alle gesiegt. Die Vernehmungsbeamten werteten den Beginn der Untersuchung als Beweis für die Rechtmäßigkeit ihres Verfahrens. Der Gefängniskommandant war stolz auf seine erfolgreiche Taktik und nicht zuletzt auf seinen Gefangenen, der es denen in Rostow und Moskau gezeigt hatte.«

Zwanzig Milliarden Arbeitsstunden

Der Wind pfeift über das Lager Verchoture. Russischer Herbstwind. In der Baracke 11 stehen die Kriegsgefangenen – nackt. Das Licht der grellen Lampe läßt die Haut der Männer kalkig weiß erscheinen. In der Mitte der Baracke ein Tisch, dahinter auf roh gezimmerten Stühlen drei Frauen: eine Dolmetscherin, eine Schreiberin und eine russische Ärztin.

Langsam bewegen sich die nackten Männer an dem Tisch vorbei. Die Ärztin mustert jeden einzelnen. »Umdrehen, Arme hoch, kehrt« sagt die Dolmetscherin.

Der Gefangene wendet der Ärztin seinen Rücken zu. Sie langt über den Tisch und greift mit geübter Hand an dessen Gesäß, drückt und nennt der Schreiberin eine Zahl: 1 oder 2 oder 3.

Diesen Griff ans Gesäß mußten alle deutschen Gefangenen in russischen Lagern regelmäßig über sich ergehen lassen. Denn diese Prozedur diente dazu, die Arbeitsfähigkeit festzustellen und gleichzeitig zu ermitteln, wie schwer die Arbeit sein konnte, die der Gefangene erledigen mußte: An Fettgewebe und Muskulatur des Gesäßes ließ sich erkennen, wie stark die Unterernährung den Plenny schon geschwächt hatte.

Viele Gefangene wanden sich vor Scham – nicht weil sie entblößt und oft in erbarmungswürdigem Zustande auftreten mußten, sondern weil sie sich zutiefst gedemütigt fühlten. Ein Gefangener: »Ich kam mir vor wie auf einem Viehmarkt.«

Hans Georg Kruse, Obergefreiter in einer Nachrichtenabteilung, gefangen auf der Halbinsel Hela, berichtet aus dem Lager Borissow: »Meine Kameraden und ich empfanden diese Prozedur immer als entwürdigend.«

Ein anderer Gefangener: »Diese Arbeitsgruppen-Untersuchungen habe ich immer wie eine Art Sklavenmarkt empfunden.« Und ein vierter: »Man wurde sich dabei so richtig seines Wertes als Arbeitssklave Nr. X bewußt.«

Die von der Ärztin verhängte Kategorie eins oder zwei bedeutete, daß der Gefangene zu schweren Arbeiten eingesetzt wurde, Kategorie drei zu leichteren Arbeiten – wobei oft auch leichtere Arbeit Schwerarbeit bedeutete für Männer, die seit Jahren an Unterernährung litten.

Die Wissenschaftliche Kommission der Bundesregierung für Kriegsgefangenengeschichte schreibt über den Arbeitseinsatz der Deutschen in der Sowjetunion:

»Gegen Ende des Jahres 1945 war mit etwa 1,3 Millionen die größte

Zahl deutscher Kriegsgefangener in der Sowjetunion erreicht, die zur Arbeit eingesetzt waren. Die große Masse der Überlebenden wurde um die Wende 1949/50 in die Heimat entlassen, doch wurde ein Rest wegen angeblicher Kriegsverbrechen verurteilt und zurückgehalten, von denen über 27 000 weiter im Arbeitseinsatz blieben. Von ihnen wurde der größere Teil um die Jahreswende 1953/54 entlassen, so daß nunmehr noch etwas über 10 000 zur Arbeit gezwungen wurden. Ende 1955/Anfang 1956 kamen auch sie endlich nach Hause. Ein Arbeitseinsatz erfolgte bis zum Jahre 1955 einschließlich ...«

Erbarmungslos trieben die Sowjets ihre deutschen Gefangenen zur Arbeit – Gesunde und Kranke, Starke und Schwache. Arbeit, schwere Arbeit, das vor allem war das Los, das der Sieger Stalin den Millionen deutscher Soldaten zugedacht hatte, die in die Hand der Roten Armee gefallen waren.

Die Wissenschaftliche Kommission hat festgestellt, daß von deutschen Kriegsgefangenen in der Sowjetunion weit über zehn Milliarden Arbeitsstunden geleistet wurden. Die Kommission schreibt: »Es ergibt sich, daß von den deutschen Kriegsgefangenen in sowjetischer Hand mindestens 10 338 997 136 Arbeitsstunden erbracht wurden. Es muß mit Nachdruck darauf hingewiesen werden, daß es sich um absolute Mindestzahlen handelt.« Nach anderen Berechnungen wird die Zahl praktisch doppelt so hoch angesetzt, so daß also um 20 Milliarden Arbeitsstunden von deutschen Kriegsgefangenen in der Sowjetunion geleistet wurden.

Die 20 Milliarden Arbeitsstunden oder 2584 Milliarden Arbeitstage stellen einen beachtlichen volkswirtschaftlichen Wert dar, der als Leistung der Kriegsgefangenen wegen der lange unzulänglichen Lebensbedingungen und der erschwerten Arbeitsbedingungen im ganzen noch höher eingeschätzt werden muß.

»Durch ihren Umfang und ihre Effizienz wurde diese Arbeitsleistung zu einem Stück sowjetischer Wirtschaftsgeschichte«, stellt die Wissenschaftliche Kommission fest.

Die Arbeitsleistung der deutschen Kriegsgefangenen und ihre volkswirtschaftliche Bedeutung wird vorstellbarer, wenn man sich klarmacht: Von der gesamten industriellen Arbeitnehmerschaft im Bundesland Nordrhein-Westfalen, also an Rhein, Ruhr und im Westfalenland, werden pro Jahr 4,6 Milliarden Arbeitsstunden geleistet. Die 20 Milliarden Arbeitsstunden der deutschen Kriegsgefangenen in der Sowjetunion entsprechen also vier bis fünf Jahre Arbeitsleistung aller industriellen Arbeitnehmer im Industrieland Nordrhein-Westfalen.

Die deutschen Kriegsgefangenen schufteten in den Wäldern und in den Bergwerken, auf den Feldern, in den Fabriken und auf allen Großbaustellen der Sowjetunion.

Der Obergefreite Hans Georg Kruse mußte im Waldlager Borissow, 150 Kilometer ostwärts der Stadt Minsk, Bäume fällen.

Oberleutnant Erich Hinz, gefangen im Kessel Kurland, schwitzte jahrelang in einer russischen Ziegelei.

Oberleutnant Udo Giulini, gefangen in Stalingrad, mußte im Lager Kasgress zusammen mit seinen Kameraden bei tiefer Kälte aufgeschüttete Kohlenberge lockern, damit ein Bagger sie greifen konnte.

Unteroffizier Erich Nowak, gefangen in Stalingrad, erzählt von seiner Arbeit beim Holzkommando: »Jeweils zwölf Mann mußten einen Pferdeschlitten ziehen. Die Schlitten waren kaum von der Stelle zu bringen. Bald waren die ersten ermattet und mußten aufgeladen werden. Trostlos sah die Karawane aus.«

Oft mußten die Gefangenen zehn Stunden am Tag schuften, auch samstags. Die Russen verlangten von ihnen Überstunden und Sonntagsarbeit. Die Knochenarbeit in Steinbrüchen und Bergwerken, auf Feldern und in Wäldern wurde noch erschwert durch die Primitivität der Geräte und Werkzeuge, die den Kriegsgefangenen zur Verfügung standen.

Hammerstiele zerbrachen oft nach wenigen Schlägen; Stiele für Spaten und Schaufeln waren oft nichts anderes als abgeschälte Äste, dicht besetzt mit scharfkantigen Unebenheiten, an denen man sich die Hände aufriß.

Der Chirurg Dr. Kuno Wahl erinnert sich an schwere Arbeit im Wald, wo er und ein Kamerad mit stumpfer Säge dicke Stämme zerteilen mußten.

Zwangsarbeit ist so alt wie die Geschichte der Menschheit. Sklavenarbeit ist ökonomisch gesehen ein Energieproblem. Die berühmtesten Denkmäler der Zwangsarbeit im Krieg gefangener Menschen haben mehr als drei Jahrtausende überdauert: zum Beispiel die Pyramiden in Ägypten. An der Cheops-Pyramide allein bauten hunderttausend Menschen zwanzig Jahre lang. Die meisten der Arbeiter gehörten zu den Völkern, die von den Ägyptern im Krieg besiegt und in die Sklaverei geführt worden waren. Unter den Peitschenhieben der Aufseher schleppten die Zwangsarbeiter an Seilen die Steinblöcke für die Pyramiden auf einer schiefen Ebene bergan, insgesamt über zwei Millionen Stück. Einige der Blöcke waren 70 Tonnen schwer. Der Transport eines einzigen dieser Kolosse aus den Steinbrüchen zum Nilschiff und dann zur Pyramide nahm die Kraft von zweitausend Arbeitern drei Jahre lang in Anspruch.

Die arbeitenden gefangenen deutschen Soldaten in Rußland arbeiteten nicht weniger schwer. Sie waren zu Brigaden zusammengefaßt – und vor diese Brigaden hatten die Russen die Norm gesetzt. Es war durchweg die Norm, die auch für russische Arbeitskräfte galt; aber: die

Norm war für die Gefangenen zu hoch. Sie konnten – geschwächt durch Unterernährung und mit untauglichen Geräten ausgerüstet – das Plansoll nicht erreichen. Von der Erfüllung der Norm aber hing es ab, ob die Gefangenen hinlänglich zu essen bekamen. Ein Gefangener berichtet der Wissenschaftlichen Kommission der Bundesregierung für Kriegsgefangenengeschichte über seine Arbeit im Steinbruch: »Es war völlig ausgeschlossen, die Normen zu erfüllen. Wir kamen also regelmäßig mit höchstens 80 Prozent ins Lager und kriegten daraufhin immer 200 Gramm Brot abgezogen.«

Dr. Kuno Wahl berichtet, wie die Russen deutsche Soldaten dazu brachten, auch das letzte Quentchen Kraft für die Arbeit in einem Steinbruch aus sich herauszuholen: »Dem Gefangenen versprach man eine Sonderzuteilung von 200 Gramm Brot, wenn er einen Kubikmeter mehr Steine brach, als die Norm verlangte. Der Hungernde sieht nun den ganzen Tag diese zweihundert Gramm Brot – drei bis vier Schnitten – wie eine Fata Morgana vor sich. Am Abend zu den dreihundert Gramm noch zweihundert Gramm zusätzlich zu bekommen – das ist ein Traum, von dem er sich nicht losreißen kann. Und er haut mit letzten Kräften drauflos. Er bekommt das ersehnte Brot und ist glücklich.«

Doch die Zusatzration für die zehn Stunden am Tag im Steinbruch schuftenden Gefangenen war oft nur ein Köder. Dr. Wahl schildert: »Nach einiger Zeit forderten die nicht im Steinbruch arbeitenden Mitglieder der antifaschistischen Ausschüsse, zu Ehren des großen Sieges der Roten Armee über den Hitler-Faschismus die Norm freiwillig von anderthalb auf zweieinhalb Kubikmeter zu erhöhen. Jetzt muß der Gefangene täglich zweieinhalb Kubikmeter Steine brechen, bekommt dafür keine zusätzliche Ration Brot mehr und muß, will er sich diese Ration erarbeiten, nun dreieinhalb Kubikmeter am Tage schaffen, was unmöglich ist.«

Dr. Wahl über das System, das er in russischen Kriegsgefangenenlagern beobachtete: »Es gibt keine raffiniertere Ausbeutung des Menschen durch den Menschen.«

Aus dem Lager Kasan berichtete ein Gefangener über einen Arbeitseinsatz im Jahre 1946: »Unser Transport war so zusammengesetzt, daß wir ursprünglich dachten, wir kämen in die Heimat. Es waren nämlich zum überwiegenden Teil Kranke oder Schwache, eigentlich Leute, die nicht arbeiten konnten. Wir kamen nach Kasan in das Elektrizitätswerk und wurden von heute auf morgen vor die Aufgabe gestellt, 60 Tonnen Kohlewaggons zu entladen. Gleich am ersten Tage brachen viele Kameraden in der Brigade zusammen und mußten nach Hause getragen werden.«

Später setzten die Russen für viele deutsche Gefangene den gleichen Lohn aus wie für ihre eigenen Landsleute. Die deutschen Soldaten konnten also Geld verdienen, doch die Sowjets stellten dem Millionenheer der deutschen Zwangsarbeiter Unterhaltskosten in Rechnung.

Die Gefangenen mußten den Schlafplatz auf den Pritschen im Lager und die kärgliche Verpflegung bezahlen.

Immerhin: Wer viel und gut arbeitete, bekam Bargeld auf die Hand – Geld, mit dem er sich Tabak oder eine zusätzliche Ration Brot kaufen konnte, die er brauchte, um bei Kräften und gesund zu bleiben.

Die Norm schuf in den Lagern neue Klassen. Sie begünstigte Handwerker wie Elektriker, Tischler oder Maurer, und sie benachteiligte Gefangene, die kein Handwerk gelernt hatten.

Ein Gefangener berichtet: »Ein Sprengmittel für die Solidarität der Gefangenen war das Spezialistentum. ›Du Spezialist?‹ war eine der häufigsten Fragen der Russen. Denn sie brauchten nichts nötiger als ›Spezialisten‹, Facharbeiter, die sie nicht hatten. Handwerker, Ingenieure, Techniker bekamen Sonderaufträge oder bildeten Spezialkommandos und bekamen regelmäßig Geld. Sie wurden auf diese Weise neben den Antifaschisten die Lageraristokratie. Hunger kannten sie bald nicht mehr. Neid und Mißgunst von seiten der Mehrzahl der Mitgefangenen waren die Folge. Dabei hatte aber mancher dieser Spezialisten ein gutes Herz und versorgte nebenbei noch einige hungernde Gefangene.«

Unteroffizier Erich Nowak, einst Kradmelder in der 6. Armee, beschreibt, was es bedeuten konnte, ein Spezialist zu sein. Erich Nowak war Ofenbaumeister. Im Gefangenenlazarett an der Wolga meldete er sich zur Nachtarbeit, um einen Küchenherd neu zu mauern. Nach vollbrachter Arbeit bekam er eine Zusatzportion Hirse. Erich Nowak schreibt, daß dies der Augenblick war, in dem er sich seit seiner Gefangennahme in Stalingrad zum ersten Mal wieder sattessen konnte – nach fünfzehn Monaten. Erich Nowak baute schließlich in der Lagerküche sämtliche Feuerstätten neu. Die Arbeit gefiel der Lagerleitung so gut, daß der Unteroffizier Nowak mit einer – möglicherweise lebensrettenden – Extraration belohnt wurde. Nowak erinnert sich: »Der Chefkoch füllte mein Kochgeschirr mit gebackenem Reis und goß Rosinen und goldgelbe Butter darüber. Diese Mahlzeit kratzte er aus dem Topf zusammen, in dem für russische Ärzte und Offiziere gekocht wurde.«

Die meisten Gefangenen aber wurden zu Leistungen getrieben, die sie in ihrem Zustand – vom Hunger geschwächt oder krank – nicht schaffen konnten. Der Gefreite Hans Georg Kruse, Bauer auf der Insel Fehmarn, mußte im Wald so schwere Arbeit verrichten, daß er zusammenbrach. Im Gefangenenlager stand er mit seinen Kameraden wieder nackt vor der russischen Ärztin, die mit kurzen Worten ihre

Entscheidungen traf. Die Haut auf seinem Gesäß hing in Falten herunter. Er war so geschwächt, daß die russische Gutachterin ihn unter die »OK-Leute« einreihte: die nicht arbeitsfähigen, erholungsbedürftigen Gefangenen. Vier Wochen Erholungszeit gestand ihm die Ärztin zu, dann mußte Hans Georg Kruse wieder ausrücken zur Arbeit.

Viele Gefangene in russischen Lagern bewegten sich in einem Teufelskreis: Die Arbeit war so schwer und die Ernährung so schlecht, daß sie arbeitsunfähig wurden. Dann wurden sie eine Weile lang nicht zur Arbeit gezwungen, bekamen hin und wieder sogar etwas bessere Nahrung; und wenn sie dann wieder fest auf den Beinen stehen konnten, wurden sie der gleichen unbarmherzigen Fron unterworfen – mit dem Ergebnis, daß sie wieder krank wurden.

Der Gefreite Hans Georg Kruse, eingesetzt zum Steineschleppen am Opernhaus in Minsk, suchte nach einem Weg, dem möglicherweise tödlichen Kreislauf zu entgehen. Das hieß zuerst: zusätzliche Lebensmittel. An der Baustelle traf Kruse russische Frauen. Erst schauten der Deutsche und die Russinnen aneinander vorbei, dann grüßten sie sich und schließlich sprachen sie miteinander.

Eines Tages fragte eine Frau Hans Georg Kruse, ob er ihr Brennholz beschaffen könnte. Kruse: »Ich machte aus Bauholz Brennholzbündel und verkaufte diese an die russischen Frauen für fünf Rubel. Von dem Geld konnte ich mir Brot kaufen oder Tabak, den ich brauchte, um den deutschen Brigadeführer zu schmieren, damit er ein Auge zudrückte, wenn ich mich auf meine Geschäftstour begab.«

Der Bauer Kruse entdeckte in Sowjetrußland den heimlichen Kapitalismus. Bald fand er heraus, daß Brennholz nur bescheidene Renditen abwarf im Vergleich zu höherwertigen Waren. Gefangene Kameraden sollten mit Textilmaschinen, die in Schlesien demontiert worden waren, in Minsk die Textilproduktion in Gang bringen. Sie brachten Hans Georg Kruse Wolle und Kamelhaar mit. Kruse kaufte ihnen die Wolle ab und verkaufte sie an die Russen weiter.

Kruse über das System, unter dem dies alles möglich war: »Meine Lieferanten mußten die russischen Bewacher schmieren, wie auch ich immer mehr Leute zu schmieren hatte. Die Korruption erstreckte sich bis hinauf zur russischen Lagerleitung. Niemand hatte Skrupel. Alle wußten von meinen Geschäften, aber alle hielten dicht, weil sie alle Vorteile davon hatten.«

Der Gefangene Kruse genoß in Minsk soviel Bewegungsfreiheit, daß er mit Rasierwasser hausieren gehen konnte. Auf dieser Tour geriet er an einen Hauptmann der sowjetischen Geheimpolizei. Aber selbst dieser Russe machte nicht den Versuch, die illegalen Geschäfte des gefangenen deutschen Obergefreiten Kruse zu unterbinden. Der GPU-Kapitän kaufte, zahlte und schwieg.

Der Handel mit den Russen verschaffte Georg Kruse so viele zusätzliche Nahrungsmittel, daß er sich schließlich kräftig genug fühlte, eine Flucht zu wagen. Doch die Sache ging schief: Er wurde schon nach drei Tagen wieder eingefangen, verprügelt und in ein anderes Lager verlegt.

Geschäfte und Tauschhandel waren nun nicht mehr möglich: »Ich arbeitete in einem Sägewerk. Schwere Knochenarbeit und keine Aussicht, die Verpflegung aufzubessern.« Hans Georg Kruse hielt sechs Wochen durch. Dann hatten ihn Unterernährung und Überanstrengung wieder an das Ende des Teufelskreises gebracht. Er wurde arbeitsunfähig. In einem Bunkerlager bei Minsk sollte er sich erholen. Aber er kam nicht wieder richtig zu Kräften. Die Russen entließen ihn drei Jahre nach seiner Gefangennahme in seine Heimat auf der Insel Fehmarn.

Mit raffinierten Tricks und ausgeklügelter List versuchten die Gefangenen sich gegen die stetige und lebensgefährliche Überforderung bei der Schwerarbeit zu schützen. Sie erfanden immer neue Methoden, um die russischen Kontrolleure über ihre tatsächliche Arbeitsleistung hinwegzutäuschen. Sie lernten schnell, daß es nicht darauf ankam, vernünftige Arbeit zu leisten, sondern vielmehr darauf, auf dem Papier die Norm zu erfüllen – wie, war gleichgültig.

Stukapilot Oberleutnant Hans Gummelt beschreibt, was die Gefangenen anstellten, um ihr Soll zu leisten oder gar noch mehr: »Ich arbeitete bei Witebsk als Elektriker. Wir führten den Russen, der die Arbeitsleistung kontrollierte, ständig hinters Licht. Beim Bau eines Zwölf-Familienhauses mußten wir in die vierzig Zentimeter starken Wände mit Hammer und Meißel Löcher stemmen, in die später die Schaltkästen eingebaut werden sollten. Ich ging mit dem Russen von unten nach oben durch das Haus. Wir zählten dabei gemeinsam 12 Löcher. Als wir oben angekommen waren, verwickelte ich den Russen in ein Gespräch, um ihn abzulenken. Dann gingen wir wieder nach unten und zählten dabei dieselben Löcher noch einmal. So übererfüllten wir die Norm.«

Die Qualität war gleichgültig, wichtig war allein die Erfüllung der vorgeschriebenen Arbeitsleistung. Ein Gefangener berichtete der Wissenschaftlichen Kommission aus dem Lager Kystym: »Meine Norm als Schmied waren 600 Bauklammern in acht Stunden. Können Sie sich vorstellen, wie zwei Mann dabei dreschen müssen? Alles Handarbeit: das Material abhauen, geraderichten, beide Seiten anspitzen, biegen und oben eine Kerbe reinmachen ... Die Hauptsache, sie haben gehalten, das andere war ganz egal.«

Die Leistung der Gefangenen bei der Kartoffelernte wurde nicht etwa nach dem Gewicht der aus dem Boden geklaubten Kartoffeln bemessen, sondern an der Ackerfläche, die sie bearbeitet hatten. So blieben riesige Mengen von Kartoffeln im Boden, aber die Norm war geschafft.

Aus dem Lager Bulanas berichtet ein Gefangener, daß seine Brigade von den Russen genötigt wurde, bei 42 Grad Kälte Beton für eine Großgarage zu gießen. Die Deutschen warnten den Russen, der aber schrie die Gefangenen an: »Heute wird betoniert. Das steht im Plan!« Die Gefangenen machten sich an die Arbeit. Sie rührten den Beton mit warmem Wasser an und gossen ihn in die Verschalungen. Der deutsche Gefangene berichtet über das Ergebnis: »Als wir dann von der Baustelle wegkamen, das war im März und es begann zu tauen, da brach die ganze Sache zusammen.«

Oberleutnant Erich Hinz, der im Raum Moskau als Bauarbeiter Zwangsarbeit leisten mußte, berichtet über den Bau von Baracken für ein neues Lager: »Die Fußböden der Baracken waren aus Holzbeton. Sie wölbten sich. Wir sollten sie aufbrechen. Ich stieß eine Brechstange in den Boden, und die Brechstange verschwand. Denn unter der drei Zentimeter dicken Schicht aus Holzbeton kam etwas Schlacke. Darunter kam nichts mehr. Die Russen hatten den Fußboden auf den planierten Schnee gebaut. Auch die Stützpfeiler der Baracke waren einfach auf den gefrorenen Schnee gesetzt worden.«

Erich Hinz über die Arbeitsweise der Russen in jenen Jahren: »Es darf gepfuscht werden, wenn man es nicht sieht. Arbeit, die man nicht sieht, wird nicht bezahlt. Natürlich hatten die deutschen Gefangenen den Bogen auch bald heraus. Ausgemergelt wie sie waren, war es häufig eine Frage des Überlebens, wenn sie sich die Arbeit leichtermachten.«

Die Gefangenen rührten bei sibirischer Kälte Beton, sie schleppten in glühender Hitze Steine – und der Zwang, die Norm zu erfüllen, trieb sie oft dazu, die Sicherheit bei der Arbeit zu mißachten. In Bergwerken, in denen die Deutschen schufteten, waren oft die Stollen nicht abgestützt. Maschinen ohne Schutzvorrichtungen zerschmetterten manchem Gefangenen die Knochen und rissen ihm Hand oder Arm ab. Gefangene vergifteten sich am Kohlendioxyd von Kalkbrennöfen. Sie stürzten aus den haushohen Wänden der Steinbrüche.

Dr. Kuno Wahl mußte in einer Brigade Steine laden. Er berichtet, was ihm dabei passierte: »Eine Maschine rutscht zurück, klemmt mein rechtes Bein mit hörbarem Krachen ein, und unter gräßlichem Schmerz wird das Wadenbein eine gute Handbreit über dem Fußgelenk eingequetscht. Drei Wochen später erst kann ich, gestützt auf einen Stock, aufstehen und humpeln.«

Der verletzte Chirurg Kuno Wahl wurde dann von den Russen im Lazarett eingesetzt – als Arzt. Später aber mußte er wieder Lehm stechen, darauf Mörtel schleppen und schließlich beim Straßenbau schuften – wie es der Willkür irgendeines Apparatschiks gefiel.

Es gibt in den Berichten vieler Gefangener und auch der Wissenschaftlichen Kommission immer wieder Hinweise auf erfolgreiche medizinische Versorgung von erkrankten Gefangenen in sowjetischen Lagern. Und dann wieder Berichte über rücksichtslosen Umgang mit Kranken, die einfach zu Simulanten erklärt und von den Brigadieren und Wachsoldaten zusammengeschlagen wurden.

Ein Kenner der sowjetischen Lagerlandschaft mit zwölfjähriger »Lagererfahrung«, der Baltendeutsche Roman von A., ist ein interessanter Interpret. Er wurde 1945, nach Kriegsende, als ehemaliger Divisionsdolmetscher der Kampfgruppe Kurland inhaftiert und zu 20 Jahren Zuchthaus mit Verbannung in die Eismeerzone verurteilt. Er brachte vier Jahre in den Lagern am Eismeer zu, wurde schließlich zum Deutschen erklärt und teilte das Schicksal verurteilter deutscher Kriegsgefangener in den Lagern Stalingrad und Perwo–Uralsk. 1956 kam er im Zuge der Adenauer-Aktion frei.

Roman von A. schrieb den Autoren über das Problem Krankheit, Krankmeldung und Kranksein als Gefangener in sowjetischen Lagern:

»Die kannibalische Härte der Sowjets und ihrer Helfer bei Krankmeldungen war leider begreiflich; es gab für sie keine andere Methode, die Echtheit des Gebrechens festzustellen; denn wenn einer auf die bloße Behauptung Ischias oder Rheuma zu haben, von der Arbeit freigekommen wäre, hätte am nächsten Tage schon das ganze Lager Ischias oder Rheuma gehabt. Es muß immer die aus nackter Verzweiflung geborene Unvernunft der Leute mitkalkuliert werden, die wiederum ihrerseits eine aus der Verzweiflung und der Angst um ihr Pöstchen geborene Haltung der Aufsichtspersonen zeitigte! Daß es nicht nur Unmenschlichkeit war, ist dadurch erhärtet, daß bei ›sichtbaren‹ Krankheiten, wie Fieber, derlei Methoden nicht angewendet wurden.

Ein Leiden mußte ›konkretno‹ sein, sonst galt es von vornherein als Simultage oder Sabotage; im Schachtlager 48 in Workuta wurde ich zwischen zwei Kohlenloren eingeklemmt, die mit voller Wucht aufeinanderprallten.

Ich dachte, von meiner rechten Hüfte wäre nichts mehr übrig. Ich spürte nichts mehr und konnte auch nicht mehr stehen. Die Kameraden rieten mir dringend, nicht zum ›Sanpunkt‹ auszufahren, denn, wenn der Sani nicht gleich einen großen Bruch feststellte, wäre ich geliefert, es würde Prügel geben. Und so war es. Auf eine Schaufel gestützt kam ich hin. Der Mann erklärte, ein Bruch wäre nicht zu tasten, ich müsse wieder hinunter – er würde seinen Posten als Sanitäter meinetwegen nicht aufs Spiel setzen. Der Steiger kam nach einer Zeit, fragte, welches Dreckschwein sich vor der Arbeit gedrückt habe, und als ich, um anderen keine Unannehmlichkeiten zu machen, sagte, ich wäre das gewesen, schlug er mich k. o. Ich blieb mit dem Gesicht in einer schwarzen Pfütze liegen, wobei ich mir an spitzem Gestein noch Schrunden zuzog. Als wir schließlich ausfuhren – einige Mitleidige nahmen mich in Schlepp – wurde ich noch verhöhnt: ›Sarabotal!‹ Also ›Du hast es dir wohl verdient?‹

Nachher schwoll die Hüfte unförmig auf – dann war es also ›konkretno‹, und ich wurde nach Maßgabe dortiger Möglichkeiten relativ ganz ordentlich behandelt. Aber der K.-o.-Schlag war, wie immer, erst einmal der Auftakt, wenn man das Pech hatte, daß ein Übel nicht ›konkretno‹ war.

Ich bin jenem Sanitäter auch gar nicht gram. Ich weiß genau, was ein Druckposten im Schachtlager wert war, und daß er nicht jedem Gerede trauen konnte. Vielleicht wäre ich nicht besser gewesen. Im Grunde ist es die Unmenschlichkeit der sowjetischen ›Beamtenseele‹, die Paragraphen hat, und kein Herz haben darf. Bis zu einem gewissen Grade verstehe ich sogar den Steiger. Denn wenn er solche ›Mätzchen‹, sich während der Arbeit untersuchen zu lassen, einmal einreißen ließ, dann bliebe alles in kurzer Frist stehen und er verlöre jede Autorität – und seinen Posten.«

Für A. ist die Härte, die der Kriegsgefangene im Arbeitsprozeß erlebte, systemimmanent; wie auch die Korruption und die Sklaverei im System begründet sind.

A.: »Es gibt praktisch nur die Alternative: ›reiner Sklave‹ oder ›schmutziger Funktionär‹. Das Gefangenenlager war Spiegelbild dieser Wahrheit.«

Die verschollenen Wehrmachtshelferinnen

Sommer 1944. Über Rumäniens Hauptstadt Bukarest wölbt sich blauer Himmel. In den baumbestandenen Straßen der Stadt schlendern deutsche Soldaten. Sie gehören zur Etappe der neuen 6. Armee, die nach der Katastrophe von Stalingrad wieder aufgestellt worden ist.

Sie scherzen und lachen mit jungen Frauen, die allesamt deutsche Uniform tragen: das Grau des Heeres oder das Graublau der Luftwaffe. Am linken Ärmel der Uniform glitzert ein Abzeichen – der Zacken eines Blitzes, dessen Spitze nach unten gerichtet ist. Es sind Nachrichtenhelferinnen. Frauen, die im Hinterland der kämpfenden Truppe Schreibarbeiten leisten, Nachrichtenverbindungen herstellen und die Funkmeßgeräte bedienen.

Hier, im weiten Umkreis rund um Bukarest, sind 1500 Mädchen stationiert. Der Krieg ist noch weit. Zwar: Panzerbrigaden und Schützendivisionen von zwei sowjetischen Heeresgruppen sind am 20. August beiderseits des Pruth in die Tiefe Rumäniens vorgestoßen. Doch noch hält der Abwehrriegel der deutschen Divisionen. Noch ist der Schlachtenlärm in Bukarest nicht zu hören. Viele der Frauen sind erleichtert, nach Bukarest kommandiert zu sein. Sie sind dem Krieg der Bomber, der gegen die deutschen Städte tobt, entronnen.

Der Dienst der Frauen, die der Truppe halfen, war oft hart. Die Nachrichtenhelferin Elisabeth Simmermacher erinnert sich, daß sie in Bukarest jeweils sechs Stunden hintereinander verschlüsselte Texte aufnehmen und weitergeben mußte. Sie arbeitete in Tag- und Nachtschicht.

Die Luftwaffennachrichtenhelferin Marianne Abendroth gab von ihrem Einsatzort Bukarest aus Funkbefehle an die deutschen Bomber- und Jagdstaffeln weiter, die in Rumänien starteten und Partisanen in Jugoslawien oder die Rote Armee bekämpften.

In den Kopfhörern der Mädchen Pfeifen und Wimmern: die Signale des Krieges. Aber der Gedanke an unmittelbare Gefahr kommt nicht auf. Eva Klimm, Angestellte der Organisation Todt, die erst in Rußland Dienst gemacht hat, wird vom deutschen Soldatensender ›Gustav‹ in Rumänien als Ansagerin angefordert. Am 12. August 1944 kommt sie aus Berlin in Bukarest an. Ihr erster Gedanke: »Endlich ein Land, wo kein Krieg geführt wird.«

Ein Flirt unter den Bäumen, die Bukarests Straßencafés beschatten, manchmal sogar ein Tanzabend. Wein wird ausgeschenkt. Zigaretten sind zu haben.

Doch für Eva Klimm wird die Reise in das friedliche Rumänien, die sie im August 1944 in Berlin begann, fünf Jahre dauern – Jahre, in denen sie sich – wie Tausende anderer Helferinnen der Wehrmacht auch – oft verloren glaubte.

Denn über Nacht ist die Front da. Die überlegenen sowjetischen Kräfte der 2. und 3. Ukrainischen Front haben die 6. Armee bei Kischinew eingeschlossen. In der Verwirrung unterbleibt die Zerstörung der Pruth- und Donaubrücken. Die Russen haben freie Bahn nach Bukarest. Rumäniens Staatschef Antonescu wird gestürzt.

23. August 1944. Eva Klimm sitzt im Studio des Soldatensenders Gustav. Sie hat Tanzmusik angesagt. Die Tür fliegt auf. Ein Luftwaffenoffizier stürzt herein, bleibt vor der jungen Frau stehen: »Los, pack Deine Sachen! Wir haben ein Flugzeug, mit dem Du mit rausfliegen kannst.« Eva Klimm lehnt ab. Sie will den Sender und die Leute, mit denen sie zusammenarbeitet, nicht Hals über Kopf alleinlassen.

Auf dem Flughafen Ploesti bei Bukarest laufen am nächsten Morgen die Motoren von Ju 88-Maschinen der Luftwaffe warm. Der Auftrag ist nicht Angriff, sondern Rettung. So schnell wie möglich müssen 250 deutsche Frauen ausgeflogen werden – nach Westen. Eine von ihnen hätte Eva Klimm sein können.

Die Maschinen starten. Doch: plötzlich dunkle Punkte am Horizont – sowjetische Jäger. Sie feuern auf die deutschen Flugzeuge, die mit Frauen beladen sind. Die Nachrichten- und Wehrmachtshelferinnen an Bord starben einen gewaltsamen Tod in dem Land, das ihnen vor wenigen Tagen noch zugelächelt hat.

Am 25. August erklärt Rumäniens König, bis dahin Verbündeter des Dritten Reiches, Deutschland den Krieg. Aus Freunden sind Feinde geworden. Die Rumänen schießen auf die Soldaten der Wehrmacht. Die Verwaltungsangestellte Else Schuster ist am Tag des Putsches im Bukarester Hotel Lafayette. Am nächsten Morgen muß sie zur Toilette kriechen: Auf jede Gestalt, die sich am Fenster zeigt, wird geschossen.

Die Frauen in der Etappe werden in diesen Tagen von der Front verschlungen. Nachrichtenhelferinnen, Rotkreuzschwestern und Stabshelferinnen werden, wie viele deutsche Soldaten der geschlagenen Divisionen, Gefangene der Rumänen – Kriegsgefangene im Sinne des Worts: in Lager gesperrt, von bewaffneten Posten bewacht. In ihren Baracken und Zelten warten die deutschen Mädchen auf die endgültige Entscheidung über ihr Schicksal.

Werden die Rumänen sie zurück in die Heimat schicken? Werden sie in Rumänien bleiben müssen? Werden die siegreichen Sowjets sie als ihre Beute betrachten? Eine Nachrichtenhelferin erinnert sich, was in jenen Tagen im Frauenlager auf rumänischem Boden geschah: »Nachts kamen immer die Russen. Einige Frauen gingen halb freiwillig mit.«

Rund 500 000 Frauen standen im Zweiten Weltkrieg im Dienst des Heeres, der Luftwaffe und der Marine. Ursula von Gersdorff schreibt in ihrem Buch »Frauen im Bereich der Wehrmacht«:

»Im Heere waren bei Kriegsbeginn am 1. September 1939 etwa 140 000 Frauen beschäftigt, davon rund 50 000 als Angestellte und 90 000 als Arbeiterinnen.

Im Bereich des Ersatzheeres waren in den Jahren 1943/44 etwa 300 000 Angestellte und Arbeiterinnen tätig. Davon waren 150 000 Dienstverpflichtete: etwa 105 000 Arbeiterinnen und 45 000 Angestellte.

Im Bereich des Feldheeres und in den besetzten Gebieten waren im gleichen Zeitraum rund 8000 Nachrichtenhelferinnen und 12 500 Stabshelferinnen eingesetzt.

Die Luftwaffe beschäftigte während des Krieges etwa 130 000 Frauen als Angestellte und Arbeiterinnen, Luftwaffenhelferinnen eingeschlossen.

Bei der Kriegsmarine arbeiteten etwa 20 000 Frauen, eingeschlossen die Marinehelferinnen...«

Zu den Frauen, die sich im Einsatzgebiet der kämpfenden Truppe aufhalten mußten und daher in Gefahr waren, in Kriegsgefangenschaft zu geraten, gehörten auch Frauen und Mädchen des Deutschen Roten Kreuzes. Über ihre Zahl heißt es in der Forschungsarbeit von Ursula von Gersdorff, daß am 1. Januar 1945

500 DRK-Ärztinnen
48 000 DRK-Schwesternhelferinnen und
313 000 DRK-Helferinnen

im Einsatz waren. Viele von ihnen hielten sich stets so dicht hinter der Front auf, daß sie beim Rückzug der Deutschen im Osten wie im Westen in steter Gefahr waren, in die Gewalt des Feindes zu geraten.

Die Gefangennahme deutscher Frauen in Bukarest alarmierte das Oberkommando der Deutschen Wehrmacht. Am 5. September 1944 erließ das OKW einen Geheimbefehl, in dem es hieß, die Rückführung der Frauen müsse »rasch und reibungslos« geschehen. Es dürfe nicht vorkommen, so die Generäle, daß »deutsche Frauen in Feindes Hand fallen«. Die Besorgnis über das Schicksal der Mädchen bei der Truppe war so groß, daß das OKW sie schließlich sogar, wenn eben möglich, durch Männer ersetzen wollte.

Für Tausende von deutschen Frauen und Mädchen kam der Befehl zu spät. So wurden nach der Kapitulation Wehrmachtshelferinnen und Rotkreuzschwestern von den siegreichen Partisanen Titos zur Teilnahme an den sogenannten Sühnemärschen durch Jugoslawien gezwungen. Manchmal mußten sie in wenigen Tagen Hunderte von Kilometern ohne Wasser und ohne Nahrung marschieren. Vielen wurde Gewalt angetan, viele wurden erschossen.

Im Bericht der Wissenschaftlichen Kommission der Bundesregierung heißt es:

»Zusammengefaßt läßt sich, was im Westen und Osten erkennbar wurde, mit einigem Vorbehalt so ausdrücken: als weibliche Kriegsgefangene feststellbar waren etwa 25 000 bis 30 000 Frauen des weiblichen Wehrmachtsgefolges, davon weitaus mehr im Osten als im Westen. Im Osten entgingen eben auch bereits von der Wehrmacht entlassene und im Zivilleben ›untergetauchte‹ Wehrmachtshelferinnen und Rotkreuzschwestern nicht dem allgemeinen Verschleppungsvorgang, auch wenn sie ihren Geburtsorten nach aus dem Westen stammten. Es erscheint zudem fraglich, ob die östlichen Gewahrsamsmächte diese weiblichen Gefangenen überhaupt zu den ›Kriegsgefangenen‹ zählten, wie dies aus völkerrechtlichen Gründen von deutscher Seite aus geschehen ist. An der Schwere des Einzelschicksals ändern diese Feststellungen allerdings nichts.«

In Rumänien wurden die deutschen Mädchen aus den über das Land verstreuten Lagern nach Bukarest kommandiert. Sie mußten marschieren. Die Wachmannschaften trieben die Mädchen über Straßen und Wege. Kein Bus, kein Lastwagen, keine Eisenbahn. Sie setzten sechs Stunden täglich Fuß vor Fuß. Immer nach 25 Kilometern war das Tagesziel erreicht. Manchmal ein Dorf, manchmal eine Stadt, manchmal nur eine Scheune auf freiem Feld.

Fünf Monate lang lebten die gefangenen Wehrmachtshelferinnen in den rumänischen Lagern in Ungewißheit über die Zukunft. Hoffnung wechselte mit Furcht, Zuversicht mit Verzweiflung. Weihnachten 1945 flehte der evangelische Geistliche bei der Weihnachtsfeier im Frauenlager Ghenzea bei Bukarest: »Wir wollen unseren Herrgott bitten, daß wir am nächsten Weihnachtsfest nicht dort sind, wo es noch schlimmer ist.«

In den ersten Tagen des neuen Jahres schon nahm der Schrecken Gestalt an. Er trug russische Uniform. Am 11. Januar 1945 öffnete sich das Lagertor für eine Kolonne von Kraftfahrzeugen. Rumänische und sowjetische Offiziere stiegen aus den Fahrzeugen. Befehle hallten durch das Lager. Die Mädchen traten an.

Eine mitleiderregende Schar von Frauen in Uniform; eine Uniform, die nun schon seit Monaten ihr einziges Bekleidungsstück war; alle vom Hunger gezeichnet und mit Angst in den Augen.

Die Russen sortierten nach Alter. Wer über 32 war, kam davon und wurde nach Deutschland abgeschoben. Wer unter 32 war, wurde zum Transport nach Rußland kommandiert. Die Sowjets suchten gesunde, kräftige, junge Frauen; sie wollten vor allem Menschen, die für schwere Arbeit tauglich schienen.

Wenig später marschierten vor dem Lagertor Wachmannschaften auf. Die Mädchen fielen sich noch einmal in die Arme. Sie weinten.

Die Nachrichtenhelferin Elisabeth Simmermacher, damals 26 Jahre alt, und die Rundfunksprecherin Eva Klimm, beide eingeteilt zu den Frauen, denen die Sieger ein schweres Schicksal bestimmt hatten, wurden mit ihren Kameradinnen zum Nordbahnhof von Bukarest getrieben. Dort stand ein Güterzug. Je 40 Mädchen wurden in einen Waggon gesperrt. Der Zug rollte los, nach Nordosten. Es war kalt, sehr kalt. Keine Decke, kein Stroh. Nackte Bretter mit zugigen Ritzen.

Der Zug fuhr Tag und Nacht. Nur kurze Zwischenaufenthalte, wenn die Lok Kohle und Wasser fassen mußte. Die Mädchen kauerten in den Waggons. Die Kälte überfiel sie. Sie versuchten, sich warm zu halten. Aber bald reichte dazu die Kraft nicht mehr aus. Sie schmiegten sich aneinander. Sie hungerten. In der fünften Nacht spürte Eva Klimm, wie ihre Füße gefühllos wurden. Sie erfroren in den Schuhen.

Die Fahrt der gefangenen Frauen endete im Lager Krasnodon im Donez-Becken, dort, wo unter dem Boden der Ukraine die größten Kohlevorkommen der europäischen Sowjetunion lagern.

Elisabeth Simmermacher und Eva Klimm und ihre Leidensgefährtinnen wurden von den Wachmannschaften in ein Barackenlager geführt. Pritschen, roh gezimmert; darauf Stroh. Um das Lager zog sich ein doppelter Stacheldrahtzaun. An den Ecken erhoben sich drohend die Wachttürme für die Posten mit Maschinenwaffen und Scheinwerfern.

Von mehr als drei Millionen deutschen Gefangenen in russischer Hand starben eine Million. Von mehr als 20 000 Wehrmachtshelferinnen und Rotkreuzschwestern, die im Osten in Gefangenschaft gerieten, sind wahrscheinlich mehr als 7000 in den Lagern zugrunde gegangen. Ein Drittel, d. h. eine Todesquote von mehr als 30 Prozent.

Wenige Tage nach der Ankunft im Lager Krasnodon wurden die in Rumänien gefangenen Mädchen zur Arbeit befohlen – in ein Bergwerk. Sie fuhren hinab, Hunderte von Metern tief. Dann standen sie vor den schwarzglitzernden Kohlenflözen. Russische Arbeiter drückten ihnen Hacken und Schaufeln in die Hände: »Dawai, dawai.«

Die gefangenen Frauen brachen die Kohle und schaufelten sie in die Loren. Sie schleppten Stempelhölzer heran, um die Stollen abzustützen. Sie arbeiteten jeden Tag acht Stunden lang. Der Frauenlohn für die Männerarbeit: 6 bis 10 Rubel am Tag. 8 Rubel mußten sie für die tägliche Brotration bezahlen, die ihnen die Sieger zugestanden.

Elisabeth Simmermacher berichtet: »Für eine einzige Zwiebel, wichtig wegen der Vitamine, mußte ich einmal 10 Rubel ausgeben.« Ein ganzer Tag Arbeit im Bergwerk für eine Zwiebel.

Die Wissenschaftliche Kommission stellt fest:

»Die Lebens- und Arbeitsbedingungen unterschieden sich im allgemeinen nicht von denen der männlichen Gefangenen. Doch war der Postverkehr mit der Heimat für sie erheblich schwieriger, da man den

Frauen sehr häufig die Möglichkeit, nach Hause zu schreiben, vorenthielt. Es ist zu befürchten, daß die Sterblichkeit unter dem in Gefangenschaft geratenen weiblichen Wehrmachtsgefolge angesichts der ungewöhnlich harten Arbeit und der kaum zu leistenden Normen diejenige ihrer männlichen Schicksalsgefährten erreicht, wenn nicht gar übertrifft.«

Frau Simmermacher: »Unter der Norm zu bleiben, hieß gleichzeitig Hunger. So arbeiteten wir bis zum Umfallen. Viele von uns hatten Unfälle im Bergwerk.« Die Nachrichtenhelferin Elisabeth Simmermacher wurde auf der 800 Meter tiefen Sohle des Schachts von Krasnodon zweimal verschüttet. Über die Lebensbedingungen der deutschen Frauen im russischen Lager Krasnodon sagt Frau Simmermacher: »Wer krank war, bekam kein Geld. Und wer nicht unter Tage arbeitete, erhielt nur 600 Gramm Brot. Diese unglücklichen Frauen aber mußten von ihren 600 Gramm Brot einen Teil auf dem schwarzen Markt verkaufen, um Geld für den Kauf der nächsten Brotzuteilung zu haben. Ein Teufelskreis.«

Die gefangene Rundfunkansagerin Eva Klimm hörte wenige Tage nach ihrer Ankunft im Lager Krasnodon aus dem Mund einer russischen Ärztin eine schreckliche Diagnose: »Die Füße müssen amputiert werden. Sie sind erfroren.« Ein gefangener deutscher Arzt rettete Eva Klimms Füße mit Wechselbädern und Kräuterumschlägen. Die Russen gestanden der Invalidin Eva Klimm eine scheinbare Erleichterung zu: Die Frau mit den erfrorenen Gliedern mußte nicht im Bergwerk Kohle brechen, sondern durfte in der Landwirtschaft arbeiten. Doch im Herbst des Jahres 1945 meldete Eva Klimm sich freiwillig, mit ihren Kameradinnen in den Schacht einzufahren, »weil meine Füße die Kälte draußen nicht vertrugen. Wie ich das alles durchhalten konnte, weiß ich heute nicht mehr. Im Schacht waren unsere Kleider völlig durchnäßt. Beim acht Kilometer langen Rückmarsch vom Schacht ins Lager fror alles steif«. Schrecklicher noch als der Gedanke an die unsägliche Plackerei im Bergwerk und die Schmerzen ist Eva Klimms Erinnerung an die Zeit, in der sie im Krankenrevier des Lagers arbeitete: »Während des Winters konnten die Toten nicht beerdigt werden. Sie lagen auf einen Haufen geschichtet. Ich habe selbst Tote wegräumen müssen. Ihre Haare und Körper waren am Boden festgefroren und mußten losgehackt werden.«

In den Lagern der weiblichen Gefangenen zwischen Schwarzmeer und Eismeer tauchten um die Jahreswende 1945/46 neue Gesichter auf. Die Russen hatten sich nicht mit der Zahl von deutschen Frauen zufriedengegeben, die ihnen während der Kampfhandlungen in die Hände geraten waren.

Aus den besetzten Ostgebieten des Deutschen Reiches und aus der

Sowjetzone wurden Mädchen und Frauen nach Osten verschleppt. Manche von der Straße weg, manche nach einem Gerichtsurteil. Der Hunger der Sowjets nach Zwangsarbeitern war unersättlich. Sie fragten nicht nach Schuld und Schicksal, oft nicht einmal nach Verdacht und Vermutung.

Willkür, blinder Zufall und eine unselige Verstrickung von Umständen zerstörten das Leben der Nachrichtenhelferin Marianne Arndt – wie das Leben von Hunderttausenden anderer Menschen in den Gebieten, die von der Roten Armee im Zweiten Weltkrieg und nach der Kapitulation besetzt wurden.

Marianne Arndt war 1943 in die Sowjetunion kommandiert worden. Dort, in der Stadt Winniza leitete sie ein Heim für Stabshelferinnen der Wehrmacht. Der Feind kam näher, Marianne Arndt und ihre Mädchen wurden nach Westen transportiert. Anfang 1945 war die Stabshelferin wieder zu Haus in Jüterbog in der Mark Brandenburg. Die Rote Armee stürmte weiter nach Westen. Deutsche Soldaten in Jüterbog zogen sich zurück. Unter ihnen war ein Offizier, der im Elternhaus von Marianne Arndt einquartiert gewesen war.

In der Eile des Aufbruchs ließ er einen Koffer zurück, den die Arndts – ohne den Inhalt in Augenschein zu nehmen – auf dem Dachboden unterbrachten. Dieser Koffer aber sollte zum Schicksal der Marianne Arndt beitragen.

Russen besetzten die Stadt. Soldaten der Roten Armee wurden im Elternhaus von Marianne Arndt einquartiert. Rachsucht und Siegesrausch schienen abgeflaut. Die Rotarmisten verhielten sich zurückhaltend, im großen und ganzen korrekt.

Die Besatzung wechselte. Neue Soldaten kamen, einer von ihnen gelangte – vielleicht auf der Suche nach Beute, vielleicht nur von Neugier getrieben – auf den Dachboden und entdeckte den Koffer.

Er öffnete ihn, sah eine Pistole und Papiere, schleppte Koffer und Inhalt nach unten. Wenig später standen zwei Rotarmisten vor Marianne Arndt. Sie brachten sie zur Ortskommandantur im Rathaus von Jüterbog. Dort saß am eichenen, altertümlichen Schreibtisch ein Oberleutnant der russischen Abwehr. Vor ihm lagen die Pistole aus dem Koffer und die Papiere. Er sagte in fließendem Deutsch und mit ruhiger Stimme zu der vor dem Schreibtisch auf einem großen Läufer stehenden, angsterfüllten Marianne Arndt: »Sie haben gegen die Rote Armee spioniert. Sie haben eine Waffe. Sie sind in Rußland gewesen. Wir werden Sie vor ein Gericht stellen.« Er winkte den Rotarmisten. Sie führten die Frau in den Keller eines Gebäudes, das als Gefängnis diente.

In diesem Keller saß Marianne Arndt mehrere Wochen. Dann wurde sie vor ein russisches Militärgericht geführt. Die Verhandlung war kurz, das Urteil barbarisch: Tod durch Erschießen wegen Spionage, unerlaubtem Waffenbesitz und Beteiligung am Angriffskrieg der Wehrmacht gegen Rußland.

Marianne Arndt wurde zurück in den Keller gebracht und wartete dort auf den Augenblick, wo die Kellertür aufgerissen werden würde, Männerfäuste sie nach oben zerren und zum Platz ihrer Hinrichtung schleppen würden.

Doch im Spätsommer des Jahres 1945 verlas ein russischer Offizier in der Zelle einen kurzen Text. Das Todesurteil für Marianne Arndt war umgewandelt worden: in 10 Jahre Zwangsarbeit in der Sowjetunion.

Marianne Arndt wurde in das Zuchthaus von Frankfurt an der Oder verlegt. Von ihren Eltern und ihrem Mann hörte sie nichts mehr, ebenso wie sie keine Gelegenheit hatte, irgendeine Nachricht aus der Haft an ihre Angehörigen gelangen zu lassen.

Im Oktober 1945 trieben russische Besatzungssoldaten Marianne Arndt und 57 weitere deutsche Frauen und Mädchen in Frankfurt an der Oder in einen Güterwagen. Die Mädchen verbrachten neun Wochen in dem Waggon. Typhus wütete und Fleckfieber. Als sie ankamen, lebten von den 58 weiblichen Gefangenen, die in Frankfurt den Waggon bestiegen hatten, noch zwölf. 46 lagen tot im Waggon. Marianne Arndt: »Wir Überlebenden konnten nicht einmal mehr gehen.« Endstation der Schreckensfahrt war das Lager Inta im Bereich von Workuta, am Polarkreis.

Die deutschen Frauen und Mädchen kamen in eine Region, in der gewalttätige Natur ihren alten Schrecken bewahrt hat. Ein Heimkehrer aus Workuta hat es beschrieben: »Der Winter beginnt im September und dauert bis zum Mai. Temperaturen bis zu 57 Grad unter Null, im Winter meist zwischen 35 und 40 Grad. Viel Schnee, aber trocken. Der Mai und Juni sind noch sehr kühl, Regen und Schnee, viel Schlamm. Erst im Juli und August gibt's warme Tage. Viele Mücken und Fliegen, da überall Sumpf. Kein Baumwuchs. Der Boden gefriert zwei Meter tief und ist mit einer ein bis zwei Meter hohen Schneedecke bedeckt.«

In diesem Land der arktischen Kälte, der heulenden, wirbelnden Schneestürme galt es zu überleben. Keine der deutschen Frauen und keiner der deutschen Männer, die von den Sowjets in den hohen Norden des Urals verschleppt worden waren, hatte Erfahrung, wie mit der Kälte fertig zu werden war. Eine Heimkehrerin, die zur gleichen Zeit wie Marianne Arndt im Bereich Workuta Zwangsarbeit leisten mußte, erzählt von der Arbeit der Gefangenen an der Eisenbahnlinie, die verweht und vereist war: »Augenbrauen und Wimpern waren mit Eiskrusten bedeckt. Wir hatten das Gefühl, die Augäpfel selbst erfrieren. Jeder Atemzug schnitt wie mit Messern in die Lunge. Wir versuchten, für eine bessere Durchblutung des Gesichts zu sorgen: den Kopf nach unten gehängt, die Arme auf dem Rücken zusammenschlagend, standen wir dann da. Es sah recht komisch aus. So wie eine Schar großer Vögel, die sich bemüht fortzufliegen, und der es auch durch kräftigstes Flügelschlagen nicht gelingt, sich in die Luft zu erheben.«

Die ehemalige Stabshelferin Marianne Arndt, verschleppt aus dem nahezu 4000 Kilometer entfernten Jüterbog, mußte im Bereich Workuta im Kohlenbergwerk arbeiten, Kohle brechen und Loren mit einer schweren Schaufel füllen – täglich neun Stunden lang. Neun Stunden Arbeit unter Tage mit primitivem Werkzeug, getan von einer Frau – Woche für Woche, Monat für Monat, Jahr für Jahr.

Eine Mitgefangene von Marianne Arndt schreibt voller Bitterkeit über den Anblick, den das von Zwangsarbeitern geschaffene Kohlerevier am Polarkreis bot: »Wichtig, breit oder mit triumphierend ausholender Geste stehen die aus Gips und Eisenbeton verfertigten Statuen Lenins, Stalins und Kirows auf den Plätzen. Eines vermisse ich: das wirkliche Symbol Workutas – ein Abbild der zerschundenen, blutenden Sklavenhände. Wißt ihr, welch ein gewaltiger Unterschied zwischen Spaten und Spaten besteht? Manch ein Spaten eignet sich besser zum Schippen von Schnee, ein anderer für Kohle, Erde oder Schotter. Einer liegt leicht in der Hand, ein anderer macht dir mit seiner Schwere die Arbeit doppelt verhaßt.«

Mit schwieligen, von Narben durchzogenen Händen stolpern Marianne Arndt und ihre Mitgefangenen nach dem Ende der Schicht aus dem Schacht und schleppen sich müden Schrittes zum Lager. Rundherum ein doppelter Stacheldrahtzaun, etwa 3,50 Meter hoch, mit Starkstrom gesichert. Im Abstand von 15 cm strahlen Scheinwerfer den Minenstreifen am Zaun an. Vor dem Zaun, außerhalb des Lagers, laufen Wachhunde an Seilen.

In einer der Baracken des Lagers hat Marianne Arndt ihren Platz auf einer doppelstöckigen Pritsche. Ihr privater Raum ist 80 Zentimeter breit und etwa zwei Meter lang. Sie schläft auf einem Sack mit Holzwolle. Ihre Nahrung: »Täglich zweimal Kohlsuppe mit Fischköpfen, Brot. Am Abend gab es etwas Brei und gelegentlich einen Löffel Zucker.«

Marianne Arndt schrieb Briefe, die nie ankamen. Die Russen verweigerten ihr und den anderen gefangenen Frauen ein Recht, das sie den männlichen Kriegsgefangenen zugestanden: den Postverkehr mit den Angehörigen in der Heimat.

Die Sowjets betrachteten verschleppte Wehrmachtshelferinnen und weibliche Gefangene als »Zivilinternierte«, als eine Gruppe von Menschen, die sich nicht unter dem Schutz der Völkerrechts-Konvention über die Behandlung von Kriegsgefangenen befanden.

Deshalb auch blieb das Schicksal vieler Tausender von Frauen bis heute im dunkeln. Die Wissenschaftliche Kommission der Bundesregierung für Kriegsgefangenengeschichte stellt resigniert fest: »Im Osten verlieren sich die Spuren des gefangenen weiblichen Wehrmachtsgefolges im Schicksal der Zivilverschleppten.«

Schwere Arbeit und Hunger richteten die Körper der Frauen schrecklich zu. Die Sowjets scheuten davor zurück, gefangene Frauen in diesem erbarmungswürdigen Zustand in ihre Heimat zurückkehren zu lassen. So wurden Frauen auf dem Heimtransport von sowjetischen Ärzten ausgemustert und in ein Sonderlager gebracht, wo sie besseres Essen bekamen und oft keine oder nur leichte Arbeit verrichten mußten. Sobald die Sowjets glaubten, die von ihnen gefangenen Frauen der Weltöffentlichkeit präsentieren zu können, wurden sie endlich auf die Heimreise geschickt.

Manche der Wehrmachtshelferinnen verbrachten ein ganzes Jahr im Pflegelager. Viele der Frauen boten bei der Ankunft in Deutschland gleichwohl einen jammervollen Anblick. Die Nachrichtenhelferin Eva Klimm berichtet: »Bei der Heimkehr brachte ich im Lager Friedland bei Göttingen 80 Kilogramm auf die Waage. Ich bin 1,62 Meter groß. Ich hatte Ödeme. 30 Kilogramm Wasser waren in meinem Körper. Meine Mutter weinte, als sie mich sah. Sie weinte nicht aus Freude. Sie stammelte: ›Du brauchtest doch aber nicht mit einem Kind zurückzukommen.‹«

Eva Klimms Mutter hatte die Unförmigkeit des Körpers ihrer Tochter für das Anzeichen einer Schwangerschaft gehalten.

Marianne Arndt, die nach zehn Jahren Gefangenschaft in Sibirien im Oktober 1955 von den Sowjets freigegeben und nach Deutschland entlassen wurde, stand allein auf dem Platz des Lagers Friedland. Niemand wartete auf sie. Sie war für tot erklärt worden. Ihr Mann hatte wieder geheiratet.

Für diese gefangene deutsche Frau, die das Eislager überlebte, hielt das Schicksal einen Trost bereit. Die Nachrichtenhelferin Marianne Arndt: »Mein Mann ließ seine neue Ehe für nichtig erklären. Er kam zu mir zurück.«

»Stille Nacht« auch hinter Stacheldraht

Düstere Baracken, drohende Wachtürme, Stacheldraht; Lagerstraßen und Lagertor. Und die Wächter mit ihrem unverzichtbarem Requisit, der Maschinenpistole: Stätte der Gefangenen. Ob in der Ukraine oder in Sibirien, an der mongolischen Grenze, oder am Eismeer, am Dnjepr, am Donez, an der Wolga – die Baracken und der Stacheldraht sowie das Zeremoniell des Elends und der Sklaverei waren überall gleich. Die paar klitschigen Brotscheiben, die wässrige Kohlsuppe, der Hirsebrei und die Läuse. Und der Hunger auch. Die Spitzel. Die Fronarbeit. Der Tod.

Auch zu Weihnachten. Denn für Gottes Sohn gab es keinen Platz in den russischen Baracken der Gefangenen.

Schweigend saßen die Gefangenen auf ihren Pritschen. Draußen dehnte sich die schneebedeckte Steppe.

Hier und da ein Busch und sonst nur Horizont.

Die Gefangenen, gekleidet in zerschlissene Jacken, zerlumpte Hemden und dicke, wattegefüllte Hosen, beobachteten zwei Männer in der Mitte der Baracke.

Der eine hielt einen Stock in der Hand, aus dem er mit dem Messer kleine Löcher herausschälte.

Der andere schnitt kleine Holzstücke auf gleiche Länge und spitzte sie an ihren Enden so zu, daß sie in die Löcher paßten.

Zusammengefügt erschienen der große Stock und die kleinen Stöcke wie das Skelett einer Tanne, eine Tanne ohne Nadeln und ohne Zweige.

Der eine der Holzschnitzer drehte das Gebilde in seiner Hand. Dann beugte er sich nieder und zupfte aus einer aufgesprungenen Naht seiner Hose Watte.

Strich sie, glättete sie und hängte sie schließlich in das tote Holz – Engelshaar im Weihnachtsbaum am 24. Dezember 1946 im sowjetischen Kriegsgefangenenlager Dzezkazgan zwischen Aral-See und Balchasch-See in der kasachischen Steppe, 5000 Kilometer von Deutschland entfernt.

Die Gefangenen setzten sich an die aus Ästen und rohen Brettern gezimmerten Tische. Sie setzten sich zu Kraut und wäßrigem Brot, zu Fisch und Pellkartoffeln. Sie blickten auf den handgeschnitzten Weihnachtsbaum.

Und dann hob einer an. Zuerst mit brüchiger Stimme, dann fest und klar. Und die anderen fielen ein: »Stille Nacht, heilige Nacht.«

Kein anderes Fest hat die Gefühle der deutschen Soldaten hinter

Stacheldraht so sehr bewegt wie das Weihnachtsfest. Zu Weihnachten flossen Verzweiflung und Hoffnung, schöne Erinnerungen und schreckliche Gegenwart ineinander. Nie erschienen die Gestalten von Vater und Mutter, Frau und Kindern so nah und zugleich so unerreichbar wie in der Heiligen Nacht.

Mancher Gefangene erlebte nur eine Heilige Nacht in der Baracke. Mancher mußte das Weihnachtsfest zehnmal im Lager verbringen.

Der katholische Geistliche Jakob Eschborn, der acht Jahre in sowjetischer Gefangenschaft zubrachte, schrieb in einem russischen Lager dieses Weihnachtsgedicht:

Die Nacht ist dunkel. Kein Zuhaus!
Die Arbeit ruft. Du stapfst hinaus.
Ist Heil'ger Abend? Du weißt es nicht.
Kein Baum glänzt dir, kein Weihnachtslicht.
Verlassen bist du, fremd das Land,
für dich gibt's keine Frauenhand,
kein Kinderlachen, kein liebend Herz
Erinnerung nur weckt alten Schmerz.
Und doch hat einst ein heilig Paar,
das schlimmer noch verlassen war,
vom Herd verstoßen, in kalter Nacht,
der ew'gen Liebe Licht gebracht.

Der deutsche Chirurg Kuno Wahl, gefangen bei Bobruisk in Weißrußland, erinnert sich an seinen ersten Weihnachtsabend in Gefangenschaft im Jahre 1944: »Ich trete hinaus in die Kälte der Nacht... Millionen und Milliarden von Sternen... Die Augenpaare zweier winziger sich liebender Geschöpfe treffen sich im gleißenden Punkt einer unvorstellbar fernen Sonne. Das Unendliche schlingt ein Band um zwei getrennte Herzen.«

Viele deutsche Gefangene aber fürchteten, Heiligabend von Gefühlen überwältigt zu werden, der Tränen nicht mehr Herr werden zu können. Ein Heimkehrer berichtete der Wissenschaftlichen Kommission der Bundesregierung für Kriegsgefangenengeschichte über den Weihnachtsabend 1945 im Lager Riga: »Wir starrten trübselig durch die Fenster auf die Lichter und lagen bald auf den harten Pritschen. Jeder hatte Angst, es könnte einer zu singen anfangen, Stille Nacht.«

Im Bericht der Wissenschaftlichen Kommission heißt es über die Bedeutung des Weihnachtsfestes für die Gefangenen:

»Trat das religiöse Leben nach außen am deutlichsten durch Gottesdienste in Erscheinung, so kam dem einzelnen Gefangenen das Bedürfnis nach der Religion am stärksten bei kirchlichen Festen zu Bewußtsein. Denn den Heiligen Abend ohne jegliche Feier verbringen zu müssen, wie es besonders in den ersten Jahren nicht selten geschah, war dem deutschen Kriegsgefangenen besonders schmerzlich. Wohl ließ das Interesse an religiösen Fragen mit den Jahren nach, jedoch zu Weihnachten, da man in den Jahren bis einschließlich 1945, teilweise auch noch später, nicht nur die Familie, sondern auch noch einen Gruß der Angehörigen missen mußte, war man offen für einen Trost in der Religion...

Andere kirchliche Feste traten im Lageralltag kaum in Erscheinung, es sei denn, daß Gottesdienste genehmigt oder geduldet waren. Sonst gedachte man ihrer nur in den kleinen religiösen Zirkeln. Mitunter nahm man auch im Rahmen eines bunten Abends oder sonst einer Festvorstellung inoffiziell Bezug auf Ostern. In der Regel gingen aber Ostern, Pfingsten und andere kirchliche Festtage wie jeder andere Tag vorüber...«

Die Kirche und unsere kirchlichen Feste hatten in den sowjetischen Gefangenenlagern keine Heimstatt.

Oft wurden die in Baracken und Erdbunker gepferchten Männer zu Weihnachten von Rührung und Trübsal zugleich übermannt. Aus dem sowjetischen Gefangenenlager Pot'ma berichtet ein deutscher Soldat über den 24. Dezember 1945: »Und dann kam also das Essen, von dem wir wochenlang vorher gesprochen hatten: Am Weihnachtsabend gab es Pellkartoffeln und Hering. Diese Pellkartoffeln bestanden aus fünf winzigen halbverfaulten kleinen Kartöffelchen und einem halben, ganz verfaulten Hering. Und die Enttäuschung, na, also wirklich riesig. Und dann haben wir versucht zu singen, Stille Nacht, heilige Nacht, was natürlich nicht funktionierte, weil einigen Leuten die Tränen in die Augen kamen. Und dann mußte ich aufstehen, weil mir ganz übel war. Und dann passierte das für einen Kriegsgefangenen schrecklichste. Ich mußte diesen Hering und diese Kartoffeln wieder von mir geben, diese wertvollen Kalorien; und das ist eine Katastrophe.«

Weihnachten ließ die Gefangenen weinen.

Aus einem Lager im Ural berichtet der Gefangene Karl Hans Bühner: »In einem Winkel der Baracke wurde ein Adventslied angestimmt. Niemand war nach Singen zumute. Der Hunger und die Müdigkeit, Elend und Gier machten die Seele matt.«

Doch: »Einer nach dem anderen richtete sich auf, dem Gesang zu lauschen und schließlich war auch kein Herz mehr der Botschaft verschlossen, die das Lied verhieß.«

Der gefangene Artillerist Otto Maucksch mußte Weihnachten 1948 im Don-Gebiet in ein Kohlebergwerk einfahren – zusammen mit 200 Kameraden und 200 Russen. Die Arbeiter tragen auf dem Kopf einen Schutzhelm aus Pappmaschee und in der Hand halten sie die Benzinlampe. 370 Meter tief unter der Erde sollen sie Kohle brechen. Doch nicht in dieser Nacht. Die Deutschen hängen ihre Benzin-Lampen an die Stempelhölzer, die den Berg über ihnen abstützen. Die Lampen bilden eine Art Pyramide – einen Weihnachtsbaum.

Otto Maucksch berichtet über diesen Heiligen Abend 1948 im russischen Bergwerk: »Unsere Brigade mit 20 Mann bildet einen Kreis um diesen Lichterbaum. ›Stille Nacht, heilige Nacht‹, klingt es dumpf. Einer von uns hat es angestimmt. Wo könnte dieses weihnachtliche Lied wohl feierlicher und erhabener klingen als in dieser verlassenen Abgeschiedenheit, zwischen, über und unter schwarzen Kohlemauern, bei knirschenden Grubenhölzern, leise plätscherndem Wasser?«

Zu Weihnachten empfanden deutsche Gefangene allerdings auch tiefer ihre Ohnmacht, die Bitterkeit ihres Schicksals.

In einem Lager in Saransk war der erste Weihnachtstag 1945 arbeitsfrei. Am zweiten Weihnachtstag wurden alle Insassen einer Baracke zur Entlausung befohlen. Der Gefangene, der es erlebte, schrieb: »Und Entlausung bedeutete, daß man am ganzen Körper rasiert wird. So war Weihnachten 1945.«

Die Wissenschaftliche Kommission:

»Was aber den deutschen Kriegsgefangenen als ausgesprochene Schikane erschien, daß sie nämlich zu Weihnachten keine arbeitsfreien Tage erhielten, fanden die sowjetischen Stellen als völlig selbstverständlich, da ihre eigenen Landsleute in diesem Punkt ebenfalls kein Entgegenkommen fanden. Trotzdem war mitunter der 1. Weihnachtsfeiertag arbeitsfrei, mußte allerdings vorher oder nachher wieder an einem Sonntag eingearbeitet werden. Dies wurde aber nur selten gewährt.«

Im sowjetischen Gefangenenlager bei Armavir hatten die deutschen Soldaten in langer, mühseliger und liebevoller Arbeit Tannenbäume für den Heiligen Abend 1946 gebastelt und sie mit Watte und Stahlspänen geschmückt. Plötzlich sprang die Tür der Baracke auf. Ein Trupp von Mitgliedern der Antifaschistischen Ausschüsse polterte lärmend herein. Die Soldaten auf ihren Stühlen und Pritschen hielten inne. Ein Antifa-Mann sprach ein paar kurze Sätze. Er verkündete im Namen der sowjetischen Lagerleitung ein Verbot sämtlicher Weihnachtsfeiern. Dann nahmen die Antifa-Männer die Tannenbäume und zerbrachen sie.

Viele russische Lagerkommandanten duldeten die Weihnachtsfeiern ihrer Gefangenen. Mancher jedoch versuchte, Weihnachten mit allen Mitteln aus den Baracken fernzuhalten – vor allem, weil die Feier der Geburt Christi den Sowjets nicht mit kommunistischer Weltanschauung vereinbar ist.

Noch im Jahre 1955, zehn Jahre nach Kriegsende, wurde ein deutscher Pastor in einem Lager bei Asbest zu 14 Tagen Karzer verurteilt, weil er eine Weihnachtsfeier veranstaltet hatte, die von den Sowjets nicht genehmigt worden war.

Doch selbst die Gefahr, entdeckt und bestraft zu werden, schreckte die Gefangenen nicht ab, Weihnachten zu feiern.

Die Verheißung dieses Festes erfüllte selbst jene Deutschen noch mit Zuversicht, die verloren schienen: die Offiziere, die im jugoslawischen Lager Werschetz gefoltert und dann zum Tode verurteilt worden waren. Sie saßen in den Zellen des berüchtigten Zuchthauses Sremska Mitrovica.

General Gerhard Henke, letzter Kommandeur der 11. Luftwaffenfelddivision schreibt über sein Weihnachten 1949: »In einer Atmosphäre des nahenden Todes durch Hunger oder Maschinenpistole begingen wir das Weihnachtsfest. Es ließ das Flämmchen der Zuversicht, das trotz allem nicht erloschen war, heller aufflackern. Der (mitgefangene) Ludwig Wolf hatte aus dem Reisig eines groben Besens ein Bäumchen gemacht, aus grünem Papier die Tannennadeln und aus irgendwelchem Wachs und Stoff die Weihnachtskerzen. Kurz zuvor waren aus der Heimat einige Pakete eingetroffen. Kameraden aus unserer Zelle stellten in echter Kameradschaft die Hälfte des eßbaren Inhalts trotz des eigenen Hungers zur Verfügung. Das Weihnachtsbäumchen wurde so aufgestellt, daß der Schein der Kerzen nicht durch das Gitterfenster nach außen dringen konnte. Ich hielt die Weihnachtsansprache. Ich sagte, daß wir das Weihnachtsfest nun zum sechsten Mal in der Gefangenschaft, fern und ohne Nachricht von unseren Lieben in der Heimat feierten. Wir begingen es in der Nacht tiefster Erniedrigung, die ein unschuldig verurteilter Mensch durchwandern könne. Unser kleines grünes Bäumchen mit seinen brennenden Lichtern sei ein Symbol unserer Hoffnung und Zuversicht. Wir sollten und brauchten uns nicht allein und verlassen hinter den Mauern dieser Todeszelle zu fühlen. Danach sangen wir Weihnachtslieder und hörten, wie sie auch aus anderen Zellen erklangen.«

Ein Jahr später saßen Henke und viele seiner Kameraden immer noch in jugoslawischer Haft. Es war ihr siebtes Weihnachtsfest in Gefangenschaft: »Wir stellten Kerzen auf Tannenzweige oder kleine Bäumchen vor uns auf, die in Paketen geschickt worden waren.«

Erinnerungen und Hoffnungen überwältigten in dieser Nacht Gerhard Henke: »Ich kam in Gedanken am Bahnhof in Eschwege an und ging den Weg vom Bahnhof zu unserem Haus. An all den Gebäuden, Plätzen und Bäumen vorbei, die mir seit meiner frühen Jugend vertraut waren.«

In den westlichen Staaten wurde Weihnachten als Fest des gemeinsamen Glaubens von Siegern und Besiegten begangen. Der Unteroffizier der Panzergrenadiere Erich Karsten, gefangen am 7. Mai 1943 bei Tunis und dann nach Amerika transportiert, hat als Erinnerung an das Weihnachtsfest 1945 einen Briefbogen mit in die Heimat gebracht. Diesen Brief hatte Karsten, wie viele andere deutsche Gefangene auch, von den lutherischen Kirchen der USA erhalten.

Die Botschaft der Amerikaner für die Deutschen: Ein Bibelzitat über die »große Liebe Gottes« und eine Darstellung des heiligen Paares im Stall.

Auf diesem Weihnachtspapier hat Erich Karsten notiert, was er Weihnachten 1945 im amerikanischen Lager Fort Benning erlebte: Die deutschen Gefangenen wurden zur Kapelle geführt. Über dem Altar hing ein blausamtener Baldachin. In einer Ecke der Kapelle ein mächtiger Weihnachtsbaum. Erich Karsten: »Gewaltig tönte die Orgel. Eindrucksvoll und klar waren die Worte des Geistlichen.«

Im Gefangenenlager Hampton Roads im US-Staat Virginia servierten amerikanische Lagerköche den Deutschen am 24. Dezember 1944 ein Menü mit diesen Zutaten: Junger Truthahn gebraten, gefüllt mit Salbeiblättern; Bratensoße mit Gänseklein; Preiselbeerkompott; Kartoffelflöckchen; kandierte süße Kartoffeln; gebutterte grüne Bohnen; Spargelspitzen; frischer Fruchtsalat mit Mayonnaise; Sellerieherzen; Oliven; Mixed Pickles; Semmeln mit Butter; heiße Fleischpasteten; Apfelkuchen mit Käse; Eiskrem.

Für die deutschen Kriegsgefangenen in England bedeutete das Weihnachtsfest des Jahres 1946 die Befreiung von den strengen Vorschriften, denen sie bis dahin unterworfen waren.

Die Regierung in London erlaubte den Briten, Verbindungen zu deutschen Gefangenen aufzunehmen. In der Kathedrale von Bristol wurde am Weihnachtstag vor Deutschen und Engländern ein zweisprachiger Gottesdienst gehalten, Hunderte von englischen Familien luden deutsche Gefangene zu sich ein.

Der Bischof von Rochester hatte den deutschen Armeekaplan Paul Götz zu Gast. Das Dorf Walderslade bekehrte sich Weihnachten 1946 zur Versöhnung. Zunächst, als das Kriegsgefangenenlager in der Nähe des Dorfes eingerichtet wurde, hatten die Leute von Walderslade protestiert. Später hatten sie gedroht, den Namen jedes Mädchens, das mit einem deutschen Gefangenen flirtete, bekanntzumachen und es damit der öffentlichen Ächtung auszusetzen.

Jetzt, zum Fest der Geburt Christi im Jahre 1946, luden die Einwohner von Walderslade mehr als 200 Gefangene zu sich ein. Der Gefangene Werner K. berichtete: »Mein Gastgeber holte mich und fünf Kameraden mit dem Traktor ab. Es regnete leicht. Wir fröstelten.

Der Engländer führte mich und zwei Kameraden in das Wohnzimmer. Er stellte uns seiner Frau und seinen Kindern vor. Im Kamin schlugen die Flammen hoch. Wir zogen unsere Jacken mit dem großen kreisrunden Flicken auf dem Rücken aus. Wir alle konnten Englisch nur radebrechen, aber wir fühlten uns wohl und fast wie zu Hause, wenn wir in die freundlichen Gesichter sahen. Es gab Truthahn, Erbsen und Kartoffeln.«

Über die Auswirkung dieser Weihnachtsbescherung auf die Stimmung der Gefangenen berichtete die englische Zeitung »Daily Mail«: »Die Gefangenen sangen in ihren Baracken. Das hatte es bisher nicht gegeben.«

Flucht: Tragödie und Abenteuer

Tausende von deutschen Kriegsgefangenen wollten sich während des Zweiten Weltkriegs und auch nach der Kapitulation nicht mit dem Leben in russischer Gefangenschaft abfinden, mit einem elenden Leben der Rechtlosigkeit, der Willkür, der bedingungslosen Unterwerfung unter einen fremden und allzuoft bösen Willen. Sie versuchten zu fliehen. Doch die Flucht aus sowjetischem Gewahrsam war ein fast aussichtsloses und dazu ein lebensgefährliches Unternehmen. Viele versuchten es, doch nur wenigen gelang die Flucht. Die Mindeststrafe für den wieder eingefangenen Flüchtling waren schwere Prügel, Karzer, Hunger. Oft aber wurden entlaufene Gefangene erschossen, sobald sie in die Hand ihrer Häscher geraten waren. Drei Männer, die nicht Gefangene der Russen bleiben wollten, berichten über ihre abenteuerlichen Erlebnisse. Zweien von ihnen stand das Glück bei.

Durch die Pußta

Frühjahr 1945. Dr. Hans J. Schrader, damals 33 Jahre alt, Luftwaffenarzt in der Fernaufklärungsstaffel 1/122 hat Marschbefehl nach Prag bekommen. Aber bevor er die Hauptstadt der Tschechoslowakei erreicht, ist die Rote Armee da. Schrader beschließt, sich von Königgrätz nach Westen durchzuschlagen, über die Moldau, nach Thüringen. Dort steht die US-Armee. Tausende von deutschen Soldaten versuchen in diesen Tagen dasselbe: Sie wollen um jeden Preis Gefangene der Amerikaner, um keinen Preis Gefangene der Russen werden. Der Truppenarzt Schrader kommt tatsächlich über die Moldau. Tschechen fangen ihn und übergeben ihn den Amerikanern.

Gerettet? Nein. Die US-Truppen haben Befehl, alle Deutschen, die sich aus Gebieten retten wollen, die von der Roten Armee besetzt sind, an die Russen auszuliefern. Mit Dr. Hans J. Schrader wird befehlsgemäß verfahren. In russischem Gewahrsam wird Schrader krank; sein Abtransport nach Osten verzögert sich. Die Krankheit gibt ihm eine letzte Chance. Der Arzt wird nach Wien gebracht, in ein Lager, das ein Entlassungslager zu sein scheint. An einem Abend im April, um Berlin wird noch gekämpft, treiben russische Soldaten die Gefangenen zu einem Zug. Er rollt über das Gleisgewirr, fädelt sich in eine Gerade ein. Der Schienenstrang führt nach Osten. Ungarn. Kein Halt. Der Zug rollt Tag und Nacht.

In einer dieser Nächte fallen Schüsse aus Maschinenpistolen und

Karabinern in das ratternde Fahrgeräusch. Der Zug hält. Die Gefangenen schrecken aus ihrem unruhigen Halbschlaf hoch. Wieder wird geschossen. Viele Male. Der Zug fährt an. Dr. Schrader berichtet: »Später erklärten uns Soldaten der sowjetischen Wachmannschaft, daß eine Gruppe flüchtender Gefangener erschossen worden ist.« Der Transport endet in einem Gefangenenlager in Rumänien, dort, wo sich die Grenzen der Tschechoslowakei, Ungarns und Rumäniens nahekommen. Noch einmal ist den Gefangenen Aufschub gewährt. Dr. Schrader und elf seiner Kameraden beraten über Flucht. Es ist ihnen klar: Wenn sie jetzt wieder einen Zug besteigen müssen, werden sie ihn erst weit im Osten, im Innern der Sowjetunion, wieder verlassen. Wer weiß, wie weit drinnen in diesem Riesenreich.

Wenn Flucht, dann jetzt aus diesem rumänischen Lager. Doch das Schicksal der Kameraden, die in jener April-Nacht auf dem Weg von Budapest nach Rumänien erschossen wurden, schreckt ab.

Das Lager ist scharf bewacht. Die Aussichten für eine Flucht, die längere Zeit unbemerkt bleibt, sind gering.

Was ist zu tun? Man muß während des Transports fliehen – aber nicht durch die von außen gesicherte Tür des Waggons und nicht während eines Stopps; denn sie wollen nicht vor die Kalaschnikows der Wachmannschaften springen. Die Alternative heißt Flucht durch den Boden des Waggons. Sie nutzen ihre Zeit: Ein Sägeblatt muß beschafft werden und ein Messer. Ein Brotvorrat angelegt werden. Sie wollen sich nach geglückter Flucht aus dem Waggon in kleine Gruppen teilen; zwei, höchstens drei Mann. Jede Gruppe braucht eine Konservendose, in der Wasser abgekocht werden kann. Denn eine Erkrankung an Ruhr kann das Unternehmen schon nach wenigen Tagen scheitern lassen.

Sie blieben nicht lange in dem Lager auf rumänischem Boden. Dr. Schrader erzählt: »Ein Russe kam und sagte uns, wir würden in eine wunderbare Gegend verlegt, auf die Krim.« Es war soweit!

Vor dem Abtransport wurden sie, wie üblich, gefilzt. Doch die Russen sind nicht sehr eifrig; sie finden weder Sägeblatt noch Messer, noch Brotvorräte. Auf dem Weg zum Bahnhof bleiben die zur Flucht entschlossenen dicht beisammen. Sie müssen sehen, daß sie in den gleichen Waggon kommen. Es klappte. Ab ging's in die rumänische Nacht – Richtung Osten.

Die Männer machten sich an die Arbeit. In die Bodenbretter des Waggons sägten sie einen Ausschnitt, fünfzig mal fünfzig Zentimeter groß. Die Sägeschnitte verschmierten sie mit Brot, um sie vor den Augen kontrollierender Sowjet-Soldaten zu verbergen. Sie konnten sich natürlich nicht einfach aus dem Zug fallen lassen: Nacht mußte es sein; die Geschwindigkeit nicht zu hoch; und der Zug durfte nicht gerade auf einem beleuchteten Bahnhof stehen.

Es kam die Nacht zum 3. Mai 1945. Um zwei Uhr morgens hielt der Transport. Ein Blick durch die schmale vergitterte Luke: kein Licht. Ein Stoß. Rufe. Rappeln: Eine neue Lokomotive wurde vor den Zug gesetzt. Das bedeutete, der Transport würde sich bald wieder in Bewegung setzen – langsam zunächst, dann schneller.

Der Augenblick, auf den sie Tage gewartet hatten, ist da. Die Männer nehmen die ausgesägten Bretter aus dem Boden des Waggons. Kalte Nachtluft strömt herein. Zu erkennen ist nichts. Der erste der Flüchtlinge steigt in das Loch, sucht Halt für seine Füße. Dann ist er verschwunden. Sein Kamerad wirft das Fluchtgepäck durch die Luke. Um 3.40 Uhr an diesem 3. Mai steigt Dr. Hans J. Schrader durch das Loch im Waggon. Als zehnter oder elfter, genau weiß er es nicht. Einen Augenblick lang steht er auf dem Bremsgestänge, zieht den Kopf ein, nimmt die Hände vor die Brust und läßt sich fallen. »Ich spürte gar nicht, daß ich mit dem Kinn aufschlug und meine Unterzähne in die Oberlippe schlugen.«

Schrader lag zwischen den Schienen. Preßte sich auf den Schotter. Machte sich ganz platt. Lag mucksmäuschenstill. Von den anderen hörte und sah er nichts. Nach einer als Ewigkeit empfundenen Viertelstunde fuhr der Zug an. Holperte über seinen Kopf. »Ich hörte das Rattern des sich entfernenden Zuges. Das werde ich nie vergessen. Ich richtete mich auf und suchte zwischen den Schienen nach meinem Vorratsbeutel, fand ihn und traf fast gleichzeitig auch meinen Freund Mevius, einen Leutnant der Infanterie, der mit mir zusammen fliehen wollte.« Die anderen hatten sich schon verdrückt.

Der Ort, an dem die Flüchtlinge dem Gefangenentransport entsprungen waren, lag 20 Kilometer südöstlich von Klausenburg an der Strecke nach Hermannstadt in Rumänien – rund 200 Kilometer von der ungarischen Grenze, rund 1000 Kilometer von der deutschen Grenze entfernt. 1200 Kilometer durch Länder, die vom Feind besetzt waren, lagen vor ihnen.

Gegen den dunklen Nachthimmel heben sich die schwarzen Schatten von Bäumen ab. Die Flüchtlinge marschieren eine Stunde lang durch den Wald nach Westen. Es regnet. Der Regen durchnäßt die Kleidung und das Gepäck. Es wird hell. Sie kriechen in dichtes Buschwerk. Dann hören sie das Motorengeräusch eines langsam fliegenden Flugzeuges. Haben die Russen eine Aufklärungsmaschine gestartet, die nach den Flüchtlingen suchen soll? Die Gefangenen bleiben bis zum Abend in ihrem Versteck. Dann marschieren sie weiter – durch den Wald, Hügel hinauf und Hügel hinab. Sie schlafen im Wald.

Am dritten Tag der Flucht wird der Proviant knapp. Hungrig weitermarschieren, soweit die Kräfte reichen – oder in ein Dorf gehen und nach Brot fragen? An dieser Stelle schon kann das Wagnis scheitern, wenn sie an den falschen Mann geraten. Sie entschließen sich, in das Dorf Vlacha zu gehen. Sie klopfen an die Tür eines katholischen Pfarrers. Der Mann Gottes packt Weißkäse und Speck ein. Dann drückt er den Soldaten ein paar Geldscheine in die Hand. Dieser Pfarrer ist einer von vielen Menschen, die den beiden auf der Flucht nach Westen begegnen; einer von vielen, ohne deren Hilfe sie verloren gewesen wären.

Drei Tage später, am 9. Mai 1945, gegen Abend, gelangen die Flüchtlinge wieder in die Nähe eines Dorfes. Wieder stellen sie sich die gleiche Frage: Weitermarschieren oder anklopfen? Sie klopfen an. Wieder beim Pfarrer des Dorfes. Ein Geistlicher der orthodoxen Kirche. Der weißhaarige Mann deckt den Tisch mit Speck und Brot. Er schenkt Wein ein und bietet den Deutschen ein Nachtlager an. Am Morgen weckt er die Flüchtlinge in aller Frühe und führt sie in die Kapelle. Dort zelebriert er für die Soldaten einen Gottesdienst und bittet Gott um »gute Heimkehr« seiner Gäste.

Am Tag darauf jedoch scheint das Abenteuer ein jähes Ende zu finden. Die Männer sind in einem Bauernhof untergekrochen, weil Mevius sich den Fuß verstaucht hat und nur unter großen Schmerzen marschieren kann. Am Abend wird ans Hoftor gehämmert. Der Bauer öffnet. Zwei rumänische Polizisten! Sie winken Mevius und Schrader mit ihren Pistolen: »Mitkommen!« Niedergeschlagen folgen die beiden den Beamten zur Polizeistation, doch dort passiert gar nichts. Keine Vernehmung. Man weist sie in einen leeren Nebenraum der Wache. Und dann passiert doch etwas...

Die Frau eines der Polizisten kommt herein. Sie ist Volksdeutsche. Bringt Milch und Brot. Und sie sagt: »Ihr könnt heute Nacht gehen. Die Tür wird offen sein.« Die Tür ist tatsächlich offen. Mevius und Schrader schleichen davon. Lauschen, verhalten den Schritt, lauschen. Niemand folgt ihnen, niemand schießt auf sie.

Sie sind nun acht Tage unterwegs, 400 Kilometer zu Fuß gegangen – und immer noch in Rumänien. Immer noch Ewigkeiten von Deutschland entfernt. Immer noch liegen zwei Länder zwischen ihnen und der Heimat; von denen Ungarn zur Gänze von Russen besetzt ist und Österreich zu einem Teil. Es kann noch lange dauern, und jeder neue Tag birgt die Gefahr neuer Gefangennahme. Die Füße sind kaputt. Oft geht der Weg nach Westen steil bergan. Sie müssen über ein Gebirge. Der Weg mündet in einen Trampelpfad, Steine, Felsen, Bäume. Aber ein Vorteil: In diesem Gewirr sind die Wanderer nach Westen nur schwer zu entdecken. Hinter den Bergen die ungarische Grenze, davor ein breiter Fluß, die Schwarze Kraisch.

Und wieder ein Helfer; ein Rumäne, der sich selbst in Gefahr begibt, um den Flüchtlingen zu helfen. Er versorgt sie mit Brot. Bringt sie auf den richtigen Weg. Und eine Frau gibt ihnen schließlich den Tip, wo sie die Grenze überschreiten können. Sie kommen hinüber, unbemerkt von den Grenzposten.

Am Himmelfahrtstag des Jahres 1945 serviert ein ungarischer Bauer den Männern, deren Uniformen nach dreiwöchigem Marsch und vielen Nächten unter freiem Himmel verschlissen sind, Pfannkuchen. Und dieser Ungar läßt die bärtigen Fremden, die nach Westen wollen, nachts im Ehebett schlafen. Und verschafft ihnen Zivilkleider und versorgt sie mit etwas Geld. Am nächsten Morgen spannt er an und fährt Mevius und Schrader zum Bahnhof. Sie steigen in einen Zug. Er fährt nach Westen – nach Budapest; in die Stadt, die sie Wochen zuvor mit einem Gefangenentransport ohne Hoffnung durchfahren haben. Sie kommen an, niemand behelligt sie in dem Trubel und Durcheinander auf dem Bahnhof. Dr. Schrader und sein Kamerad kaufen Fahrkarten nach Stein am Anger, eine Station kurz vor der österreichischen Grenze. Niemand fragt sie nach ihren Papieren. Sie passieren die Grenze. Sie sind in Österreich, im Burgenland – allerdings in der russisch besetzten Zone.

1200 Kilometer liegen hinter ihnen. Jetzt kann nichts mehr schiefgehen, denken Schrader und Mevius. Jetzt sind sie schon so gut wie daheim. In einem Schloß bitten sie um eine Schlafstelle für die Nacht. Sie werden in ein Gästezimmer geführt. Der Schloßverwalter serviert Wein. Der Morgen kommt. Die Flüchtlinge machen sich auf den Weg. Ihr Schritt ist schneller geworden. Sie glauben, die Stunden schon zählen zu können, bis es geschafft ist. Dr. Schrader und Leutnant Mevius gehen über die Dorfstraße von Stegersbach. Die Straße ist lang und gerade. Plötzlich verhält Dr. Schrader den Schritt, stößt Mevius an: Am Ende der Straße russische Uniformen. Soldaten, Posten. Sie bewachen die Straße. Sie sitzen vor einem Haus. Sie müssen die beiden Männer, die da die lange, gerade Straße herunterkommen, längst gesehen und beobachtet haben. Wenn Dr. Schrader und Mevius jetzt zurückgehen oder gar laufen, werden die Russen mißtrauisch. Dann ginge die Jagd los, eine Jagd, der die Deutschen nicht entkommen können. Wenn Dr. Schrader und Mevius weitergehen, werden die Russen sie nach Papieren, Passierschein oder gar Entlassungsschein fragen. Um diese Fragen zu stellen, dazu stehen die Sowjets da.

Die Flucht scheint zu Ende, nach so vielen Kilometern.

Schrader und Mevius verlangsamen den Schritt, schlendern dahin, wollen das Unvermeidliche hinauszögern. In diesem Augenblick treten zwei junge Frauen aus einem Haus auf die Straße. Die Flüchtlinge sprechen sie an, sagen ihnen hastig in ein paar Sätzen, um was es geht. Und die Frauen begreifen sofort; die eine lacht schallend laut, wobei sie mit den Augen zwinkert und Schrader umarmt. Und wie auf der Bühne spielen die vier zwei Liebespaare. Eingehakt, scherzend und lachend gehen sie auf die Russen zu – und an ihnen vorbei. Die

Rotarmisten blicken die Paare an und blicken ihnen nach. Aber sie stellen keine Fragen. Am selben Abend noch bringen die Frauen Schrader und Mevius über die Grenze der sowjetisch besetzten Zone Österreichs in den amerikanisch besetzten Bereich des Alpenlands.

Das Wetter ist schön. Sie marschieren weiter. Die Grenze zwischen Österreich und Deutschland ist bewacht. Immer noch drohen Verhaftung und vielleicht Auslieferung an die Russen. Ein Bauer zeigt den beiden Flüchtlingen einen Weg über die Berge bei Salzburg, der nicht bewacht ist. Die beiden Tramps warten die Nacht ab. Es ist warm. Dunst steigt aus Wiesen und Feldern. Und wieder marschieren sie. Am 16. Juni 1945 klopfen sie wieder an die Tür eines Hauses. Eine Frau fragt: »Wer ist da, Was wollen Sie?« Dr. Schrader sagt: »Wir wollen nur wissen, ob wir in Deutschland sind.« »Ja, kommt rein«, sagt die Frau. Es ist der 33. Tag, nachdem Schrader und Mevius in Rumänien aus der Luke im Gefangenenwaggon geschlüpft sind.

Hin und Zurück

Am 9. Mai 1945 steht Heinz Oppermann, Obersturmführer der Waffen-SS, an einer Straße in Lettland. Die Wehrmacht hat in der Nacht die Waffen gestreckt. Heinz Oppermann, damals 24 Jahre alt, sieht die Soldaten des deutschen Heeres nach Osten ziehen, in die Gefangenschaft. Die geschlagene Armee ohne Waffen marschiert in militärischer Ordnung. Die Kommandeure an der Spitze. In den Marschreihen Verwundete mit verbundenen Köpfen, Armschlingen; viele humpeln. Ein Schritt auf die Straße, einreihen, aufschließen zum Vordermann – und Heinz Oppermann wäre im nächsten Augenblick einer von Millionen deutscher Soldaten, die in diesen Mai-Tagen von den Siegern in die großen Gefangenenkrals des Ostens gebracht werden.

Heinz Oppermann tut diesen Schritt nicht. Er fürchtet um sein Leben. Er ist ein Soldat der Waffen-SS, und er war Kompaniechef in der 19. Lettischen Division. Er weiß, daß Rotarmisten vor wenigen Wochen hier oben in Kurland alle Soldaten eines estnischen Bataillons niedergemacht haben. Esten, Letten und Litauer, die an der Seite der Deutschen gekämpft haben, gelten in den Augen der Russen als todeswürdige Verräter. Das Schicksal, das die Soldaten der Wlassow-Armee und die Kosaken später erlitten, kündigt sich hier im Norden der Ostfront schon vor dem Ende des Krieges an.

Heinz Oppermann beschließt, zu verduften. Sein Plan, sich zu einem Hafen durchzuschlagen, ein Schiff zu finden und abzuhauen, irgendwohin nur nicht zu den Russen. Nach einer Stunde trifft er einen Uniformierten, der offensichtlich auch bei eigener Absetzbewegung ist. Auch er ein Offizier der Waffen-SS. Die beiden klettern in einen Lastwagen, der an der Straße steht, fahren los.

Aber bald entdecken sie: Es existiert kein freier Weg mehr zur Küste. Die Rote Armee ist überall. Also steigen sie aus und marschieren nun nach Südwesten, Richtung Ostpreußen. Vielleicht gibt es da eine Chance. Das Marschgepäck: Verpflegung für wenige Tage, ein Mantel, jeder eine Pistole. Sie kommen nur langsam durch die Wälder vorwärts. Am Tage müssen sie sich verstecken. Denn Soldaten der Roten Armee kämmen die Wälder nach deutschen Soldaten durch. Heinz Oppermann und sein Kamerad hören die russischen Befehle, die Schritte vieler Stiefel auf dem Waldboden. Kleine Äste neben ihrem Versteck knacken unter den Tritten der Suchkommandos.

Drei Wochen schleichen die beiden nach Südwesten. Die Marschleistung ist nicht groß – manchmal nicht einmal zehn Kilometer in der Nacht. Sie müssen sich vorsichtig bewegen, sichern, lauschen. Schließlich aber müssen die beiden Soldaten den schützenden Wald verlassen. Sie nähern sich der alten Hauptkampflinie, an der vor wenigen Wochen die Vernichtungsschlacht gegen die deutsche Kurlandarmee getobt hat. Felder und Wälder sind vermint. Sie gehen deshalb auf der Straße weiter.

Plötzlich das Geräusch klappernder Hufe. Für einen Sprung in die Büsche ist es zu spät. Zwei Rotarmisten zu Pferde stellen die Flüchtlinge, wollen Ausweise sehen. Die Russen bringen ihre Maschinenpistolen in Anschlag. Da sagt Oppermann zu seinem Kameraden: »Ziehen.« Das war das verabredete Stichwort für Kampf mit der Waffe. Blitzschnell haben sie ihre 7,65er raus. Und ballern los. Einfach auf die Pferde. Heinz Oppermann sieht, wie das Pferd, auf das er geschossen hat, seinen Reiter abwirft und gegen das Pferd des anderen Russen drängt und diesen aus dem Gleichgewicht bringt. Da rennt Oppermann los, rennt, rennt, rennt. Der Wald verbirgt ihn. Sein Kamerad kommt nicht nach. Tot? Überwältigt? Er erfährt es nie.

Heinz Oppermann marschiert allein weiter, durchquert Sümpfe, durchschreitet Flüsse, verliert seine Pistole, wird von Russen beschossen, aber er kommt davon. Zwei Monate nach seinem Aufbruch ist er im Memelland. Hier ist er geboren, hier kennt er sich aus. Hier kann er hoffen, russischen Häschern und damit der Gefangenschaft endgültig zu entgehen.

Der Obersturmführer der Waffen-SS beschafft sich einen Ausweis und macht Karriere unter den neuen Herren des Landes. Er wird Waldarbeiter, dann Kassenleiter des Forstamtes und schließlich kommissarischer Förster, Chef von 25 Waldarbeitern. Der Krieg ist jetzt zwei Jahre vorbei. Die Gefahr für Heinz Oppermann scheinbar vorüber. Er hat Arbeit, er hat Personalpapiere, er hat eine Wohnung, er hat eine Frau gefunden, mit der er zusammenlebt. Die Angst, die

Russen könnten ihn noch greifen und in eines ihrer Lager stecken, ist verblichen.

In der Mitte des Jahres 1947 begegnet Heinz Oppermann an einem hellen Sommertag einem deutschen Soldaten, der, wie er, in Kurland untergetaucht ist. Der Soldat gehört zu der Division, in der Oppermann gekämpft hat. Das Wiedersehen ist nur kurz. Oppermann weiß nicht, daß in diesem Augenblick die Entscheidung über die besten Jahre seines Lebens gefallen ist. Der Soldat aus Oppermanns Division geht zwar nicht zur russischen Kommandantur, um den Flüchtling zu verraten, aber er schweigt auch nicht über das seltsame Zusammentreffen. Es sickert durch und spricht sich herum, daß der Förster im Wald in Wirklichkeit ein Obersturmführer der Waffen-SS ist.

Die Russen suchen nicht nach ihm. Er kann ihnen nicht entkommen. Sie warten, bis der Förster wieder zum Markt in der Ortschaft Heidekrug kommt, um einzukaufen. Heinz Oppermann steht an einem Gemüsestand und will Geld aus der Tasche ziehen, um zu bezahlen. Zwei Männer neben ihm greifen nach seinen Armen.

Fast drei Jahre lang hat sich der Obersturmführer der Gefangenschaft entzogen. Nun ist seine Flucht hier zwischen Kartoffeln und Salat zu Ende. Die Russen stellen ihn vor ein Gericht. Im Frühjahr 1948 fällt das Urteil: Zehn Jahre Zwangsarbeit.

Quer durch Rußland führt der Weg, bis hinauf ins Eislager Workuta.

Fünf Jahre nach seiner Verurteilung durfte Oppermann die erste Karte nach Hause schreiben. Zehneinhalb Jahre nach seinem Versuch, sich durch die Flucht dem Zugriff der Roten Armee zu entziehen, wird er von den Sowjets in die Bundesrepublik Deutschland entlassen.

Von Kasan nach Hofgeismar

Am 6. März 1945 klingelt im Haus Hindenburgstraße 3 im hessischen Hofgeismar die Postbotin. Sie übergibt Frau Hedwig Bieler einen Brief in einem blauen Umschlag. Frau Hedwig dreht den Umschlag in der Hand und entziffert den maschinegeschriebenen Absender: Oberkommando des Heeres, Abwicklungsstab. Sie reißt mit fahrigen Händen das Kuvert auf. Ihr Mann steht an der Ostfront. Seit sieben Monaten hat sie keine Nachricht mehr von ihm. Und nun liest sie:

»Der Abschluß der Ermittlungen über das Schicksal Ihres Ehemannes, des Oberzahlmeisters Hermann Bieler, II. Bataillon Grenadierregiment 57, hat keine restlose Klarheit erbracht. Er ist seit den Kämpfen bei Sarata (Rumänien) seit dem 22. August 1944 vermißt. Ich bedauere es tief, daß ich nicht in der Lage bin, Ihnen eine tröstende Gewißheit zu verschaffen, will aber mit Ihnen hoffen, daß er noch gesund und glücklich heimkehren wird.«

Frau Hedwig Bieler drückt ihre beiden Töchter an sich. Sie weint. Doch dann siegt die Hoffnung. Vermißt ist nicht tot. Noch nicht. Viele Soldaten dieses blutigsten aller Kriege sind schon vermißt gemeldet gewesen, und mancher ist durchgekommen, wiedergekommen – verwundet zwar, aber doch lebend.

Der Mann, den Hedwig Bieler in diesen letzten Monaten noch an den Krieg verloren zu haben scheint, ist zu diesem Zeitpunkt einer von Hunderttausenden deutscher Soldaten, die von Rotarmisten erst durch die Steppe und dann in Güterzüge getrieben werden, um weit im Osten der Sowjetunion zu landen.

Hermann Bieler marschiert in einer langen Kolonne von Rumänien nach Odessa. Ein Zug bringt ihn schließlich in das Lager Seloni-Dolsk, östlich von Kasan. Kasan liegt an der Wolga.

Hermann Bieler ist gefangen, doch unverletzt. Der Hunger hat ihn nicht um seine Kräfte gebracht. Er fühlt sich gesund und die Arbeit strengt ihn auch zuerst nicht übermäßig an. Aber er begreift schnell, daß alles von Tag zu Tag schlechter wird – der Kräftehaushalt, die Arbeit, der körperliche und seelische Zustand: Nicht nur das faulige, stinkende Essen, auch die Demütigung, die Würdelosigkeit hinter Stacheldraht machen krank und führen auf den Weg zum Tode.

Hermann Bieler denkt an seine Frau und seine Töchter, wenn er über das russische Land in die untergehende Sonne schaut. 3000 Kilometer liegen zwischen dem Lager Seloni-Dolsk und Deutschland. Gerüchte gehen unter den Soldaten hinter Stacheldraht um: Die Russen entlassen zuerst die Gefangenen aus den Lagern im Westen der Sowjetunion. Je weiter einer im Osten sitzt, desto später kommt er nach Haus.

Furcht steigt in Hermann Bieler hoch. Er ist jetzt 42 Jahre alt. Wie viele Jahre Gefangenschaft mögen vor ihm liegen? Drei Jahre, vier Jahre, zehn Jahre? Und wenn es stimmt, was die Kameraden reden? Kann er die Gefangenschaft abkürzen, wenn er in ein Lager im westlichen Rußland gelangt? Aber wie dahin kommen? Schließlich kann er keinen Versetzungsantrag stellen.

Hermann Bieler überlegt: Wenn er flieht und erst westlich der Wolga wieder eingefangen wird, was werden die Sowjets mit ihm machen? Ihn zurückbringen oder einfach in den nächsten Gefangenenkäfig stecken? Auf jeden Fall werden die Russen ihn prügeln, sie werden ihn zu Karzer verurteilen, das heißt in ein Erdloch werfen, und ihn darin möglicherweise bis zum Verrecken hungern und frieren lassen.

Vielleicht wird ihn ein Rotarmist erschießen, wie viele deutsche Gefangene erschossen worden sind, die den Sklavenlagern zu entkommen versuchten.

Hermann Bieler ist hin- und hergerissen, zahllose Gefangene aus den russischen Lagern kennen diesen Zustand. Doch schließlich schiebt er die Bedenken beiseite. Er will fliehen. Und aus diesem Entschluß, gefaßt im Frühsommer 1946 im Lager Seloni-Dolsk östlich der Wolga, folgt ein einzigartiges Fluchtunternehmen. Wirklich einzigartig in der Reihe der Fluchtabenteuer.

Da gab es Männer, die haben sich über den Himalaja nach Afghanistan durchgeschlagen; über Persien in die Türkei. Aber soweit bekannt ist, hat es keiner unternommen, den direkten Weg nach Westen zu nehmen – über Moskau. Hermann Bieler unternahm das.

Ein Umstand kam dem Oberzahlmeister Hermann Bieler besonders zustatten: Er sprach ganz gut Russisch. Genug jedenfalls, um sich verständlich zu machen und nicht beim ersten Satz schon als Deutscher erkannt zu werden. Im Sommer 1946 begann Bieler, sich Brot vom Munde abzusparen und zu trocknen. Er sparte das Geld, das ihm für seine Arbeit in einer Baukolonne gezahlt wurde. Er tauschte Uniformstücke gegen Zivilklamotten: eine blaue Leinenhose, einen blauen Kittel und einen alten Schäferpelz. Eins war klar, entweder glückte der Start innerhalb von fünf Minuten oder das ganze Unternehmen war gescheitert.

Der Tag auf der Baustelle lief stets nach dem gleichen Schema ab. Morgens marschierte die Kolonne aus dem Lager, bewacht von zwei Posten. Auf der Baustelle ließen sich die Wächter von dem Leiter der Arbeitsbrigade den Arbeitsablauf erklären. Danach gingen die Gefangenen an die Arbeit, die Posten kletterten auf ihre Wachttürme, von denen aus sie den gesamten Baustellenbereich im Auge hatten.

Wenn die Wächter erst auf den Türmen Sitz gefaßt hatten, war es für eine Flucht zu spät. Auf dem Marsch zur Arbeit oder auf dem Rückmarsch aus der Kolonne zu springen, bedeutete den sicheren Tod. Es mußte der Augenblick genutzt werden, wo die Posten auf dem Weg zu den Türmen waren und den Gefangenen den Rücken zukehrten.

Dreihundert Meter von der Baustelle entfernt, verlief eine Landstraße; erreichte er sie unbemerkt und marschierte dort gemächlich lang, konnten die russischen Wächter ihn in seiner Zivilkleidung nicht mehr als Gefangenen erkennen. Damit stand und fiel Bielers Plan.

Der Morgen des 5. August 1946 dämmert herauf. Die Gefangenen treten zum Appell an. Dann der Hirsebrei. Wieder antreten. Kolonnenmarsch. Hinaus durchs Lagertor. Hermann Bieler trägt einen Teil seiner Vorräte in einem Beutel bei sich. Einen zweiten Beutel hat er einem Kameraden gegeben, der mit ihm zur Baustelle marschiert. Nur nicht auffallen. Ankunft auf der Baustelle. Die Uhr läuft. Die russischen Wächter marschieren zu ihren Türmen. Bieler schnappt sich von seinem Kameraden den Proviantbeutel. Springt hinter eins der Häuser auf der Baustelle. Vor ihm flach und grün ein Kartoffelacker. Über den muß er weg. Los geht es.

Bieler blickt sich nicht um; keinmal. Er läuft. Und fürchtet sich vor dem Schuß, der jeden Moment aufbellen kann. Aber es bleibt still hinter ihm. Jetzt der Graben. Dann die Landstraße. Ein sichernder Blick nach links und rechts, ein Sprung. Gemächlichen Schritts aber mit fliegendem Atem geht Hermann Bieler nach Westen, dann marschiert er schnell, läuft – verschnauft.

Häuser tauchen vor ihm auf – ein Vorort der Stadt Kasan. Eine Schlange wartender Menschen vor einem Lebensmittelladen. Überfüllte Straßenbahn. Bieler sticht der Hafer und er hängt sich aufs Trittbrett vom hinteren Anhänger. Die Tram fährt in die Innenstadt von Kasan. Noch mehr Menschen, Soldaten, Polizei. Aber niemand fragt den Mann im blauen Kittel nach einem Ausweis. Am Bahnhof steigt Bieler aus, kauft sich in einem Bäckerladen nach einer halben Stunde Schlangestehen ein Brot und zahlt 35 Rubel. Hält sich nun an den Schienenstrang der Eisenbahn als Richtungsweiser: nach Westen. Und am Schienenstrang marschiert er, immer mal mit kleinen Abweichungen, wenn es durch Dörfer oder kleine Städte geht, gen Westen.

Er kommt an die Wolga. Die große Brücke. Wird sie bewacht? Sind Posten da, die die Passanten kontrollieren?

Er geht auf Beobachtungsposition. Wartet. Die Tage und Nächte sind jetzt im August warm und trocken. Es ist Erntezeit. Bieler versteckt sich in dichtem Gebüsch. Nachts schleicht er sich in die kleinen Gärten, gräbt Möhren aus. Er sieht, daß die Züge beim Überqueren der Wolgabrücke ihr Tempo verlangsamen. Als es dunkel wird, schleicht er dicht an die Brücke. Wartet neben den Gleisen. Ein Güterzug rollt heran. Wird langsam. Bieler springt auf. Die stählerne Brücke hallt laut unter den Rädern. Kein Posten hält ihn auf. Zwei Stunden bleibt Hermann Bieler im Waggon versteckt. Dann hält der Zug. Schnell herunter. Da fährt ihm der Schreck in die Glieder: Der Schein einer Taschenlampe blitzt ins Gesicht. Ein Bahnpolizist, bewaffnet! Aber Hermann Bieler ist im Glück, wie noch oft auf seiner langen Reise.

Der Uniformierte ist kein treuer Regime-Diener; er hat nur eine Frage an den Tramp, wie sie ihm offenbar öfters über die Schienen laufen: »Hast du Geld?« Hermann Bieler streckt ihm 50 Rubel hin. Der Ordnungshüter der Bahn steckt das Geld ein und zeigt über die Gleise. »Da drüben steht ein Zug, der fährt gleich weiter. Hau ab.«

Bieler versteckt sich in dem offerierten Güterzug; fährt ein paar Stunden, dann dämmert der Tag herauf. Bieler macht einen Fehler. Er hätte abspringen müssen, als es noch dunkel war. Jetzt ist es zu spät. Der Zug hält an seinem Zielbahnhof. Bieler klettert aus dem Waggon

– und dabei sieht ihn ein russischer Wachtposten der Armee. »Wo willst du hin? Wo kommst du her?« Und dann die gefürchtete Frage: »Papiere?«

Hermann Bieler greift in die Tasche, holt Geld hervor. Wenn ein Bahnpolizist bestechlich ist, warum nicht auch ein Rotarmist.

Aber der übersieht das Geld und winkt mit der Pistole. Er bringt Bieler zur Bahnhofswache. Dort lassen drei Polizisten den Gefangenen nicht aus den Augen. Ein Zug läuft in den Bahnhof ein; zwei der Polizisten gehen hinüber, um ihn zu kontrollieren.

Bieler hört draußen einen Zug anfahren; mustert verstohlen seinen Wächter, mißt mit den Augen den Abstand zur Tür, und springt, und läuft. Rufe hinter ihm, aber kein Schuß. Bieler hängt strampelnd am letzten Wagen des anfahrenden Zuges, zieht sich hinauf, ab geht's. Diesmal fährt er nicht bis zum nächsten Bahnhof; er springt vorher ab und versteckt sich im Gebüsch, bis es dunkel ist. Und noch etwas hat er gelernt: Er kriecht nicht in einen Waggon hinein. Denn die größte Gefahr droht, wenn er aussteigt. Er muß über den Rand klettern – und das ist der Augenblick, wo er entdeckt werden kann. Deshalb kriecht er zwischen die Stahlstreben unter einen Güterwagen. Stundenlang dröhnen die ratternden Räder in seinen Ohren. Der Fahrtwind schneidet durch seinen Bauernkittel. Der Anblick der vorbeisausenden Schwellen erzeugt Halluzinationen. Aber er kommt nach Westen, immer weiter nach Westen.

Auf einem kleinen einsamen Bahnhof steigt Bieler in einen Personenzug um, der auf dem Rangiergleis steht und die Schilderaufschrift Moskau trägt. Er klettert aufs Dach und macht sich lang. Seinen Kopf bettet er auf seinen Schäfermantel. In der Morgendämmerung füllt sich der Zug. Die Lokomotive qualmt mörderisch. Schließlich Abfahrt. Nach Westen, Moskau entgegen. Die Fahrt auf dem Dach ist schrecklich unbequem, anstrengend und gefährlich, weil man keinen rechten Halt hat. Hermann Bieler läßt sich deshalb bei einem Zwischenhalt am Waggon auf das Türbrett hinuntergleiten. Er drückt sich an die Wagenwand.

Doch da entdeckt ihn der Schaffner. Aber der Russe ruft nicht nach der Polizei. Er hält den Flüchtling für einen der offenbar üblichen Schwarzfahrer. Fahrkarte kaufen oder runter bedeutet der Russe. Hermann Bieler bezahlt und erhält sogar einen Fahrschein. Einen richtigen Fahrschein der sowjetischen Eisenbahn. Und damit reist der Flüchtling aus dem Lager östlich der Wolga nun per Sitzplatz nach Moskau.

In einem Vorort der Hauptstadt steigt Bieler aus, versteckt sich in einem Bombentrichter. Am nächsten Morgen wandert er durch die Stadt nach Westen. Er meidet die großen Straßen. Niemand hält ihn auf. Niemand stellt Fragen. Niemand vermutet in dem Mann, der da in der Kleidung eines runtergekommenen Kolchosearbeiters durch die Vororte wandert, einen ehemaligen Oberzahlmeister der Deutschen Wehrmacht.

Hermann Bieler marschiert an diesem Tag des August 1946 sieben Stunden. Am Abend hat er den Westrand der Metropole erreicht, kauft sich ein Brot und ein paar Zwiebeln, versteckt sich auf einem alten verwilderten Friedhof im mannshohen Gras. Nachts hört er Lokomotiven pfeifen und Züge rollen – ein Bahnhof muß also nicht weit sein. Tatsächlich steht Bieler am nächsten Morgen nach kurzem Marsch vor einem unüberschaubaren Gewirr von Gleisen und Weichen: Moskaus großer Verschiebebahnhof. Wieder versteckt er sich. Beobachtet aus der Deckung heraus die Richtung der Züge, die über das Schienengewirr rollen. Welcher Schienenstrang führt nach Westen?

Bieler ist entschlossen, seine Flucht weiterhin per Eisenbahn zu bewerkstelligen. Er ertappt sich bei der Erinnerung an den Kriegs-Propaganda-Slogan: »Räder müssen rollen für den Sieg.« Er lächelt. Und denkt: Räder müssen rollen für Bieler. Doch er will auf keinen Fall auf einen Zug steigen, der nach Norden oder in den Süden der Sowjetunion dampft. Seine Devise heißt Westen.

Am Abend dieses Tages hat Hermann Bieler heraus, welche Gleise nach Westen führen. Wieder pirscht er aufs Bahnhofsgelände. Gleise, Waggons und Eisenbahnbetrieb – das ist seine Welt; er ist ein merkwürdiger Spezialist geworden. Ein Zug mit riesiger Lokomotive erregt seine Aufmerksamkeit. Das ist eine Lokomotive für lange und schnelle Fahrt. An den Wagen Schilder mit der Aufschrift »Kaliningrad«. Kaliningrad – das ist der Name, den die Russen der Stadt Königsberg in Ostpreußen gegeben haben.

Das ist mein Expreß, denkt Bieler. Er sieht, wie ein Gepäckwagen beladen aber nicht verschlossen wird. Also hinein und unter die Ladung. So kommt Hermann Bieler nach Smolensk. Eine zertrümmerte Stadt. Deutsche und Russen haben sich hier vor drei Jahren in erbitterten Straßenkämpfen befetzt.

Hermann Bieler zählt sein Geld und kauft in einem Laden wieder Brot, ergattert sogar ein paar Tomaten. Daß er russisch kann, ist wie eine Tarnkappe. Er fällt nicht auf. Viele Menschen in Smolensk sind ähnlich heruntergekommen gekleidet wie er; viele sind in diesen Jahren nach dem Ende des großen Krieges wie er unterwegs, irgendwohin, irgendwoher aus der riesigen Sowjetunion. Da fällt ein einzelner nicht auf im Strom der Zugvögel.

Hermann Bieler sucht sich einen Platz in einem Trümmer-Haus. Er schläft bis zum Abend. Dann schlendert er – wie jeder Reisende – zum Bahnhof. Viele Menschen, keine Kontrolle. Bieler drängelt sich den Bahnsteig entlang. Und da steht wieder das Zauberwort »Kaliningrad« an einem Zug. Doch Bieler zögert. Soldaten der Roten Armee steigen in die Waggons. Wahrscheinlich ein Militärtransport. In einen Milizzug steigen – ist das nicht zuviel der Kühnheit? Doch für Bieler haben Züge nach dem Westen inzwischen eine unwiderstehliche Anziehungskraft bekommen; und das bisherige Glück macht ihn kühn.

Er klettert auf den Tender der Lokomotive, sucht Deckung hinter der aufgetürmten Kohle – und, mein Gott, zwei Gestalten kommen in der Dunkelheit genau zu seinem Versteck. Polizisten? Soldaten? Bahnbeamte? Njet! Es sind zwei Russen zwar, aber auch auf der Flucht vor irgendwas und irgendwohin, und mit wenig Geld und ohne Papiere.

Hermann Bieler: »In Rußland waren und sind immer Menschen auf der Flucht, Leute, die aus einem Arbeitslager geflohen sind und nach Hause wollen. Oder der Verhaftung entwischt oder ihr entgehen wollen.«

Sie stecken nun zu Dritt hinter den Kohlen des Tenders. Der Heizer entdeckt sie schließlich und droht mit der Kohlenschaufel. Und sie steigen deshalb beim nächsten Halt ab. Und gehen auseinander mit einem kurzen Gruß – auf Nimmerwiedersehen.

Hermann Bieler versteckt sich wieder im Packwagen, und so verborgen fährt er durch den Tag und durch die Nacht – mehr als 1000 Kilometer bis nach Königsberg.

Deutsche Worte! Zum ersten Mal seit Wochen hört er wieder deutsche Laute. In den Trümmern der Häuser sind noch deutsche Soldaten versteckt, Kriegsgefangene arbeiten am Wiederaufbau. Es herrscht ein wildes Durcheinander. In den Häusermauern kampieren zahllose Menschen. Überall wird um Nahrungsmittel gefeilscht. Getauscht. Schwarzhandel mit russischen Soldaten, die auf Uhren und Ringe und überhaupt alle Präziosen scharf sind. Hermann Bieler kann sich sogar einen Ausweis kaufen. Er gehört einem in einem Hauskeller verstorbenen Deutschen.

Ein kostbares Papier, denn es ist von der sowjetischen Kommandantur ausgestellt. Doch in Königsberg kann Bieler nicht bleiben. Früher oder später würden die Russen ihn aufspüren. Nicht auszudenken, was dann geschieht. Bei seiner Art Flucht durch die Sowjetunion mit Sicherheit eine Verurteilung als Spion.

Doch zwischen Kaliningrad-Königsberg und Hofgeismar liegen noch drei schwerbewachte Grenzen – die russisch-polnische; die Grenze zwischen Polen und der sowjetischen Besatzungszone; und die Grenze zwischen der sowjetischen Besatzungszone und Westdeutschland.

Doch Bieler hofft auf sein Glück – und auf seine Masche. Wieder macht er sich auf seinen Weg, der zu seinem Wunderpfad in die

Freiheit geworden ist: Die Schienen der Eisenbahn. Wieder marschiert er nachts auf dem Schotter, von Schwelle zu Schwelle. Immer nach Westen. Er gelangt zum Bahnhof Bartenstein, der zum polnisch verwalteten Teil Ostpreußens gehört: die erste Grenze.

In Bartenstein halten regelmäßig Güterzüge. Sie tanken hier Wasser und löschen Kohle. Es sind die Züge, die in Deutschland demontierte Fertiganlagen, Stahl, Holz, Reparationsmaterial nach Rußland transportiert haben und nun leer wieder nach Westen fahren.

Viele Deutsche, die in Ostpreußen unter russischer Herrschaft leben, haben schon versucht, mit diesen Zügen nach Westen zu gelangen, hört Hermann Bieler. Aber fast alle sind eingefangen worden. Polnische Soldaten und Polizisten suchen an ihrer Westgrenze Wagen für Wagen systematisch durch.

Hermann Bieler läßt sich davon nicht schrecken. Er schleicht um die Züge. Er klettert in einen leeren Tankwagen, drückt sich weit hinten in den Behälter. Der Deckel ist offen. Hermann Bieler muß nicht fürchten zu ersticken. Der Zug fährt ohne Stop durch das Land, erst in Küstrin hält er an.

Hermann Bieler hört das Knirschen von Stiefeln auf Schotter. Dann schlägt jemand mit einer großen Stange auf den Kessel, in dem Bieler steckt. Laut tönt es: »Rauskommen!« Bieler rührt sich nicht. Noch einmal: »Rauskommen!« Pause. Bieler denkt: Wenn sie wissen, daß ich hier drin bin, warum klettern sie nicht auf den Tank und leuchten durch die offene Luke! Bieler denkt richtig: Die sind zu faul, in den Tank zu kriechen. Sie probieren es mit einem Trick. Bieler hockt atemlos, sein Unterkiefer zittert vor Aufregung. Noch einmal tönt es: »Rauskommen!« Dann sich entfernende Schritte.

Wenig später ruckt der Zug an. Und fährt. Viele Stunden später Halt. Hermann Bieler kriecht zum Einstieg des Kesselwagens, zieht sich hoch, blickt vorsichtig über den Rand: ein riesiger Bahnhof, viele Lichter, Häuser. Ein Schild. Mein Gott, was steht da drauf? Berlin. Ja, der Zug steht im Ostsektor von Deutschlands einstiger Reichshauptstadt Berlin. Es ist der 25. August 1946.

Hermann Bieler steigt aus und schleicht über die Gleise davon. Wandert durch die zerbombten Straßen. Kommt zur Flüchtlingssammelstelle Berlin-Lichtenberg. Er erzählt eine harmlose Geschichte von Verwandten-Suche. Erhält einen Ausweis. Wird untersucht und entlaust. Bekommt einen Anzug aus eingefärbtem Uniformstoff. Und bekommt zu essen, richtiges warmes Essen. 20 Tage ist er unterwegs gewesen. 20 Tage hat er von wenig Brot, mal eine Möhre, mal ein paar Zwiebeln, Tomaten und auch mal rohe Kartoffeln gelebt. Auf Bahnhöfen aus Wassertonnen getrunken und sich zweilen auch gewaschen. 20 Tage! Aber in 20 Tagen als Gejagter, als Outlaw von der Wolga bis an die Spree. Ein Weltrekord des Fluchtsports.

Siegesparade auf dem Roten Platz, Juni 1945. Vor dem Lenin-Mausoleum haben die Sowjets die erbeuteten Regimentsfahnen der Deutschen Wehrmacht in den Staub geworfen.

Der Marsch durch Moskau.
55 000 gefangene deutsche Soldaten ließ Stalin im Juli 1944 nach Moskau transportieren; in einer spektakulären Parade des Elends mußten sie durch die Hauptstadt des Siegers marschieren.

An der Spitze der »Moskauer Parade« die 21 deutschen Generale der Heeresgruppe Mitte, die mit ihren Orden und Ehrenzeichen den Elendszug anführen mußten.

Major Erich Hartmann, der erfolgreichste Jagdflieger des Zweiten Weltkriegs. Er leitete als Gefangener einen Hungerstreik im Lager Schachty.

Konrad Frhr. von Wangenheim, erfolgreicher Olympiakämpfer von 1936. Er starb als Gefangener 1953 in einem sowjetischen Lager; er wurde vermutlich erschlagen.

So zogen die Gefangenen als Sinnbild der geschlagenen Deutschen Wehrmacht durch Moskaus Straßen.

Im Schnee erstarrt. Opfer einer Tragödie, in der selbst der Tod seine Würde verlor.

Diese beiden Landser haben es geschafft. Sie schlugen sich nach dem Zusammenbruch der Heeresgruppe Mitte im Sommer 1944 in wochenlanger Flucht zu den deutschen Linien durch.

Nachrichtenhelferinnen der deutschen Luftwaffe. Viele von ihnen gerieten in Kriegsgefangenschaft und sind verschollen.

Lager Friedland: Sie haben die Elendsjahre der russischen Gefangenschaft hinter sich.

Sie kamen zusammen aus Rußland zurück (unten rechts).

Friedland.
Elf Jahre nach Kriegsende kehren die letzten Gefangenen aus der Sowjetunion heim. Erschütterung prägen diese Bilder.

An diesem 25. August 1946 beschließt Hermann Bieler sich einen Luxus zu gönnen, der ihm phantastisch vorkommt. Er geht ins Kino. Ein russischer Film, schlecht synchronisiert. Und doch ein Vergnügen. Aber am Ende droht die Katastrophe; heraufbeschworen durch diesen törichten Entschluß, ins Kino zu gehen. Tausende von Kilometern ist er als Gehetzter durch die Sowjetunion getrampt. Er hat riesige Weiten und schwer bewachte Grenzen überwunden. Drei Wochen war er unterwegs. Ist schon in Deutschland. Und nun dies: Die Kinovorstellung ist vorbei; die Besucher gehen. Plötzlich Rufe, Flüche, lautes Schluchzen am Eingang des Kinos. Russische Soldaten nehmen arbeitsfähige Männer und Frauen fest, treiben sie auf Lastwagen – zur Zwangsarbeit. Hermann Bieler unterwirft sich sofort seinem geschärften Fluchtinstinkt. Blitzschnell registriert er die Lage. Drängelt sich in den Vorraum des Kinos zurück. Versteckt sich in einer Nische. Findet einen Hinterausgang. Er geht nicht ins Lager zurück. Er geht dahin, wo er sich auskennt: zum Bahnhof. Kauft eine Fahrkarte von Ostberlin nach Helmstedt. Eine Station vorher steigt er aus.

Die Zonengrenze war damals noch nicht der schwer unüberwindliche Grenzwall zwischen Ost und West. Wenn man den Weg kannte, war der Übergang kein Problem. Es gab keinen Todeszaun, keine Minen, nur hin und wieder einen Wachposten.

Hermann Bieler holt sich die notwendigen Informationen und schleicht über die Demarkationslinie. Am 29. August 1946 meldet er sich im Flüchtlingslager Helmstedt. Er wird untersucht, wieder entlaust; bekommt wieder ein warmes Essen; und eine Portion Kaltverpflegung. Die große, gefahrvolle Reise war zu Ende; das vabanque auf Schiene und Rädern gewonnen.

Am30. August 1946 fährt Hermann Bieler als ordentlicher Passagier ohne Angst mit dem herrlichen Gefühl, frei zu sein, mit dem Personenzug von Helmstedt über Kassel nach Hofgeismar. Er geht wie im Traum durch die Straßen. Steht vor seinem Haus Hindenburgstraße 3. Er geht die Treppe hinauf. Da ist das Türschild: Bieler. Er klingelt mit zitternder Hand.

Frau Hedwig macht die Tür auf: »Hermann!«

Die Töchter, elf und siebzehn Jahre alt, stürzen zur Tür: »Vati!«

Hermann Bieler, Oberzahlmeister beim II. Bataillon des Grenadierregiments 57, vermißt seit den Kämpfen bei Sarata in Rumänien im August 1944, ist heimgekehrt.

Die Fünf-Minuten-Prozesse: Aus Kriegsgefangenen werden Kriegsverbrecher

Ende 1949 hatte die Sowjetunion die meisten deutschen Soldaten, die ihr während des Krieges und nach der Kapitulation der Wehrmacht in die Hand geraten waren, zurückgeschickt. Am 5. Mai 1950 veröffentlichte der Kreml eine Mitteilung, in der es hieß, daß die letzte Gruppe der Kriegsgefangenen nach Deutschland zurückgeführt worden sei: »Damit ist die Entlassung der deutschen Kriegsgefangenen aus der Sowjetunion nach Deutschland abgeschlossen.«

Aber auch nach diesem Datum, dem Mai 1950, hielt die Sowjetunion mindestens noch ein halbes Hunderttausend deutsche Soldaten zurück – nur daß sie diese Männer nun nicht mehr als Kriegsgefangene bezeichnete, sondern als Kriegsverbrecher. Die Umwandlung vom Kriegsgefangenen zum Kriegsverbrecher begann sehr oft mit einer menschlich erschütternden Szene:

Im November 1949, mehr als fünf Jahre nach seiner Gefangennahme, steht Dr. Kuno Wahl mit Tausenden anderer deutscher Kameraden auf dem Vorplatz eines Bahnhofs an der polnisch-russischen Grenze. Sie sind auf der Heimfahrt. Tausend Kilometer noch, dann sind sie wieder in Deutschland. Sie gehen auf und ab, schlagen die Hände kreuzweise gegen die Schultern. Es ist kalt. Russische Wachtposten brüllen Befehle über den Platz. Schnelle Bewegung kommt in die Gefangenen: Alle Mannschaftsgrade dürfen zurück in die Züge steigen, die – schon unter Dampf – auf den Gleisen warten.

Die Offiziere aber – unter ihnen Dr. Wahl – müssen antreten. Sie werden in eine große Baracke geführt – zur letzten Filzung, wie es scheint. Die Deutschen müssen sich nackt ausziehen. Russische Offiziere nehmen jedes Kleidungsstück zur Hand, drehen die Taschen nach außen, tasten das Futter der Röcke und Hosen ab und befühlen mit suchenden Fingern das Innere der Mützen.

Noch einmal werden die Offiziere verhört und nach ihren Einheiten gefragt, in denen sie gekämpft haben. Als Dr. Wahl die Baracke verläßt, erkennt er, welchem Zweck diese letzte Untersuchung gilt:

»Und dann sehen wir etwas, das selbst unsere hart gewordenen Herzen fast stillstehen läßt. Draußen werden unter strenger Bewachung durch Posten mit Maschinenpistolen im Arm und Hunden etwa hundert Offiziere abgeführt. Man hat sie hier an der letzten Linie des sowjetischen Machtbereichs aus dem Heimkehrertransport herausgeholt. Viele der Männer, die da abgeführt werden, schämen sich ihrer Tränen nicht, und das will etwas heißen bei diesen Gefangenen, die in der Esse der Gefangenschaft zu steinharten Männern gebrannt wurden. Einer ruft noch herüber: ›Kameraden, vergeßt uns nicht!‹«

Die hundert Offiziere, die Dr. Kuno Wahl in den Zug steigen sah, der sie nicht nach Westen in die Heimat, sondern zurück nach Osten führte, gehörten zu jenen Deutschen in russischer Hand, die unter der Unbarmherzigkeit des Siegers länger leiden sollten, als alle anderen gefangenen deutschen Soldaten des Zweiten Weltkriegs.

Im Jahre 1949 waren in nahezu allen Gefangenenlagern der Sowjetunion schlagartig Offiziere der Geheimpolizei des Innenministers Berija erschienen. In langen Verhören hatten sie die Gefangenen danach ausgefragt, was sie während des Krieges in der Sowjetunion möglicherweise Böses – im Sinne des Siegers – getan hatten: Kartoffeln oder Getreide von Kolchosgütern requiriert, Zivilisten aus ihren Häusern ausquartiert, an Partisanenbekämpfung teilgenommen usw.

Die Vernehmungen begannen am frühen Morgen und endeten spät in der Nacht. Mancher Gefangene durfte nach drei Stunden scharfer Fragen wieder gehen, mancher mußte mehrere Tage hintereinander auf dem harten Stuhl vor dem Tisch des Vernehmungsoffiziers zubringen. Der Russe fragte nach Lebenslauf und Dienstrang, nach Schulbesuch und politischer Einstellung. Dann kam sehr oft die Frage: »Haben Sie Greueltaten begangen oder Greuelbefehle ausgeführt? Hatten Sie Kenntnis von Greuelbefehlen? Wer war daran beteiligt? Nennen Sie die Namen!«

Und: »Haben Sie russische Zivilpersonen aus ihren Häusern getrieben, um Platz für die Soldaten zu schaffen? Haben Sie Nahrungsmittel requiriert? Haben Sie Baumaterial aus russischen Beständen verwendet?«

Und: »Haben Sie Brücken gesprengt oder sprengen lassen?«

Und: »Haben Sie Dörfer oder Städte beschossen oder bombardiert?«

Und: »Haben Sie gegen Partisanenverbände gekämpft? Haben Sie Partisanen erschossen oder erschießen lassen?«

Natürlich stritten die meisten der verhörten deutschen Offiziere ab, an solchen Taten beteiligt gewesen zu sein. Sie hatten einen langen, erbitterten Krieg gekämpft, sie hatten in schweren Schlachten gestanden, sie waren Soldaten.

So weigerten sie sich, Geständnisse abzulegen und Protokolle zu unterschreiben. Die Russen brachten sie gleichwohl dazu. Ein Gefangener berichtete der Wissenschaftlichen Kommission der Bundesregierung für Kriegsgefangenengeschichte aus dem Lager Borovici: »Wir müssen mit Schrecken erleben, wie mit List und Gewalt versucht wird, auch die harmlosesten Kameraden zu Kriegsverbrechern zu stempeln.« Im Lager Borovici wurden 550 deutsche Kriegsgefangene verhaftet und wegen angeblicher Kriegsverbrechen vor Gericht gestellt.

Nahezu überall in russischen Lagern wurden damals Geständnisse erpreßt. Ein Gefangener schildert, was im Herbst 1949 im Lager Kapinsk geschah: »Gegen September begann im Lager eine umfassende Vernehmungswelle, wobei eine große Zahl von Offizieren und Soldaten bedroht, erpreßt und schwer geschlagen wurde.«

Dr. Kuno Wahl erzählt, wie die Sowjets die Deutschen zum Sprechen brachten: »Wollen die Russen jemand zu irgendeinem Geständnis zwingen, so wird er in den Stehbunker gesperrt, ein schmales Verlies, in dem man weder sitzen noch liegen kann, und aus dem die Eingesperrten wie Holzstücke herausfallen, wenn nachgesehen wird.«

Doch es kam den Russen gar nicht darauf an, herauszufinden, ob sich der Gefangene, der dem Verhör unterzogen wurde, tatsächlich eines Kriegsverbrechens schuldig gemacht hatte. Sie hatten eine Liste von bestimmten Einheiten des deutschen Heeres aufgestellt, und die Angehörigen dieser Einheiten – Infanteriedivisionen, Jägerdivisionen, Gebirgsjägerdivisionen, Panzer- und Panzergrenadierdivisionen, Verbände der Luftwaffe und Divisionen der Waffen-SS – waren von vornherein verdächtig, an Kriegsverbrechen beteiligt gewesen zu sein.

Diesem kollektiven Verdacht waren auch jene hundert Offiziere zum Opfer gefallen, deren Verhaftung während der Heimfahrt Dr. Kuno Wahl erlebte. Tausende anderer Gefangener teilten ihr Schicksal, wurden aus Hoffnung in Verzweiflung gerissen.

Wieder aus dem Lager Borovici: »Aus unserer Baracke wird ein Kamerad zum Verhör geholt, der bereits eingekleidet ist für den Heimtransport. Wir sehen ihn nicht wieder ... Die Atmosphäre in unserer Baracke ist drückend wie unter einer schweren Gewitterwolke. Die lauten Stimmen sind verstummt. Wir wundern uns, daß nicht schon längst der eine oder andere von uns Schreikrämpfe bekommen hat. Zum Glück werden diejenigen, die zum Verhör bestellt werden, vom Kompanieführer benachrichtigt. Der Betroffene geht dann schweigend in sein Verhängnis mit einem letzten Händedruck an seine nächste Umgebung, wie auf dem Schlachtfeld im Angesicht des Todes.«

Die Wissenschaftliche Kommission der Bundesregierung faßte zusammen: »Die letzten Monate und Wochen zum Jahreswechsel 1949 stellten für die deutschen Kriegsgefangenen eine Zeit ungeheurer seelischer Spannung dar. Es ging ja um die Frage: Heimtransport oder Verurteilung? Den Hauptschock erlitten die Gefangenen in dem Augenblick, als sie im Rahmen der Verurteilungsaktion zum Verhör gerufen und isoliert wurden: Dies war der Punkt, von dem an es fast immer kein Zurück gab.«

An einem Tag im Januar des Jahres 1950 stand der Gefangene Hans

Gummelt im Lager Workuta vor einem sowjetischen Tribunal. Oberleutnant Gummelt, Stukapilot, wurde vorgeworfen, er habe im Krieg die Stadt Witebsk zerstört.

Tatsächlich hatte Gummelt in einem Kampfeinsatz Bomben auf russische Truppen in Witebsk geworfen. Anderes hatten die Sowjets ihm nicht vorzuwerfen. Doch es genügte für die Anklage. Das Gericht tagte in einem Raum des Lagers.

Drei sowjetische Offiziere saßen an nackten Holztischen, etwas abseits eine Dolmetscherin. Der Gerichtsvorsitzende fragte Hans Gummelt nach Name und Dienstrang. Dann wurde dem Deutschen die Anklage vorgelesen. Der Vorgang dauerte nicht einmal fünf Minuten. Dann verschwand das Gericht durch eine Tür, offenbar um den Anschein zu erwecken, es berate ernsthaft über das Strafmaß.

Nach fünf Minuten waren die Russen wieder da und verkündeten das Urteil: Tod durch Erschießen. Dem Oberleutnant Hans Gummelt folgten in jenen Tagen noch Hunderte anderer Gefangener in den Gerichtsraum, das Ritual wiederholte sich mit maschinenhafter Präzision, die Deutschen wurden allesamt verurteilt.

Nahezu 50 000 deutsche Soldaten wurden 1949 und 1950 durch die russische Verurteilungsmaschinerie gedreht. Die meisten wurden zum Tode verurteilt, die Urteile jedoch oft noch während der Gerichtsverhandlung, sonst einige Tage später, in fünfundzwanzig Jahre Arbeitslager abgemildert.

Mancher deutsche Offizier wurde verurteilt, weil er gegen Partisanen gekämpft und geschossen hatte. Mancher wurde verurteilt, weil er gestanden hatte, während des Krieges ein russisches Huhn requiriert und aufgegessen zu haben. Er hatte sich, so die Sowjets, des Diebstahls an sowjetischem Eigentum schuldig gemacht. Ein Schuhmachermeister wurde verurteilt, weil er, so die sowjetischen Richter, die »Marschfähigkeit der deutschen Truppe begünstigte«, ein Musiklehrer deshalb, weil er mit gelegentlichen Darbietungen seiner Kunst »die Stimmung der faschistischen Armee gehoben« hatte.

Ein deutscher Gefangener wurde von einem Gericht in Stalino deshalb verurteilt, weil er bei der Feldpost Dienst getan hatte. Die Begründung der Russen für das Urteil auf fünfundzwanzig Jahre Arbeitslager: »Sie haben von deutschen Soldaten geraubtes Gut nach Deutschland befördert.«

Im Lager Krasnoarmejsk tagte das sowjetische Tribunal in den Weihnachtstagen 1949 – zu einem Zeitpunkt, wo in diesem Lager auch Heimkehrertransporte zusammengestellt wurden. Ein Gefangener berichtete über die herzzerreißenden Szenen in diesem Lager: »Die von der Gerichtsverhandlung zum Karzer gehenden Kameraden riefen jedem, der ihnen von weitem begegnete, zu: ›25! 25!‹ Und dann meist der Zusatz: ›Unschuldig!‹ oder ›Völlig unverständlich!‹ oder ›Wahnsinn‹ oder ›Vergeßt uns nicht!‹ oder ›Das muß die Heimat wissen!‹ Und dann gingen wir aneinander vorbei: Die einen zum Karzer und in eine schreckliche Zukunft, die anderen zum Tor, zur Heimat.«

Die Wissenschaftliche Kommission stellt über das Schicksal der Verurteilten fest: »Man schrieb Revisionsgesuche und Begnadigungsgesuche an sämtliche in Frage kommenden Minister und Spitzen des Staates. Es kam sogar vor, daß von beispielsweise zehn Anklagepunkten fünf aufgehoben wurden; an der Strafe änderte sich nichts.

Um so größer waren Erstaunen und Verwirrung, als nur wenige Monate nach der Verurteilungsaktion ungefähr ein Drittel der eben Verurteilten im Frühjahr 1950 repatriiert wurde, während der Rest in der Hauptsache zu etwa gleichen Teilen im Herbst 1953 und um die Jahreswende 1955/56 folgte.«

Die Verurteilten des Jahres 1949/50 konnten nicht wissen, daß die lange Leidenszeit, die ihnen bevorzustehen schien, schließlich doch noch abgekürzt werden würde. Auch hatten sie keine eindeutige Antwort auf eine bohrende Frage. Mehr als drei Millionen deutsche Soldaten waren in russische Hand geraten. Zwei Millionen hatten die Schrecken der Lager überlebt. Die meisten von ihnen waren heimgekehrt.

Warum hielt Josef Stalin 50 000 Deutsche zurück? Sicher, sie waren als Arbeitskräfte brauchbar. Aber 50 000 in einem Land von damals 160 Millionen Einwohnern? Was konnte das schon bringen?

Tatsächlich fühlten sich die Verurteilten als Opfer der immer noch ungestillten Rachelust der Sieger. Zugleich waren sie politische Geiseln des Kreml: Wenige Monate vor der Verurteilungsaktion, im September 1949, war die Bundesrepublik Deutschland gegründet worden. Noch war nicht abzusehen, wie sich die Beziehungen zwischen Moskau und Bonn entwickeln würden.

Die Verurteilten, die jetzt zum Posten in der politischen Rechnung des Kreml schrumpften, hatten schon mehr als fünf Jahre Gefangenenlager, Hunger, Entbehrungen und Zwangsarbeit hinter sich.

Der Luftwaffen-Oberleutnant Hans Gummelt hatte im Moorlager bei der Stadt Gorki, in der Stadt Swerdlowsk und in Workuta gearbeitet – in jenem Lager in der Nähe des Polarkreises, das wegen der grimmigen Arbeits- und Lebensbedingungen von seinen Insassen die weiße Hölle genannt wurde.

Die Gefangenen in diesem Land des ewigen Frostes mußten wie die meisten Zwangsarbeiter, wie auch Luftwaffen-Oberleutnant Hans Gummelt, im Bergwerk schuften. Über die Arbeitsbedingungen in den schlechten Jahren von Workuta berichtete ein Heimkehrer der Wissenschaftlichen Kommission der Bundesregierung für Kriegsgefangenengeschichte: »Hohe Normen, die für Unterernährte kaum zu erfüllen waren: die Stollen waren so niedrig, daß die Kohlenschlepper sich nur kriechend bewegen konnten. Sie zogen die losgeschlagene Kohle auf einer alten Zeltbahn mit den Zähnen und krochen dabei rückwärts. Arbeitskleidung wurde nicht gestellt. Mit nassen Kleidern wurde ausgefahren und bei einer Kälte von durchschnittlich 25 bis 30 Grad minus der Heimweg angetreten.« Und noch Ende 1953 boten kranke Gefangene dieses Bild, wie ein Heimkehrer es beschrieb: »Man muß diese Armee des Elends gesehen haben. Körperlich ruiniert durch Jahre und Jahrzehnte einer Haft unter barbarischen Bedingungen, schlecht gekleidet, zahnlos, in überfüllten Baracken zusammengepfercht, tuberkulös, herzkrank, jede Woche werden einige von ihnen in der Tundra verscharrt.«

Das Mißtrauen der Sowjets reichte über den Tod der Gefangenen hinaus. Ein Heimkehrer: »Der Leichnam wurde nackt auf einen Ziehwagen, Handkarren oder Schlitten zum Lagerfriedhof gebracht. Beim Passieren der Lagerwache war der Wachtposten verpflichtet, mit einem besonderen Hammer die Schädeldecke des Verstorbenen zu zertrümmern oder mit einem Seitengewehr den Leichnam in der Bauchgegend zu durchstoßen.«

Oberleutnant Hans Gummelt entkam der Hölle von Workuta. Nach der Verurteilung arbeitete der gelernte Hochfrequenztechniker als Elektriker in Witebsk, in der Stadt, die er angeblich zerstört hatte. Er arbeitete zusammen mit anderen Gefangenen, die wie Gummelt selbst, fünfundzwanzig Jahre Zwangsarbeit vor Augen hatten. In ihrer großen Hoffnungslosigkeit wuchs den Verurteilten jedoch ein Trost zu – aus ihrer eigenen Haltung.

Die Urteile zu langjähriger Zwangsarbeit hatten, so stellt die Wissenschaftliche Kommission der Bundesregierung für Kriegsgefangenengeschichte fest, eine auf den ersten Blick überraschende Auswirkung auf die deutschen Gefangenen: »Der Zusammenhalt war wesentlich besser als vorher. Biedere Landsturmmänner waren genauso verurteilt wie Offiziere, Aktivisten der Antifa und Spitzel. Mit einem Schlag hatte das alles Denken beherrschende Warten auf den Tag der Heimkehr ein Ende, mit fünfundzwanzig Jahren Zwangsarbeit schien die Situation klar. Man mußte sich jetzt einrichten, so gut es ging, und sehen, wie man am besten über die Runden kam. Jetzt entstand erst wirklich das Bewußtsein eines gemeinsamen Schicksals, bis dahin hatte man doch mehr oder weniger überlegt, wie man sich dem gemeinsamen Schicksal entziehen könnte.«

Ein verurteilter Oberleutnant berichtete über die neue Situation in dem Lager: »Besonders in den letzten Jahren ist die Kameradschaft, das Zusammengehörigkeitsgefühl wesentlich größer geworden als in den ersten Jahren... wir waren ja immerhin in den Jahren nach unserer Verurteilung eine gewisse Elite, und die wußte im großen und ganzen doch schon, worum es ging.«

Der nackte Egoismus, die Jagd nach kleinen Vorteilen und Vergünstigungen hatte aufgehört. Die Gefangenen waren wieder füreinander da. Die Verurteilten, die mit ihrer Arbeit mehr Geld verdienten, teilten mit Kameraden, die wegen ihres Gesundheitszustandes das Plansoll nicht erreichten. Hans Gummelt beschreibt: »Immer waren ein paar Stabsoffiziere in meiner Brigade. Ein Major saß im Keller und reinigte alte Isolatoren. Trotzdem schafften wir es, daß er in den Augen der Sowjets seine Norm übererfüllte.«

Der Lebensmut der Verurteilten richtete sich in den ersten schweren Jahren nach den Urteilen auch an den Zeichen von Liebe und Solidarität auf, die aus der Heimat kamen: gewaltige Mengen von Paketen strömten in die Lager. Wie die Gefangenen mit dem neuen Reichtum verfuhren, berichtete ein Gefangener aus dem Lager Swerdlowsk: »Bei uns gab es eine Paket-Ausgleichskommission. Kameraden, die viele Pakete erhielten, teilten mit Kameraden, die selten oder nie Pakete empfingen. Der Gesundheitszustand und vor allem auch die moralische Widerstandskraft wurden durch die Pakete gehoben. Der Pakettag war immer ein Freudentag.«

Die Pakete aus Deutschland bedeuteten Rettung vor dem Hunger und Erlösung aus dem deprimierenden Einerlei. Ein Gefangener schreibt: »Dann kamen die Pakete. Die Pakete waren natürlich eine maßlose Beglückung. Sie machten uns ganz schnell unabhängig von der russischen Versorgung. In kurzer Zeit blühten die Männer wieder auf und kamen rein körperlich zu Kräften.«

Ein Verurteilter über einen Pakettag im Lager Schachty, im Jahr 1951: »Wir standen vor der Tür wie die kleinen Kinder, ehe sie in die Stube zum Weihnachtsbaum kommen dürfen. Endlich war es so weit, ich war dran. Das erste Mal seit neun Jahren wieder etwas von zu Hause, wieder etwas aus Deutschland.«

Argwohn und vielleicht auch Neid veranlaßten die Russen allerdings zu scharfer Kontrolle des Paketinhalts, und manchmal benutzten sie die Sendungen aus Deutschland zu niederträchtigen Schikanen gegen die Verurteilten: Sowjetische Offiziere verweigerten den Deutschen die Ausgabe der Pakete etwa mit der Begründung, sie hätten nicht genug gearbeitet. Russen öffneten die Pakete und vereinnahmten die Lebensmittel. Ein Gefangener aus einem Lager bei Swerdlowsk erinnert sich: »Die Konservendosen müssen extra abgeholt werden. Die Ausgabe erfolgt völlig unregelmäßig. Die Gefangenen müssen oft eine Stunde und mehr anstehen, um zu einer Büchse zu kommen.«

»Das Beste in den Paketen war immer die große Salami mit weißer Pelle, von uns ›Gipswurst‹ genannt«, erinnert sich der Gefangene

Konrad Müller. Feldwebel Müller, zu Anfang des Krieges verwundet, 1944 wieder einberufen und zur Waffen-SS versetzt, war am Heiligabend 1949 von den Sowjets wegen angeblicher Kriegsverbrechen zum Tode verurteilt und anschließend zu fünfundzwanzig Jahren Zwangsarbeit begnadigt worden.

Im Lager Stalingrad I war die Verpflegung im Jahre 1950 so knapp, daß sie gerade zum Überleben reichte. Zweitausend deutsche Soldaten, alle zu fünfundzwanzig Jahren Arbeitslager verurteilt, füllten die Baracken des Lagers.

Konrad Müller: »Für die Gefangenen bedeuteten die Pakete die Rettung, das Überleben. Die Pakete wurden immer nur in Gegenwart eines Russen geöffnet, ausgepackt und auf verbotene Dinge – Waffen, Kompaß und Kassiber – untersucht. Zahnpasta-Tuben und Rasierklingen wurden uns nicht ausgehändigt. Walnüsse wurden vom sowjetischen Offizier mit dem Hammer aufgeschlagen und nach Kassibern untersucht. So stand ich vor dem Tisch mit dem Paketinhalt, der Russe knackte Nüsse, ich schob mir den Nußkern in den Mund und wartete auf die nächste Nuß. Einmal wurde sich der russische Offizier plötzlich bewußt, wie seltsam und komisch die Szene war. Er nahm eine Handvoll Nüsse und warf sie mir lachend an den Kopf. Leere Keksdosen verschenkten wir an Kinder, die wir auf dem Weg zur Arbeitsstelle trafen. Doch dies wurde uns verboten: Jeglicher Kontakt zur Zivilbevölkerung war streng untersagt. In den nächsten Tagen standen die Kinder wieder an unserem Weg. Sie bettelten: ›Onkel Kriegsverbrecher, schenk uns eine Dose.‹«

Die verurteilten Gefangenen in den Lagern um Stalingrad wurden allesamt zum Wiederaufbau der Industriestadt an der Wolga eingesetzt, der Stadt, in der knapp ein Jahrzehnt zuvor Hunderttausende von deutschen und russischen Soldaten gestorben waren. Der Feldwebel Konrad Müller meldete sich zur Arbeit als Eisenbieger. Zusammen mit seinen Kameraden bog er die Armierungseisen für die Betondenkmäler, die an den Sieg der Roten Armee über die Deutsche Wehrmacht im Winter 1942/43 erinnern.

Im Gefangenenlager von Stalingrad traf Konrad Müller einen hochgewachsenen, schmalgesichtigen deutschen Offizier: Oberstleutnant Konrad Freiherr von Wangenheim. Mit seinem Namen verbinden sich ein deutscher sportlicher Triumph und eine Tragödie im Straflager der Sowjets.

Auch er war in einem Fünf-Minuten-Prozeß zu 25 Jahren verurteilt.

Wangenheims Name war 1936 weltbekannt geworden. Er ritt bei der Olympiade in Berlin in der deutschen Mannschaft. Beim Geländeritt stolperte und stürzte sein Pferd Kurfürst, begrub den Reiter unter sich. Wangenheim hatte sich das linke Schlüsselbein gebrochen. Doch der Verletzte zog sich auf sein Pferd und beendete den Ritt; im Ziel brach der Reiter ohnmächtig zusammen. Sein Arm mußte geschient werden.

Der deutsche Mannschaftssieg in der Vielseitigkeitsprüfung – Dressur, Geländeritt, Jagdspringen – schien endgültig verloren. Doch schon am Tag nach dem Sturz, am 16. August 1936, dem letzten Tag der Olympiade, trat Konrad von Wangenheim wieder an, mit dem unbeweglichen linken Arm.

Und noch einmal stürzten Pferd und Reiter. Und wieder vollbrachte der Verletzte eine unerhörte Leistung: Er gelangte wieder in den Sattel und ritt das Jagdspringen zu Ende: Gold für Deutschland.

Von Wangenheim, 1944 gefangengenommen, war im sowjetischen Lager einer der Männer, die den Widerstandswillen der verurteilten Soldaten gegen russische Schikane immer wieder festigten. Seiner Haltung und seinem Einsatz ist es zuzuschreiben, daß die Gefangenen sich nicht selbst aufgaben, nicht in Resignation versanken, nicht zu Hörigen der Sowjets wurden. Und er war ein glaubwürdiger Mann. Das Beispiel, das er 1936 gegeben hatte, wirkte zwei Jahrzehnte später noch fort.

Die Russen versuchten, die Moral dieses Offiziers zu brechen. Er wurde aus nichtigen Gründen mit Karzer bestraft. Seine Essensration wurde gekürzt. Schwerste Arbeit wurde ihm abverlangt. Wangenheim gab nicht auf, und er gab nicht nach. Der sowjetische Geheimdienst holte ihn zu immer neuen Verhören, am Tage und spät in der Nacht.

Der Pfarrer Martin Preuß, Mitgefangener und Freund Wangenheims, berichtet, was Anfang des Jahres 1953 geschah: »Eines Tages schickte von Wangenheim einen Kameraden mit der Bitte zu mir, sofort zu ihm zu kommen. Ich eilte zu ihm und erfuhr, daß er sich sogleich am Lagertor einzufinden hätte. Nach dem Verlauf der vorangegangenen Verhöre und nach Beurteilung der besonderen Situation von Wangenheims war es uns beiden klar, daß es wahrscheinlich ein Abschied für immer sein würde. Auf dem Weg von der Baracke zum Lagertor ergab sich ein seelsorgerisches Gespräch. Konrad von Wangenheim wies ausdrücklich darauf hin, daß er auch in der leidvollsten Lage niemals Selbstmord verüben würde. Tapfer und gestärkt ging er seine letzten Schritte zum Lagertor. Ich war der letzte, der mit ihm gesprochen hatte.«

Der Oberstleutnant wurde von den Deutschen getrennt und in ein Lager bei Stalingrad gebracht, in dem Ungarn und Rumänen saßen. An einem Februar-Tag des Jahres 1953 fand ein Rumäne den deutschen Offizier erhängt auf dem Dachboden einer Baracke. Die Sowjets verbreiteten gleich zwei Versionen. Die eine: Der Oberstleutnant sei von seinen eigenen Kameraden aus Neid gehängt worden. Er habe zu viele Pakete erhalten. Die andere: von Wangenheim habe sich selbst erhängt. Der anscheinend so tapfere Mann sei einfach in den Tod geflohen. Beide Versionen sollten dazu dienen, das Ansehen des Oberstleutnants bei seinen Kameraden zu zerstören.

Pfarrer Martin Preuß weiß, was wirklich geschah: »Kameraden berichteten, daß sie den erhängten Leichnam unseres Kameraden hätten begraben müssen. Sie fanden ihn in dem Vernehmungsgebäude außerhalb des Lagers. Sein Kopf sei so zerschlagen gewesen, berichteten die Kameraden, daß er im Augenblick des Erhängens entweder schon tot oder noch besinnungslos gewesen sein müsse. Es war eingetreten, was auch von Wangenheim befürchtet hatte: Man hatte ihn während des Verhörs erschlagen.«

So starb ein untadeliger Offizier der Deutschen Wehrmacht acht Jahre nach dem Ende des Zweiten Weltkriegs.

Heimkehr mit Adenauer

Selbst nach Josef Stalins Tod im März 1953 änderte der Kreml seine feindselige Haltung gegenüber den Deutschen hinter russischem Stacheldraht nicht. Als Bundeskanzler Konrad Adenauer im September 1955 zum Staatsbesuch nach Moskau fuhr, um mit Rußlands Staatspräsidenten Bulganin und Ministerpräsident Chruschtschow über die Freilassung der deutschen Gefangenen zu verhandeln, hörten die Verurteilten über ihr Lagerradio die Begrüßungsansprache Bulganins für den deutschen Kanzler. Und in dieser Rede bezeichnete der Russe die verurteilten Deutschen als »Menschen ohne Gesichter«.

Ein Gefangener schrieb: »Im Lager herrschte eine furchtbare Stimmung. Niedergeschlagenheit und Empörung wechselten ab. Viele Kameraden weinten über diese gemeinen Worte.«

Über Lagerradio hörten die Gefangenen auch die Übertragung des Fußballspiels zwischen den Mannschaften der Sowjetunion und der Bundesrepublik Deutschland am 21. August 1955 in Moskau. Die sowjetische Kapelle im Stadion spielte das Deutschlandlied. Die Melodie drang über die Radio-Lautsprecher in die Baracken des Lagers. Ein Gefangener: »Alles stand auf und nahm Haltung an. Nur die anwesenden Sowjets nicht. Viele Kameraden weinten.«

Feldwebel Konrad Müller überstand das Straflager Stalingrad. Im Dezember des Jahres 1955 war Konrad Müller auf der Heimfahrt, und in der Silvesternacht wurde der Feldwebel, der dem Gulag der Sowjets entrann, der prominenteste deutsche Heimkehrer.

Müllers Frau war Nachbarin des Bundeskanzlers Konrad Adenauer in Rhöndorf. Als im Radio die Namen der Männer verbreitet wurden, die nach zehnjähriger Gefangenschaft auf der Fahrt in die Heimat waren, wurde auch Konrad Müllers Name genannt. Konrad Adenauer erfuhr von seinem Bäcker, der ihm die Brötchen brachte, daß sein Nachbar unterwegs war. Der Kanzler lud Frau Müller ein, mit ihm im Sonderzug in das Lager Friedland zu fahren, wo er die Heimkehrer begrüßte. Sie telegrafierte ihrem Mann: »Eintreffe mit Bundeskanzler Adenauer.« Im Heimkehrerlager Friedland verursachte das Telegramm ein Gerücht: Konrad Müller sei ein Neffe Adenauers. Er wurde bevorzugt abgefertigt. Der heimgekehrte Oberfeldwebel Konrad Müller fuhr im Sonderzug des Kanzlers nach Haus.

Anhang

Nachwort

Es würde eine lange Liste werden, wenn wir die Namen aller der aufzählen wollten, denen wir Dank für die Hilfe vielfältiger Art schulden. Hunderte von ehemaligen Kriegsgefangenen oder ihre Angehörigen haben uns geschrieben, als der Vorabdruck in der WELT am SONNTAG publiziert wurde. Ein Strom von Hinweisen, Informationen, Berichten über exemplarische Tatsachen, sowie Soldatenbriefe, Fotos, Dokumente und Tagebuchnotizen gingen uns zu und dienten der Vervollständigung unserer Recherchen. Das gilt vor allem auch für das Kapitel »Die grauen Wölfe«, in dem durch diese Hilfe eine Reihe wichtiger und bis heute offener kriegsgeschichtlicher Fragen geklärt werden konnten.

Wir hatten auf diese Weise – wie Paul Carell es bei seinen Büchern immer erfuhr – tausende von Mitarbeitern für die Gestaltung dieses tragischen, dramatischen Kapitels der Kriegsgeschichte, ein Kapitel des Heldentums durch Opfergang.

Einen besonderen Hinweis aber verdienen die Berichte und Dokumente über das Schicksal der deutschen Kriegsgefangenen, die von der Wissenschaftlichen Kommission der Bundesregierung zusammengetragen wurden. Dem Verlag Ernst und Werner Gieseking in Bielefeld, der das Material der Kommission publiziert hat, danken wir für die Erlaubnis zur Auswertung der 22 Dokumentenbände.

Die Wissenschaftliche Kommission der Bundesregierung arbeitete rund 18 Jahre. Sie begann 1957 und schloß 1974 ihre Untersuchungen ab. Auf dem Höhepunkt ihrer Forschungen beschäftigte sie insgesamt 16 Mitarbeiter – ein Teil davon bedeutende Universitätswissenschaftler.

Die Kommission wurde vom Bundesministerium für Vertriebene, Flüchtlinge und Kriegsgeschädigte berufen. Ihr offizieller Name: »Wissenschaftliche Kommission für die Dokumentation des Schicksals der deutschen Gefangenen des Zweiten Weltkriegs.« Ihr Auftrag: »Das Schicksal von 11 bis 12 Millionen Kriegsgefangenen in mindestens 20 Gewahrsamsstaaten von den Kriegsjahren bis zum Jahr 1956, als die letzten heimkehrten, in seinem ganzen Umfange und der ganzen Vielfalt als ein Stück deutscher Zeitgeschichte zu erfassen.«

Für ihre Forschung standen der Kommission unter anderen rund 400 000 Heimkehrer-Aussagen zur Verfügung, die von den entlassenen Gefangenen gleich nach ihrer Ankunft in der Bundesrepublik gemacht worden waren. Die Kommission zog weiterhin nahezu 50 000 Berichte heran, und sie veranstaltete darüber hinaus eigene Befragungen und Interviews.

An der Spitze der Kommission stand ein hervorragender Wissenschaftler, der Professor für Sozial- und Wirtschaftsgeschichte Dr. Erich Maschke, der selbst erst im Jahre 1953 nach achtjähriger Kriegsgefangenschaft aus der Sowjetunion zurückgekommen war.

Die Kommission legte ihre Forschungsergebnisse in 22 Bänden nieder. Sie haben einen Gesamtumfang von mehr als 10 000 Druckseiten. Bei dem Beginn der Arbeit blieb offen, ob diese Berichte jemals der deutschen Öffentlichkeit vorgelegt werden sollten. Denn wie es im Text der Kommission selbst heißt: »Objektiv Geschichte zu schreiben, konnte nur heißen, die Wirklichkeit der Kriegsgefangenschaft einschließlich ihrer düsteren Seiten so exakt wie möglich nachzuzeichnen. Eben damit mußte aber der Verdacht entstehen, daß hier eine Gegenrechnung aufgemacht und Unrecht (der Sieger) gegen (nationalsozialistisches) Unrecht aufgerechnet werden sollte.«

Das Bonner Auswärtige Amt behielt sich die Entscheidung über die Veröffentlichung jedes einzelnen Bandes vor.

Noch 1969 antwortete der damalige Außenminister Willy Brandt im Bundestag auf eine Anfrage, daß nach der Veröffentlichung der ersten beiden Bände des Kommissionsberichtes die zuständigen Stellen zu dem Entschluß gekommen seien, die übrigen Bände nicht freizugeben. Warum nicht? Weil, so Brandt, das Mißverständnis ausgeschlossen werden sollte, daß mit einer massierten Publizierung des Materials eine politische Absicht verfolgt werde und eine Diskussion in der Öffentlichkeit des Inlands oder gar des Auslands provoziert würde. Dies wäre der auf Versöhnung gerichteten Außenpolitik der Bundesregierung nicht dienlich gewesen.

Nun, der Krieg liegt dreieinhalb Jahrzehnte hinter uns; die Wunden, die wir Deutschen geschlagen haben, stehen unablässig zur Debatte. Es ist deshalb nichts anderes als ein Akt geschichtlicher Logik, wenn auch die Wunden, die einem Großteil der deutschen Kriegsgeneration geschlagen wurden und der Opfergang der 11 Millionen deutscher Kriegsgefangenen in das historische Fazit des folgenschweren Zweiten Weltkriegs einbezogen werden.

Die Forschungsergebnisse der Wissenschaftlichen Kommission stehen jetzt der Öffentlichkeit zur Verfügung. Daß wir sie ungeschmälert auswerten und zitieren durften, verdient den Dank der Autoren dieses Buches und auch seiner Leser.

Paul Carell – Günter Böddeker

Literaturverzeichnis

AHLFEN, H. VON: Der Kampf um Schlesien. Ein authentischer Dokumentarbericht; München 1963

AHLFEN, H. VON und NIEHOFF, H.: So kämpfte Breslau. Verteidigung und Untergang von Schlesiens Hauptstadt; München 1960

BARKENTHIN, HANS-HELMUT: Camp der falschen Hoffnung; Düsseldorf 1959

BERVE, ABT MAURUS: Abt Adalbert von Neipperg, Neuburg 1978

BETHELL, LORD NICHOLAS: Das letzte Geheimnis, Berlin 1975

BLUMENSON, MARTIN: World War II, Liberation, in: TIME-LIFE Books; Alexandria/Virginia 1977

BÖDDEKER, GÜNTER/WINTER, RÜDIGER: Die Kapsel – Das Geheimnis um Görings Tod, Düsseldorf/Wien 1979

BRENNECKE, JOCHEN: Das große Abenteuer. Deutsche Hilfskreuzer 1939–45; Biberach 1958

BRICKHILL, PAUL: The Great Escape; New York 1950

BUISSON: Historique du Service des Prisonniers de Guerre de l'Axe (1943–1948) Maschinenschr. vervielfacht; Paris 1948

CARELL, PAUL: Unternehmen Barbarossa – der Marsch nach Rußland; Frankfurt/M. 1963; 10. Auflage 1979

CARELL, PAUL: Verbrannte Erde. Schlacht zwischen Wolga und Weichsel; Frankfurt/M. 1966; 5. Auflage 1976

COOPER, MATTHEW: The German Army 1933–1945; New York 1978

COSTELLO/HUGHES: Atlantik-Schlacht – Der Krieg zur See, Bergisch-Gladbach 1978; Originalausgabe: »The Battle of the Atlantic«.

DALLIN, ALEXANDER: German Rule in Russia 1941–1945. A Study of Occupation Policies; New York o. J.; deutsch: Deutsche Herrschaft in Rußland 1941–1945: Düsseldorf 1958

DETMERS/BRENNECKE: Hilfskreuzer ›Kormoran‹ – Wolf im Schafspelz, Herford 1975

Deutsches Protokoll der Verhandlungen vor dem Amerikanischen Militärgerichtshof Nr. V in Nürnberg

DJILAS, MILOVAN: Die neue Klasse; München 1958

DRUMMOND, JOHN D.: H. M. U-Boot; London 1958

EHRENSVÄRD, CARL AUGUST: I rikets tjänst. Händelser och människor från min bana (Im Dienst des Reiches. Geschehnisse und Menschen von meiner Bahn); 2. Aufl. Stockholm 1965

ENQUIST, PER OLOV: Legionärerna. En roman om baltutlämningen (Die Legionäre. Ein Roman von der Baltenauslieferung); Stockholm 1968

FREIVALDS, OSVALDS: De internerade balternas tragedi i Sverige år 1945–1946 (Die Tragödie der internierten Balten in Schweden 1945–1946); Stockholm 1967

GANSBERG, JUDITH M.: Stalag: U.S.A.; New York 1977

GAUGER, K.: Die Dystrophie als psychosomatisches Krankheitsbild. Entstehung, Erscheinungsformen, Behandlung, Begutachtung. Medizinische, soziologische und juristische Spätfolgen; München 1952

GERLAND, BRIGITTE: Die Hölle ist ganz anders; Stuttgart o. J.

GERSDORFF, URSULA VON: Frauen im Kriegsdienst. Stuttgart 1969 (Schriftenreihe des Militärgeschichtlichen Forschungsamtes)

Geschichte der 121. ostpreußischen Infanteriedivision 1940–1945; Selbstverlag 1970

Geschichte des Großen Vaterländischen Krieges, Band 4; Moskau, 1964

GIULINI, UDO: Stalingrad und mein zweites Leben; Neustadt 1978

GÖRLITZ, WALTER: Der Zweite Weltkrieg, 1939–1945; 2 Bde.; Stuttgart 1951/52

GOLLWITZER, HELMUT: Und führen, wohin du nicht willst; München 1951

... und bringen ihre Gaben. Aus russischer Kriegsgefangenschaft; Stuttgart 1956

HAMMERSTEIN, K. W.: Landsberg, Henker des Rechts?; Wuppertal 1952

HARDY, A. C.: Everyman's History of the Sea War, Vol. III, London

HENKE, GERHARD: Das jugoslawische Abenteuer; o. O., o. J.

HEYDECKER, JOE J. und LEEB, JOHANNES: Der Nürnberger Prozeß; Köln 1960

HILLGRUBER, ANDREAS/HÜMMELCHEN, GERHARD: Chronik des Zweiten Weltkrieges; Frankfurt/M. 1966

HINZ, JOACHIM: Das Kriegsgefangenenrecht. Unter besonderer Berücksichtigung seiner Entwicklung durch das Genfer Abkommen vom 12. August 1949; Berlin und Frankfurt 1955

HOYT, EDWIN P.: U-Boats Offshore. When Hitler Struck America; New York 1978

HÜBNER, WALTER: Kriegsgefangenenentschädigungsgesetz; Berlin und Frankfurt 1956

Interneringsläger 1945 (Internierungslager 1945). Under redaktion av Överste Gunnar Smedmark med värdefulla bidrag av regementsläkare Holdo Fredriksson, landsantikvarie Sven Axel Hallbäck, kyrkoherde Hermann Kiesow, jur. stud. Ingolf Kiesow, major Erland Krusell, konsul Sven Pehrsson och kapten Sten Runhagen. Förlag: Kungl. Bohusläns regementes Historiekommitté (Verlag: Geschichtskommitee des Kgl. Bohuslän-Regiment. Uddevalla 1963

JACOBSEN, H.-A.: Kommissarbefehl und Massenexekution sowjetischer Kriegsgefangener in: Anatomie des SS-Staates, Bd. 2; Freiburg/Brsg. 1965

JOLLY, CYRIL: The Vengeance of Private Pooley; London o. J.; deutsch: Die Vergeltung des Soldaten Pooley; Berlin 1957

JUST, PAUL: Vom Seeflieger zum U-Boot-Fahrer, Stuttgart 1979

KIESOW, HERMANN: Das Schicksal der deutschen Militärinternierten in Schweden 1945/1946; Göteburg 1946 (Mit Dokumenten und Bildern reich ausgestattetes Ms.; ein Exemplar im Archiv der WK.)

KIESOW, INGOLF: Början och upphörande av militärinternering samt svensk praxis mot vissa tyska styrkor (Anfang und Aufhebung von Militärinternierung und schwedische Praxis gegenüber gewissen deutschen Stärken), (Ms.: Seminararbeit in der Rechtsfakultät der Universität Lund) 1963
KNIERIEM, AUGUST VON: Nürnberg, Rechtliche und menschliche Probleme; Stuttgart 1953
Kriegstagebuch des Oberkommandos der Wehrmacht (Wehrmachtsführungsstab) 1940–1945. Im Auftrage des Arbeitskreises für Wehrforschung, Hrsg. P. E. Schramm, Bd. 4, T. 1.2 (1944–1945); Ffm. 1961
KUROWSKI/TORNAU: Sturmartillerie – Fels in der Brandung; Herford 1965
LASCH, O.: So fiel Königsberg. Kampf und Untergang von Ostpreußens Hauptstadt. München 1961
LAUN, RUDOLF: Die Haager Landkriegsordnung; Wolfenbüttel und Hannover 1946
LIPPER, E.: Elf Jahre in sowjetischen Gefängnissen und Lagern; Zürich 1950
MASER, WERNER: Trial of a Nation; London 1977; deutsch: Nürnberg – Tribunal der Sieger; Düsseldorf 1977
MERVELDT, KLEMENS GRAF VON: Aufzeichnungen über meine Internierung in Schweden; 1958 (Ms. im Archiv der WK.)
MILDENBERGER, HELMUT: Heimweh hinter Stacheldraht; Buenos Aires 1951
MOORE, JOHN H.: The Faustball-Tunnel – German POW's in America and their Great Escape; New York 1978
NOWAK, JOSEF: Der Mensch auf den Acker gesät; Hannover 1956
OBERNEDER, MARZELL: Wir waren in Kreuznach, o. O., o. J.
OLSSON, AXEL: Asylrätt och humanism (Asylrecht und Humanismus). Stockholm 1947
PABEL, REINHOLD: Feinde sind auch Menschen; Oldenburg und Hamburg 1957
PFLÜCKER, LUDWIG: Als Gefängnisarzt in Nürnberg. Korbach-Bad Wildungen, 1952
QUENSEL, NILS: Minnesbilder (Erinnerungsbilder); Stockholm 1973
REID, P. R.: The Cholditz Story; o. O. 1952; deutsch: Flucht aus Oflag IV C; Zug 1976
ROBERTSON, TERENCE: The golden Horseshoe, London 1955
ROEDIGER, KONRAD: Völkerrechtliche Gutachten über die strafgerichtliche Aburteilung deutscher Kriegsgefangener in der Sowjetunion; Heidelberg 1950
ROTH, RUDOLF: Wehe dem Besiegten. In: Revue, Nr. 19–25 (1953)
SARDEMANN, KARL (Hrsg.): Wie sie entkamen. Abenteuerliche und denkwürdige Fluchten; Düsseldorf 1957
SCHWARZ, NORBERT: Die Geheimnisse von Nürnberg. Serie in BILD am SONNTAG, Hamburg 1976
SCHENCK, ERNST-GÜNTHER: Das menschliche Elend im 20. Jahrhundert. Eine Pathographie der Kriegs-, Hunger- und politischen Katastrophen Europas; Herford 1965

SCHOLMER, J.: Arzt in Workuta. Bericht aus einem sowjetischen Straflager. (Erstmals 1954 unter dem Titel: Die Toten kehren zurück); München 1963
SEEMEN, GERHARD VON: Die Ritterkreuzträger 1939–1945; Bad Nauheim 1955
SIEMER, HANS C.: Begegnung mit zwei Welten. Amerika-Rußland und der heimatliche Apfelbaum; Koblenz 1977
STALMENN, REINHARD: Die Ausbrecherkönige von Kanada; Hamburg 1958
SULLIVAN, MATTHEW BARRY: Thresholds of Peace – Four Hundred Thousand German Prisoners and the People of Britain 1944/1948, London 1979
TELPUCHOWSKI, BORIS S.: Die sowjetische Geschichte des Großen Vaterländischen Krieges 1941–1945 (im Auftrag des Arbeitskreises für Wehrforschung, Stuttgart; herausgegeben und kritisch erläutert von Andreas Hillgruber und Hans-Adolf Jacobsen; Frankfurt/Main 1961)
TINS, BENNO: In den Pferchen. Als Deutscher in Deutschland kriegsgefangen; München 1966
THORWALD, JÜRGEN: Die große Illusion. Rotarmisten in Hitlers Heeren, München 1974
VERRAL, CHARLES S.: True Stories of Great Escapes, in: Reader's Digest; New York/Montreal 1977
WAHL, KUNO: Das verbrannte Tagebuch. Ungedrucktes Manuskript; o.O., o.J.
WIENERT, WALTER: Der Unterricht in Kriegsgefangenenlagern; Göttingen 1956
WILLIAMS, ERIC: More Escapers; London 1968
WITTINGHAM, RICHARD: Martial Justice – The Last Execution in the United States, Chicago, 1971
WODERICH, ADOLF: Wie leben die deutschen Kriegsgefangenen in Sowjetrußland, Hamburg 1947
Theater im Ural; Hamburg 1948

Übersicht über das Gesamtwerk der Wissenschaftlichen Kommission für deutsche Kriegsgefangenengeschichte, München

I/1 BÖHME, KURT W.: Die deutschen Kriegsgefangenen in Jugoslawien, 1941–1949. (Mit einer Einführung von Erich Maschke zur gesamten Schriftenreihe.) München 1962

I/2 BÖHME, KURT W.: Die deutschen Kriegsgefangenen in Jugoslawien, 1949–1953. München 1964

II CARTELLIERI, DIETHER: Die deutschen Kriegsgefangenen in der Sowjetunion - Die Lagergesellschaft. Eine Untersuchung der zwischenmenschlichen Beziehungen in den Kriegsgefangenenlagern. München 1967

III FLEISCHHACKER, HEDWIG: Die deutschen Kriegsgefangenen in der Sowjetunion – Der Faktor Hunger. (Mit einer Einführung von Erich Maschke.) München 1965

IV RATZA, WERNER: Die deutschen Kriegsgefangenen in der Sowjetunion – Der Faktor Arbeit. (Mit einer Einführung von Erich Maschke.) München 1973

V/1–3 BÄHRENS, KURT: Deutsche in Straflagern und Gefängnissen der Sowjetunion. (3 Bde.) München 1965

VI SCHWARZ, WOLFGANG: Die deutschen Kriegsgefangenen in der Sowjetunion – Aus dem kulturellen Leben. (Mit einer Einführung von Erich Maschke.) München 1969

VII BÖHME, KURT W.: Die deutschen Kriegsgefangenen in sowjetischer Hand – Eine Bilanz. (Mit einer Beilage von Johann Anton.) München 1966

VIII ROBEL, GERT: Die deutschen Kriegsgefangenen in der Sowjetunion – Antifa. München 1974

IX BÖSS, OTTO: Die deutschen Kriegsgefangenen in Polen und der Tschechoslowakei. München 1974

X/1 JUNG, HERMANN: Die deutschen Kriegsgefangenen in amerikanischer Hand – USA. München 1972

X/2 BÖHME, KURT W.: Die deutschen Kriegsgefangenen in amerikanischer Hand – Europa. München 1973

XI/1 WOLFF, HELMUT: Die deutschen Kriegsgefangenen in britischer Hand – Ein Überblick. München 1974

XI/2 FAULK, HENRY: Die deutschen Kriegsgefangenen in Großbritannien – Re-education. München 1970

XII JUNG, HERMANN: Die deutschen Kriegsgefangenen in Gewahrsam Belgiens, der Niederlande und Luxemburgs. München 1966

XIII BÖHME, KURT W.: Die deutschen Kriegsgefangenen in französischer Hand. (Mit einem Beitrag von Horst Wagenblaß.) München 1971

XIV BÖHME, KURT W.: Geist und Kultur der deutschen Kriegsgefangenen im Westen. München 1968

XV MASCHKE, ERICH in Verbindung mit KURT W. BÖHME, DIETHER CARTELLIERI, WERNER RATZA, HERGARD ROBEL, EMIL SCHIECHE und HELMUT WOLFF: Die deutschen Kriegsgefangenen des Zweiten Weltkrieges – Eine Zusammenfassung. München 1974

Beiheft 1 RECK, MICHAEL (Pseudonym): Tagebuch aus sowjetischer Kriegsgefangenschaft 1945–1949. Bearb. von Kurt W. Böhme. München 1967

Beiheft 2 Aufzeichnungen über die Kriegsgefangenschaft im Westen. Bearb. von Kurt W. Böhme und Helmut Wolff. München 1973

Quellenverzeichnis der Zitate
aus dem Bericht der Wissenschaftlichen Kommission der Bundesregierung
nach Bänden des Gesamtwerks:

1 Gefangene Wölfe
Ein Femenord und seine Folgen: Einführung des Herausgebers Erich Maschke zum Gesamtwerk der Kommission: Band I/1/1 und Band X/1

2 Hinter Stacheldraht auf fünf Kontinenten
Ein Schloß in Australien: Band XI/1
Zelte am Nil: Band XI/1
Baracken in England: Band XI/1
Englische Bräute: Band XI/1
Umerziehung in US-Camps: Band X/1
Re-education in England: Band XI/2

3 Zwischen Rhein und Atlantik
Rheinwiesenlager: Band X/2
Todestal und Lager 404: Band X/2
Kinderkäfige: Band X/2
Todeskommandos Minenräumer: Band XIII
Geborgte Sklaven: Band XIII

4 Gewalt vor Recht
Der Sündenfall Schwedens: Band XV
Sühnemärsche in Jugoslawien: Band I/1
Tragödie Werschetz: Band I/2
Alliierte in deutscher Hand: Band III

5 Wojennoplenny
Der große Hunger: Band III
Zwanzig Milliarden Arbeitsstunden: Band IV
Die verschollenen Wehrmachthelferinnen: Band XV
»Stille Nacht« auch hinter Stacheldraht: Band II
Die Fünf-Minuten-Prozesse: Band II und Band XV

Rücktitel: Band XV

Namensregister

(Kursiv-Zahlen weisen auf Bildseiten hin)

Orts- und Sachregister

Militärische Einheiten und Schiffe

Bildnachweis

Archiv Abtei Neuburg (1), Archiv Carell (15), AP (6), Bethell (1), Buchbender (1), Camera Press/Imperial War Museum (10), DPA (6), Eupra (3), Hartmann (1), Henrich (1), Jürgens (1), König (4), Nadler (1), Nowosti (2), Rabanus (3), Schöppe (3), Süddeutscher Verlag (3), Sullivan (1), The Guernsey Press (1), Thrän (1), Ullstein (17), UP (1), US-National Archives: Navy (4), Vogel (1), Wissenschaftliche Kommission der Bundesregierung (1), Ziegler Grafik (1)